OUZBÉKISTAN

GUIDES OLIZANE / DÉCOUVERTE

Australie
Bhoutan ■ Burkina Faso
Caraïbes, de la Dominique à Trinidad
Cap-Vert ■ Chine
Egypte ■ Ethiopie
Inde ■ Iran
Madagascar ■ Mongolie
Route de la Soie
Seychelles ■ Viêt-nam

GUIDES OLIZANE / AVENTURE

Asie centrale ■ Ladakh-Zanskar
Rajasthan ■ Tibet

GUIDES OLIZANE / *Hors collection*

Angkor
Guide médical des espaces sauvages

Editions Olizane
11, rue des Vieux-Grenadiers, 1205 Genève – Suisse
guides@olizane. ch
www. olizane.ch

ISBN 2-88086-313-9

Mise à jour de la version anglaise par Bradley Mayhew
Traduction de l'anglais par Andreï T. Knigovoï et Larissa Delcourt

Les photographies sont de Calum MacLeod,
sauf celles en pages 7, 73, 97, 159, 221, 231, 242, 253, 256, 261, 269, 292,
300, 301, 317, 324, 327 et 331 qui sont de Bradley Mayhew
Cartes: Tom Le Bas
Composition: Editions Olizane, Genève
Impression et brochage: LegoPrint, Italie

OUZBÉKISTAN

Samarcande – Boukhara – Khiva

Texte et photographies de

Calum MacLeod et Bradley Mayhew

GUIDES OLIZANE / DÉCOUVERTE

Remerciements

Si vous n'avez autre chose à nous dire, sinon qu'un Barbare a succédé à un autre Barbare sur les bords de l'Oxus et de l'Iaxarte, en quoi êtes-vous utile au public?

Voltaire, 1765

Si pour notre part nous avons pu être de quelque utilité pour le public, le mérite doit en être partagé avec les nombreux amis qui nous ont accordé aide et hospitalité en Ouzbékistan.

Calum MacLeod: *Katta Rakhmat* pour les apports de Salom Travel, Sogda Tour, Asia Travel, Tania Nikiphorov, Caroline Hartley Brown, Anthony Burnett, Alex Lyon et Mark Dickens. Ma gratitude tardive va également à «Uncle Dave» Putnam qui nous a accueilli à Pékin et encouragé lors de la première édition de ce guide en 1994. Enfin et surtout, c'est mon épouse Zhang Lijia qui mérite toute ma reconnaisance pour l'organisation de notre premier voyage en 1992 et pour son aide, ses recherches et ses conseils à chaque étape du *plovfest* qui suivit.

Bradley Mayhew: Je tiens à remercier Noïla Kasijanova à Boukhara, Svetlana à Khiva, Salvadore Amodeo du Peace Corps à Boukhara et Och, Price Waterhouse à Karchi, Designed Storage, pour son assistance technique, Radi Bakayev de Asia Travel, la Faculté d'anglais de l'Université de Termez, Uzbekistan Airways, Ludmilla Kosminsk de l'Hôtel Boukhara, enfin Kelly Hahn pour sa patience et son endurance extrêmes lors de notre voyage de 1996. Pour la présente édition, je suis reconnaissant à Andrea Leuenberger pour ses précieuses informations sur Boukhara. Merci également à Mila Akhmedova et à Michael Kohn, à John Oates et Caroline Hartley Brown et à British Mediterrannean.

Calum MacLeod et Bradley Mayhew sont diplômés en Orientalisme (Etudes chinoises) du Wadham College à l'Université d'Oxford (1988-1992). Calum a parcouru en tous sens l'Asie centrale, la Chine et l'Indochine. Il est le correspondant en Chine pour le quotidien britannique *The Independent* et il est également co-auteur de *China Remembers* (Oxford University Press) avec Zhang Lijia. Bradley a effectué de nombreux voyages et expéditions en Asie centrale, au Tibet, en Iran et au Ladakh. Il a dirigé des expéditions sur la Route de la Soie et participé à la rédaction de guides du Tibet, du Pakistan, de la Karakoram Highway, de l'Himalaya indien et de la Chine du Sud-Ouest. Calum et Bradley ont donné des conférences sur l'Asie centrale à la Royal Geographical Society.

Mosquée Bibi Khanoum à Samarcande

TABLE DES MATIÈRES

Fresque sogdienne du VIIe siècle à Samarcande

La mosquée Bolo-Haouz, Boukhara

THÈMES PARTICULIERS

Le cours d'arabe à la médersa

CARTES ET PLANS

ANNEXES

A PROPOS DE LA TRANSLITTÉRATION

Avec l'indépendance, les républiques d'Asie centrale ont vu la restauration de leurs langues locales. La dérussification ou la désoviétisation de nombreux noms propres s'est accompagnée du retour aux toponymes anciens, ainsi que de la disparition de «Lénine» ou de «Marx» d'innombrables noms de rues et de places.

En raison des systèmes disparates de translittération utilisés dans la littérature existante, la graphie des noms propres pose un vaste problème; des diverses langues d'Asie centrale, la transcription s'est faite tantôt via le russe – nécessitant une seconde transcription –, tantôt via l'anglais, tantôt directement en français «universitaire». Tout en gardant le souci de la lisibilité, ce guide tente autant que possible d'éviter les incohérences majeures ou les transpositions inutilement «savantes», et respecte les usages les plus répandus dans les textes de langue française pour les noms propres connus.

L'Ark de Boukhara

LÉGENDE DES CARTES

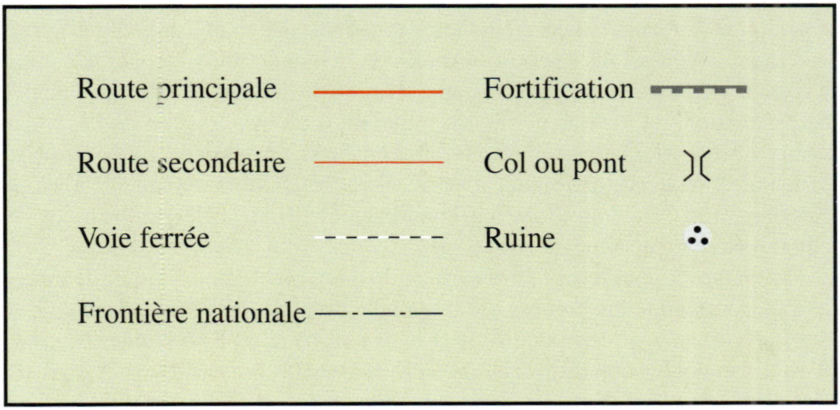

INTRODUCTION

L'appel deux fois millénaire de la Route d'Or menant à Samarcande, de la Voie royale s'éloignant de Boukhara la Noble, ou des Routes de la Soie quadrillant la Transoxiane et le désert du Kyzyl Koum depuis la vallée du Ferghana jusqu'aux oasis de Khiva et du Khorezm, cet appel a été entendu par d'innombrables voyageurs ou conquérants, par leurs successeurs les marchands ou les touristes de notre siècle.

Du Couchant vint Alexandre le Grand. Du Levant surgit Gengis Khan. Et Tamerlan fit de l'Asie centrale le cœur de son empire, léguant à l'Ouzbékistan d'aujourd'hui un patrimoine historico-architectural incomparable. Ayant survécu à la domination soviétique, cette jeune nation plonge des racines anciennes dans les légendes de la steppe. Ces contrées ont connu la gloire et le déclin de plusieurs empires, les tiraillements entre nomades montés sur leurs petits chevaux et paysans sédentaires. C'est d'ici que l'islam choisit de rayonner sur le monde.

Les Ouzbeks descendent de tribus turco-mongoles établies là depuis le XIVe siècle. Groupées autour des khanats guerriers de Boukhara, de Khiva et de Kokand, ces tribus ont été au cours du XIXe siècle les otages de champs de bataille exotiques où s'affrontaient les périlleuses convoitises des empires russe et britannique dans la profonde discrétion de ce que l'on a appelé le Grand Jeu.

Un coup d'œil sur une carte semblerait devoir dénier à l'Ouzbékistan un quelconque rôle de creuset ethnique et culturel. Les civilisations des vastes étendues de l'Asie ont dû se heurter à ses frontières… Pourtant, les barrières naturelles de ce pays ont été franchies dès l'aube de l'histoire par les plus grandes routes commerciales, par les fils fragiles de la Route de la Soie. Cheminant à travers les déserts et les montagnes, des marchands ont affronté par vagues successives ces positions clés de la longue route menant de Chine à Rome. Des caravanes de chameaux chargés de soieries, d'épices et même d'informations s'orientaient sur les minarets des oasis, phares de ces vaisseaux du désert. Au bazar ou au caravansérail, le nomade rencontrait le sédentaire, le Perse dialoguait avec le Turc, le Chinois conversait avec le Sogdien, fertile échange de marchandises et d'idées, de religions et de connaissances, de savoir-faire et d'art.

La nature a pourvu ces terres arides de deux bienfaits – l'Amou Daria et le Syr Daria, eaux généreuses qui descendent du toit du monde, du Pamir et du Tian Chan à l'orient, pour vivifier le désert jusqu'au Khorezm et à la mer d'Aral. Les Grecs connaissaient ces fleuves sous les noms d'*Oxus* et *Iaxarte*. Entre leurs rives s'étend la Transoxiane avec ses cités illustres de Samarcande et de Boukhara, surgies sur les rives du Zéravchan, la bien-nommée «rivière d'or», puisque l'eau est sans doute la ressource la plus précieuse dans cette aridité.

Au VIIe siècle, des fruits d'or envoyés à la Chine des Tang par le royaume de Samarcande suscitaient le mystère. La magie de cette cité opère encore de nos jours sur le voyageur fasciné. Laissez le rêve vous emmener au XIVe siècle dans la lumière bleue de la capitale de Tamerlan, miroir de la grandeur et de la prospérité de son empire, monument à sa propre immortalité. A six jours de chameau, les richesses de Boukhara représentent un millénaire d'histoire. Pouvant s'enorgueillir de posséder une mosquée pour chaque jour de l'année, «Boukhara la Sainte» a attiré par sa vitalité culturelle et commerciale les esprits les plus raffinés de tout l'Orient. On disait même que partout ailleurs la lumière descendait du ciel, mais qu'à Boukhara elle montait de la ville vers le ciel. La gloire de Khiva, le troisième grand ensemble architectural de l'Ouzbékistan, est plus récente et se confond avec l'arrivée des Russes. Avec ses murailles en terre séchée et ses minarets, Khiva est un musée en plein air figé, dans une époque où la visiter exigeait des mois de voyage à travers le désert et où la crainte de longues privations d'eau s'évanouissait dans la terreur à la vue des Turkmènes chasseurs d'esclaves.

Où que vous mettiez les pieds en Ouzbékistan, vous marcherez sur les pas des grands voyageurs. Ce furent les Chinois à la recherche de chevaux rapides ou en quête des lumières de l'Inde, puis les savants arabes tel ibn-Battouta, le Marco Polo du monde musulman. Ce fut le plénipotentiaire espagnol Clavijo qui se rendit en 1404 à la cour de Tamerlan. Ou encore le marchand anglais Jenkinson qui, au XVIe siècle, survécut à de multiples épreuves en Transoxiane. Mais tout cela n'était que la lointaine Tartarie... Il fallut attendre le Grand Jeu pour voir Russes et Anglais sillonner le Turkestan occidental et combler les lacunes des cartes. La publicité croissante faite aux dangers jalonnant l'exotique route de Samarcande attira peu à peu les aventuriers les plus excentriques: en 1898, un Anglais parcourut à vélo les 10 000 kilomètres séparant Londres de Khiva simplement «parce qu'on disait que c'était impossible».

Le «Tournoi des Ombres», comme les Russes appellent le Grand Jeu, étendit la souveraineté du tsar au Turkestan. La révolution bolchevique déploya mille efforts pour développer le pays et ses habitants. Des frontières furent tracées entre les cinq républiques que nous connaissons aujourd'hui: Kazakhstan, Kirghizistan, Tadjikistan, Turkménistan et Ouzbékistan. Ces Etats tout neufs héritiers de personne ont été l'objet de plusieurs vagues de russification, de soviétisation et de modernisation. Les effets en tous sens de ces processus se font sentir jusqu'à aujourd'hui: le russe est et reste la langue véhiculaire la plus utile pour le voyageur en Asie centrale, et le béton repousse peu à peu la brique de terre séchée dans le centre de Samarcande.

Mais de nombreuses traditions de la vie ouzbèke ont résisté à la tempête. Les femmes se promènent toujours dans leurs robes de soie *ikat* aux bandes de couleurs vives et leurs châles aux motifs bariolés, les hommes les plus âgés restent fidèles à leurs longues vestes piquées (*khalat*), à leurs bonnets brodés et à leurs bottes de cuir. Passant des heures à boire le thé et à bavarder à la *tchaïkhana*, ils se contentent des chachliks, kebabs et melons du bazar. L'islam a résisté à soixante-dix ans de propagande athéiste soviétique. La fidélité à la famille, au clan, au village et à l'oasis, le respect mutuel ainsi que l'autorité de l'*aksakal* – ou barbe blanche – sont les fondements traditionnels de la société. Le voyageur appréciera sans conteste la traditionnelle et chaleureuse hospitalité ouzbèke: «l'hôte est la personne la plus importante de la maison».

La déclaration d'indépendance du 24 août 1991 a pris plus d'un Ouzbek par surprise, et le pays tout entier bafouilla dans le grand vide que laissait l'implosion de l'URSS. Aujourd'hui, cette jeune «vieille nation» cherche encore sa voie, mais le réveil s'est fait depuis. L'apparition de nouvelles mosquées à chaque carrefour témoigne de la résurgence de l'islam. La Route de la Soie revit et avec elle le tourisme et le commerce par-dessus des frontières longtemps closes. Et un nouveau Grand Jeu a commencé, avec pour protagonistes des pays voisins apportant chacun leur version de l'islam dans les fourgons de l'aide et de la coopération internationales. Les hommes d'affaires viennent également chercher «la soie» du XXIe siècle – l'or, le pétrole, le gaz et les minerais. Le nationalisme, en se substituant au communisme, fait appel aux héros et poètes de l'âge d'or de la Transoxiane pour servir la nouvelle fierté nationale. Le pays au-delà de l'Oxus se réapproprie ainsi son passé glorieux.

HISTOIRE

Puzzle de montagnes, de zones désertiques, de steppes, d'oasis et de cours d'eau, l'Ouzbékistan se trouve au cœur du système complexe d'interactions entre nomadisme et sédentarité sous-jacent à toute l'histoire de l'Asie centrale. Il y a cent mille ans déjà, l'homme primitif y traçait des scènes de chasse sur les parois des grottes. Mais les brumes de la Préhistoire ne se dissipèrent qu'au second millénaire avant notre ère, lorsque la maîtrise de la métallurgie, à l'âge du Bronze, permit la fabrication du mors, et ainsi le développement de l'équitation. Les tribus nomadisant à cheval établirent le contact entre les éleveurs du nord et les agriculteurs du sud. La première migration connue sur le territoire de l'Ouzbékistan actuel est celle d'un groupe indo-européen aryen, venu du nord. Dès 800 avant notre ère, les Scythes, également appelés Sakas (selon que l'on se réfère aux Grecs ou aux Iraniens), balayèrent tous les peuples de la région pour installer une dynastie nomade étendant sa domination de la vallée du Ferghana à l'oasis du Khorezm. A l'âge du Fer, ces tribus vivant sous tente devinrent d'habiles artisans, mais leur apport principal à l'histoire fut la maîtrise du tir à l'arc à cheval. Un tel avantage militaire inspira une véritable terreur lors du déferlement de hordes barbares durant les siècles qui suivirent. Les victoires étaient arrosées par le sang des ennemis bu dans leur propre crâne.

Cyrus le Grand chercha à mettre fin à leurs invasions, et sa mort en 530 avant notre ère – lors d'un combat contre les Massagètes près de la mer d'Aral – n'empêcha pas la domination de la dynastie achéménide de s'étendre sur la région. Le Touran (ouest de l'Asie centrale), des frontières nord de la Perse aux rives sud du Syr Daria, fut divisé en trois satrapies : le Khorezm, la Sogdiane (vallées du Zéravchan et du Ferghana) et la Bactriane (le sud de l'Ouzbékistan, le Tadjikistan et le nord de l'Afghanistan). L'influence achéménide accéléra le processus d'urbanisation et imposa comme officiellement le zoroastrisme, religion monothéiste au dieu tout-puissant vénéré à travers un culte du Feu. Cette religion trouve d'ailleurs peut-être son origine dans la région, car tant le Khorezm que la Bactriane revendiquent le site des révélations reçues par le prophète mystique Zoroastre (ou Zarathoustra – « celui qui possède des chameaux d'or ») : n'est-il pas dit dans l'*Avesta*, le livre sacré du zoroastrisme, que « Moi, Ahoura Mazda, j'ai créé Gava, séjour des Sogdiens, la deuxième de toutes les villes et contrées du monde ».

En 329 avant notre ère, c'est Alexandre le Grand qui fit tomber Samarcande et toute son oasis du Zéravchan. Après sa conquête de l'empire perse, le héros macédonien avait entraîné ses armées à travers les périls de l'Hindou Kouch avant de leur faire franchir l'Oxus sur des peaux de moutons gonflées, en direction de la Sogdiane. Cependant, alors qu'il gagnait l'embouchure de la vallée du Ferghana pour y fonder son «Alexandrie» la plus orientale (Alexandrie Extrême, aujourd'hui Khodjent), le chef sogdien Spitamène entreprit avec son peuple une guérilla qui bloqua les Grecs dans la région pendant deux ans. Pour calmer le jeu, Alexandre épousa Roxane, la fille captive d'un chef sogdien, qui d'ailleurs lui donnera son seul fils.

Alexandre le Grand encouragea ses généraux à se comporter de même. Après sa mort en 323, l'un d'entre eux, Séleucos, inaugura, sur la partie orientale de l'empire, la dynastie des Séleucides. Avec l'apparition des Parthes au nord de l'Iran vers 250 avant notre ère, l'empire se morcela, mais un royaume gréco-bactrien contribua pendant un siècle à l'expansion de la culture hellénistique, jusqu'à une nouvelle invasion, venue de l'est, celle des nomades Yue-tchi. Ceux-ci avaient été chassés hors de Chine par les Huns de la steppe mongole, fléau de la dynastie des Han. En 138 avant notre ère, l'empereur Wou-ti envoya l'ambassadeur Tchang-kien au Ferghana, tant pour nouer une alliance contre les Huns que pour y acheter les petits chevaux réputés pour être si rapides qu'ils suaient le sang (!). La mission retourna les mains vides en Chine, mais put constater l'intérêt porté sur place à la soie chinoise. Des expéditions ultérieures permirent l'acquisition des chevaux, la soumission des Huns et l'ouverture timide de la Route de la Soie. A partir du Ier siècle de notre ère, le commerce prospéra de Chang'an à Rome grâce à la stabilité régnant en Asie centrale sous la dynastie des Yue-tchi-Kouchan qui étendaient leur autorité sur un vaste empire centré sur le nord-ouest de l'actuel Pakistan. Leur roi Kanichka favorisa l'expansion du bouddhisme, que les Sogdiens transmirent en Chine à la faveur de l'incessant mouvement d'échanges culturels et commerciaux. Dès le IIIe siècle, l'hégémonie de la Perse sassanide favorisa l'accumulation de grandes fortunes en Sogdiane, car le nouveau pouvoir chercha aussi à ouvrir de nouveaux itinéraires commerciaux plus septentrionaux.

De nouvelles incursions de nomades – Khidarites et Khionites – aboutirent à l'arrivée des Huns blancs, ou Hephtalites, descendus de l'Altaï; au Ve siècle, ils avalèrent la partie orientale de l'empire sassanide en même temps que les Huns noirs, sous la conduite du redoutable Attila, ravageaient l'Europe. Mais ils furent à leur tour défaits par les Turcs au milieu du siècle suivant. Le «fléau de Dieu» surgi de Mongolie et de Sibérie orientale avait constitué le plus vaste empire nomade de l'histoire, et celui-ci a laissé partout des traces ethno-linguistiques durables. Pendant ce temps, les cités-Etats du Ferghana et du Zéravchan manifestaient toujours leur dynamisme, leurs marchands contrôlant toutes les routes commerciales et leurs artistes intégrant les traditions de contrées lointaines. Le pays était un carrefour des grandes religions: zoroastrisme, bouddhisme, christianisme nestorien, judaïsme et manichéisme.

LA VICTOIRE DE L'ISLAM

L'invasion suivante, la première à déferler de l'ouest depuis un millénaire, allait mettre un terme à cette situation. Vainqueurs des Sassanides, les Arabes décidèrent de franchir l'Amou Daria pour apporter la nouvelle foi du prophète Mahomet dans le pays qu'ils appelaient Mawar-an-Nahr – « le pays au-delà du fleuve », c'est-à-dire la Transoxiane. Des incursions commencèrent à l'est en 649, mais il fallut attendre les campagnes énergiques de Qutaïba, gouverneur du Khorassan, pour voir se confirmer l'annexion. De 706 à 713, il s'empara de Boukhara, de Samarcande, du Khorezm et de Tachkent. Mais sa rébellion contre le nouveau calife oméyyade de Damas, son ennemi personnel, lui valut d'être assassiné par ses propres soldats durant une campagne au Ferghana en 715. Sa mort, coïncidant avec un affaiblissement du califat, inaugura des décennies d'instabilité, Sogdiens et Turcs se soulevant contre la nouvelle religion et ses suppôts.

Les Chinois menaçaient d'intégrer la région dans l'empire des Tang, mais un général arabe les mit en déroute sur les rives du Talas (à Djamboul au Kazakhstan) en 751. L'avenir des peuples d'Asie centrale serait donc musulman. Le nouveau califat abbasside régnait depuis le Khorassan, mais son autorité passa entre les mains de gouverneurs de plus en plus indépendants. Au IXe siècle, des gouverneurs iraniens affirmèrent leur prééminence, et Ismaïl ibn-Ahmad, gouverneur de Boukhara depuis 875, se débarrassa des influences tahirides et saffirides pour unifier l'Asie centrale sous le règne des Samanides. S'ensuivit un siècle d'équilibre politique, de prospérité culturelle et de croissance économique. L'islam sunnite était solidement établi, et Boukhara attirait les plus grands savants et poètes de l'époque. Ibn-Sina, connu sous le nom d'Avicenne, y rédigea son célèbre traité de médecine, le *Qanoun*, tandis que Roudaki faisait de la cité le berceau de la littérature persane.

Cette prospérité pouvait difficilement échapper aux convoitises des nomades turcs. En 999, les Karakhanides déferlèrent sur la Transoxiane tandis que les Gaznavides s'emparaient du Khorassan et du Khorezm. Mais ces dynasties turques récemment converties à l'islam maintinrent la civilisation urbaine. Au milieu du XIe siècle, une nouvelle tribu turque – les Seldjoukides – en fit ses vassales. Les Seldjoukides poursuivirent leur conquête vers l'ouest en direction de l'Anatolie byzantine, imposant à Bagdad l'autorité de leur grand Sultan établi à Merv (dans l'actuel Turkménistan). Mais 1141 allait voir la défaite à Samarcande du grand Sultan seldjouk Sanjar face au nouveau défi surgissant du fond de la steppe.

Les Mongols Kara-Kitaï avaient conquis un vaste ensemble de territoires s'étendant de la Chine occidentale à la mer d'Aral, et les échos de leurs victoires sur les musulmans parvinrent en Occident sous forme d'une légende, celle du mystérieux Prêtre Jean, un roi d'Orient venant sauver le christianisme. L'essor du commerce sur la Volga donna au Khorezm les moyens de retenir ces païens au nom de l'islam jusqu'au début du XIIIe siècle. Le khorezmchah Mohammed se voyait lui-même en nouvel Alexandre lorsqu'il partit d'Ourguentch en 1212 pour libérer Samarcande ; il allait faire sauter la barrière des Kara-Kitaï qui séparait le monde musulman des nomades les plus célèbres de tous les temps.

LE DÉFERLEMENT MONGOL

Vers 1167, dans le nord du désert de Gobi, naquit Temudjin, le fils d'un chef mongol. D'âpres luttes lui permirent d'éliminer tous ses rivaux des diverses tribus de Tatars, dont le nom serait, du levant au couchant, donné aux hordes unies sous son autorité dès 1206. Ses troupes le proclamèrent « Gengis Khan » – « chef de tous les peuples aux tentes de feutre ». La Chine ne fut que le premier d'une longue suite de pays à subir sa violence. Après que le gouverneur du Khorezmchah à Otrar eut abattu les marchands d'une caravane mongole en 1218, Gengis Khan envoya trois ambassadeurs à la cour de Mohammed, qui fit tuer le premier tandis que les deux autres se voyaient brûler la barbe : le sort en était jeté. Un historien de l'époque, Juwaini, exagère à peine le récit des représailles : « Pour chaque goutte de leur sang, les Mongols firent couler un Oxus de sang, et pour chaque poil de leurs barbes, cent mille têtes roulèrent dans la poussière de chaque carrefour ».

Les cavaliers mongols étaient des archers redoutables, capables d'avancer durant des jours et des nuits, dormant en selle, se nourrissant du sang de leurs coursiers. Des simulacres de retraite leur permettaient de compenser leur infériorité numérique. Ils se servaient également de prisonniers en guise de bouclier pour se protéger des flèches ennemies. Et c'est ainsi qu'en 1221 déjà l'autorité de Gengis Khan s'étendait de la Chine à la mer Caspienne, tandis que les grandes cités d'Asie centrale n'étaient plus que ruines. Ses successeurs poursuivirent leur avance, défiant simultanément les Japonais et les Germains aux confins du plus grand empire que le monde eût jamais connu.

Ces campagnes laissèrent dans leur sillage quelque cinq millions de morts, mais aussi la *Pax Mongolica*, un siècle de stabilité et un apogée dont Marco Polo fut le témoin et le bénéficiaire. Le *iam*, ou réseau de relais de chevaux, a porté le système de communications à un niveau d'efficacité et de rapidité qui ne sera surpassé que par les inventions techniques du XIXe siècle. On racontait que le voyageur pouvait sans danger parcourir la Route de la Soie du pays du Levant au pays du Couchant en portant un vase d'or sur la tête. Avant sa mort qui survint en 1227, le Grand Khan partagea son empire entre ses quatre fils. La majeure partie de l'Ouzbékistan fut ratta-

La médersa Chir Dor, à Samarcande

chée à l'*oulous* de son second fils, Tchagataï. L'hostilité des débuts à l'égard de l'islam diminua au fur et à mesure que ses successeurs adoptèrent les coutumes turques, et au XIVe siècle déjà leur langue était connue sous le nom de «turc de Tchagataï». Le morcellement du pouvoir favorisa la multiplication des querelles entre les divers potentats, jusqu'à ce que Tamerlan, chef mongol de culture turque, en tire brillamment profit.

LA TRANSOXIANE TIMOURIDE

Timour naquit en 1336 au cœur de la Transoxiane, près de Samarcande et, comme Gengis Khan, il survécut aux combats de sa jeunesse pour finir par dominer son pays dès 1370. «De même qu'il n'y a qu'un seul dieu dans le ciel, ainsi ne doit-il y avoir qu'un seul roi sur terre»: telle est l'explication que donne un chroniqueur de l'époque à l'ambition et à l'intrépidité de celui qui déferla de l'Inde à la Russie, anéantissant Ourguentch, Bagdad, Damas, Herat et Delhi. Son organisation méticuleuse et sa brutalité sans précédent vinrent intensifier les méthodes de guerre habituelle des nomades. Pillant les pays conquis et réduisant leurs artisans en esclavage, Timour – dont le nom francisé, Tamerlan, signifie «Timour le Boiteux» – embellit sa capitale Samarcande à un degré jusque-là inégalé.

TAMERLAN, LE CONQUÉRANT DU MONDE

En 1336 naissait près de Kech, au sud de Samarcande, le dernier empereur nomade qui allait ébranler le monde. Avec lui surgirent de nombreuses légendes, dont la première raconte qu'il est né les paumes pleines de sang, signe évident de sa destinée belliqueuse. De lignée mongole, il était le fils d'un chef du clan des Barlas, dans l'*oulous* de Tchagataï, dont la famille avait adopté les coutumes turco-musulmanes. Timour (dont le nom signifie « le fer » – désignation courante en Asie centrale) est dès son enfance initié aux arts de la steppe : équitation, maniement de l'épée et tir à l'arc. Par ses prouesses et sa noblesse, il attire rapidement un groupe d'aventuriers, avec lesquels il vole des moutons et dévalise des caravanes.

En 1360, Timour entre dans l'Histoire, selon des chroniques de cour qui le présentent comme un habile jeune homme ayant accueilli l'envahisseur mongol et qui a pris la tête du clan des Barlas. La décennie suivante est faite de hauts et de bas, entre jeux d'intelligence et exploits d'épée. De ses blessures par flèche à la jambe et au bras droits naît le sobriquet Timur-i-Leng (Timour-le-boîteux), d'où son nom français de Tamerlan. Retrouvé vingt ans plus tard, son assaillant sera alors pendu et utilisé comme cible pour l'entraînement… En 1370, les initiatives politiques et les manœuvres militaires inspirées de Timour l'élèvent au titre de souverain de Transoxiane et de seigneur de Samarcande. Comme il ne descend pas directement de Genghis Khan, il reste limité au rang de *amir* (commandant), car la tradition turco-mongole exige que ce soit un khan qui incarne le pouvoir. Mais lorsqu'il épouse la veuve de son rival mongol, il est promu *guregen* (gendre royal), et une obscure généalogie gravée sur sa pierre tombale lui prêtera des origines communes avec l'illustre khan jusqu'à la jeune vierge Alangoa, abusée par un rayon de lune.

Son titre précoce de Conquérant du Monde montre que Tamerlan partage l'ambition illimitée de ses ancêtres. Au cours des trente-cinq années qui suivent, il dirige personnellement ses archers montés jusqu'à Moscou et Delhi ; une étendue peut-être inférieure à celle de l'empire mongol, mais qui reste la plus vaste jamais conquise par un seul homme. « Le monde entier n'est pas assez grand pour deux rois » : ainsi justifie-t-il ses conquêtes du Khorezm, du Khorassan, de la Perse, de la Syrie, de l'Asie Mineure et de la Russie. Les noms des villes mises à sac, comme Bagdad ou Damas, sont donnés à des villages des environs de Samarcande, devenue, grâce au butin et aux artisans ramenés des campagnes, la capitale incomparable de son empire.

Rien ne résiste à sa brillante stratégie, servie par la loyauté et la mobilité de ses troupes. Celles-ci surpassent la barbarie mongole : on estime à 17 millions le nombre de ses victimes, assassinées dans un fleuve de sang. En 1383, 2000 citoyens quelque peu turbulents sont empalés vivants les uns sur les autres, puis murés dans des tours de pisé à Isfizar. En 1398, Timour fait tuer

100 000 prisonniers hindous dans les faubourgs de Delhi, afin qu'ils n'entravent pas son attaque, avant de massacrer un nombre équivalent de personnes dans la ville même. Enfin, en 1402, après le pillage de Smyrne, il bombarde la flotte chrétienne en fuite en utilisant les têtes des chevaliers comme boulets de canon.

Les conquêtes de Tamerlan sont de véritables succès mais, rarement consolidées par une administration permanente, elles paraissent hasardeuses et impulsives si on les compare à la progression systématique de Genghis Khan. Ce n'est que dans les dernières années de sa vie que Tamerlan crée des fiefs pour ses descendants. Cependant, cet empire bâti sur sa soif de pouvoir et sur son charisme unificateur ne pouvait lui survivre longtemps. En 1395, la Horde d'Or est si affaiblie par la défaite de son protégé Toktamich que la Russie parvient à se débarrasser du joug mongol puis, finalement, à annexer les territoires de Tamerlan. La capture du sultan ottoman Bajazet Ier, en 1402, retarde la chute de Constantinople d'un demi-siècle, donnant le temps à la civilisation grecque d'atteindre l'Italie; celle-ci sera à l'origine de la Renaissance italienne. Bien que Tamerlan encourage l'agriculture et l'irrigation, la concentration du commerce sur Samarcande et l'anéantisement des autres centres réduisent la base économique des empires à venir, affaiblis en outre par le déclin de la Route de la Soie.

Ses contemporains louent sa vive intelligence et sa soif de connaissances. Illettré mais parlant couramment le turc et le persan, Tamerlan engageait des débats élevés avec des érudits en histoire, en médecine et en astronomie. Il avait la passion des échecs: il a choisi le nom de son fils Chahrukh (« roi-cavalier ») au cours d'une partie et doublé le nombre de pièces sur l'échiquier. Ses liens avec l'islam révèlent son opportunisme, puisque chez lui il flattait tant le clergé officiel que les cheikhs plus populaires, alors qu'ailleurs sa ferveur religieuse variait en fonction de ses objectifs politiques.

Au retour de ses expéditions caractérisées par le pillage systématique, les citoyens de Samarcande bénéficiaient d'exonérations de taxes. Les lieux de plaisirs de Tamerlan étaient d'ailleurs à leur disposition lors de ses fréquentes absences. En 1404, l'ambassadeur espagnol Clavijo note: « L'ordre à Samarcande est maintenu avec la plus stricte rigueur et nul n'ose plus provoquer ni opprimer son voisin: il est vrai qu'en ce qui concerne les combats, Timour leur donne assez de besogne à l'étranger. » La mort de Tamerlan en 1405 ne lui a pas donné le temps de mener à son terme la conquête de la Chine des Ming, dont il tournait l'empereur en dérision en l'appelant le « Roi Cochon ».

Si la célébrité de Genghis Khan est supérieure, l'héritage de Tamerlan est plus brillant: arrivé dans une Samarcande faite de briques desséchées par le soleil, il l'a transformée en perle architecturale de l'Asie centrale.

Il mourut en 1405 au cours d'une campagne qui devait ravager la Chine, et son empire s'effondra immédiatement. Son fils Chah Rokh gouverna la Perse orientale, tandis que son petit-fils Ouloug Beg faisait de Samarcande un foyer intellectuel. Mais la préférence accordée par Ouloug Beg aux sciences aux dépens de la politique et de la religion se heurta à la réaction islamique, et il fut assassiné par son propre fils en 1449. Son neveu le vengea, mais tomba bientôt à son tour sous les coups de l'arrière-petit-fils de Tamerlan, Abou Saïd, aidé par le khan ouzbek Abdoul Khair, lui-même descendant d'un petit-fils de Gengis Khan, Cheïban. Abdoul Khair avait unifié les tribus nomades turco-mongoles des steppes de l'actuel Kazakhstan. Son petit-fils Mohammed Cheïbani, guerrier brillant et poète qui emportait sa bibliothèque en campagne, éclipsa l'autorité des Timourides en s'emparant du Khorezm, de Samarcande, de Boukhara et de Tachkent en 1505. Babour, arrière-arrière-arrière-petit-fils de Tamerlan, résista courageusement, mais dut s'incliner en 1512 devant les Ouzbeks de Cheïbani et passa en Inde, où il fonda l'empire moghol.

C'est sous le règne d'Abdoullah Khan, seigneur de Boukhara de 1557 à 1598, que la dynastie ouzbèke des Cheïbanides, dernier grand empire de Transoxiane, atteint son apogée. Un de ses parents par alliance, seigneur d'Astrakhan, lui succéda et donna naissance à la dynastie des Astrakhanides, tandis qu'une branche des Cheïbanides régnait depuis Khiva sur le Khorezm. Les clans ouzbeks poursuivirent au cours du XVIIe siècle leur sédentarisation dans les oasis, s'y mélangeant aux populations turques et iraniennes (tadjikes), jusqu'à ce que l'appellation d'*ouzbèke* soit appliquée à l'ensemble de la population. Les Turkmènes et les Karakalpaks à l'ouest, ainsi que les Kazakhs au nord, conservèrent leur mode de vie d'éleveurs nomades.

La sévérité des Saffavides chiites de Perse tint l'Asie centrale à l'écart de l'effervescence culturelle et intellectuelle du monde islamique sunnite. Le déclin du commerce caravanier acheva d'isoler la région, la Route de la Soie, à la sécurité précarisée par les brigands, disparaissant au profit des routes maritimes. En 1740 les Ouzbeks n'avaient rien à opposer à l'artillerie du Persan Nadir Chah, qui conquit toutes leurs cités importantes et plaça sur le trône de Boukhara son protégé, fondateur de la dynastie des Manguits. L'occupation suivante serait de plus longue durée.

LE GRAND JEU

Ayant eu vent de rumeurs selon lesquelles l'Oxus était aurifère, Pierre le Grand, le tsar modernisateur de la Russie, envoya une expédition à Khiva, dont les membres furent massacrés dès leur arrivée en 1717. La colonisation avait cependant déjà pris, deux ans avant, une tournure efficace avec l'occupation d'une première ligne de fortins aux confins septentrionaux de la steppe. Exploitant les incursions des Mongols oïrotes, les généraux russes offrirent leur protection aux khans kazakhs, jusqu'à ce que leurs terres tombent sous le contrôle des Russes au milieu du XIXe siècle. Le reste de l'Asie centrale était divisé en trois khanats hostiles les uns aux autres : Boukhara, Khiva, et Kokand dans la vallée du Ferghana, où un descendant de la dynastie des Cheïbanides avait vaincu les Kazakhs, les Kirghizes et les ordres religieux au XVIIIe siècle. Ces insurmontables rivalités des khanats les affaiblirent fortement face à l'ennemi commun.

Ainsi commença l'ère du Grand Jeu, mélange de diplomatie et d'aventures, les Britanniques craignant que l'expansion de la Russie vers le sud ne menace l'Inde, le joyau de la Couronne. Afin de mieux cerner les mystères géographiques et politiques des territoires qui les séparaient, les uns et les autres y envoyaient des missions d'espionnage sous le couvert de « parties de chasse » ou « expéditions scientifiques ». Arborant tous les déguisements possibles, armés de leurs seules connaissances linguistiques, d'une indéfectible confiance en soi et de calepins dissimulés, officiers de Sa Majesté et soldats du tsar jouèrent à cache-cache au milieu des bandits nomades à travers déserts et montagnes. Certains n'en revinrent jamais, mais les survivants firent rêver l'Europe et inquiétèrent Londres de leurs récits de souverains despotiques ou de cités des sables fabuleuses. Mais si de nombreux acteurs russes du Grand Jeu étaient impliqués dans l'avance en direction de l'Inde, les objectifs étaient souvent plus immédiats et plus concrets : renforcement de la frontière méridionale, développement du commerce et libération des esclaves russes. Et de même que les Etats-Unis d'Amérique étaient venus à bout de l'Ouest sauvage, la Russie submergea la steppe orientale jusqu'à devenir l'empire qui progressait le plus vite au monde : 140 km^2 par jour en moyenne à cette époque. En 1864, Gorkatchev, le ministre des Affaires étrangères du tsar, justifiait ces conquêtes par un souci humanitaire : « La position de la Russie en Asie centrale est celle de tout pays civilisé mis en présence de populations nomades à moitié sauvages et dépourvues de toute organisation sociale fixe. »

Et malgré les assurances diplomatiques selon lesquelles « l'ours russe était rassasié », Tachkent tomba dès l'année suivante. Le général Konstantin Kaufmann y prit en 1867 ses fonctions de premier gouverneur du Turkestan russe – le « pays des Turcs » comme on l'appelait depuis les invasions turques du VIe siècle. Ce vétéran des guerres du Caucase mit en œuvre l'artillerie moderne et des tactiques compensant l'infériorité numérique de ses troupes pour parfaire l'annexion des khanats. Samarcande tomba en 1868 ; Boukhara devint dans la foulée un protectorat russe ; Khiva suivit en 1873 ; Kokand fut prise en 1876. La campagne se termina au sud-ouest par l'occupation des forteresses turkmènes de Geoktepe en 1881 et de Merv en 1884. L'escalade du Grand Jeu monta d'un cran encore, les deux empires frôlèrent la guerre et s'essoufflèrent jusque sur les hauts plateaux du Pamir, jusqu'à ce que des frontières défendables fussent établies au tournant du siècle. Le traité anglo-russe de 1907 mit un terme aux rivalités.

Intrus plutôt qu'envahisseurs, les Russes du Turkestan ne cherchèrent d'abord pas à transformer le pays. Cependant, la victoire des Infidèles avait ébranlé la tranquillité religieuse et donné matière à réflexion. Le passage à la modernité s'accompagna de diverses turbulences au fur et à mesure que la tension montait dans les oasis: réformisme religieux du *djadide*, nationalisme musulman, pan-islamisme ou pan-turquisme... En 1898, un maître soufi mena une insurrection armée à Andijan. En 1910, des querelles entres sunnites et chiites dégénérèrent en violences sectaires. En 1916, en pleine Première Guerre mondiale, des rumeurs de conscription déchaînèrent des actions violentes de résistance de masse. L'année 1918 vit la création d'un gouvernement musulman autonome à Kokand dont la liquidation coûta la vie à quelque 14 000 personnes.

Les violences se poursuivirent dans le chaos, l'anarchie et la famine de la Révolution d'octobre. Les bolcheviks coupés de Moscou affrontèrent Russes blancs, agents britanniques, guerriers musulmans et même 40 000 prisonniers de guerre européens. La guerre civile était essentiellement une affaire européenne menée en terre musulmane. Mais lorsqu'il apparut que les bolcheviks ne voulaient pas plus que le tsar de l'indépendance musulmane, un mouvement de résistance basmatchi se déclencha dans la vallée du Ferghana sous la houlette plus ou moins mystérieuse d'Enver Pacha, gendre du calife et prince autoproclamé de l'islam, et avec le soutien de l'ancien émir de Boukhara exilé en Afghanistan. Uni sous la bannière du *djihad* islamique, ce mouvement connut bientôt des dissensions et des rivalités claniques tandis que les bolcheviks resserraient leur étau sur la région. Une plaisanterie raconte que Boukhara et Khiva étaient si éloignées que la révolution mit trois ans à y parvenir. En 1920, les troupes du général Frounzé s'étaient emparées des citadelles de l'Asie centrale musulmane et les avaient intégrées dans la République soviétique du Turkestan.

MOHAMMEDOV: LA SOVIÉTISATION DE L'ASIE CENTRALE

Les nouveaux maîtres russes se comportèrent comme s'ils avaient voulu effacer la mémoire du joug tatar. Dès 1924 Joseph Staline, alors commissaire du peuple aux Nationalités, découpa la République socialiste soviétique autonome du Turkestan en quatre républiques à caractère ethnique: l'Ouzbékistan était né. Ces frontières administratives introduisaient des nationalités

Marée de *tioubityeïka* à Chah-i-Zinda

là où les distinctions traditionnelles s'établissaient entre sédentaires («Sartes») et nomades. «Diviser pour régner»: cette politique menée sous prétexte de libération nationale était censée faire oublier le pan-turquisme et le pan-islamisme.

Ces identités à peine créées furent aussitôt promises à la disparition: le socialisme évoluant vers le communisme, les identités nationales à caractère ethnique étaient vouées à fusionner pour former un *homo sovieticus*, le nouvel homme soviétique. Cette politique oscilla entre les répressions brutales de Staline et l'indifférence relative de Brejnev et de Gorbatchov, souvent en fonction de facteurs politiques d'une autre nature. Mais l'Ouzbékistan comptait nombre de riches marchands et de mollahs, deux groupes qu'il s'agissait de réduire pour intégrer culturellement et économiquement le Turkestan au reste du pays. Marx surveillait Mahomet.

Les concessions du début faites à l'islam aux fins de gagner la sympathie des musulmans firent place à des vagues anti-religieuses, et un mouvement athée déferla sur l'Ouzbékistan dès la fin des années 20 pour culminer avec les terribles purges de Staline en 1937. Des femmes étaient dépouillées de leur voile en même temps que les statues de Lénine qu'on inaugurait au cours de manifestations de masse. Le *kalym*, ou dot, ainsi que la polygamie furent décrétés hors la loi, de même que le *hadj*, ou pèlerinage à La Mecque. La possession d'un coran et le recours à l'arabe rituel furent bannis, toujours dans le but de réduire l'influence de l'islam. La propagande anti-religieuse se chargea de transformer les médersas en musées de l'athéisme, et les minarets devinrent des phares du socialisme. Le nombre de mosquées chuta de 25 000 en 1917 à 1700 en 1942, les terres consacrées *(waqf)* furent confisquées et les mollahs privés de leurs revenus.

La Seconde Guerre mondiale amena dans la région non seulement des vagues de populations déplacées et les usines afin de les mettre à l'abri du front, mais aussi le partage du savoir-faire soviétique. Des concessions en matière religieuse furent faites. Un Conseil spirituel musulman pour l'Asie centrale fut mis sur pied en 1943 et autorisa le clergé à exercer sous l'œil attentif du Parti. Mais l'avènement de cet islam officiel n'effaça pas les traces d'un islam parallèle: des confréries soufies clandestines telles que les nakhchbandi, les yassawiya ou les koubrawiya, endossaient depuis le temps des Mongols le manteau des défenseurs de la foi et envoyaient leurs mollahs itinérants prêcher le *zikr*, ou prière personnelle. Face aux assauts du modernisme, elles organisèrent une conspiration du silence dans les parages des salons de thé, des mosquées et des mausolées musulmans. Ces confréries accusées d'anti-soviétisme furent l'objet de purges fréquentes (32 chefs furent exécutés en 1936), mais la force des traditions populaires fit que le vide théologique ainsi créé fut immédiatement occupé, et c'est un islam clandestin qui s'enracina très profondément dans la population.

Les marchands et les nomades furent une autre cible de l'Etat soviétique. Les terres furent collectivisées de force en 1928, et groupées peu à peu en fermes d'Etat ou *kolkhozes*. La collectivisation, qui avait passé de 1,2% à 95% des surfaces agricoles en 1937, fit plus d'un million de victimes en Asie centrale: les nomades refusaient la sédentarisation, abattaient leurs troupeaux et fuyaient vers la Chine. De gigantesques projets d'irrigation amenèrent le creusement de canaux tels que ceux du Ferghana et du Karakoum pour assurer l'autosuffisance en coton exigée par le pouvoir central. L'Asie centrale devint pourvoyeuse de matières premières destinées aux manufactures, aux circuits commerciaux et au bénéfice de la Russie d'Europe. Le volume de la production de coton semblait augmenter encore au cours des années 70, mais en réalité les statistiques étaient falsifiées; le silence de plus de 2500 cadres du Parti (et notamment le beau-fils de Brejnev) avait été acheté et Charaf Rachidov, président de la république, avait réussi à détourner deux milliards de dollars d'une récolte fantôme de dix millions de tonnes de coton. Il fit construire une trentaine de résidences pour les six visites officielles de Brejnev, puis les revendit au marché noir, alors qu'un de ses comparses dilapidait 100 000 dollars de fonds publics pour le mariage de son fils. La corruption était devenue endémique et Tachkent devint la capitale de trafics occultes.

Celui du coton n'est qu'un exemple d'une longue série de scandales qui firent vaciller l'Ouzbékistan dans les années 80, lorsque la *perestroïka* de Gorbatchov libéra en cascade secrets d'Etat et revendications nationalistes. Dans le sillage de la catastrophe de Tchernobyl, le désastre de la mer d'Aral révéla le prix réel de la monoculture du coton. Des rumeurs de meurtres perpétrés sur des recrues ouzbèkes dans l'armée soviétique eurent un retentissement certain dans une république déjà déstabilisée par la guerre menée contre l'Afghanistan musulman. En 1989, le mufti officiel de Tachkent fut destitué pour cause d'aventures féminines, d'ivrognerie et d'ignorance de l'islam. Son successeur fut renvoyé au bout de deux ans pour délits financiers… Dans cette ambiance de nationalisme rampant, le centre (Moscou) devint l'étranger et la périphérie du monde dans ce nouveau système centré sur l'Amérique. La colère se traduisit en slogans politiques: «Le peu que les

Russes nous ont donné, nous l'aurions obtenu tôt ou tard, mais la grandeur dont ils nous ont dépossédés ne nous reviendra jamais.» Les mesures qui avaient touché les alphabets locaux et remplacé l'écriture arabe par l'alphabet latin, puis cyrillique, ainsi que l'usage du russe comme langue véhiculaire entre les peuples, ces mesures étaient désormais perçues comme le résultat du colonialisme de la Grande Russie. L'Ouzbékistan soviétique dépassait largement ses voisins musulmans en termes d'éducation, de santé ou d'infrastructures, mais traînait loin derrière la Russie, et cette inégalité blessait la fierté nationale. Emeutes et conflits ethniques éclatèrent dans la vallée du Ferghana en même temps que les désastres économiques apparaissaient au grand jour. Mais les événements les plus importants menaçant l'Union soviétique allaient survenir à l'extérieur de l'Ouzbékistan.

L'OUZBÉKISTAN INDÉPENDANT

Au référendum soviétique de mars 1991, 90% de l'Asie centrale se prononça pour le maintien de l'Union. Mais Moscou fut ébranlée par une tentative de putsch en août de la même année. Et le 30 septembre, alors que la révolution s'effondrait depuis le sommet de l'Etat, l'Ouzbékistan fut contraint de déclarer son indépendance. Les frontières intérieures tracées arbitrairement entrre 1924 et 1936 devinrent soudain de vraies frontières nationales.

Le Parti communiste d'Ouzbékistan se saborda pour renaître en Parti démocratique populaire, le KGB devint le Service national de sécurité, et l'ancien chef du Parti communiste, Islam Karimov, prêta serment comme président, une main sur le cœur et l'autre sur le Coran. Un parti officiel d'opposition, le *Birlik* («Unité»), se scinda en deux à peine formé. Et pendant que des journalistes occidentaux proclamaient la victoire de concepts aussi peu définis que la démocratie et la liberté, la population locale confrontée aux pénuries chroniques de denrées de première nécessité affichait un cynisme plus que compréhensible. Le balancier de l'histoire revenait dans le camp ouzbek: les Russes se mirent à quitter le pays au rythme de 700 par jour. Et le vide idéologique se combla par un retour au passé idéalisé et à un islam rassembleur.

Dans un premier temps, le gouvernement ouzbek encouragea la réislamisation de la société comme moyen de récupérer une identité présoviétique. Mais Karimov réalisa vite son erreur, et à partir du milieu des années 90, il passa à une répression féroce des mouvements islamistes qui avaient rapidement occupé le terrain laissé vide par l'absence de toute opposition politique structurée. En février 1999, des attentats à la voiture piégée tuèrent 16 personnes dans les rues de Tachkent. La police accusa immédiatement le Mouvement islamique d'Ouzbékistan, dont les leaders avaient trouvé refuge auprès des talibans en Afghanistan. Ces événements mirent à mal l'illusion de stabilité que Karimov utilisait pour justifier son refus de réformes politiques. Cependant une année plus tard, lors des élections présidentielles, Karimov obtint 92% des votes et un nouveau mandat de cinq ans; le seul rival en lice n'eut droit qu'à une seule apparition en public à l'occasion du dépôt de son vote pour... Karimov!

En 2001, le Parlement ouzbek envisageait de le nommer président à vie et au moins 7000 prisonniers politiques moisissaient encore dans les geôles ouzbèkes où la torture est pratique courante.

A leur décharge, les partisans de Karimov rappellent la guerre civile au Tadjikistan entre 1992 et 1997 et les vissicitudes endurées par l'Afghanistan pour justifier le rassemblement des Ouzbeks autour d'un pouvoir fort combattant l'insécurité régionale et l'extrémisme islamique. Les pays voisins du Kazakhstan et du Kirghizistan ont également des régimes autocratiques, mais un peu plus «élégants» et moins paranoïaques. Le premier dispose d'une industrie pétrolière qui génère des bénéfices considérables, dans un climat de corruption massive cependant, alors que le Kirghizistan, malgré sa prétendue politique libérale, ne ressemble encore guère à une démocratie digne de ce nom. Le Turkménistan quant à lui est dirigé d'une main de fer par le président Niyasov, pardon, Turkmenbashi, «père de tous les Turkmènes», tandis que le Tadjikistan, en pleine tourmente, a toujours besoin des troupes russes pour contrôler sa frontière avec l'Afghanistan.

Après le 11 septembre 2001, les ex-républiques soviétiques d'Asie centrale se sont trouvées au cœur de l'actualité mondiale avec tous les risques d'escalade militaire que cela représente. Ainsi l'Ouzbékistan a retrouvé l'attention des médias qu'il n'avait plus connue depuis le XIXe siècle, lorsque le Grand Jeu faisait régulièrement la une de la presse anglaise. En autorisant l'établissement de bases américaines à l'intérieur même de l'Ouzbékistan, Karimov a pris le risque de s'attirer les foudres des Russes et des islamistes. En contrepartie, l'aide américaine à l'Ouzbékistan s'est considérablement accrue, la position de Karimov s'en est trouvée renforcée... et les critiques occidentales concernant les droits de l'homme ont du coup été étouffées. Les militaires et diplomates américains ne sont que les derniers en date parmi de nombreux acteurs internationaux à chercher à occuper une position stratégique dans le nouveau Grand Jeu qui renaît aujourd'hui. Les hôtels de Tachkent ont accueilli des hommes d'affaires turcs désireux de faire valoir un héritage ethnique et linguistique commun et des capitalistes occidentaux attirés par le coton et l'or, dont l'Ouzbékistan est le cinquième, respectivement le dix-huitième producteur mondial. La vallée du Ferghana fait l'objet d'une compétition féroce entre missionnaires saoudiens, iraniens et pakistanais s'efforçant d'imposer leurs convictions islamiques propres.

D'autres grands voisins de l'Ouzbékistan proposent des modèles économiques radicalement différents : la Chine fait valoir le succès de ses réformes économiques sous étroite surveillance politique, la Turquie propose un modèle basé sur le libéralisme occidental, tandis que l'Iran prêche encore un fondamentalisme révolutionnaire. Pour l'instant, Karimov préserve fermement le statu quo, mais les experts internationaux ressentent de plus en plus de frustration devant l'incapacité de l'administration ouzbèke à développer le potentiel économique du pays, à éradiquer la corruption, à tolérer une presse plus libre et à stopper l'exode des cerveaux. Ainsi, des millions d'Ouzbeks restent piégés dans des conditions de vie indignes, liées notamment à la monoculture du coton.

Des projets visant à réhabiliter les voies de communication anciennes, liées à la topographie et s'ouvrant vers l'ensemble de la région – contrairement aux voies imposées par les Soviétiques, qui ne prenaient en compte que les intérêts de ces derniers – prévoient des liaisons ferroviaires vers le golfe Persique, une superautoroute vers Karachi et une Route de la Soie ferroviaire vers Pékin. Les anciens liens commerciaux, culturels et religieux sont revivifiés comme pour renouer avec le passé. Cependant la coopération régionale entre les cinq républiques, indispensable pour résoudre les problèmes vitaux liés à l'eau et à l'énergie, est entravée par des disputes économiques et politiques. L'Ouzbékistan a miné ses frontières – tout sauf naturelles – avec le Kirghizistan et le Tadjikistan, et la fermeture de la frontière kazhake au sud-ouest de Tachkent, rajoute une heure de route au trajet vers Samarcande.

Face à un avenir incertain, l'Ouzbékistan tente de redécouvrir et de reconstruire son identité, de raviver les flammes que les Soviets avaient étouffées. De nouveaux manuels scolaires sont écrits, les rues sont rebaptisées et de nouveaux mythes sont composés. Lénine cède sa place à Tamerlan, qui à son tour devient Ouzbek. On vous le dira sur place avec un sourire sous-entendu : en Ouzbékistan, seul le passé est aussi imprévisible que l'avenir…

Emblème de l'Ouzbékistan

LE PAYS ET SES HABITANTS

GÉOGRAPHIE

La république d'Ouzbékistan, ou «pays des Ouzbeks», se situe au cœur de l'Asie centrale ex-soviétique, et est à ce titre la seule à partager ses frontières avec chacune des nouvelles républiques – le Kazakhstan au nord, le Kirghizistan et le Tadjikistan à l'est et au sud-est, le Turkménistan au sud-ouest – ainsi qu'avec l'Afghanistan au sud. A la différence de certains pays voisins, l'Ouzbékistan possède une forte majorité ethnique: plus de 80% de la population de 25.6 millions (estimation 2002) appartiennent à l'ethnie ouzbèke. La plus grande partie du territoire (447 400 km^2 – 80% environ de la superficie de la France) est comprise entre les deux grands fleuves d'Asie centrale, le Syr Daria (Iaxarte) et l'Amou Daria (Oxus).

Le Syr Daria naît dans le Tian Chan (les «Monts Célestes») – aux confins du Kirghizistan – et s'écoule en direction de la vallée du Ferghana dans le nord-est de l'Ouzbékistan. Evitant la capitale Tachkent par le sud, il poursuit son trajet de 2137 kilomètres à travers le Kazakhstan et les «sables rouges» du Kyzyl Koum jusqu'à son embouchure dans la mer d'Aral. De tout temps il a constitué la limite septentrionale de la Transoxiane et des steppes infinies où évoluent les nomades.

L'Amou Daria, long de 1437 kilomètres, prend sa source dans l'Hindou Kouch et traverse les hauts plateaux du Pamir au Tadjikistan pour suivre ensuite la frontière afghane avant de s'orienter vers le nord-ouest, parallèlement au Syr Daria. Séparant le Kyzyl Koum des «sables noirs» du Kara Koum au Turkménistan, il a de tout temps constitué la frontière des mondes turc et persan. Son cours inférieur pénètre dans la dépression du Touran et les oasis du Khorezm avant de sombrer aujourd'hui dans les vases de ce qui reste de la mer d'Aral. Mais cette embouchure s'est déplacée à quelques reprises dans le passé, atteignant même parfois la mer Caspienne à travers le plateau d'Oust-Ourt.

Deux tiers du territoire de l'Ouzbékistan sont constitués de steppes et de plaines désertiques, le reste s'élevant en collines et en montagnes – Tian Chan occidental à l'est, Guissar-Alaï au sud-est – jusqu'à des sommets de 4500 mètres aux frontières du Kirghizistan et du Tadjikistan. La situation du pays dans une sorte de «mésopotamie» lui a valu sa prospérité culturelle et commerciale. Une multitude de petits cours d'eau se perdent dans les sables du désert, mais le plus important d'entre eux, le Zéravchan, autrefois tribu-

Samarcande: un mollah, face au Gour Emir

taire de l'Amou Daria, arrose au préalable les oasis les plus florissantes de la région – Samarcande et Boukhara. Ces vallées fertiles ont longtemps permis de plus importantes concentrations de populations qu'ailleurs en Asie centrale, même si les Ouzbeks eux-mêmes sont venus tardivement à la vie communautaire des oasis.

L'Ouzbékistan dispose de moins de 10% de terres arables, que les planificateurs soviétiques – reprenant en cela les premières tentatives de l'époque tsariste – transformèrent en cultures intensives de coton pour toute l'URSS. Alors que la guerre civile aux Etats-Unis privait le monde de coton, le Turkestan était apparu comme la région idéale pour cette culture. Conformément aux plans décidés à Moscou, 150 000 kilomètres de voies d'irrigation furent tracés à travers l'Ouzbékistan pour permettre de produire jusqu'à 70% du coton soviétique. Les 200 000 tonnes de 1924 devinrent 9 millions de tonnes en 1980. Mais les gigantesques volumes d'eau détournés des fleuves à cette fin aboutirent à l'assèchement progressif de la mer d'Aral, dont la surface a diminué de moitié depuis 1960.

Malgré les coûts écologiques croissants de la culture du coton, l'Ouzbékistan indépendant a désespérément besoin des revenus de cette production. Une partie des terres arables est aujourd'hui affectée à des cultures céréalières moins gourmandes en eau, mais la récolte de quelque 4 millions de

Afrasiab (Samarcande) : jeunes gens en habits de pèlerinage devant la tombe de Daniel

tonnes de coton maintient le pays parmi les cinq plus gros producteurs du monde. Et si l'Ouzbékistan est aussi un important producteur de fruits et légumes, de textiles et d'animaux d'élevage, ce sont les ressources de son sous-sol qui attirent principalement les investisseurs étrangers : septième producteur mondial d'or, le pays détient en outre d'importantes réserves de pétrole et de gaz, d'uranium, d'argent, de cuivre, de zinc, de plomb et même de charbon.

POPULATION

Les migrations des nomades au cours des siècles empêchent toute définition exacte de groupes ethniques. Les premières tribus de Scythes, de Sogdiens, de Khorezmiens et de multiples peuplades turques constituent ensemble les fondements de ce que seront plus tard les Ouzbeks, les Kazakhs, les Kirghizes, les Turkmènes et même les Tadjiks. Et les divisions introduites par les Soviétiques dans la région pour mieux la contrôler ont dispersé un héritage commun en « identités nationales » artificielles. Les autorités ouzbèkes affirment que 130 nationalités différentes résident dans la république.

Les Ouzbeks

Peuple à prédominance turque, d'obédience sunnite hanafite, son ethnogénèse révèle d'importants éléments persans et turco-mongols. L'origine de son nom reste controversée : d'aucuns prétendent que les Ouzbeks tirent leur appellation du dernier grand chef de la Horde d'or, Ouzbek Khan (1282-1342), qui les convertit à l'islam ; nomades, ils ne lui auraient pourtant jamais été assujettis ; d'autres développent une argumentation étymologique faisant appel aux racines *ouz* – soi-même – et *bek* ou *beg* – titre des seigneurs.

Le peuple ouzbek se constitua du XIe au XIVe siècle à partir d'un conglomérat de tribus turques utilisant le parler dit de Tchagataï, ou vieil ouzbek. Ces nomades se heurtèrent aux Timourides, à Ouloug Beg et à Babour lorsqu'ils progressèrent vers le sud au XVIe siècle dans leur conquête de la Transoxiane. La dynastie ouzbèke des Cheïbanides assura la transition vers le sédentarisme et l'intégration, tout au long des XVIe et XVIIe siècles, au sein des populations autochtones, de sorte que l'appellation d'Ouzbeks finit par s'appliquer à tous.

Restait au début du XXe siècle à constituer les Ouzbeks en nation. Car l'Ouzbek était – et reste – avant tout un musulman, et sa seconde référence est sa propre cité. L'administration tsariste appliqua à l'ensemble des populations sédentarisées du Turkestan la dénomination de *Sartes* – terme sanskrit désignant les marchands – pour les distinguer des nomades. Les Ouzbeks eux-mêmes se répartissaient en trois rameaux distincts : d'une part la population urbanisée, issue du mélange des Ouzbeks des oasis avec les premiers habitants perses (tadjiks) de l'Asie centrale, et d'autre part les descendants semi-nomades des tribus turco-mongoles pré-cheïbanides ainsi que les tribus ouzbèkes cheïbanides. Ces deux derniers groupes conservent jusqu'à aujourd'hui une sorte d'identité tribale : Kiptchaks, Karlouks, Manguits, Koungrats..., que l'on retrouve chez les autres nations turques.

Les délimitations et manipulations de frontières de l'époque soviétique donnèrent aux Ouzbeks le cœur de l'Asie centrale avec les capitales historiques, mais néanmoins un territoire inférieur à leur domaine originel. L'historiographie soviétique attisa un nationalisme ouzbek au départ inexistant, mais canalisé dans la grande fraternité soviétique des peuples ; ce nationalisme a cependant survécu à sa façon, à travers la conviction que le passé glorieux de la Transoxiane appartient en exclusivité à l'héritage ouzbek, à travers aussi la conscience d'une réelle supériorité numérique. Au point que les républiques voisines se méfient d'un « chauvinisme grand ouzbek ». Au nombre de plus de 20 millions, les Ouzbeks constituent la troisième nationalité de l'ancienne Union soviétique. Ils sont quelque 17 millions en Ouzbékistan, mais comptent également d'importantes minorités au Tadjikistan (23% de la population), au Kirghizistan (12,9%) et au Turkménistan (13%). Deux millions d'Ouzbeks peuplent en outre le nord de l'Afghanistan, et quelque 15 000 vivent au Xinjiang (« Turkestan chinois ») dans le nord-ouest de la Chine.

Les Kazakhs

Les Kazakhs partagent avec les Ouzbeks un passé ethnique complexe qui fait remonter leur origine à diverses tribus nomades qui élevaient leurs troupeaux dans les steppes du Turkestan bien avant l'arrivée des Mongols et de Gengis Khan. Le nom des Kazakhs apparaît au XVIe siècle, et certains lui prêtent les racines *kaz* – l'oie – et *ak* – blanche – selon la légende d'une oie blanche de la steppe qui se serait transformée en princesse pour donner naissance au premier Kazakh... Une autre explication voit dans le mot *kazakh* l'« errant » – en raison de leur mode de vie nomade –, ou encore le « hors-la-loi » – évoquant la Kazakh Orda, ou première confédération de tribus kazakhes, qui se sépara des Cheïbanides au XVe siècle.

Résistant à la progression des Ouzbeks, les Kazakhs bâtirent un empire des steppes qui considérait comme kazakhes les tribus évoluant au nord du Syr Daria, et comme ouzbèkes celles qui occupaient la rive sud du fleuve. Les tribus kazakhes se constituèrent en trois confédérations, ou hordes, à partir du XVIIe siècle. Mais l'immensité indéfendable de leurs steppes dépourvues de frontières naturelles leur valut d'être le premier des peuples d'Asie centrale à être colonisé par les Russes. Quant aux Soviétiques, ils utilisèrent ce vaste territoire pour leurs essais nucléaires, jusqu'à ce que la pression de l'opinion publique les contraigne à fermer le polygone de Semipalatinsk en 1990.

Le Kazakhstan d'aujourd'hui connaît une fracture marquée entre un Nord industrialisé et russifié et un Sud resté fidèle aux traditions. Largement sédentarisés, les Kazakhs gardent la culture de leur passé nomade profondément inscrite dans leur conscience nationale. Leurs traits physiques mongoloïdes sont plus prononcés que chez les Ouzbeks, et la société kazakhe repose de nos jours encore sur la descendance patrilinéaire des hordes. Comme leurs voisins nomades les Kirghizes et les Turkmènes, les Kazakhs sont musulmans sunnites – bien que l'islam n'admette pas leurs croyances chamanistes et n'ait jamais totalement conquis les steppes et les montagnes d'Asie centrale lors de son introduction dans les oasis et les vallées.

Les Kazakhs représentent environ 53,4% des 16,7 millions d'habitants du Kazakhstan (estimation juillet 2001, population en diminution), suivis par 30% de Russes et par une centaine d'autres groupes ethniques. Quelque 800 000 Kazakhs vivent dans le nord de l'Ouzbékistan, et 1,3 million dans le nord-ouest de la Chine.

Les Kirghizes

L'*ak-kalpak*, ou couvre-chef de feutre blanc en forme de yourte que portent les Kirghizes, est le symbole d'une nation de fiers montagnards nomades. Une des significations de leur nom les déclare «indestructibles»: il est vrai que 93% du territoire du Kirghizistan sont couverts par les escarpements du Tian Chan et de l'Altaï. Les Kirghizes appellent leurs montagnes les «Ailes de la Terre», et y ont trouvé refuge lors d'innombrables invasions.

Le berceau des peuplades kirghizes se situe le long de l'Iénisséi, en Sibérie méridionale, et leur lente migration en direction du sud-ouest s'est accompagnée d'une assimilation progressive des tribus indigènes. Ceci explique peut-être cette autre signification du nom des Kirghizes – les «quarante clans». Tombés sous le joug des Turcs et des Mongols, les Kirghizes devinrent néanmoins un peuple à part entière dès le XVIe siècle, mais restèrent largement méconnus jusqu'au XXe siècle. Leurs cousins kazakhs étaient appelés Kirghizes, ou Kirghizes-Kazakhs, tandis que les «vrais» Kirghizes étaient appelés les Karakirghizes, ou Kirghizes noirs.

Leur fière résistance à la conscription lors de la Première Guerre mondiale et, plus tard, à la collectivisation, leur valut de subir une répression brutale. Par contre, l'industrialisation et la russification ont épargné la plus grande partie de leur beau pays. Leur culture se fonde pour une bonne part sur le *Manas*, leur grande épopée nationale, ou sur des pratiques traditionnelles telles que la fauconnerie, la chasse à l'aigle et le *baïga*, sorte de polo utilisant une carcasse de chèvre.

Les Kirghizes représentent environ 66% des 5 millions d'habitants du Kirghizistan (estimation 2003), suivis des Russes (11%) et des Ouzbeks (14%). Quelque 200 000 Kirghizes sont dispersés dans le puzzle ethnique de la vallée du Ferghana, tandis que 165 000 autres vivent par delà la frontière chinoise dans la province du Xinjiang.

Les Turkmènes

Les «Turkmènes chasseurs d'esclaves» furent pendant des siècles le fléau des voyageurs en Asie centrale. Marchands d'esclaves dépourvus de tout scrupule, ils attaquaient caravanes et oasis, emportant butin et prisonniers. Le territoire actuel du Turkménistan est constitué de déserts arides, mais les archéologues y ont décelé des traces de peuplement et d'activité agricole datant de plus de 5000 ans. Les Turkmènes d'aujourd'hui descendent de tribus turques oghouzes arrivées aux Xe et XIe siècles de l'Altaï mongol dans cette partie du Khorassan.

L'appellation de «Turkmènes», à l'étymologie incertaine, a remplacé celle d'Oghouzes au XIIIe siècle. Ces guerriers nomades avaient atteint une certaine cohésion ethnique dès les XIVe et XVe siècles, mais les dissensions entre les tribus restaient prépondérantes. Quelques groupes se sont affirmés au cours des quatre siècles suivants: Tekkés, Sariks, Salors, Yomoutes, Ersarys et Goklens. Le harcèlement incessant des Perses et des khanats ouzbeks a longtemps obligé les Turkmènes à servir dans les troupes de mercenaires, les empêchant de constituer leur propre empire.

C'est face à ces champions de la guérilla dans le désert que la colonisation russe rencontra la résistance la plus opiniâtre. Les Tekkés, portant fièrement leur *papakha*, bonnet de laine à longs poils, restent de nos jours la tribu turkmène la plus influente. Outre ses ressources minières importantes, le Turkménistan d'aujourd'hui est également réputé pour son culte de la personnalité quasi stalinien centré sur le président Niyazov, lequel n'hésite pas à offrir les meilleurs coursiers turkmènes à ses hôtes de marque étrangers. Les Turkmènes constituent 85% des 5 millions d'habitants (estimation 2003) de leur république, suivis par les Ouzbeks (5%) et les Russes (4% contre 13% au moment de l'indépendance). En outre, plus d'un million de Turkmènes vivent au-delà de la frontière en Iran, et 650 000 en Afghanistan.

Les Tadjiks

Comme le Kirghizistan, le Tadjikistan est un pays essentiellement montagneux, situé pour les trois quarts de son territoire dans les hauteurs du Pamir, où les glaciers et les pâturages à yaks descendent rarement au-dessous de 3000 mètres. Mais là s'arrêtent les similitudes, car les Tadjiks sont l'exception ethnique de l'Asie centrale: peuple indo-européen de langue persane,

Rythmes tadjiks à la *tchaïkhana*

aux yeux en amande, au nez effilé et à la barbe abondante, ils précédaient ici les peuplades turques de plus d'un millénaire.

Aux VIIe et VIe siècles avant notre ère, la Transoxiane était déjà peuplée de tribus persanes orientales – Bactriens, Sogdiens et Scythes. Cette influence persane s'est maintenue sur le mode de vie sédentaire malgré des siècles d'invasions de cultures diverses. Provenant du nom d'une tribu arabe – *taiy* –, le terme sogdien *tazik* désignait d'abord les envahisseurs arabes, avant d'être appliqué, dès le XIe siècle, aux populations islamisées parlant le persan, pour les distinguer des habitants turcs de la région.

Les Tadjiks furent peu à peu confinés dans le sud-est des terres ouzbèkes, mais maintinrent le persan comme langue savante. Ecartés des héritages des khanats ouzbeks, les Tadjiks reçurent la portion congrue du territoire et perdirent leurs capitales historiques de Samarcande et de Boukhara. Les fractures complexes entre le Nord pro-communiste et industrialisé d'une part et le Sud pauvre et plus islamisé d'autre part aboutirent, neuf mois à peine après l'indépendance, à des dissensions ethniques, régionalistes et politiques encore confuses. Le reste de l'Asie centrale tient le Tadjikistan pour l'exemple des désastres qu'entraîne la libéralisation politique et religieuse.

Les Tadjiks comptent pour 65% d'une population totale de 6,86 millions d'habitants (estimation 2003). Ils sont suivis par 25% d'Ouzbeks et 4% de

Russes. Quatre millions de Tadjiks vivent dans le nord de l'Afghanistan (y surpassant en nombre la population d'origine pachtoune), tandis qu'un million d'entre eux vivent en Ouzbékistan et 40 000 en Chine.

Autres peuples

Les Karakalpaks, au nombre de 400 000, sont un groupe ethnique turc constitué en république autonome dans le nord-ouest de l'Ouzbékistan (voir *Noukous*). Les Russes quittent peu à peu l'Asie centrale au gré de l'affirmation des indépendances. En Ouzbékistan, ils constituaient 8,3% de la population en 1989; dix ans plus tard, ce pourcentage avait chuté à 4,5 tant en raison d'une natalité réduite que de l'émigration accrue. D'autres populations immigrées – Ukrainiens, Biélorusses, Allemands de la Volga ou Coréens, souvent déportés en Asie centrale dans les années 30 et durant la Seconde Guerre mondiale – quittent également peu à peu l'Ouzbékistan. Enfin, la population de ce pays compte quelques minorités ouïghoures, originaires du Xinjiang, dounganes – musulmans immigrés de Chine –, ainsi que des petits groupes qui continuent à se considérer comme Tatares, Perses, Arabes, Juifs, Gitans ou Turcs.

Visages d'Ouzbékistan

ART ET ARCHITECTURE

Le patrimoine architectural de l'Ouzbékistan est riche de quelques-uns des plus beaux édifices du monde musulman. Cet héritage des principaux potentats de l'Asie centrale est constitué de trésors remontant aux hordes turco-mongoles, à Tamerlan, aux khans de Khiva, qui ont bâti ces monuments exceptionnels pour assurer leur propre immortalité dans cet univers nomade en perpétuel changement. Le voyageur retiendra la courbe majestueuse d'une coupole, l'arche gracieuse d'un portail de médersa, la silhouette imposante d'un minaret, images évocatrices de la splendeur passée.

Les richesses archéologiques de la région témoignent du mélange des influences hellénistiques, bouddhiques et scythes dans les sobres forteresses désertiques du Khorezm ou de Bactriane, dans les riches palais de Sogdiane ainsi que dans les fresques de Varakhcha et d'Afrasiab. Mais c'est l'arrivée de l'islam au VIIIe siècle qui, par sa nouvelle synthèse des styles, transforma profondément le visage et plus encore l'âme de l'Asie centrale.

L'architecture islamique résulte de la fusion d'une idéologie nouvelle et de traditions anciennes par un peuple du désert ignorant de l'architecture. Son éclectisme teinté de conservatisme et de dogmatisme a favorisé des formes bien établies et une continuité dans le développement: une médersa du XIXe siècle diffère peu d'une autre du XVe siècle, et une mosquée de Samarcande partage de nombreux points communs avec une autre située à Marrakech. Depuis plus d'un millénaire, l'islam a déterminé la fonction, la disposition et la décoration des édifices.

La nature désertique de l'Asie centrale a profondément influencé l'architecture de cette région. Les cités y sont repliées sur elles-mêmes pour se protéger des vents du désert et des incursions des nomades. L'absence de pierre et de bois d'œuvre ont conduit à l'usage de la brique cuite jusque dans les coupoles. La chaleur du désert a inspiré la construction des *aïvan*, des jardins et des petits canaux d'eau fraîche.

Diverses innovations ont marqué l'évolution de l'architecture en Asie centrale. L'apparition de la brique cuite aux IXe et Xe siècles a permis de bâtir des habitations plus solides et de développer une grande richesse ornementale pour compenser l'excès de lumière du désert. L'apparition des arches d'angle (pour la première fois à Tim, près de Samarcande) favorisa le passage d'une base carrée à un étage de transition à huit ou seize côtés, puis à la coupole ronde couronnant l'édifice: la voie était tracée qui mena aux grands dômes turquoise de Samarcande et de Boukhara. La mosaïque mono-

Détail d'une mosaïque de la nécropole de Chah-i-Zinda, à Samarcande

chrome appliquée pour la première fois au XIIe siècle au minaret Kalon de Boukhara pour mettre en valeur les inscriptions monumentales extérieures se teinta bientôt des couleurs riches de la mosaïque timouride. L'architecture timouride bénéficia de toutes les ressources de l'empire de Tamerlan pour établir son cosmopolitisme et développer sa monumentalité. Elle donna la coupole côtelée, le tambour surélevé et la double coupole (dont l'exemple le plus significatif est le Gour Emir), et favorisa la création de grands ensembles architecturaux ainsi que les nouvelles médersas constituées de portails monumentaux flanquées de minarets d'angles.

De nos jours, l'architecture en Asie centrale se teinte de bleu à Samarcande, de kaki à Boukhara et de vert à Khiva : Samarcande est la plus spectaculaire, Boukhara la plus variée, Khiva la plus homogène.

Les mosquées constituent la pierre angulaire de la vie religieuse et sociale de l'Asie centrale. Leur intérieur relativement dépouillé et dépourvu des artifices mobiliers, sculpturaux et musicaux des temples chrétiens n'exige qu'un *mihrab*, niche ouverte dans un mur de *qibla* et qui indique la direction de La Mecque, un *minbar*, pupitre duquel l'imam prend la parole, et une surface propre et dégagée, couverte de tapis, pour les prières quotidiennes. L'islam est religion du désert, et la prière s'accompagne d'ablutions : les mosquées qui accueillent la prière rituelle offrent également un point d'eau pure. L'islam populaire n'est pas sévère en Asie centrale, et les mosquées y sont au centre de la vie sociale, offrant le lieu de prière, l'école, l'affichage des informations publiques, le lieu de rencontre de tous. On distingue trois types de mosquées selon leur fonction et leur structure : les mosquées *gouzar*, de taille moyenne, accueillent une soixantaine de familles ; les mosquées *juma* ou mosquées du vendredi, telle la mosquée Kalon de Boukhara, doivent pouvoir accueillir toute la population masculine de la ville à l'heure de la prière de midi ; enfin, les mosquées *nomozgokh* ou mosquées de fête comportent une esplanade où se déroulent les principales festivités religieuses. Les minarets permettent d'appeler les fidèles à la mosquée. Ils sont un bel exemple de synthèse entre la technique, l'art et l'imagination au service d'une même cause. Leur hauteur varie de 10 à 60 mètres, leur forme du mince fuseau de Vabkent à la tour cylindrique de Khiva ou à la colonne nervurée de Jarkourgan.

Les mausolées respectent dans les grandes lignes la tradition d'un portail surmonté d'une coupole, établie en 997 pour le mausolée Arab Ata de Tim. D'autres styles se sont néanmoins développés : tentes coniques du Khorezm, allées monumentales de tombes, telle la nécropole de Chah-i-Zinda. La plupart comportent une chambre mortuaire (*gourkhana*) et une chambre de prière (*ziaratkhana*), et ont souvent servi de refuge à un islam populaire dans les temps troublés. Les médersas sont des écoles coraniques officielles construites sur un plan traditionnel : une mosquée flanquée de salles d'étude voi-

L'ensemble du Reghistan, à Samarcande

sine avec une cour carrée bordée des cellules des disciples. La décoration est conditionnée par les interdits islamiques frappant l'art figuratif, et s'est développée en motifs géométriques et en arabesques inspirés par la science, les mathématiques et les autres arts. Les *girikh*, ou motifs pentagonaux en étoiles reproduits à l'infini, ont été transposés dans la mosaïque jusqu'à couvrir des façades entières. La calligraphie, véhicule sacré de la parole divine, domine la mosaïque et la décoration en briques. Des divers motifs ornementaux, c'est la calligraphie angulaire coufique qui avait la prédilection des Timourides, tandis qu'ailleurs se répandaient les inscriptions cursives aux formes arrondies et aux lettres allongées et entrelacées en motifs floraux et foliés.

La mosaïque est sans conteste le véhicule décoratif le plus spectaculaire en Asie centrale, et les Timourides en sont les maîtres les plus accomplis. La mosaïque de faïence, faite d'argile tendre colorée et cuite, était assemblée sur un mortier, telle un puzzle, puis fit peu à peu la place à une mosaïque polychrome dont les motifs floraux étaient peints directement sur les carreaux avant leur vitrification. Mais dans tous les cas la décoration respectait les traditions non figuratives de l'islam et faisait généreusement appel aux tons turquoise (la «couleur des Turcs»). Quelques infractions à ces traditions se rencontrent néanmoins ici et là: lions et visages à la médersa Chir Dor ou à celle du Divanbegi, tons jaunes et bruns importés de Perse et d'Azerbaïdjan. Enfin, on s'intéressera également à d'autres formes décoratives: sculptures en albâtre, ou *ganch*, peinture polychrome en relief, ou *koundal*, *chaspak*, sculptures sur bois servant d'ornement dans les mosquées et les palais.

LE VOYAGE

SÉCURITÉ

Le voyage en Ouzbékistan est-il sûr? Avant la chute des talibans, des terroristes islamistes basés en Afghanistan ont effectué des incursions en terrritoire ouzbek. En 1999, ils ont fait sauter une série de voitures piégées à Tachkent et enlevé des étrangers au Kirghizistan voisin. Tachkent s'en est remise – le Caravan Art Café, lieu à la mode, a été érigé sur le lieu même de l'un des attentats – mais le pays demeure en état d'alerte. Et cela d'autant plus que de nouveaux attentats ont été perpétrés en mars 2004. Les voyageurs sont vivement incités à la prudence et à garder un profil bas. Il faut notamment éviter les manifestations publiques susceptibles de dégénérer. Comme d'habitude, il faut éviter d'exhiber ses valeurs. Renoncez à vous promener de nuit et soyez prudent si vous employez des chauffeurs de taxi non officiels.

Quoi qu'il en soit, le voyage en Ouzbékistan, pays où la criminalité reste faible, demeure aisé pour la grande majorité des visiteurs. Les voyageurs indépendants doivent néanmoins s'attendre à des attentes aux nombreux barrages routiers destinés à lutter contre les trafics en tous genres et les extrémistes islamistes. Actuellement (début 2004), une grande partie de la province de Surkhandarya, voisine avec l'Afghanistan, est interdite aux touristes. Pour tous renseignements sur la situation en Asie centrale, on peut consulter le site http://www.eda.admin.ch/eda/f/home/traliv/travel/travelad.thml.

COMMENT SE RENDRE EN OUZBÉKISTAN

Les temps modernes ne contredisent pas l'histoire, Tachkent a gardé son rôle traditionnel de carrefour. La capitale de l'Ouzbékistan est en effet au cœur des communications en Asie centrale et le lieu de transit des longs voyages de ou vers l'Orient. Que ce soit par la route, par le rail ou par les airs, cette ville est à la fois le principal point de départ et le point d'intersection des déplacements régionaux.

L'indépendance a ouvert la voie à un accès international croissant, qui permet aux touristes d'éviter le détour par Moscou en arrivant directement à Tachkent en avion, ou de suivre la Route de la Soie en train, en car ou en bateau à partir de la Russie, de la Chine, de l'Iran et de l'Azerbaïdjan, en traversant les républiques voisines du Kazakhstan, du Kirghizistan et

Le minaret Islam Khodja, à Khiva

du Turkménistan. Et depuis la récente modernisation des aéroports de Samarcande, de Boukhara et d'Ourguentch, les charters internationaux peuvent les rejoindre sans escale.

En avion

Parmi la pléthore d'entreprises de transports issues de l'ancienne compagnie aérienne soviétique Aéroflot, Uzbekistan Airways jouit d'une réputation grandissante et propose deux vols hebdomadaires entre Paris et Tachkent, les mardi et vendredi. Pendant les mois de l'été 2004, il y aura également un vol le jeudi. Turkish Airlines assure également plusieurs vols pour Tachkent.

Dans de nombreux pays, il peut s'avérer moins cher d'acheter un billet par l'intermédiaire d'une agence de voyage que directement auprès de la compagnie aérienne. Et des billets pour des destinations telles Delhi ou Bangkok transitant par Tachkent peuvent se révéler moins onéreux que des vols directs sur la capitale ouzbèke, mais les haltes sont souvent interdites.

Almaty et Bichkek sont des points d'entrée dans la région à ne pas négliger, puisqu'ils appliquent un régime de visas plus indulgent et bénéficient de liaisons internationales toujours meilleures.

En train

Si le Transsibérien est le plus célèbre des trains épiques, l'achèvement d'une ligne entre Urumqi, dans le nord-ouest de la Chine, et la frontière kazakhe a ouvert une nouvelle liaison sino-russe, à travers les khanats d'Asie centrale. Trois segments ferroviaires constituent cet itinéraire : Moscou-Almaty, Almaty-Urumqi et Urumqi-Pékin, et desservent de nombreux sites d'un grand intérêt. Mais une nouvelle grande aventure ferroviaire est en train de se mettre en place, que peu de lignes pourront concurrencer sur le plan de la beauté naturelle des reliefs traversés : le projet en cours prévoit la construction d'une ligne de 453 kilomètres qui désenclavera le Kighizistan depuis Kachgar en traversant les Pamirs par le col Torugart (3752 m), et descendra vers Jalalabad (Kirghizistan) et finalement Andijan dans la vallée du Ferghana, avec des correspondances pour Tachkent et Moscou. Réservez pour 2010 !

Les trains pour Tachkent et Almaty partent à Moscou de la gare de Kazan, ceux pour Achkhabad de la gare de Pavelets ; la ligne pour Douchanbé est actuellement suspendue (2004). Tous empruntent un tracé qui traverse la forêt, la steppe et le désert. Les premiers passent par le Kazakhstan et le Syr Daria ; le voyage jusqu'à Tachkent dure deux jours et demi. Les seconds prennent la direction d'Ourguentch et de l'Amou Daria, ils permettent d'entrer en Ouzbékistan à Ourguentch/Khiva ou de continuer sur Achkhabad. Si vous souhaitez descendre à Ourguentch mais que vous n'avez pas encore de visa, vous recevrez de l'OVIR local (le bureau des visas et des permis pour étrangers) un permis de transit temporaire de trois jours, au terme desquels les amendes pleuvront en cas de dépassement.

L'entrée en Ouzbékistan peut également se faire par des routes secondaires, notamment par la liaison transcaspienne qui part de Turkmenbachi (Turkménistan) vers Tachkent, ou par le Turksib (www.turksib.com) au nord, via Almaty, pour rejoindre le Transsibérien à Novosibirsk. Les trains poursuivent également leur route à l'est d'Almaty vers Urumqi, d'où il est maintenant possible d'atteindre Kachgar – toujours par le train – en vingt-quatre heures. La ligne Almaty-Istanbul, prévue pour 2002, n'est toujours pas en service suite au refus ouzbek de laisser les convois internationaux traverser ses frontières. Si ce tronçon devait fonctionner un jour, un voyage ferroviaire transcontinental exceptionnel permettrait alors de relier la Turquie, l'Iran, le Turménistan, l'Ouzbékistan et le Kazakhstan avec un changement de train à Téhéran.

Par la route

■ par la Chine

La frontière qui sépare la Chine de l'Asie centrale peut être traversée en cinq endroits. Les visas ne sont pas délivrés aux frontières, mais toutes les capitales d'Asie centrale possèdent maintenant une ambassade chinoise. En réalité, les visas pour la Chine sont difficiles à obtenir ailleurs qu'à Tachkent... En Chine, il est impératif d'expliquer que votre sortie du pays se fera par une douane différente: en effet, les autorités imposent souvent aux citoyens de la CEI un visa prévoyant qu'ils se présentent au même poste-frontière dans les deux sens. Un tel tampon vous promet de sérieux problèmes si vous essayez de sortir de Chine par un chemin différent.

Le principal carrefour international à Djarkent (ancien Panfilov)/Khorgos au Kazakhstan suit le traditionnel portail mongol vers l'Asie centrale à travers les portes de Dzoungarie. Il mène par route à la ville chinoise de Yining, et par train à Urumqi (via Dostyk) et à Pékin. Des cars directs relient parfois Yining, dans le Xinjian, à Almaty, la capitale kazakhe. Si ce n'est pas le cas, empruntez un bus pour la ville la plus proche de la frontière puis, pour terminer la route, faites du stop ou prenez un taxi – mais ces derniers ne sont pas autorisés dans les quelques kilomètres de no man's land.

Deux autres douanes ont été ouvertes sur la frontière sino-kazakhe: Bachty/Tacheng et Maykopchagay/Jeminay (Altaï). Plus au sud, le col de Torugart (3752 m) relie Kachgar (Chine) à Naryn (Kirghizistan) et Bichkek. Un bus irrégulier parcourt les trente-six heures de route entre Kachgar et Bichkek. Il est peu probable que des étrangers puissent obtenir un billet et l'auto-stop est pratiquement impossible. Sans permis de voyage valable, les gardes-frontière empêchent les voyageurs de traverser les cinq kilomètres de

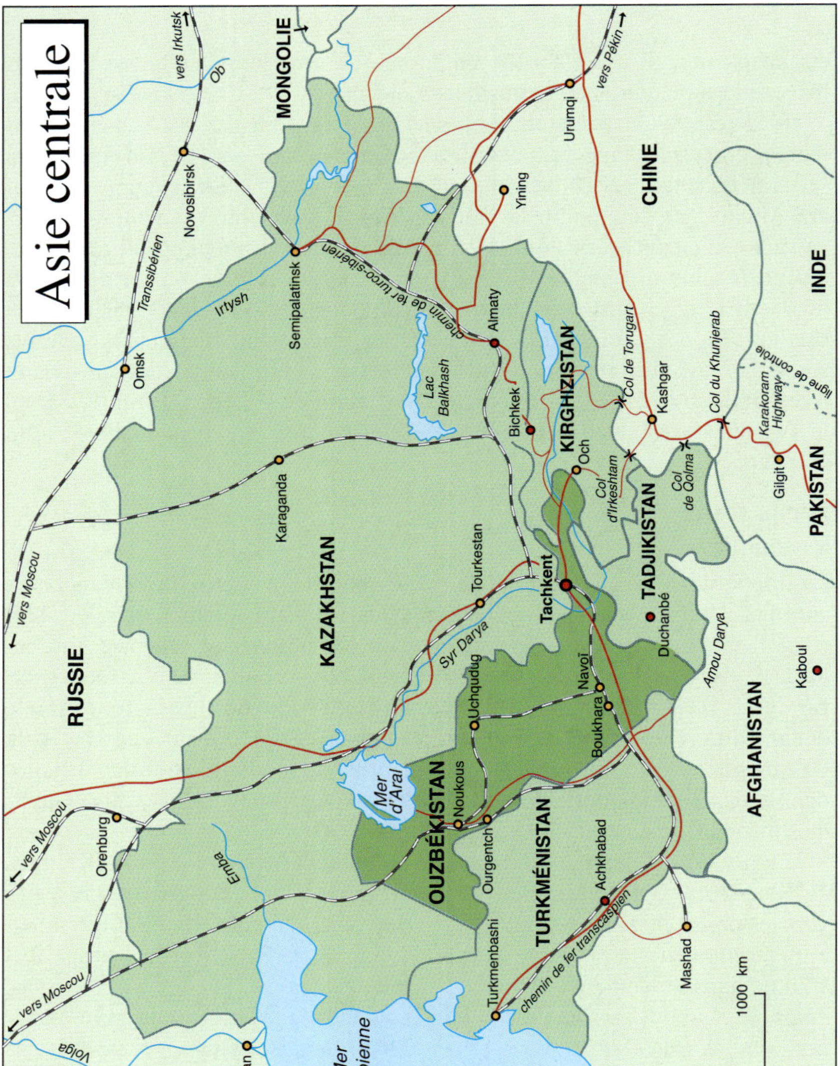

Asie centrale
RUSSIE
KAZAKHSTAN
OUZBÉKISTAN
TURKMÉNISTAN
KIRGHIZISTAN
TADJIKISTAN
AFGHANISTAN
PAKISTAN
INDE
CHINE
MONGOLIE
IRAN
UKRAINE
GÉORGIE
TURQUIE
ARMÉNIE
AZER-BAÏDJAN
Mer noire
Mer Caspienne
Mer d'Aral
Lac Balkhash
Volga
Don
Emba
Ob
Irtysh
Syr Darya
Amou Darya
Transsibérien
chemin de fer turco-sibérien
chemin de fer transcaspien
vers Moscou
vers Irkutsk
vers Pékin
Novosibirsk
Omsk
Semipalatinsk
Karaganda
Almaty
Bichkek
Urumqi
Yining
Kashgar
Och
Col de Torugart
Col d'Irkeshtam
Col de Qolma
Col du Khunjerab
Karakoram Highway
ligne de contrôle
Gilgit
Tachkent
Tourkestan
Duchanbé
Kaboul
Navoï
Boukhara
Uchqudug
Noukous
Ourgentch
Achkhabad
Mashad
Turkmenbashi
Orenburg
Astrakhan
Volgograd
Bakou
Tbilisi
Yérévan
Téhéran
0
500
1000 km

no man's land. Aucun visa n'est délivré à la frontière, il est donc nécessaire d'avoir recours aux services d'une agence de voyage. En 2003, un nouveau point de passage a été créé à Irkeshtam, au Kirghizistan, reliant Och et le Ferghana à Kachgar, en passant par la vallée de l'Alaï. Le voyageur est libre d'emprunter les moyens de transport de son choix ; un bus bi-hebdomadaire relie Och à Kachgar (50 $), et constitue le moyen le plus économique pour se rendre en Chine depuis l'Ouzbékistan. Le col de Qolma entre Murgab (dans le Pamir tadjike) et le Karakorum Highway, près de Tachkourgan, devrait s'ouvrir prochainement au trafic voyageur. La route est construite, ne manque que l'accord de la Chine. Ce passage permettra aussi de se rendre directement de Douchanbé à Gilgit, ce qui constitue sans doute un des plus beaux trajets qui soient. Depuis Kachgar, la route contitue le long du Karakorum Highway, en direction du Pakistan, et à l'est par les oasis de la Route de la Soie méridionale.

■ par la CEI

Parallèlement aux lignes ferroviaires transcontinentales, il existe plusieurs façons originales d'entrer en Asie centrale, et donc en Ouzbékistan. Des ferries font la navette entre Baku (en Azerbaïdjan) et Turkmenbachi (Krasnovodsk, au Turkménistan). Certains rejoignent parfois Astrakhan (en Russie), d'où des bateaux de croisière remontent la Volga jusqu'au cœur de la Russie.

Une magnifique route isolée sort également de l'Asie centrale par le nord-est du Kazakhstan, elle traverse brièvement l'Altaï russe en direction de la Mongolie pour rejoindre plus loin la ville d'Olgui. Si cette route requiert une préparation rigoureuse et des papiers inattaquables, elle promet en retour des paysages spectaculaires et une continuité culturelle fascinante.

■ par l'Iran et l'Afghanistan

Depuis l'Iran, il existe des points de passage de frontières à Gaurdan/Bajgiran (Turkménistan), à 45 kilomètres d'Achkhabad, sur la route de Machad, et à Saraghs plus à l'est (route et chemin de fer).

Si la situation politique se stabilise un jour et que les armes se taisent en Afghanistan, les liaisons routières et ferroviaires entre Herat et Merv au Turkménistan et entre Mazar-i-Sharif et Termez en Ouzbékistan devraient être réouvertes, et permettraient de rejoindre Peshawar (Pakistan) par la route. En 2004, l'Ouzbékistan devrait rouvrir sa frontière vers l'Afghanistan ; en attendant, le passage par Nizhny Pyanj, au Tadjikistan, demeure le plus sûr entre Douchanbé et Koundouz. Il faut espérer qu'une paix régionale en Asie centrale permettra aux différents gouvernements d'honorer enfin leur promesse souvent réitérée, et de lever les nombreuses restrictions qui entravent toujours le voyage sur les Routes de la Soie entre la Chine et l'Europe.

En attendant, emportez dans vos bagages beaucoup de temps, une grande flexibilité et l'esprit du Grand Jeu. Vous franchirez en effet la toute nouvelle frontière du voyage indépendant alors que le brouillard de l'isolationnisme asiatique commence à peine à se lever. Lorsque la frustration se fera sentir, pensez que vos tracasseries avec la bureaucratie sont sans aucune comparaison avec celles qu'ont longtemps endurées les populations locales.

CIRCULER EN OUZBÉKISTAN

En avion

Uzbekistan Airways propose des vols réguliers de Tachkent vers les grandes villes du pays : Andijan, Boukhara, Ferghana, Karchi, Namangan, Navoï, Noukous, Samarcande, Chakhrisabz, Termez, Ourguentch, ainsi que les capitales régionales Almaty, Achkhabad, Bichkek. Suite à l'accident du vol Termez-Tachkent en janvier 2004, Uzbekistan Airways a retiré (temporairement ?) tous ses avions YAK-40.

L'achat des billets peut se faire auprès du bureau local d'Uzbekistan Airways ou dans certains hôtels. Si les étrangers sont tenus de payer en dollars américains, les tarifs restent intéressants. Comme il est rare de pouvoir obtenir des billets aller-retour, il est prudent d'acheter le vol de retour immédiatement à l'arrivée. Les normes de service en vol sont quelque peu inférieures à celles offertes sur les vols internationaux : veillez à emporter de quoi boire et manger. A l'enregistrement, il est plus rapide, plus sûr, et surtout d'usage de prendre son bagage à bord avec soi.

En train

Pour les déplacements intérieurs, si les trains ne peuvent en rien être comparés au confort et à la commodité des cars, ils offrent des trajets très intéressants. Les services à bord sont moins bons qu'autrefois, mais l'augmentation des prix des billets d'avion et de car a fait croître le nombre de passagers. Les *provodnik* (personnel de bord) s'attachent souvent plus à encombrer les couloirs qu'à tenir le samovar chaud ou les toilettes propres. Suivez la recommandation locale et gardez un œil sur vos bagages. Quoi qu'il en soit, les voyages en train offrent toujours le charme inoubliable des tranches de melon partagées avec ses voisins – arrosées de vodka – qui renforcent la fraternité entre les peuples... sur fond de paysages désertiques et d'oasis. L'express de nuit Tachkent-Boukhara et le nouveau train à grande vitesse entre Tachkent et Samarcande sont les liaisons les plus fiables et les mieux entretenues. Une importante ligne nouvelle relie Noukous via Berouni et Tourtkoul à Uchquduq et Navoï à travers le désert de Kyzyl Koum. On évite ainsi le Turkménistan et le visa exigé. En 2007, une autre ligne devrait relier Boukhara à Termez via Karchi, Baïsoun et Kumkurgan.

Armez-vous de patience pour l'achat du billet, et vérifiez, dans les informations au-dessus du guichet, que ce dernier correspond bien à votre destination et que la prochaine pause n'aura pas lieu avant plusieurs heures.

A Tachkent, la billetterie pour étrangers, qui facture en sums, permet d'éviter de longues files d'attente. Avec un billet de première classe, vous embarquerez dans le *miagkiï vagon*, où vous avez le choix entre un compartiment à deux places, *lioux*, ou à quatre places, *kupeïnyï*. Les *kupeïnyï* se trouvent également en deuxième classe – *jostkiï*. La *platskartnyï* est la troisième classe, une voiture ouverte aux sièges durs transformables en couchettes. Quant à la quatrième classe, *obchtchiï*, elle comporte des bancs... et c'est tout.

Par la route

La route est le moyen le plus populaire et le plus pratique d'emprunter la Route de la Soie. L'armada d'Ikarus, les **bus** rouges d'origine hongroise, a été complétée par les véhicules bleus de la joint-venture UzDaewoo. Les places assises sont réservées aux détenteurs de billets, alors qu'un nombre incroyable de personnes peut grimper à bord en cours de route. Pour les petits trajets, réserver son billet un jour à l'avance est rarement nécessaire et souvent impossible. Vérifier sur le panneau qui surmonte le guichet qu'il concerne bien votre destination. Dans les grandes gares routières, l'OVIR peut vérifier vos papiers. Les minibus privés offrent des voyages plus rapides et plus chers : ils relient les grandes villes sur les routes principales. De nombreuses lignes de bus ont été suspendues avec l'avènement de l'indépendance.

Les **taxis** acceptent assez facilement des longues courses – Khiva-Boukhara, par exemple. Ce moyen de transport présente le double avantage de la rapidité et de pouvoir faire de courtes haltes. Négociez le prix de base jusqu'à un montant raisonnable et mettez-vous d'accord sur le partage des frais d'essence (en supplément). En règle générale, il est moins cher de prendre un taxi que de louer une voiture auprès d'Ouzbektourisme. Des **taxis collectifs** proposent des prix très abordables entre les principales villes. Ces taxis/voitures privées attendent aux arrêts de bus et de train et partent quand ils sont pleins. Vous pouvez choisir entre une petite *Tico* ou une *Nexia* légèrement plus spacieuse et plus chère, les deux sont de fabrication locale sous licence Daewoo.

L'**auto-stop** est une autre possibilité, qui n'est jamais gratuite : la plupart des voitures roulent au noir comme taxis pour diminuer les frais d'essence. Une fois encore, il est plus sûr de fixer un prix avant de prendre la route. Sont alors sous-entendus des arrêts éventuels chez un parent...

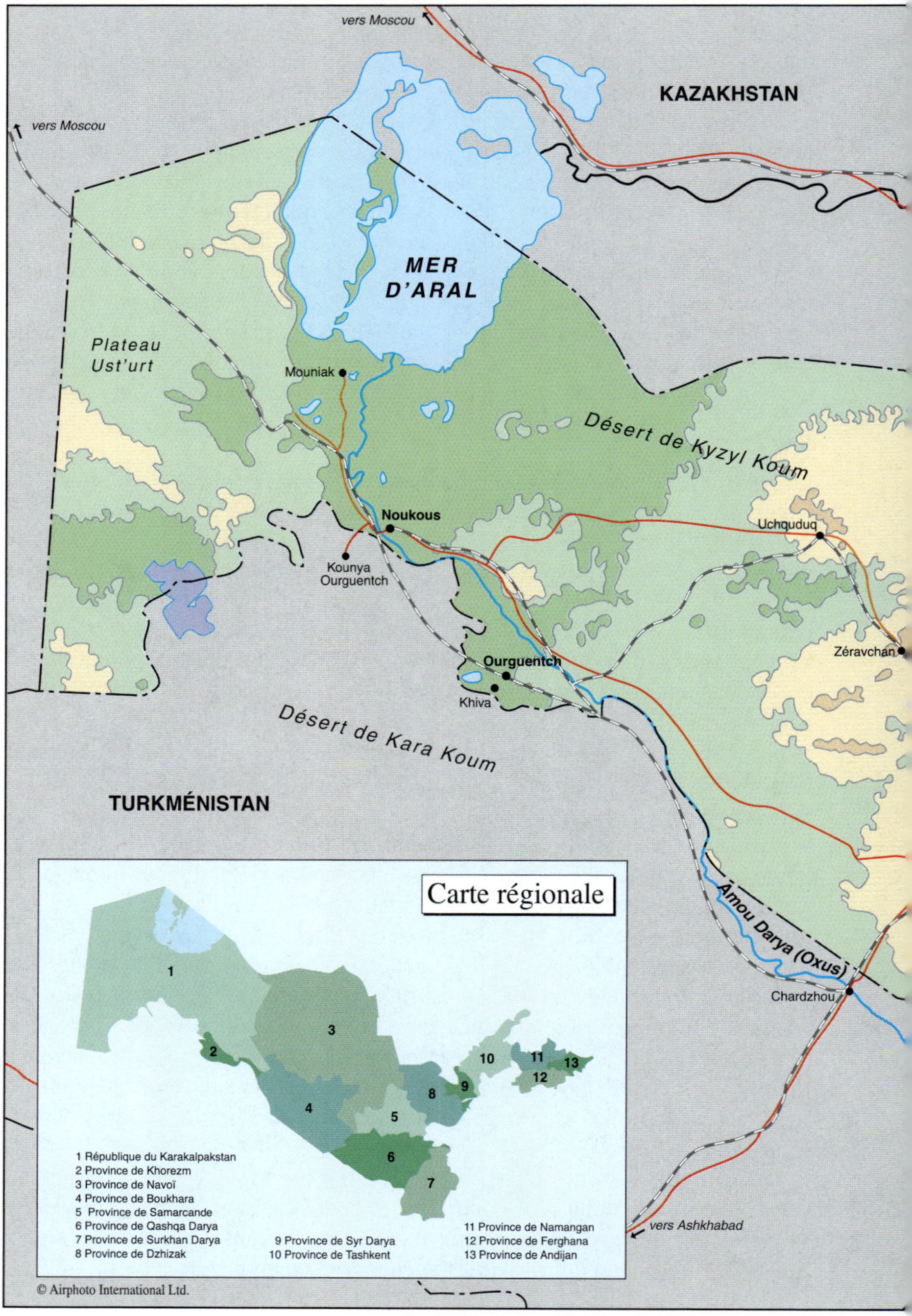
vers Moscou
vers Moscou
KAZAKHSTAN
MER D'ARAL
Plateau Ust'urt
Mouniak
Désert de Kyzyl Koum
Noukous
Uchquduq
Kounya Ourguentch
Zéravchan
Ourguentch
Khiva
Désert de Kara Koum
TURKMÉNISTAN
Âmou Darya (Oxus)
Chardzhou
vers Ashkhabad
Carte régionale
1 République du Karakalpakstan
2 Province de Khorezm
3 Province de Navoï
4 Province de Boukhara
5 Province de Samarcande
6 Province de Qashqa Darya
7 Province de Surkhan Darya
8 Province de Dzhizak
9 Province de Syr Darya
10 Province de Tashkent
11 Province de Namangan
12 Province de Ferghana
13 Province de Andijan

Ouzbékistan
(O'zbekiston)
Altitudes
0 - 100 m
100 - 200 m
200 - 500 m
500 - 1000 m
1000 - 1500 m
1500 - 2000 m
2000 - 4000 m
plus de 4000 m
0
100
200 km
Syr Darya (Jaxartes)
Turkestan
Dzambhul
vers Almaty
vers Bichkek
KIRGHIZISTAN
Chimkent
Talas
vers le col
Torugart
et Kachgar
KAZAKHSTAN
Tchimgan
Chirchik
Chatka
Namangan
Andijan
Ouzgen
Tachkent
Vallée de Ferghana
Och
Kokand
Margilan
Ferghana
Tian Shan
Lac Aydarkoul
Shakhimardan
Nurata
Nouratine
Khodjent
Dzhizak
Zaamin
Zerafshan
Navoï
Turkestan
Boukhara
Samarcande
Pendjikent
Pamir
TADJIKISTAN
Chakhrisabz
Gissaro-Alay
Douchanbé
Karchi
Termez
Mazar-i-Charif
AFGHANISTAN

Les **transports urbains** les plus faciles à utiliser sont le taxi et le métro, mais à l'aide d'un plan et de quelques notions de russe ou d'ouzbek, découvrir la ville en bus, trolleybus, tram ou taxi *marchroutnoïe* (des minibus qui suivent un circuit précis et garantissent une place assise) est un moyen peu onéreux et attrayant pour aborder la vie locale.

VISAS

Une bonne nouvelle: la plupart des citoyens européens, nord-américains et japonais peuvent maintenant obtenir un **visa de tourisme** à entrée multiple pour l'Ouzbékistan sans avoir besoin d'une invitation. Pour prolonger un visa, le recours à une agence de voyage est cependant toujours nécessaire. Les ressortissants d'autres pays doivent encore bénéficer d'une invitation d'une instance officielle pour obtenir leur visa. Heureusement, ces contraintes sont relativement faciles à satisfaire dans la mesure où l'on peut demander des lettres d'invitation «en ligne» par le biais d'agences de voyages privées qui facturent ce service entre 15 et 25 $ par personne (cf. p. 57). Il faut compter entre trois et quatre semaines pour obtenir un visa car les ambassades ne peuvent l'émettre qu'avec l'accord du Ministère des Affaires étrangères à Tachkent. Actuellement, les frais de visa varient entre 40 $ (7 jours) et 80 $ (3 mois). A toutes fins utiles, demandez un visa à entrées multiples. Votre «hôte» peut également peut également vous demander de réserver les premières nuits en Ouzbékistan. Les vouchers qui vous seront ainsi fournis avec l'invitation faciliteront la demande de visa et l'entrée dans le pays. Pour obtenir un **visa d'affaires**, tout voyageur doit posséder une invitation d'un sponsor officiel en Ouzbékistan. Des agences spécialisées s'occupent de toutes les démarches. A Paris, World Express, 10, rue Godot de Mauroy, 75009 Paris, tél. 01 40 17 01 25, fax 01 40 17 06 92, katia.voyage@wanadoo.fr, fournit ces services.

Si vous devez obtenir un visa dans un pays qui n'a pas de représentation diplomatique ouzbèke, vous devrez présenter votre invitation ainsi que la confirmation des autorités ouzbèkes à la compagnie aérienne au moment de l'embarquement. Le visa sera délivré, contre paiement, à l'arrivée à l'aéroport de Tachkent. Si par malheur votre nom ne figure pas sur la liste des officiels de l'immigration, considérez que votre demande est toujours en cours de traitement, soyez patient et adoptez un profil bas, les choses devraient s'arranger.

Malheureusement, la «règle des 72 heures» n'est plus appliquée. En effet, avec un visa pour un des pays de la CEI, il était possible de séjourner en Ouzbékistan ou dans tout autre pays de la CEI durant 3 jours; on pouvait alors suivre la Route de la Soie sans posséder un visa pour chaque pays. Comme les frontières deviennent moins perméables dans la région, tous les ressortissants qui ne sont pas de la CEI doivent maintenant présenter des visas séparés pour entrer en Ouzbékistan, Kazakhstan, Kirghizistan, Tadjikistan et Turkménistan. Rappelez-vous que pour visiter un pays limitrophe, même un transit, vous aurez besoin d'un visa à double ou multiples entrées pour revenir en Ouzbékistan, à l'exception d'une excursion d'un jour de Samarcande à Pendjikent (Tadjikistan) qui peut être organisée relativement facilement par une agence locale.

Notez que le Kirghizistan voisin est nettement moins strict en ce qui concerne les formalités d'entrée (il est possible d'obtenir un visa kirghize à l'arrivée à l'aéroport de Bichkek, sans lettre d'invitation). Ainsi, si vous deviez rencontrer des difficultés pour l'obtention du visa ouzbek, il est possible de passer par le Kirghizistan où une agence locale fera les démarches nécessaires pour le visa ouzbek.

Liste des consulats et ambassades ouzbeks à l'étranger

France (aussi pour la Suisse)
22, rue d'Aguesseau
75008 Paris
tél. 01 53 30 03 53
fax 01 53 30 03 54
ambassade.ouzbekistan@fr.oleane.com

Canada
(s'adresser à la repr. aux USA)
1746, Massachusetts Av., N. W,
Washington D.C. 20036
tél. (202) 887 53 00
fax (202) 293 68 04

Belgique
99, av. Franklin-Roosevelt
1050 Bruxelles
tél. (322) 67 28 844, fax (322) 67 23 767

Ambassades étrangères à Tachkent

Ambassade de France
25, rue Akhounbabaïev
Tachkent 700041
tél. 133 53 82
fax 132 51 97

Ambassade de Suisse
Rue Usmon Nosyr
Tupik 1/4, Tachkent 700070
tél. 00998 71 120 67 38 / 39 / 40
fax 00998 71 120 62 59
vertretung@tas.rep.admin.ch

Consulat de Belgique
10, rue Général Karimov
tél. 255 01 88, fax 152 59 42,
belcons@globalnet.uz

Ambassade du Canada (à Moscou)
23, Starokonyushenny Pereulok
Moscou 119002, Russie
tél. (011 7 095) 105 60 00,
fax (011 7 095) 105 60 25

DOUANE, FORMALITÉS, POLICE

A votre arrivée à l'aéroport de Tachkent, vous devrez remplir un formulaire en deux exemplaires détaillant l'argent (cash et travellers' cheques) que vous introduisez dans le pays. Si vous ne déclarez pas vos travellers' cheques, il ne vous sera pas possible de les encaisser dans une banque ouzbèke. Conservez tout au long de votre séjour la copie tamponnée qu'on vous remettra. Au retour, vous remplirez un nouveau formulaire qui, comparé à celui de votre entrée, permettra aux fonctionnaires de vérifier que vous quittez l'Ouzbékistan avec moins d'argent qu'à l'arrivée. Si vous importez plus que l'équivalent de 10 000 $, vous devrez vous acquitter d'une taxe d'un pour cent. Si vous avez dépensé l'équivalent de 2000 $ ou plus en Ouzbékistan, on peut vous demander de présenter les reçus officiels.

Le personnel douanier surveille de très près l'exportation d'antiquités (officiellement, tout objet de plus de 50 ans, ou d'une grande valeur culturelle...). Dans la pratique, les douaniers de l'aéroport de Tachkent se montrent plutôt suspicieux, même pour des objets tels que tapis ou broderies, visiblement neufs. Conservez donc précieusement vos reçus et factures pour la sortie du pays. Sans permis spécifique, il n'est pas recommandé d'acheter des souvenirs au cachet ancien. A Boukhara, on peut obtenir gratuitement des «formulaires d'expertise» qui vous aideront à exporter vos souvenirs. Il est également possible de s'adresser au ministère de la Culture à Tachkent (rue Abdullah Kadiri 11, tél. 41 22 97) pour des autorisations d'exportation.

Il est vivement recommandé de conserver les récépissés d'hôtel, que les policiers et fonctionnaires de l'immigration sont susceptibles de réclamer. En théorie, tous les étrangers voyageant, étudiant ou travaillant en Ouzbékistan devraient signaler, dans les 72 heures, leur présence et leur lieu de résidence à l'OVIR local. En pratique, le personnel hôtelier enregistre automatiquement les touristes. Cependant, si vous y êtes invité, ne vous privez pas d'un séjour dans une famille, l'une des libertés les plus réjouissantes de l'indépendance. Si les fonctionnaires relèvent une incohérence dans les dates des reçus, prétextez une simple perte.

Des plaintes fréquentes des voyageurs indépendants concernent les policiers ouzbeks, dont la vigilance de la guerre froide s'est muée en une exploitation éhontée du touriste, et qui distribuent à tout vent des «amendes» parfaitement arbitraires – l'une des nombreuses utilisations que vous ferez de vos petites coupures en dollars. Dans une telle situation, exigez de vous entretenir avec quelqu'un qui parle une langue que vous comprenez, cherchez à découvrir la nature exacte de votre «délit», négociez le tarif initial, exigez un reçu et prenez en photo le policier qui vous a arrêté. Vous pourrez alors vous en tirer avec un simple avertissement… ou alors on vous enverra au trou et on jettera votre appareil photo au puits. Les policiers du Kazakhstan et du Kirghizistan sont un peu plus abordables, mais il vaut mieux éviter d'avoir affaire à leurs collègues du Tadjikistan et du Turkménistan. En cas de contrôles répétés, une phrase en russe peut être utile: *Uzhepravieryle,* «j'ai déjà été contrôlé» !

La mosquée Khazreti Imam à Chakhrisabz

AGENCES DE VOYAGE

Voyager individuellement en Ouzbékistan est bien sûr parfaitement possible, à divers degrés, mais cela nécessite beaucoup de temps et implique tout autant de paperasserie. C'est pourquoi les voyages organisés restent la façon la plus aisée de visiter l'Asie centrale.

Plusieurs agences de trekking offrent, en plus des randonnées dans le Tian Chan ou les Pamir (Kirghizistan et Tadjikistan), des combinaisons avec la visite des villes de Boukhara ou Samarcande.

France

Arts & Vie
251, rue Vaugirard,
75015 Paris
Tél. 01 40 43 20 21, fax 01 40 43 20 29
www.artsetvie.com

Asia
1, rue Dante,
75005 Paris
Tél. 01 44 41 50 10, fax 01 44 41 50 19
www.asia.fr

Clio
34, rue du Hameau,
75015 Paris
Tél. 01 53 68 82 82,
fax 01 53 68 82 60
www.clio.fr

Explorator
16, rue de la Banque,
75002 Paris 2e
Tél. 01 53 45 85 85,
fax 01 42 60 80 00
www.explo.com

Ikhar
16, rue de la Banque,
75015 Paris 2e
Tél. 01 43 06 73 13,
fax 01 40 65 00 78
ikhar@wanadoo.fr

JVH - Ouzbékistan
12, rue de la Chaussée d'Antin
75009 Paris
Tél. 01 45 23 28 58,
fax 01 45 23 38 85
jvhuzbe@aol.com

Maison des Orientalistes
7, place Saint-Sulpice
75006 Paris
Tél. 01 56 81 38 38
Fax 01 46 33 73 03
www.orientalistes.com

Orients
25, rue des Boulangers
75005 Paris
Tél. 01 40 51 10 40, fax 01 40 51 10 41
www.orients.com

Transtours / Marsans
10, rue du Fg Montmartre
75009 Paris
Tél. 01 53 34 40 22, fax 01 53 34 40 27
www.marsans.fr

Suisse

Au Tigre Vanillé
8, rue de Rive
1204 Genève
Tél. 022 817 37 37, fax 022 817 37 39
www.vanillatiger.ch

Horizons Nouveaux
Centre de l'Etoile, B.P. 196
1936 Verbier
Tél. 027 771 71 71, fax 027 771 71 75
www.horizonsnouveaux.com

Nomade Expérience
26, Grand-Rue
1630 Bulle
Tél. 026 913 98 00, fax 026 913 17 00
www.nomade.ch

Voyages & Culture
10, rue de Bourg
1002 Lausanne
Tél. 021 312 37 41, fax 021 323 27 00
www.voyages-et-culture.ch

Belgique

Ornella Travel
39, place Xavier Neujean
4000 Liège
Tél. (0) 4 223 74 10
Fax (0) 4 223 75 61
info@ornella.be

Dernière minute!
dès juin 2004, Air France proposera deux vols hebdomadaires pour Tachkent (aller: jeudi/dimanche, retour: samedi/mardi)

Ouzbektourisme. Cette entreprise nationale a été constituée en 1992 avec le personnel en place et les réseaux des agences de voyage soviétiques comme Intourist ou Spoutnik. Toujours dédiée aux touristes en groupe et instinctivement méfiante à l'égard des voyageurs individuels, Ouzbektourisme tend à changer d'attitude au fur et à mesure que la souplesse due à l'indépendance entraîne l'ouverture de nouveaux itinéraires et le développement d'activités variées. Le voyage d'aventure est en train de gagner ses galons : ski, trekking, rafting et chasse. Alors qu'Ouzbektourisme s'efforce de dominer l'industrie touristique locale, elle se trouve de plus en plus au coude à coude avec des agences de voyage privées, qui représentent l'avenir du voyage en Asie centrale. Ces dernières emploient généralement un personnel enthousiaste – souvent d'anciens experts de l'Intoursit –, qui peut fournir des informations à jour, des invitations pour visas, des circuits sur-mesure, des tarifs raisonnables, des guides compétents et un minimum de bureaucratie. S'adresser directement à ces agences permet d'éviter le coût élevé des intermédiaires occidentaux et, si les communications internationales traditionnelles peuvent être frustrantes, l'avènement du courrier électronique garantit une facilité sans précédent.

ITINÉRAIRES

La plupart des circuits organisés de sept jours passent par les deux villes principales, Samarcande et Boukhara, avec un arrêt à Chakhrisabz au passage, et commencent, ou se terminent, par une visite de Tachkent. Avec deux ou trois jours de plus, beaucoup de visiteurs volent d'abord à Kounia Ourguentch et visitent Khiva en revenant sur Boukhara et Samarcande. Des excursions d'un jour à Pendjikent (Tadjikistan) ou Kounia Ourguentch (Turkménistan) sont possibles. Pour ceux qui en ont le temps, la vallée du Ferghana donne une bonne idée de l'Ouzbékistan moderne ; avec un moyen de transport individuel, le détour par les sites historiques de la Voie royale, entre Boukhara et Samarcande, est facile et vaut la peine. Pour quitter les sentiers battus, descendez la route du Sud pour atteindre les paysages de Termez, peu visités, ou, plus loin, le cœur de l'oasis de Khorezm.

Les circuits thématiques sont de plus en plus prisés. Un séjour dans un autre pays de la CEI constitue le prolongement naturel d'une visite en Ouzbékistan. Les frontières avec la Chine, récemment ouvertes, permettent de parcourir la Route de la Soie dans sa totalité. Les lignes aériennes internationales permettent de plus en plus de prévoir des itinéraires selon des thèmes culturels ou historiques : un séjour panturc Istanbul/Ouzbékistan ; les fils ethniques tissés entre l'Ouzbékistan et le Daghestan russe ; la continuité architecturale entre l'Iran et l'Ouzbékistan ; ou encore les liens historiques entre l'Ouzbékistan et l'Inde moghole...

SANTÉ

Dans la préparation de votre voyage, pensez en priorité à contracter une assurance maladie couvrant le rapatriement d'urgence – les voix sont unanimes pour critiquer l'état désastreux des services médicaux d'Asie centrale. Aucune vaccination n'est officiellement demandée par les nouvelles républiques, mais il est indispensable de vérifier si et quand vous avez été vacciné contre : le tétanos, la diphtérie et la polio (protection de dix ans) ; la typhoïde (trois ans) ; le choléra et l'hépatite A (jusqu'à six mois – demandez conseil à votre médecin). Il n'est pas inutile d'envisager une vaccination contre la méningite à méningocoque. Sur place, tenez-vous à l'écart des animaux (risque de rage), et comme partout ailleurs, évitez les rapports sexuels non protégés (sida et hépatite B). Ne consommez pas d'aliments insuffisamment cuits (salmonelles). L'eau est le principal vecteur des maladies : minimisez les risques en fuyant l'eau du robinet, les glaçons et les produits laitiers locaux. Si vous ne trouvez ni thé, ni eau bouillie, ni eau minérale, purifiez l'eau du robinet avec de l'iode ou du chlore. En ce qui concerne la nourriture, la règle de base est « cuire, éplucher ou renoncer ». Ne consommer que des plats chauds et bien cuits, qui n'ont pas eu le temps de refroidir. Les habitants ne mangent pas de poisson entre mai et août. Refusez ce qui est cru, comme la salade, et pelez les fruits vous-même.

Dans la pratique, rares sont ceux qui peuvent soutenir un tel régime. Attendez-vous donc à souffrir de diarrhée, mal le plus commun en Asie centrale – même Alexandre le Grand en a été atteint à son approche de Samarcande. Le meilleur remède consiste en une réhydratation scrupuleuse, à l'aide d'eau bouillie, en bouteille ou purifiée, de limonades dégazéifiées et de solutions réhydratantes. Evitez les fruits et les aliments gras (de l'aveu général, un véritable défi en Ouzbékistan), et tenez-vous en au pain, aux biscuits, au riz et aux œufs à la coque salés. Les comprimés anti-diarrhée, souvent peu efficaces, seront peut-être utiles lorsque vous devrez vous déplacer. Les intrépides peuvent tenter le remède local : vodka et piments forts…

La menace des coups de soleil et insolations est constante : limitez votre temps d'exposition au soleil, portez chapeau et lunettes, et n'oubliez pas la crème solaire. Le mal des montagnes guette tout un chacun au-dessus de 3000 mètres d'altitude. Maux de tête et nausées devraient se dissiper au bout de quelques jours. Prenez du temps pour vous acclimater, faites les ascensions lentement, mangez et reposez-vous bien, buvez beaucoup (tout sauf de l'alcool) et évitez de fumer. Si les symptômes persistent, redescendez immédiatement, avant que votre état ne s'aggrave.

Kit médical : pastilles pour purifier l'eau ; aspirine/paracétamol/tylenol ; antibiotique à large spectre ; collyre ; comprimés anti-diarrhéiques ; crème et lingettes antiseptiques ; anti-histaminique ; bandages et pansements. Emporter des seringues neuves pour garantir leur stérilité. En été, moustiquaires, anti-insectes et pommades contre les piqûres sont les bienvenus, mais seul le sud-ouest du Tadjikistan requiert des cachets anti-malaria. En cas d'urgence, informez le personnel de l'hôtel et appelez la Clinique médicale internationale de Tachkent au (712) 30 73 12 ou au (71) 185 20 88, à la rue Mahmoud Tarabit 14. Les pharmacies qui acceptent les devises étrangères à Tachkent sont les suivantes: Uzbekimpex à la rue Abdoullah Toukaïa 33 et à la rue Navoï 6. Le meilleur hôpital de Tachkent est l'Hôpital d'Etat n° 1, rue Potchtovaïa 40, près de Buyuk Ipak Yuli dans le nord-est de la ville.

CLIMAT

En été, la plupart des voyageurs souffrent de la chaleur dès leur arrivée. L'Ouzbékistan n'est pas appelé pour rien «la république ensoleillée», avec trois cents jours de soleil et moins de 300 millimètres de pluie par an. Le climat continental à hauts contrastes, dû au désert et aux montagnes éloignées de la mer, est marqué par deux périodes de quarante jours de *tchilla*. La première, du 25 juin au 5 août, apporte des températures qui s'élèvent l'après-midi jusqu'à 35 degrés. La seconde, du 25 décembre au 5 février, voit le thermomètre chuter jusqu'à –35 degrés, mais il ne descend pas en dessous de –10 degrés dans la plupart des villes.

L'été sous les fontaines de Tachkent

Le début du printemps est l'un des meilleurs moments pour visiter le pays, lorsque le désert baigne dans des couleurs florales jusque début juin, ainsi que la période de septembre à début novembre, alors que les arbres qui bordent les rues resplendissent de leur gloire automnale. En été, la chaleur torride est compensée par une faible humidité, des soirées relativement fraîches et des étals regorgeant de fruits frais. L'hiver est sec et ensoleillé. Les légendaires coupoles de Samarcande ne sont que brièvement saupoudrées de blanc. Khorezm est douloureusement froid et souvent venteux dès début novembre, Termez, sur l'Amou Daria, très chaude de juin à septembre. Les régions montagneuses sont fraîches en été, mais glaciales et enneigées en hiver.

HABILLEMENT

Pour les voyages d'été, les vêtements en coton de couleurs claires sont les mieux adaptés. Les pantalons, les jupes longues et les chemises à manches longues préservent des coups de soleil tout en respectant les sensibilités musulmanes. La peau doit être couverte dans les lieux saints, et l'habillement devrait généralement rester assez pudique. Le chapeau est loin d'être un accessoire inutile, et les chaussures de marche à semelle épaisse sont à préférer aux chaussures trop découvertes, en raison de la chaleur et de la poussière.

En saison plus froide, emportez des bottes chaudes et des lainages, ainsi qu'une veste doublée. Dans le désert, la température chute brutalement durant la nuit. Si vous quittez la plaine pour les montagnes du Kirghizistan ou du Tadjikistan, attendez-vous à un froid intense, à des vents violents et à des neiges abondantes.

ÉQUIPEMENT

En 1899, Lord Curzon recommandait aux visiteurs de l'Asie centrale d'emporter leur propre oreiller, un coussin d'air, une selle, un casque colonial, de la viande en conserve et une baignoire en caoutchouc ! Si la viande en conserve reste une idée intéressante, le reste se révélerait bien encombrant. Un siècle plus tard, les recommandations sont : kit médical ; timbale ; couteau de poche ; cadenas (pour les bagages) ; lampe de poche ; sachets de café, etc. pour agrémenter la nourriture des restaurants ; adaptateur universel pour prises de courant ; nécessaire de toilette ; piles ; films photo ; papier de toilette ; poudre à lessive ; photocopie du passeport et des billets d'avion ; lecture ; guide de conversation russe/ouzbek (voir p. 334 ss).

Les grands sacs à dos ne rentrent pas dans les porte-bagages des autocars ; gardez vos objets de valeur sur vous tout en les dissimulant.

DEVISES ET MONNAIE

Un *sum* ouzbek vaut 100 *tiyin*. Existent des billets de 1, 3, 5, 10, 25, 50 et 100, 200, 500 et 1000 sums, tous ornés de héros et bâtiments architecturaux ouzbeks. Pour un euro, vous obtiendrez environ 1200 sums, pour un dollar américain, environ 980 sums (printemps 2004). Entièrement convertible depuis fin 2003, pour la première fois depuis l'indépendance, il n'y a pratiquement plus de différence entre marché officiel et marché noir. Cette réalité entraîne une légère augmentation du coût d'un séjour en Ouzbékistan qui, selon les standards occidentaux, demeure néanmoins une destination avantageuse. Au-delà des frontières prévalent le *tenge* kazakh, le *som* kirghize, le *manat* turkmène et le *somani* tadjike.

Le dollar américain a beau constituer la devise alternative en Ouzbékistan, soyez prudent en public, ce n'est pas la monnaie légale. Emportez des dollars en traveller's cheques et en liquide: les premiers peuvent s'échanger contre des sums aux comptoirs des hôtels et de certaines banques; les seconds, de préférence en billets neufs (datant au plus tôt de 1990), se révèlent d'une aide précieuse en maintes occasions. Les cartes Visa sont de plus en plus acceptées et sont idéales dans les cas d'urgence. La plupart des guichets de la Banque nationale d'Ouzbékistan vous donneront des dollars sur présentation de la carte Visa ou en échange de traveller's cheques. Il vous sera peut-être encore proposé, dans la rue, de changer votre argent, car le marché noir a longtemps assuré la survie de nombreuses personnes. Un tel procédé n'est plus intéressant depuis que le sum est convertible.

Si vous voyagez hors des sentiers battus, pensez à emporter suffisamment d'argent liquide. En dehors des hôtels pour touristes, les prix sur place sont très bas par rapport aux normes occidentales.

PHOTOGRAPHIE

Comme toujours, attendez-vous à un choix limité: vous pouvez trouver des films couleurs d'importation dans certains hôtels et dans les grands magasins, mais il est préférable d'emmener assez de pellicules et de piles. Si le développement ne peut attendre votre retour, il existe à Tachkent des magasins *Konica* et *Kodak* qui peuvent s'en charger.

Les appareils et films photos devraient être le moins possible exposés à la lumière directe du soleil. Pour éviter qu'ils surchauffent en été et qu'ils deviennent cassants en hiver, rangez vos films dans un sac doublé de matière réfléchissant la chaleur. Par ailleurs, les piles se vident plus vite par grand froid, pensez à les protéger également. Pour éviter que les rayons X de la sécurité des douanes ne voilent vos films, emportez-les dans votre bagage à main, et présentez-les vous-même au contrôle. La poussière, du désert ou des nombreux chantiers, trouvera vite son chemin vers l'objectif de votre appareil. Protégez-le avec étui et pare-soleil – qui réduiront également le rayonnement – et un filtre à ultraviolets – également indispensable dans les paysages enneigés. Prévoyez enfin brosse et lingettes nettoyantes.

La luminosité intense du soleil d'Asie centrale permet d'utiliser des films plus lents (25-64 ASA) et d'obtenir une grande profondeur de champ... mais attention à la surexposition ! Photographiez de préférence dans la lumière plus douce des débuts de matinée ou des fins d'après-midi. Pour garder les paysages enneigés frais et bien blancs, surexposez de deux ouvertures. Un filtre polarisant réduit les reflets sur les films couleurs et surtout les diapositives. Il intensifie par la saturation des couleurs et les contrastes, et donne de la profondeur aux ciels.

La politesse invite à demander aux gens la permission de les photographier, même si les clichés s'en trouvent plus figés. Un téléobjectif ou un angle panoramique à 90 degrés permettra de prendre des portraits plus naturels. Respectez les coutumes musulmanes : les personnes âgées, particulièrement les femmes, peuvent ne pas apprécier d'être placées devant l'objectif ! Ne photographiez pas l'intérieur des mosquées sans en demander l'autorisation, et surtout jamais à l'heure de la prière. Dans les citadelles islamiques, comme Namangan, n'utilisez votre appareil qu'avec la plus grande prudence. Sur de nombreux sites architecturaux, les visiteurs doivent monnayer le droit d'utiliser un appareil photo ou une caméra, et le flash est souvent proscrit. Photographier les postes-frontière, les installations militaires ou les ponts équivaut à chercher des ennuis.

POSTES ET TÉLÉCOMMUNICATIONS

Pour les **appels internationaux** vers l'Ouzbékistan, formez l'indicatif du pays (998), celui de la ville (voir ci-contre), puis le numéro local. Ainsi pour appeler Sogda tour à Samarcande, faites le 00 998 662 33 17 35. Dans le sens inverse, formez le 810 suivi de l'indicatif de votre pays. Le service le plus pratique est offert par les grands hôtels, mais se paie en dollars, et plus cher qu'ailleurs. La plupart des bureaux de poste proposent un service plus lent aux tarifs locaux. Des *business centres* privés offrent une bonne alternative, particulièrement pour l'envoi de fax.

Pour acheter ou louer un téléphone portable, voir Tachkent, p. 110 ou les agences spécialisées Uzdunrobita à Samarcande (hôtel Afrosiab), Boukhara (hôtel Palace) et Ourguentch (hôtel Jayhun) qui offrent également des tarifs intéressants pour les appels internationaux.

Pour les **appels nationaux**, le mieux est de s'adresser à votre hôtel (normalement sans frais supplémentaires) ou au bureau de poste. Les cabines publiques encore en état de marche se comptent sur les doigts de la main en Ouzbékistan, et n'acceptent que des jetons vendus dans les kiosques ou les offices postaux. Voici quelques indicatifs locaux :

Tachkent	712	pour les numéros à 6 chiffres	71	pour ceux à 7 chiffres
Samarcande	662	»	66	»
Boukhara	652	»	65	»
Ourguentch et Khiva	622	»	62	»
Ferghana et Kokand	732	»	73	»
Andijan	742	»	74	»
Chakhrisabz	752	»	75	»
Termez	762	»	76	»

Pour les appels longues distances à l'intérieur de l'Ouzbékistan, composez d'abord le 8, attendez la tonalité, et composez ensuite l'indicatif local puis le numéro désiré. Ainsi pour appeler Sogda Tour à Samarcande depuis Tachkent, composez le 8 662 33 17 35.

Pour les appels vers la CEI, composez simplement le 8 suivi de l'indicatif de la ville : Moscou 095, Almaty 3272, Bichkek 3312, Achkhabad 3632, Douchanbé 3772, etc.

La Route de la Soie est désormais reliée à la toile mondiale que constitue **internet**. Tandis que la censure locale brime toujours les médias traditionnels, l'Ouzbek citadin peut accéder à un large spectre de nouvelles et d'opinions dans les cybercafés qui se multiplient. La connexion y est aussi lente que dans les grands hôtels, mais sensiblement moins chère.

La poste ouzbèke n'est pas un modèle de rapidité, les lettres et cartes postales peuvent mettre un mois ou deux pour arriver à destination. Les principaux hôtels acceptent le courrier en poste restante. Les sociétés de courrier rapide telles que UPS ou DHL ne desservent que Tachkent, Samarcande et Boukhara.

ÉLECTRICITÉ

Tout comme le reste de l'ex-Union soviétique, l'Ouzbékistan utilise du 220 volts, 50 périodes, avec une fiche ronde bipolaire. Emportez un adaptateur universel.

MÉDIAS ET INFORMATION

Bien qu'internet ait désormais atteint l'Ouzbékistan, l'accès à l'information reste assez limité. Les hôtels de première classe diffusent des chaînes de télévision internationales. Les russophones trouveront davantage d'informations et de divertissements sur Channel 1, qui émet depuis Moscou, que sur la télévision ouzbèke, plutôt dédiée à la chanson, à la danse et aux «bonnes nouvelles» – les récoltes de coton et les décrets présidentiels. Le dimanche soir à 19 h, TV2 (Yoshlar) diffuse des nouvelles en anglais.

En radio, vous trouverez bien entendu en ondes courtes des programmes du monde entier et notamment de votre pays. Radio Moscou et Radio Tachkent diffusent également des programmes en anglais.

Il est difficile de trouver des quotidiens et périodiques étrangers. A Tachkent, adressez-vous aux kiosques situés derrière Tsoum. Pour des informations en anglais sur la région, cherchez l'excellent *Times of Central Asia,* publié à Bichkek (www.times.kg).

De nouveaux plans de villes et des cartes paraissent régulièrement, mais plusieurs villes attendent encore une cartographie post-soviétique... Cartes et guides sont vendus dans les boutiques des hôtels et les librairies. Quand vous en repérez qui vous intéressent, n'hésitez pas à les acheter, car la distribution est très inégale, et vous ne les retrouverez peut-être plus.

Les visiteurs qui s'attardent à Tachkent devraient s'inscrire chez debjani.sengupta@rol.com afin d'obtenir le courrier d'information mensuel du TWIG (Tachkent Women's Int. Group) et consulter le site www.interconcepts.com/tachkent-events.html qui publie le programme des événements de la semaine à Tachkent.

Quelques sites web, souvent rédigés par des agences de voyage, proposent des informations utiles:

www.uzreport.com	Informations générales
www.uzbekistan.com	Bulletin d'informations générales
www. bukhara.net	Portail
www.dreambukhara.org	Informations sur les B&B
www.eurasianet.org	Excellent site d'informations régionales
www.uzland.com	Informations touristiques (Tachkent)
www.uzonline.com	Portail pour de nombreux sites ouzbeks
www.uzbekistannews.net	Informations générales
www.uzbekistan.com	Informations et adresses
www.msf.org/aralsea	Site sur la mer d'Aral de MSF
www.uzdessert.uz	Musique et culture ouzbèkes
www.fas.Harvard.edu/~centasia/	
www.fas.Harvard.edu/~casww	Sites destinés aux chercheurs

La médersa Chir Dor sur la place du Reghistan à Samarcande

DÉCALAGE HORAIRE

Sur les onze fuseaux horaires de l'ex-URSS, l'Ouzbékistan en chevauche deux. Ses treize provinces ont maintenant cinq heures d'avance sur l'heure GMT, deux sur l'heure de Moscou, et une de retard sur Almaty (Kazakhstan) et trois sur la Chine. Les tableaux horaires des transports publics utilisent une horloge à 24 heures et ne sont plus réglés sur l'heure de Moscou. Il n'y a pas de différence entre les heures d'hiver et d'été.

HÉBERGEMENT

Durant les années 90, les visiteurs de l'Asie centrale ont dû supporter les services lacunaires offerts par les établissements liés à l'agence étatique Intourist et dont les prix élevés étaient inversement proportionnels à la qualité des prestations et de l'accueil. Ces dernières années cependant, sous l'impulsion des investisseurs internationaux et l'initiative d'entrepreneurs locaux, la situation de l'hôtellerie a favorablement évolué. Des chaînes haut de gamme telles que le Sheraton se sont implantées à Tachkent avec des projets d'expansion dans le pays, et des managers étrangers gèrent de confortables quatre-étoiles à Samarcande et Boukhara. Ces deux villes ont également servi de catalyseur pour la révolution des chambres d'hôtes qui commencent à se répandre à travers tous le pays et qui proposent une alternative bienvenue à prix abordables (10-30 $). Dans la vieille ville de Boukhara, où le choix est particulièrement abondant, les chambres d'hôtes proposent des services agréables, une nourriture corrrecte, des transports privés efficaces et un environnement plaisant. Beaucoup d'hôtels étatiques essayent de s'adapter, mais les habitudes ont la vie dure... Tandis que les groupes organisés connaissent un accueil convenable, il peut être frustrant pour un voyageur individuel de descendre dans un établissement d'Etat. Plus sommaires encore sont les *turbaza* (camping proposant aussi de petits chalets) et des *Pionneerski Lahgir* («camp des jeunes pionniers» où a été fabriqué l'*Homo sovieticus* sous le précédent régime), où des enseignants-gérants sont souvent heureux de pouvoir offrir pour un prix modique un lit et un repas aux voyageurs de passage.

Des réceptionnistes dans les hôtels vous proposeront parfois un logement chez un parent. En acceptant une telle proposition, vous violez le règlement interdisant tout séjour dans les endroits non approuvés par Ouzbektourisme, mais ne vous en formalisez pas trop, pensez simplement à demander au prochain hôtel autorisé d'inclure ces nuitées dans leur reçu, car la police et les officiels de l'immigration peuvent vous demander les justificatifs relatifs aux hébergements.

Dans les hôtels traditionnels, une fois le formulaire d'enregistrement rempli et avant de vous donner la clef de votre chambre, le personnel exigera de garder votre passeport pour la durée de votre séjour. Si cela vous dérange, proposez une autre preuve d'identité en dépôt, ou réclamez votre passeport plus tard en prétextant qu'il vous est nécessaire pour changer de l'argent ou acheter un billet d'avion. Dans certains hôtels, vous recevrez un passe à échanger contre votre clef auprès de la *déjournaïa* (responsable d'étage), qui peut revendiquer votre clef dès que vous quittez le bâtiment. Si vous vous liez avec la *déjournaïa*, elle vous proposera peut-être du thé ou de l'eau bouillie – un petit pourboire sera le bienvenu. N'oubliez pas de fermer votre porte à clef, même lorsque vous êtes à l'intérieur, et de ne jamais laisser traîner d'objets de valeur – ceux-ci sont à placer dans le coffre de l'hôtel s'il existe.

La plupart des hôtels et chambres d'hôtes en Ouzbékistan demandent à être payés en dollars, et les cartes de crédit sont de plus en plus largement acceptées. Dans les établissement étatiques bas de gamme, on peut essayer de payer en sums, en applicant le taux de change officiel. D'une manière générale, le prix des chambres est négociable en fonction de la saison, de l'humeur du réceptionniste ou de la taille et de l'état de la chambre. Les prix donnés dans ce guide, relevés en été 2003, n'ont qu'une valeur indicative. Attendez-vous à des variations considérables. Le voyage en Asie centrale reste soumis à des fluctuations difficiles à prévoir...

REPAS ET BOISSONS

« Avez-vous goûté notre plat national ? » Voilà comment s'exprime souvent la véritable hospitalité ouzbèke, qui peut vous entraîner dans un long processus au cours duquel on vous offrira d'innombrables mets qui feront la fierté de vos hôtes. Le *plov* (pilaf) est le plat national. Du repas entre amis aux cérémonies de circoncisions, en passant par les élections (pour rendre attrayant le vote pour le Parti), tous les prétextes sont bons pour en manger. La légende veut que le mérite en revienne à Alexandre le Grand (en grec, *poluv* signifie « mélange d'ingrédients »), qui aurait demandé à ses cuisiniers d'inventer un plat de campagne léger mais consistant… seule cette dernière condition a été remplie. Le *plov* existerait en plus de cent variétés aux riz et garnitures différentes, qui toutes brodent sur la recette de base : du mouton cuit à la vapeur, farci de riz et de raisins ou de coings, malaxé en petites boulettes. Selon la croyance populaire, le *plov* préparé en extérieur par des hommes uniquement donnerait le meilleur résultat. Les chachliks sont l'autre grand plat du pays : des brochettes de mouton grillées au charbon de bois – incontournables. Les connaisseurs en apprécient les gros bouts de gras entourant chaque morceau de viande, et les habitués se régalent de la variété au foie grillé *(jigar kabob)*, ou au poulet *(tovuk kabob)*. Les chachliks sont garnis généralement de quatre ou cinq morceaux de viande (sauf si vous avez commandé un *kiyma*

Vendeur de chachliks

kabob/kiymali chachlik, de la viande émincée) recouverts d'oignon cru et accompagnés de pain frais.

Egalement très populaires sont les *manty*, des petits boulettes de pâte farcies de mouton haché et d'oignon, arrosées de *smetana* (crème aigre), la grande amie des Russes, ainsi que les *pelmeni*, des raviolis farcis assez proches des *jiaozi* chinois. Lorsqu'un cuisinier lance énergiquement de la pâte, c'est probablement qu'il est en train de préparer une *laghman*, soupe de nouilles épaisse à la viande et aux légumes frits (pommes de terre, carottes, chou). Les *tchorba*, d'autres soupes à la viande et aux légumes, se déclinent en plusieurs goûts : *dymbul tchorba*, au maïs, aux pommes de terre et aux piments farcis ; *nakhot tchorba*, aux pois chiches (*mokhora*, soupe de pois chiches à Boukhara) ; ou encore *tchutchvara tchorba*, avec de grandes boulettes d'agneau. La *mastava* est une soupe au riz et aux légumes ; et la *mampar* comporte de la viande, des œufs au plat et des nouilles. Enfin, la *naryn* est une soupe de nouilles avec viande de cheval. Dans les « soupes » froides, le *tchalop* consiste en yaourt à la ciboulette et au concombre. Le *nakhot tchurak* est un ragoût de pois chiches, d'oignon et de viande ; et le *dimnama* un ragoût de viande aux pommes de terre, aux carottes, choux et aux tomates (*kovurma* désigne aussi un ragoût). Vous trouverez également des *samsa*, chaussons farcis à la viande et à l'oignon (proches des *samosas*) cuits dans des fours d'argile. Les entrées les plus communes sont les salades de tomate et concombre agrémentées de crème aigre *charka*, les fromages blancs *suzma*, ainsi que les plats de viande froide dont la saucisse de cheval *kasy*.

Deux échappatoires se présentent aux voyageurs soucieux d'éviter la graisse omniprésente dans la cuisine ouzbèke : le pain *non* (*nan*) et les fruits. Ne méritent le nom de bazar que les marchés dont les paniers et autres casiers regorgent de *non* chauds, odorants, à la croûte croustillante mais au cœur bien tendre. Ces petits pains ronds sans levain sont l'accompagnement idéal des chachliks, et sont l'objet d'un grand respect dans la société ouzbèke (voir les Us et Coutumes). La légende raconte en effet que les souverains les utilisaient autrefois comme monnaie et, au XIe siècle, le savant Avicenne les recommandait, ainsi que le *plov*, comme remèdes contre toutes les maladies débilitantes. La pâte, à base de farine de froment, est saupoudrée de graines de sésame *(kalonji)* ou de pavot, puis jetée sur les parois d'argile d'un four *tandyr*. Les pains ne se détachent que lorsqu'ils sont cuits. Les *non* ordinaires sont le *obi* et le *uy-non* (*lepiochka* en russe), mais les variantes se déclinent à l'envi, jusqu'au *patyr*, en pâte feuilletée arrosée de graisse de mouton pour en préserver la fraîcheur. Samarcande à elle seule s'enorgueillit de vingt variations sur ce thème, décorées et colorées pour êtres offertes lors d'occasions particulières.

L'autre grand attrait des bazars: les fruits frais. Il y a plus de mille ans déjà, les célèbres melons et raisins de la région constituaient des mets délicats exportés dans de la glace. Babour, ancêtre de Tamerlan, leur a rendu hommage: bien longtemps après être devenu empereur de l'Inde, il se souvenait encore du goût exquis des fruits de son pays d'origine. En été comme en automne s'étalent des rangées alléchantes de pêches *(chaftoli)*, abricots *(orik)*, prunes *(olkhori)*, pommes *(olma)*, cerises *(olcha)*, framboises *(malina)*, fraises *(kulupnay)*, mûres *(toot)*, kakis, poires *(nok)*, raisins *(uzum)*, grenades *(anor)* et figues *(anjur)*. Des camions et des charrettes débordent de véritables marées de melons *(kovun)* et de pastèques *(tarvuz):* les experts en vérifient le parfum, la résonance (en les tapotant) et le rapport poids/taille – les meilleurs étant les plus lourds.

Les fruits ne constituent pas le seul dessert appréciable: la crème glacée *(marojenoïé)* de confection locale, souvent délicieuse, est une gourmandise répandue et… une entorse éhontée à la diététique. Quant aux graines de tournesol, *semetchka*, elles sont dans toutes les bouches.

Boissons

Boire du *tchaï* dans une *tchaïkhana* perpétue une longue et vénérable tradition d'Asie centrale. Le thé vert chaud (*kok tchaï* en ouzbek, *zelionyï tchaï* en russe) ne fait pas qu'étancher la soif et rafraîchir, il contribue également à la digestion des corps gras. Dans les foyers, le thé est parfois accompagné de *halva*. L'eau minérale et les limonades figurent généralement sur la carte des restaurants. Demandez à goûter au *sok*, jus de fruit sucré, ou à la *kompot*, préparation fruitée à base de baies de la région. Dans la rue, les distributeurs automatiques proposent des verres d'eau aux arômes étranges, mais dirigez-vous plutôt vers les citernes de *kvas* – une boisson rafraîchissante obtenue par la fermentation du pain. Au petit-déjeuner, le yaourt liquide *kefir* et la crème douce *kalmak* sont excellents. La coca-colonisation a atteint l'ex-empire soviétique, où les marques de soft drinks et d'alcool ont déjà gravé leurs empreintes.

Le nouvel élan de l'islam n'a pas fait disparaître l'alcool – toujours consommé librement en public – des magasins privés ou étatiques. L'héritage russe le plus persistant pourrait bien être la vodka, généralement servie par unités de 100 grammes, à boire dans une grimace en grappillant rapidement un bout de saucisse ou de tomate. Pour éviter les excès nocturnes, veillez à trouver une bonne excuse : car lorsqu'une bouteille est ouverte, il est d'usage de la vider, un verre après l'autre, comme cela se faisait à la cour de Tamerlan. Si les femmes peuvent aisément décliner l'offre, les hommes sont en revanche exposés à forte pression. Les variétés exportées, la Stolitchnaïa et la Raspoutine, sont les favorites. Souvent présent sur la table et accompagnant inévitablement le caviar, le *champanskoïe* frais est un vin mousseux. L'histoire vinicole du pays remonte très loin : le raisin de Samarcande produisait selon la légende le meilleur vin au monde, réputation aujourd'hui accordée à Chakhrisabz au niveau national. Ouzbektourisme peut organiser des dégustations de vin, mais on vous y servira surtout des vins doux. La bière *(pivo)* de Russie, Kazakhstan et Ouzbékistan (et généralement consommée dans cet ordre de préféence) se vend dans la rue, en bouteille, et de plus en plus à la pression. En accompagnement, les consommateurs grignotent des *kurut*, boulettes fermes de lait caillé. La spécialité des nomades est incontournable : le *koumis*, lait de jument fermenté, est une boisson moyennement alcoolisée et revigorante réputée pour soigner tous les maux. Marco Polo en appréciait la variété mongole, d'après lui « semblable au vin blanc, et très bonne à boire ». Guillaume de Rubroucq, quant à lui, partageait un tout autre sentiment : « son goût m'a donné des sueurs froides, dans un mélange d'horreur et de surprise ». Le *koumis* se trouve sous toutes les bonnes yourtes et sur les bazars kirghizes et kazakhs. Ne vous laissez pas décourager par son odeur et pensez que les choses s'arrangent avec la pratique.

Restaurants *(Oshkhona)*

Tous les plats mentionnés ci-dessus ne se trouvent réunis que pour les jours de fête et les grandes cérémonies familiales. Acceptez vivement toute invitation : la cuisine maison surpasse en effet largement celle des restaurants. Pour une authentique cuisine ouzbèke, rendez-vous dans les quartiers les plus anciens de la ville, dans un bazar ou à proximité. Premier arrêt: la *tchaïkhana*, maison de thé consacrée où les hommes se retrouvent sur les banquettes (*takhta*) recouvertes de tapis pour échanger les dernières nouvelles devant un *tchaï* et des plats incontournables comme les chachliks, le *plov* et la *laghman*. Les tables d'hôtes proposent un menu plus complet. Quant aux restaurants d'hôtel, ils servent généralement des formules composites surprenantes de plats russo-ouzbeks soviétisés, qui ne rendent justice à aucune de ces cuisines mais qui constituent la solution de facilité au terme d'une journée de pérégrinations. Les plats russes comprennent le *borchtch* (soupe à la viande et aux légumes), les *kotlety* (viande anonyme panée), les *lul* kebabs (brochettes rondes aux oignons), le *tabak* (poulet frit), les *galubtsy* (feuilles de chou) ou les *piertsi* (piments), tous deux farcis de viande et de riz (aussi appelés *dolma*), les *bifchteksy* et le bœuf Stroganov. L'accompagnement est fait de légumes bouillis à l'extrême et de l'infâme *salat tourist* (tomate et concombre).

Depuis quelques temps, des restaurants, souvent situés en périphérie, demeurent ouverts tard dans la nuit (notamment à Kokand et à Namangan).

Dans les hôtels, les petits-déjeuners sont servis de 8 à 10 heures et sont composés tout au plus de thé, de *kefir*, d'œufs au plat, de pain et de confiture. Demandez s'ils ont des *bliny* (petites crêpes épaisses) ou de la *kacha* (porridge). Le déjeuner est le repas principal de la journée, qui se prend entre 11 et 15 heures.

Boukhara: la *tchaïkhana* du Liab-i-Haouz et ses habitués

Dans quelle salle sert-on le repas du soir? Vous la trouverez en suivant les vibrations phoniques qui ébranlent tout l'établissement: le volume sonore de l'orchestre du restaurant contraint généralement les conversations de table – ainsi que la prise des commandes – à un véritable tour de force... Sur la carte, repérez les plats dont les prix sont indiqués: seule la moitié de ceux-ci sera disponible. En suivant les recommandations du serveur, vous gagnerez du temps et réduirez votre régime à trois ou quatre standards. Prenez garde aux suppléments non demandés, ils sont souvent facturés.

Vous serez loin de mourir de faim en Ouzbékistan, mais vous risquez fort de manger toujours la même chose et de souffrir des désagréments causés par une utilisation trop généreuse des corps gras, dont l'huile. Cet ouvrage s'efforce de proposer une certaine diversité en mentionnant, par exemple, les restaurants coréens dont les épices, les arômes et la pauvreté en graisse seront les bienvenus.

FÊTES ET JOURS FÉRIÉS

Quelques notes de *surnai* et *karnai* (instruments à vent), le grattement d'une guitare *dutara*, les rythmes du tambourin *doira*... aucun doute, un *toi* anime ce quartier résidentiel! Précipitez-vous, les étrangers de passage sont toujours les bienvenus dans ces fêtes de famille ouzbèkes qui font partie des traditions longtemps condamnées par Moscou mais discrètement tolérées par les autorités locales. Depuis l'indépendance, elles sont joyeusement revendiquées. Les festivités de mariage, *toi marosimi*, durent parfois une semaine, et comportent les réceptions *fortillar toi* et *padar ochi*, séparées pour les parents de la mariée et ceux du marié. Neuf jours après la naissance d'un bébé, le *bechik toi* est célébré lorsque l'enfant est placé dans un berceau de bois bariolé et que sa mère quitte le lit. Un *sunnat toi* accompagne la circoncision d'un garçon. Ce rituel fondamental, pratiqué entre les sept et onze ans de l'enfant, le purifie et marque son entrée dans l'islam et dans la communauté. Le nombre de membres du *malhalla* invités à chanter, à danser et à consommer des montagnes de *plov* est proportionnel à la richesse du père. Dans les grands rassemblements, les invités s'asseyent sur de grandes banquettes, hommes et femmes séparément – mais les étrangères sont parfois considérées comme «hommes à titre honoraire». Les pratiques islamiques n'empêchent pas l'alcool de couler à flots. En se lavant les mains, l'hôte signale la fin du repas. Les *dastarkhan* (littéralement «nappe») sont de plus petites réceptions – à l'occasion d'un anniversaire, d'une pendaison de crémaillère, ou simplement pour accueillir des invités – où les familles s'asseyent autour d'un grand tissu recouvert de plats ouzbeks, de douceurs, de fruits et de *non*.

Les enterrements se déroulent habituellement le jour même du décès. Le corps est lavé et enveloppé dans un linceul, puis tous les hommes (les femmes n'y assistent pas) portent la bière pour sept pas chacun dans une lente procession jusqu'au cimetière. Aux funérailles traditionnelles, les jeunes s'habillent de rouge et les plus âgés de blanc. Des pleureurs professionnels sont engagés, aucun plat n'est préparé dans la maison du défunt durant trois jours, et le deuil dure quarante jours.

Navruz («le jour nouveau»), le Nouvel An centre-asiatique, est la fête la plus populaire, officiellement rétablie en 1989. Célébrées le 21 mars en Ouzbékistan, ces réjouissances du renouveau printanier assurent deux jours de chants, de danses, de luttes *kurach* qui opposent de robustes *palvan,* de *dorboz* (funambules), de courses de chevaux *kopkari* et de déclamations de poèmes épiques par les troubadours ambulants (*bakchi*). Des parades glorifient les sept plats spécifiques qui commencent par un «s» – dont le *sumalakh*, un dessert au froment et au son préparé durant la nuit. Mets traditionnels et artisanat national sont proposés dans les bazars qui grouillent d'une foule colorée. Le point d'orgue des festivités est le labourage du premier sillon de l'année par l'*aksakal* («barbe blanche») le plus respecté du village.

Ni le **Ramadan**, mois de jeûne diurne des musulmans, ni le **Ruza Hayit** qui le suit ne sont scrupuleusement observés, mais de nombreux Ouzbeks pratiquent, un mois après la fin du Ramadan, le **Kourban Hayit** ou **Baïram**, la fête du sacrifice, et visitent les tombes de leurs proches. Le Ruza Hayit et le Kourban Hayit sont désormais des jours fériés officiels. Lorsque vient la saison de la récolte du coton, les fermes collectives célèbrent le **Pakhta Baïram**.

Les périodes de Ramadan suivent le cycle de la lune:

2004: du 15 octobre au 14 novembre
2005: du 4 octobre au 3 novembre
2006: du 23 septembre au 23 octobre

Les autres jours fériés sont:

1er janv.: **Nouvel An**;

8 mars: **Journée internationale de la Femme**, les hommes offrent aux femmes les premières fleurs du printemps;

9 mai: **Fête de la Victoire**, en l'honneur des vétérans et des martyrs de la Grande Guerre patriotique (Seconde Guerre mondiale);

1er sept.: **Fête de l'Indépendance**, de grandes manifestations animent les anciennes places Lénine;

1er oct.: **Journée des Enseignants**;

8 déc.: **Fête de la Constitution**, en commémoration de la première Constitution de l'Ouzbékistan indépendant (1992).

Nul besoin de prétexte pour un combat de béliers au corne à corne, un *baïga* enflammé (sorte de polo pratiqué avec la carcasse d'une chèvre décapitée), ni pour aller au cirque voir les funambules ou les plus exotiques dresseurs d'oiseaux.

POLITESSE, US ET COUTUMES, CULTURE LOCALE

En tant qu'invité en Ouzbékistan, vous serez très respecté et vous bénéficierez surtout d'une grande hospitalité, car les habitants, après tant d'années d'isolement, saisissent au vol toute chance d'accueillir de nouveaux amis venus de loin. De votre côté, veillez à vous conformer aux usages locaux : déchaussez-vous à l'entrée des mosquées et des maisons ou avant de vous asseoir sur les tapis d'une *tchaïkhana ;* couvrez-vous raisonnablement, surtout dans les lieux saints ; respectez le droit qu'a le personnel des mosquées et des médersas de refuser l'entrée aux femmes ou aux non-musulmans ; et ne prenez pas de photographies à l'heure de la prière. Si le russe est la langue la plus utile, apprendre quelques expressions ouzbèkes courantes (voir en fin de volume) est une manière facile et très appréciée de se faire des amis. Retenez au moins le salut traditionnel : *Assalam aleikum* («que la paix soit avec vous»), auquel vous répondrez par *Waleikum assalam* («ainsi qu'à vous-même»).

Une invitation à partager un repas vous permettra de savourer des mets plus authentiques, mais soyez conscient que votre hôte, en ces temps difficiles, a peut-être dû faire des sacrifices pour vous accueillir. Des cadeaux de l'étranger, des cartes postales, des pièces de monnaie et surtout des photos de chez vous peuvent vous sembler dérisoires, mais sont synonymes de gages d'amitié. Chez vos hôtes, ne refusez jamais de vous laver les mains sous l'eau versée d'une aiguière.

Les personnes âgées jouissent d'un grand respect en Ouzbékistan. Les *aksakals* («barbes blanches») sont ceux qui dirigent les conseils de quartier (*malhalla*), laissez-leur la priorité. Les poignées de main ont une grande place dans la culture ouzbèke, à donner en mettant votre main gauche sur votre cœur. De même, pour tendre quoi que ce soit, utilisez toujours votre main droite. Si les étrangères peuvent être considérées comme des «hommes à titre honoraire» dans les foyers ouzbeks, elles ont également la chance de s'entretenir avec les femmes loin de la pression d'une société dominée par les hommes.

L'étiquette de la *tchaïkhana*

En vous installant sur les banquettes, gardez à l'esprit que les pains *non* ronds sont très respectés. Lorsque le fils d'une famille part par exemple au service militaire, il mord dans un *non* frais qui est ensuite suspendu pour protéger son retour, à l'occasion duquel il pourra partager le reste du *non* avec ses amis. Au cours d'un repas, rompez le pain en morceaux que vous partagerez avec les autres convives. Le *non* ne doit jamais être posé à l'envers : les graines (de sésame ou de pavot) doivent se trouver sur le dessus. N'en jetez jamais en public et n'en laissez pas sur le sol : selon la tradition, celui qui trouve un morceau de *non* par terre doit le prendre, l'embrasser et le porter trois fois à son front.

Le thé est mélangé en étant trois fois versé dans la tasse, *piala*, et trois fois reversé dans la théière. Il ne faut jamais remplir complètement la tasse d'un convive – cela signifie qu'il est temps pour lui de partir – mais plutôt servir moins et plus souvent. Le premier service sert généralement à laver et stériliser la tasse, qui doit être donnée et reçue avec la main droite. Refroidir le thé se fait de préférence en le touillant, et non en soufflant dessus. Les *tchaïkhana* proposent également du tabac vert en poudre appelé *noz*, à enfourner adroitement sous la langue – toute tentative de conversation devient alors vaine.

Le *fatiha* se pratique à la fin du repas, ou lorsqu'on passe à proximité d'un cimetière ou d'un mausolée, ou quand on part en voyage. Ce geste musulman, qui consiste à joindre les mains, paumes ouvertes vers le haut, pour recevoir la bénédiction divine puis à les amener à son visage, est un signe de remerciement et de bénédiction.

ARTISANAT ET VÊTEMENTS

Prévoyez un peu de place dans vos bagages, car vous allez sans doute ramener quelques souvenirs choisis dans l'abondante production artisanale ouzbèke. Des centres d'artisanat à Tachkent, Samarcande et Boukhara, ainsi que des échoppes plus familiales à Margilan, Guijdouvan et Richtan regroupent des maîtres artisans qui apportent un nouveau souffle à des traditions anciennes, dans les domaines tant de la céramique, des textiles que du travail sur bois ou sur métal.

En Asie centrale, le costume traditionnel fait partie intégrante de l'identité culturelle, ethnique et religieuse, même s'il est vrai qu'au fil des années les jeunes l'ont délaissé au profit des chemises soviétiques et des survêtements russes.

L'élément le plus impressionnant de l'habillement masculin est la *tchapan*, ou *khalat*, un long manteau attachée à la taille par une *turma*, large ceinture. Comme les pantoufles *massi* sont enfilées par-dessus de souples bottes *kavich*, seules les premières doivent être retirées à l'entrée des mosquées et des maisons. Le port de la caractéristique calotte (*doppe/dopillar* en ouzbek, *tioubityeïka* en russe) noire et blanche brodée de motifs floraux stylisés est très répandu, elle sert de marque aussi religieuse qu'ethnique. La calotte tadjike multicolore ne se voit par contre qu'à Samarcande et Chakhrisabz. Si elles sont aujourd'hui utilisées seules, toutes deux servaient à l'origine à soutenir le traditionnel *tchalma*, turban blanc ou bleu aux quarante tours de tête. En hiver, elles sont remplacées par les *tilpacks* plus chauds, doublés de *karakul* (mouton noir). Au Khorezm, les bonnets turkmènes à longs poils, *tchormas*, perpétuent une tradition ancestrale. La vallée du Ferghana est quant à elle ponctuée de *kalpaks* kirghizes blancs en feutre. Les couvre-chefs musulmans sont toujours dépourvus de bords, pour ne pas gêner les fréquentes prières.

La mosquée Khonakhah à Marguilan, et ses constructions en bois sculpté et peint

Les batiks en soie *ikat* de la vallée du Ferghana, produits en masse mais éclatants, constituent le matériau le plus utilisé pour les robes des femmes. Depuis peu, on y produit à nouveau des soies tissées main de grande qualité. Les *kuldjak*, à longueur du genou, se portent soit seules, soit par-dessus un pantalon *lozim*. Les calottes aux broderies bigarrées sont réservées aux filles célibataires, les femmes mariées se couvrant ordinairement de foulards colorés. La traditionnelle *tchetvan* ne se rencontre plus que dans les régions rurales. Par contre, les *tchador* et voiles *(parandja)* de style iranien réapparaissent dans certaines parties de la vallée du Ferghana avec la montée islamique.

Dans les régions à tradition nomade, les richesses se portaient autrefois sur la selle et les sabots. Les Kazakhs, les Karakalpaks et les Turkmènes sont particulièrement doués pour les tapis, les selles, les feutres *kochma*, les amulettes en corail et les bijoux en argent. La broderie est également un art séculaire d'Asie centrale ; à Boukhara, cherchez à assister à l'exécution de broderies en or, pratique dominée par les hommes, ou des variations locales de motifs *suzaine* (dérivé du mot persan pour « aiguille »). La forme la plus fréquente de ces motifs se rencontre sur les tentures murales.

La plupart des bazars témoignent de la longue renommée des forgerons de souche turque d'Asie centrale. Le prénom masculin le plus courant, Timur, signifie « fer ». Ces artisans proposent des couteaux *(pitchok)*, des aiguières *(kumgan)*, des narghilés *(chillim)* et des plats en métal ciselé. On y trouve également des berceaux peints *(bechik)*, ou encore de délicats travaux sur bois. La céramique est un autre point fort de la tradition d'Asie centrale faisant preuve de créativité. Guijdouvan et Richtan sont les hauts lieux de cet art. Durant le Ramadan, les Ouzbeks mangent uniquement dans des plats de céramique, renouvelés chaque année.

Les instruments de musique traditionnels comprennent des cousines éloignées de la guitare comme la *dutara* (à deux cordes), la *tanbur* (à quatre cordes) et la *rubab* (à cinq cordes) – qui accompagne traditionnellement les chants épiques des bardes ambulants –, le tambour *nagora* et le tambourin *doïra*. Les tapis qui ont fait la célébrité de Boukhara provenaient en réalité des régions semi-nomades de l'actuel Turkménistan, là où les acheteurs motivés devraient les chercher.

PARCOURS DE DEUX LEADERS

Faizullah Khodjaiev (1896-1938)

Le jeune Khodjaiev quitte Boukhara en 1907 avec son père, un riche commerçant ouzbek. La ville de Moscou, où il poursuit ses études, lui ouvre les yeux sur « l'anachronisme vivant » qu'est la société de Boukhara dont il est issu. C'est ainsi qu'il propose ses services et la fortune de son père aux Djadid, qui fondent, dès 1916, le Jeune Parti de Boukhara (réformateur).

Fin 1917, il se retire à Tachkent après l'échec des bolcheviks qu'il avait incités à s'emparer de Boukhara. Il n'y revient qu'en septembre 1920, après la fuite de l'émir. Promu chef de la République populaire de Boukhara – avec une autonomie de façade, le pouvoir est aux mains des Soviétiques –, il échappe de justesse à une tentative d'assassinat inspirée par le chef *basmatchi* Enver Pacha. Il survit aux purges moscovites qui frappent les « communistes nationaux » en 1923-1924, et devient président du Conseil des Commissaires du Peuple de l'Ouzbékistan soviétique. Dans la poursuite obstinée de son objectif – une plus grande indépendance du Turkestan –, Khodjaiev s'insurge contre la monoculture du coton imposée à sa république. Ses slogans, qui sont des variations sur le thème « le coton ne se mange pas », attirent les foudres de Staline. Arrêté en 1937 sous des charges fabriquées de toutes pièces, Khodjaiev apparaît dans le grand procès moscovite du « bloc trotskiste de droite » et est exécuté le 13 mars 1938 ; sa famille est exilée dans un goulag sibérien. Réhabilité en 1966, il demeure cependant une figure controversée dans l'Ouzbékistan indépendant. Peu de monuments honorent sa mémoire, mais une des magnifiques maisons décorées de son père à Boukhara est aujourd'hui ouverte au public et récemment, son nom a été donné à une station de métro de Tachkent.

Charaf Rachidovitch Rachidov (1917-1983)

Né l'année de la Révolution russe dans une famille de « paysans pauvres » à Djizak, Rachidov a travaillé comme enseignant, journaliste et rédacteur d'un quotidien de Samarcande. Il a combattu dans la Grande Guerre patriotique au cours de laquelle il fut grièvement blessé en 1942. Ses poèmes de guerre – *Ma colère* – publiés, il est promu rédacteur en chef d'un quotidien de la République et élu à la tête de l'Union des Ecrivains d'Ouzbékistan en 1949. Il grimpe ensuite tous les échelons : président du Présidium du Soviet suprême de l'Ouzbékistan en 1950, il atteint en 1959 le poste-clef de Premier Secrétaire du Parti communiste d'Ouzbékistan. Ses vingt-quatre années de pouvoir ont été marquées par la corruption et le népotisme. Tachkent lui doit également, hélas, ses nombreux bâtiments d'architecture stalinienne. Le Kremlin est alors occupé par un Brejnev qui ferme les yeux sur les agissements obscurs de sa base politique d'Asie centrale. Rachidov et son réseau mafieux falsifient les chiffres pour détourner deux milliards de dollars sur du coton jamais cultivé ; et leurs amis fidèles reçoivent de véritables fiefs en cadeau, comme Akhmadjan Adylov, souverain féodal d'un domaine privé, propriétaire d'un harem et d'une salle de torture souterraine dans les confins de la vallée du Ferghana. Décédé en fonction, Rachidov a de justesse échappé au scandale de la découverte – par satellite – des champs de coton inexistants, révélation qui entraînera arrestations, exécutions et suicides en série. Cependant, l'Ouzbékistan cultive un tel ressentiment envers la façon dont les médias russes ont traité « l'affaire ouzbèke » que nombreux sont ceux qui voient en Rachidov un chef puissant qui a défié Moscou au profit de sa république. Après l'indépendance, il est réapparu comme un héros national, honoré à Tachkent et à Djizak par des monuments qui lui confèrent un statut de père de la nation.

TACHKENT

Première métropole de l'Asie centrale, la capitale de l'Ouzbékistan ne révèle, à première vue, pas grand-chose de son histoire bimillénaire de carrefour des anciennes routes caravanières. Les grandes avenues du socialisme réduisent à néant les visions romantiques d'une oasis située sur la Route de la Soie. Pourtant, cette ville moderne de plus de 2,3 millions d'habitants – la quatrième en importance de la CEI après Moscou, Saint-Pétersbourg et Kiev – offrira plus d'un attrait au voyageur curieux: architecture monumentale, places immenses, musées, labyrinthe de la vieille ville en pisé, murmure des fontaines dans la chaleur des jours d'été, charme de l'automne mordoré dans les allées de peupliers...

L'oasis de Tachkent s'est bâtie non loin des premiers contreforts occidentaux du Tian Chan, sur les rives du Tchirtchik. Cette rivière est alimentée par la fonte des neiges, et va à son tour grossir le Syr Daria. C'est sur le cours moyen de celui-ci que s'était développée la principauté de Djadj et la première capitale, appelée Kanka par les archéologues confrontés à l'invraisemblance de mythes et autres légendes. Il s'agissait d'une citadelle carrée construite entre le Ve et le IIIe siècle avant notre ère, à huit kilomètres du fleuve. Au VIIe siècle de notre ère, après les règnes des Sakas, des Sassanides et des Hephtalites, le centre du pouvoir se déplaça vers la vallée plus fertile du Tchirtchik, centre d'échanges entre les Sogdiens sédentaires et les nomades turcs. Une cinquantaire de canaux d'irrigation arrosaient plus de trente cités, et la principauté de Djadj s'enrichissait de l'exportation du bétail, des chevaux, de l'or, de l'argent et des pierres précieuses. Des vestiges d'une forteresse du VIIe siècle furent découverts à Mingour-youk (le «verger aux mille abricotiers»), aujourd'hui au cœur de la ville russe de Tachkent. En 751, les envahisseurs chinois exécutèrent le prince de Djadj, mais furent ensuite repoussés jusqu'à Talas par les conquérants arabes. La suprématie de l'islam était désormais établie en Asie centrale, mettant un terme aux visées hégémoniques de la Chine sur la région.

Au IXe siècle, la capitale samanide était connue sous le nom de Binkath; la prononciation arabe transforma Djadj en Chach, et des fortifications furent bâties pour abriter les mosquées. C'est derrière ces murs que les caravanes faisaient halte sur la route périlleuse qui, à travers steppes et montagnes, les menait de Chine vers Samarcande et Boukhara. Les voyageurs arabes la décrivent comme une oasis verdoyante et célèbrent ses vignobles, ses bazars et ses artisans. A partir de la fin du Xe siècle, les Karakhanides assurèrent le maintien de cette prospérité, et donnèrent à la ville son nouveau nom turc de Tachkent, le «village de pierre».

La tornade mongole déferla dès 1219, mais Gengis Khan dut constater que le khorezmchah avait pillé la cité cinq ans auparavant seulement. La reconstruction

Une fontaine aux abords du Cirque, à Tachkent

s'accéléra sous Tamerlan et ses successeurs (aux XIVe et XVe siècles), et c'est de cette époque que datent les plus anciens édifices encore visibles de nos jours. Pendant les trois siècles qui suivirent, la ville fut l'enjeu des guerres incessantes entre Ouzbeks, Kazakhs, Perses, Mongols oïrotes et kalmouks. Au XVIIe siècle, le commerce avec la Russie fit de Tachkent une grande ville divisée en quatre quartiers réunis autour d'un bazar central: Cheikh Antaour, Koukcha, Sibzar et Bech-Agatch (ces dénominations existent de nos jours encore). En 1780, Younous Khodja, à la tête du quartier de Cheikh Antaour, mit un terme aux dissensions internes en conquérant les trois autres quartiers. Il repoussa ainsi les attaques des Kazakhs, mais son fils dut abandonner Tachkent aux khans de Kokand.

L'avancée inexorable des Russes vers le sud, en octobre 1864, n'épargna pas Tachkent. La ville abritait plus de 100 000 habitants et quelque 300 mosquées derrière un mur d'enceinte crénelé long de vingt-cinq kilomètres. Le général Mikhaïl Tcherniaïev fut cependant repoussé. Mais la crainte de voir cette défaite profiter à l'émir de Boukhara et l'attrait de la gloire que lui réserverait à Saint-Pétersbourg une victoire dans le cadre du Grand Jeu l'incitèrent à récidiver l'année suivante. En mai 1865, passant outre l'ordre de ne pas attaquer, il marcha avec 1900 soldats sur la ville défendue par 30 000 hommes. La nuit du 14 juin, les Russes se glissèrent par l'une des douze portes de la cité – les roues des pièces d'artillerie enveloppées de feutre pour en étouffer le bruit – et menèrent une manœuvre de diversion pour permettre l'installation d'échelles et le recours à un passage secret. Une porte fut ouverte de l'intérieur grâce au pope Malov. Au terme de deux jours de combats, les anciens optèrent pour la reddition afin de sauver Tachkent de la destruction. Tcherniaïev n'avait perdu que 25 hommes, et son audace lui valut non seulement le surnom de Chir-Naïb («Vice-roi Lion»), mais surtout la reconnaissance de la part du tsar. Son insubordination avait permis d'assurer à peu de frais la présence de la Russie dans cette région du monde, et les protestations britanniques n'y firent rien.

Tcherniaïev fut néanmoins rappelé afin d'éviter tout nouveau bain de sang. En automne 1867, c'est le général Kaufmann qui fut nommé premier gouverneur général du Turkestan russe. Son palais fut construit au cœur de la nouvelle ville russe, bâtie à l'est des anciens quartiers de maisonnettes en pisé, sur le modèle de Saint-Pétersbourg et parcourue de canaux et d'avenues plantées de peupliers. Il s'y développa une société militaire constituée de cliques et gangrenée par les beuveries et les jeux de hasard.

La colonisation russe apporta le tramway électrique, les grands magasins et les églises russes, mais réduisit le labyrinthe de la cité orientale à une simple curiosité anachronique, méprisa l'islam et sema les graines de la révolution. Les ouvriers des chantiers du tramway dont la sueur avait contribué à l'établissement du pouvoir du tsar furent plus tard les premiers à répondre à l'appel des Bolcheviks en novembre 1917. Le gouvernement provisoire fut renversé, et l'opposition islamiste écrasée. En avril 1918, Tachkent fut proclamée capitale de la République socialiste soviétique autonome du Turkestan, mais toujours sous la menace des Russes blancs et des rebelles *basmatchi*. En janvier 1919, le commissaire bolchevik Ossipov exécuta les autres commissaires et proclama la contre-révolution. Son ivrognerie et son manque d'organisation ne lui laissèrent qu'un jour de pouvoir: son initiative fut noyée dans le sang de 4000 suspects.

Ces événements marquèrent la fin du Grand Jeu. L'agent double Bailey, étroitement surveillé par la redoutable Tchéka (la nouvelle police secrète) depuis son arrivée de Kachgar en août 1918, se cacha sur les pentes du Tchimgan. Il n'échappa à la mort que grâce à son art du déguisement et à son sang-froid. C'est ainsi qu'il put gagner la Perse. Dans ses souvenirs, il raconte les paradoxes entrevus à Tachkent à cette époque: un Anglais emmenant une troupe d'éléphants de cirque à Kachgar, un homme mené au poteau d'exécution pour avoir détruit à coups de barre de fer son piano qu'on venait nationaliser… Le visage de la ville eut également à pâtir de ces temps de violence: un ticket de rationnement, à défaut d'inclure un peu de pétrole pour le chauffage vous autorisait à abattre un arbre, à charge pour vous de le débiter. Les heureux propriétaires de haches et de scies bâtirent ainsi des fortunes rapides. Les arbres furent replantés, mais les murs d'enceinte et les portes de la ville furent démolis, et avec eux d'innombrables mosquées, médersas et mausolées. En 1930, la capitale de la République socialiste soviétique d'Ouzbékistan fut déplacée de Samarcande à Tachkent. Le personnel russe afflua avec les nouvelles institutions et diverses industries; ce mouvement se renforça durant les années de guerre (1941-1945), lorsque l'afflux des personnes évacuées de Russie d'Europe doubla la population de Tachkent et lui fit franchir le cap du million.

Enfin, Tachkent fut dévastée le 26 avril 1966 par un terrible tremblement de terre (7,5 sur l'échelle de Richter) et son millier de répliques. Les victimes furent peu nombreuses, mais on dénombra 300 000 sans-abri. L'aide à la reconstruction afflua de toute l'Union soviétique, et donna à la ville l'aspect que nous lui connaissons aujourd'hui, où se côtoyent le «béton grandiose du phare du socialisme en Orient» qu'avait voulu Moscou, aujourd'hui recouvert d'un vernis d'indépendance, et le pisé des vieux quartiers situés à l'ouest qui témoignent de la tradition ouzbèke. Les nouvelles constructions qui apparaissent tous les jours attestent d'un dynamisme réel de la population. Le projet du maire de reconstuire les douzes portes de la ville affirme sa volonté de donner une nouvelle impulsion à l'ancienne cité caravanière.

À VOIR

■ QUELQUES PAS DANS L'HISTOIRE RÉCENTE

Depuis l'hôtel Ouzbékistan, gagnez la **place Amir Timour** où une statue équestre de Tamerlan symbolise la dernière tentative de forger une identité propre à l'Ouzbékistan indépendant. Cette place, autrefois consacrée aux défilés militaires, accueillit en 1882, à la mort du gouverneur général Kaufmann, sa tombe surmontée d'un boulet de canon. Cette sépulture fut par la suite transférée dans la cathédrale, tandis que la place se transformait en champ de courses et en promenoir bourgeois. La statue de Kaufmann réapparut en 1913, portée cette fois par deux soldats sonnant la victoire et brandissant l'étendard du tsar. Les bolcheviks rebaptisèrent la place Jardin de la Révolution et remplacèrent la statue par la faucille et le marteau, y ajoutèrent des obélisques et un buste de Lénine, jusqu'à ce que s'y dresse en 1947 un Staline imposant à l'air de bon papa. En 1968, longtemps après la disgrâce de Joseph, apparut une énorme tête de Karl Marx en bronze, cheveux et barbe en bataille, symbolisant la victoire du communisme. Puis, avec le crépuscule de ses thèses philosophiques, Marx fut détrôné par Tamerlan, le despote féodal nouvellement réhabilité dans les atours de héros national ouzbek.

Poursuivez dans la direction indiquée par le cheval de Tamerlan, et empruntez, entre les bâtiments du lycée du XIXe siècle, la rue Saïelgokh; celle-ci, renommée Broadway, fourmille de peintres qui vous proposeront de faire votre portrait, de vendeurs à la criée et de cafés branchés; elle vous conduira aux confins de la Tachkent tsariste: l'ancienne **résidence du grand-duc N. K. Romanov** (1850-1917), cousin de Nicolas II, exilé ici dès 1881 à la suite de scandales autour des joyaux de la Couronne. Le plan de cet édifice de brique garni de chiens et de cerfs, de coupoles et de spirales, évoque l'aigle à deux têtes de l'empire. Après la révolution, le bâtiment fut transformé en musée destiné à édifier le peuple sur l'existence des *bourjoui* d'autrefois. Palais des Pionniers dès 1935, musée aux fabuleuses collections de bijoux au cours des années 80, le palais aux intérieurs somptueux héberge désormais le ministère des Affaires étrangères et est donc à nouveau inaccessible au public.

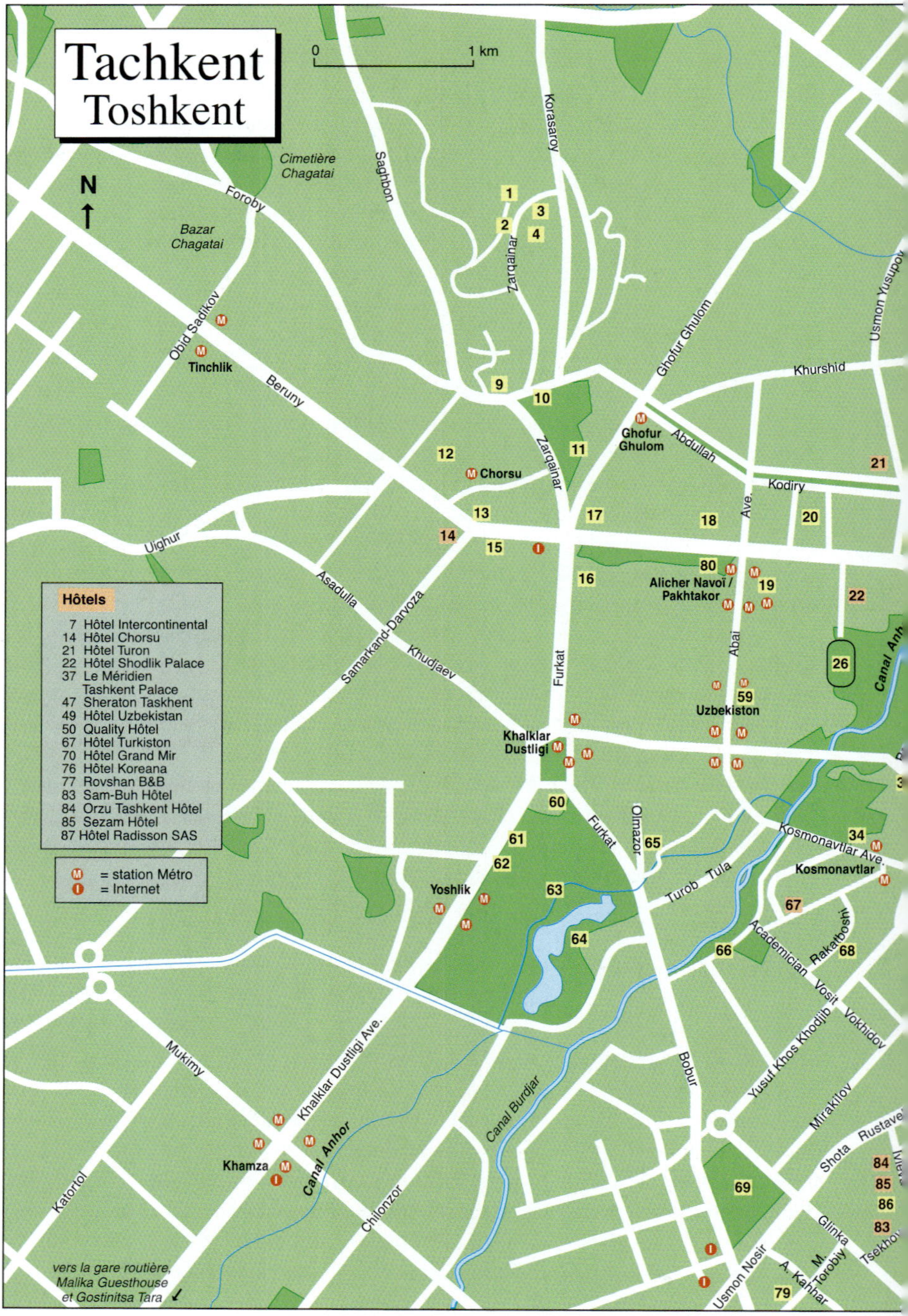
Tachkent
Toshkent
0 1 km
N
Cimetière Chagatai
Bazar Chagatai
Foroby
Saghbon
Korasaroy
Zarqainar
Obid Sadikov
Tinchlik
Beruny
Ghofur Ghulom
Abdullah
Khurshid
Usmon Yusupov
Kodiry
Chorsu
Uighur
Asadulla
Samarkand-Darvoza
Khudjaev
Furkat
Abai
Ave.
Alicher Navoï / Pakhtakor
Uzbekiston
Khalklar Dustligi
Olmazor
Turob Tula
Kosmonavtlar Ave.
Kosmonavtlar
Academician Vosit Vokhidov
Rakatboshi
Yoshlik
Yusuf Khos Khodjib
Mirakilov
Shota Rustaveli
Glinka
M. Torobiy
A. Kakhhar
Tsekhov
Usmon Nosir
Bobur
Canal Burdjar
Canal Anhor
Chilonzor
Khalklar Dustligi Ave.
Mukimy
Katortol
Khamza
vers la gare routière, Malika Guesthouse et Gostinitsa Tara
Hôtels
7 Hôtel Intercontinental
14 Hôtel Chorsu
21 Hôtel Turon
22 Hôtel Shodlik Palace
37 Le Méridien Tashkent Palace
47 Sheraton Taskhent
49 Hôtel Uzbekistan
50 Quality Hôtel
67 Hôtel Turkiston
70 Hôtel Grand Mir
76 Hôtel Koreana
77 Rovshan B&B
83 Sam-Buh Hôtel
84 Orzu Tashkent Hôtel
85 Sezam Hôtel
87 Hôtel Radisson SAS
M = station Métro
i = Internet

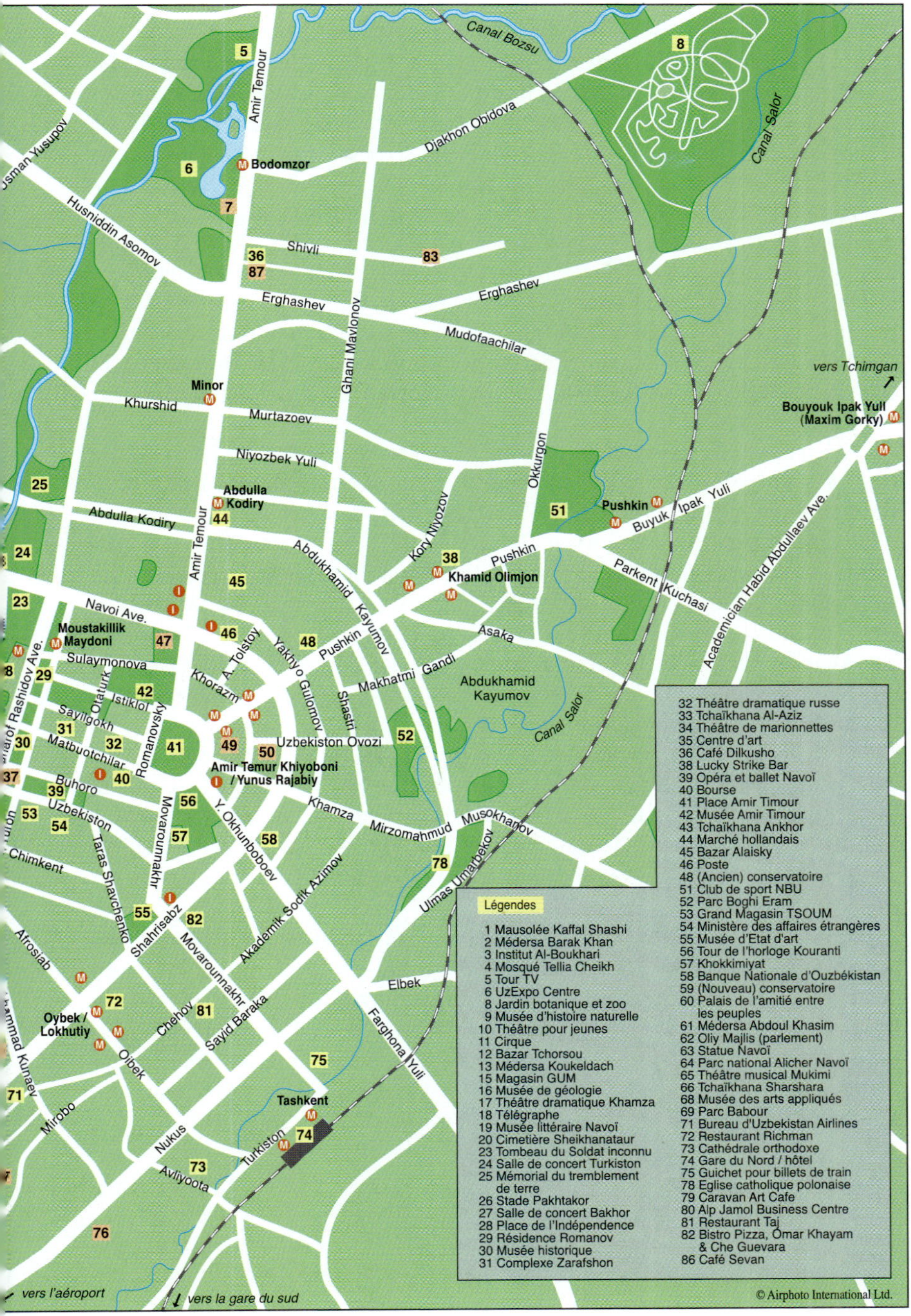
Canal Bozsu
Amir Temour
Bodomzor
Djakhon Obidova
Canal Salor
Husniddin Asomov
Shivli
Erghashev
Mudofaachilar
Ghani Mavlonov
Minor
Khurshid
Murtazoev
Niyozbek Yuli
Okkurgon
vers Tchimgan
Bouyouk Ipak Yuli (Maxim Gorky)
Abdulla Kodiry
Pushkin
Buyuk Ipak Yuli
Kory Niyozov
Abdukhamid Kayumov
Khamid Olimjon
Parkent Kuchasi
Academician Habid Abdullaev Ave.
Navoi Ave.
Moustakillik Maydoni
Sulaymonova
A. Tolstoy
Yakhyo Gulomov
Asaka
Makhatmi Gandi
Khorazm
Istiklol
Sayilgokh
Matbuotchilar
Romanovsky
Shastri
Uzbekiston Ovozi
Amir Temur Khiyoboni / Yunus Rajabiy
Buhoro
Uzbekiston
Movarounnakhr
Y. Okhunboboev
Khamza
Mirzomahmud Musokhanov
Ulmas Umarbekov
Chimkent
Taras Shavchenko
Shahrisabz
Akademik Sodik Azimov
Afrosiab
Elbek
Oybek / Lokhutiy
Chehov
Sayid Baraka
Farghona Yuli
Oibek
Tashkent
Mirobo
Nukus
Turkiston
Avliyoota
vers l'aéroport
vers la gare du sud
Légendes
1 Mausolée Kaffal Shashi
2 Médersa Barak Khan
3 Institut Al-Boukhari
4 Mosqué Tellia Cheikh
5 Tour TV
6 UzExpo Centre
8 Jardin botanique et zoo
9 Musée d'histoire naturelle
10 Théâtre pour jeunes
11 Cirque
12 Bazar Tchorsou
13 Médersa Koukeldach
15 Magasin GUM
16 Musée de géologie
17 Théâtre dramatique Khamza
18 Télégraphe
19 Musée littéraire Navoï
20 Cimetière Sheikhanataur
23 Tombeau du Soldat inconnu
24 Salle de concert Turkiston
25 Mémorial du tremblement de terre
26 Stade Pakhtakor
27 Salle de concert Bakhor
28 Place de l'Indépendence
29 Résidence Romanov
30 Musée historique
31 Complexe Zarafshon
32 Théâtre dramatique russe
33 Tchaïkhana Al-Aziz
34 Théâtre de marionnettes
35 Centre d'art
36 Café Dilkusho
38 Lucky Strike Bar
39 Opéra et ballet Navoï
40 Bourse
41 Place Amir Timour
42 Musée Amir Timour
43 Tchaïkhana Ankhor
44 Marché hollandais
45 Bazar Alaisky
46 Poste
48 (Ancien) conservatoire
51 Club de sport NBU
52 Parc Boghi Eram
53 Grand Magasin TSOUM
54 Ministère des affaires étrangères
55 Musée d'Etat d'art
56 Tour de l'horloge Kouranti
57 Khokkimiyat
58 Banque Nationale d'Ouzbékistan
59 (Nouveau) conservatoire
60 Palais de l'amitié entre les peuples
61 Médersa Abdoul Khasim
62 Oliy Majlis (parlement)
63 Statue Navoï
64 Parc national Alicher Navoï
65 Théâtre musical Mukimi
66 Tchaïkhana Sharshara
68 Musée des arts appliqués
69 Parc Babour
71 Bureau d'Uzbekistan Airlines
72 Restaurant Richman
73 Cathédrale orthodoxe
74 Gare du Nord / hôtel
75 Guichet pour billets de train
78 Eglise catholique polonaise
79 Caravan Art Cafe
80 Alp Jamol Business Centre
81 Restaurant Taj
82 Bistro Pizza, Omar Khayam & Che Guevara
86 Café Sevan
© Airphoto International Ltd.

En face s'étend la **place de l'Indépendance** (Moustakillik Maidoni), la plus grande de toutes les places de l'ancienne Union soviétique, flanquée d'édifices publics et agrémentée de fontaines. C'est l'ancienne place de la cathédrale, où Kaufmann avait fait édifier une splendide église orthodoxe. La cathédrale fut détruite au début des années 30, et la place devint place Rouge. En 1936, un premier monument à Lénine y fut installé, jeune et fringant. En 1974, la troisième mouture du même leader apparaissait, plus âgé cette fois, affublé d'un long manteau et porteur d'une proclamation. Culminant à 30 mètres, ce Lénine était le plus grand du monde ! La statue fut retirée en 1992 pour faire place à un monument à l'esprit nationaliste – un globe terrestre géant ne faisant apparaître que l'Ouzbékistan. Et aux grands défilés soviétiques du 1er Mai ont succédé les chanteurs, les danseurs et les feux d'artifice célébrant la fête de l'Indépendance, chaque 1er septembre.

A proximité du globe se dresse l'ancien palais du gouvernement, construit en 1931, qui héberge aujourd'hui la **salle de concerts Bakhor** et la **bibliothèque Alicher Navoï**. Fondée en 1870, elle doit sa réputation à sa collection d'ouvrages sur le Turkestan des années 1867-1917. C'est à l'arrière de ce bâtiment que subsistent des vestiges de la **Maison blanche**, la résidence du Gouverneur général construite par Kaufmann aux abords du **canal Anhor**. Celui-ci, qui marquait autrefois la frontière entre l'ancien et le nouveau Tachkent, serpente dans la verdure. Au sud s'étend le parc ex-Youri Gagarine, où se dressait une statue du cosmonaute transformé en idole. Lorsque George Curzon y rendit visite au gouverneur général – dont c'était le jardin privé – en 1888, il y vit des allées ombragées, une imposante cascade s'écoulant d'un barrage artificiel, une fanfare militaire jouant pour un public choisi, ainsi qu'une fosse aux ours. Par-delà la rue de l'Ouzbékistan se dresse le **Palais présidentiel**, sur le site de l'ancienne forteresse du tsar. Le canon y retentissait jadis à midi, mais de nos jours ne subsistent que les portes de la forteresse dans le parc adjacent.

Au nord-est du globe brûle la flamme du **Soldat inconnu** mort en 1941 lors de la bataille de Moscou, dont la tombe reçoit traditionnellement la visite des cortèges de mariage, de même que le **Mémorial du tremblement de terre** situé un bloc plus au nord, au-delà de la salle de concerts Turkestan. Un cube de granit donne l'heure de la première secousse – 5 h 22 – tandis qu'un homme, face à la terre qui s'entrouvre, protège une femme et un enfant. Les bas-reliefs représentent les étapes de la reconstruction.

■ LE MÉTRO

C'est à juste titre que les habitants de Tachkent sont fiers de leur métro, le premier d'Asie centrale. La construction débuta en 1972, et la première rame circulait cinq ans plus tard. Des techniques anti-sismiques ont été appliquées à ce

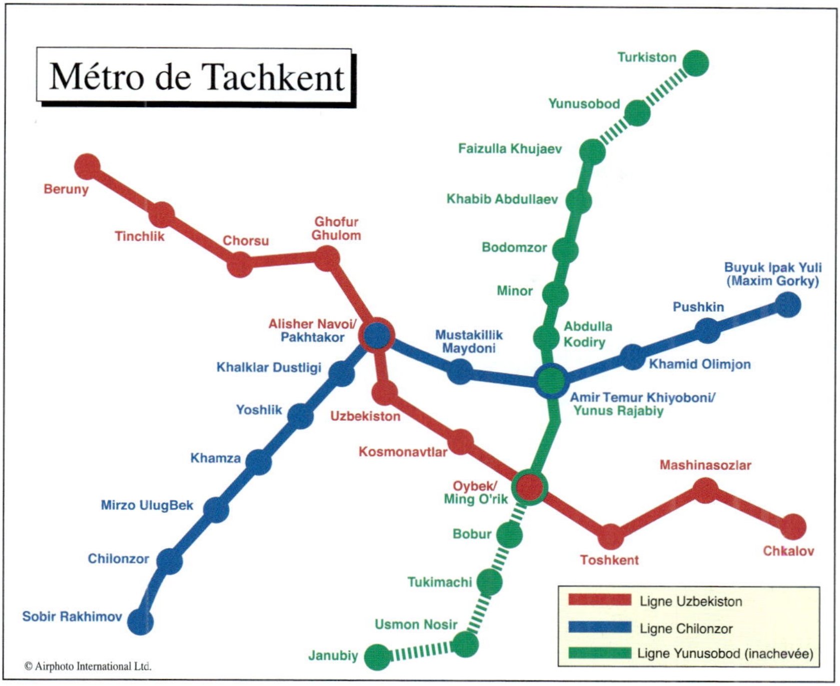

réseau actuellement long d'une trentaine de kilomètres. Outre que le métro représente le moyen de déplacement le plus commode dans la ville, et qu'il offre un refuge de fraîcheur dans cette cité torride, ses stations aux décors exceptionnels (photographies cependant interdites !) méritent une visite pour elles-mêmes : si les bas-reliefs représentant Lénine et la fraternité des peuples ont aujourd'hui disparu des stations Moustakillik Maidoni (ex-Lénine, place de l'Indépendance) et Khalkar Doustligui (Fraternité des peuples), le coton est un motif omniprésent, que l'on retrouve dans les mosaïques de Pakhtator et les lustres de la station Ouzbékistan. Les coupoles de la station Alicher Navoï étalent leurs feuillages en or, tandis que des cosmonautes de céramique flottent dans l'espace intersidéral de Kosmonavtlar.

■ L'OPÉRA ET LE BALLET ALICHER NAVOÏ

Le théâtre Navoï est situé rue Moustafa Kamoul Ataturc 28, tél. 133 90 81, face à l'hôtel Le Méridien. Son enseigne lumineuse « L'art appartient au peuple » a disparu, mais l'édifice reste un symbole de l'art soumis aux impératifs politiques. Les urbanistes soviétiques de 1940 avaient décidé qu'un théâtre rehausserait valablement un quartier terni par sa réputation de « marché de la soif» en raison du vin qui en imprégnait le sol ! Ce furent les prisonniers de guerre japonais qui terminèrent la construction en 1947, tandis que l'architecte Chtchoussiev obtenait le prix Staline pour cet édifice en briques jaunes mélangeant les styles classique et traditionnel. Au-delà de l'entrée monumentale en marbre se succèdent six foyers dédiés à Tachkent, Samarcande, Boukhara, Termez, Khiva et Ferghana et lourdement décorés de stucs et de peintures sur des thèmes de la poésie de Navoï. La grande salle, garnie d'un lustre monumental chargé de pierreries, offre 1400 places. Le théâtre programme de grandes productions de l'opéra russe ainsi que des contes populaires tels que les *Mille et une Nuits*. La billetterie est située derrière la colonnade de la façade principale. Au sud, rue de l'Ouzbékistan 17, se trouve le grand magasin **Tsoum**, véritable baromètre de la croissance économique, où les produits importés d'Occident ou d'Extrême-Orient prennent peu à peu la place de la grisaille soviétique. En face se trouve le centre d'exposition **Khamar** de l'Union des artistes de l'Ouzbékistan, perspective Charaf Rachidov 40, tél. 56 53 46, vitrine de l'art moderne du pays.

LES MUSÉES

■ MUSÉE DES BEAUX-ARTS D'OUZBÉKISTAN

Rue Movarounnahkr 16, tél. 136 74 36, de 10 à 17 h, fermé le mardi.

Cet édifice soviétique achevé en 1974 accueille les collections confisquées en 1918 au grand-duc Romanov, le cousin exilé du tsar qui les avait sans doute lui-même volées à l'Ermitage de Saint-Pétersbourg. Ce fonds, qui comprend notamment de la peinture et de la sculpture européenne du XVe au XXe siècle et des icônes de Novgorod, est exposé au deuxième étage. Des artistes soviétiques comme Benkov ou Volkov sont toujours en vedette, mais l'indépendance a renvoyé aux enfers nombre de toiles de propagande au bénéfice de scènes de bazar toujours colorées. Le rez-de-chaussée et le premier étage sont consacrés à l'art ouzbek : céramiques du IXe au XVIIe siècle, fragments de mosaïques de Samarcande, Chakhrisabz, Boukhara et Khiva, portes et persiennes de bois sculpté, vêtements d'apparat brodés d'or de Boukhara, orfèvrerie, etc.

Derrière le musée s'étend le **Jardin Fidoliyar** (ou Jardin des Communards), tracé dans les années 1880, qui accueillit peu à peu les tombes des héros, principalement des bolcheviks morts dans les combats de rue de 1917, ainsi que les quatorze Commissaires du Turkestan victimes de la trahison de Ossipov en 1919, du premier président ouzbek Youldouch Akhounbabaïev et du premier général ouzbek Sabir Rakhimov.

■ MUSÉE DES ARTS DÉCORATIFS

Rue Rakatbochi 15, tél. 56 39 43, de 10 à 17 h, fermé le mardi.

Apprécié tant pour sa situation que pour ses belles collections, ce musée est installé dans la résidence du diplomate Polovtsev, admirateur de l'architecture ouzbèke, qui pour sa construction fit appel à des artisans de Boukhara, de Samarcande, de Khiva, de Ferghana et de Tachkent. Muté avant l'achèvement du palais, Polovtsev ne vit jamais la cour entourée de vérandas et de salles de réception, les ornements tout en couleurs, les statues d'albâtre et les sculptures sur bois. Le *mihrab* de la salle de réception indique la direction opposée à La Mecque : le maître des lieux se contentait d'un islam décoratif ! Deux embrasures de portes sont ornées d'une citation du poète Omar Khayyam : « Le monde est comme un caravansérail à deux portes : l'une sert d'entrée, l'autre de sortie. Chaque jour amène de nouveaux voyageurs au caravansérail. »

Les collections de broderies des XIXe et XXe siècles comptent de nombreuses pièces issues de dots de mariage et censées protéger le jeune couple de tout malheur : tapisseries en *suzaine*, *oi-palyak*, ciels nocturnes, *goulkourpa*, couvertures ornées de fleurs, *tioubityeïka* et autres objets offrant une large diversité de points, de motifs et de symboles. Les collections de mobilier en bois sculpté comptent des tables, des *laukhi* destinés à recevoir des livres, œuvres de l'artisan Khaïdarov de Kokand. Dans d'autres salles encore on admirera des céramiques, des pièces de ferronnerie, des instruments de musique tels que les flûtes *karnaï* et les tambourins *doïra*. Certaines pièces de bijouterie pèsent jusqu'à 20 kilos.

■ MUSÉE DE L'HISTOIRE DES PEUPLES D'OUZBÉKISTAN

Perspective Charaf Rachidov 3 (près de la place de l'Indépendance), tél. 139 10 83, de 10 à 18 h, fermé le dimanche.

Tachkent célébra le centenaire de la naissance de Lénine en 1970 par l'inauguration de ce temple de marbre blanc à la gloire de Vladimir Ilitch Oulianov. En deux décennies, de jeunes pionniers y ont accumulé plus de 3000 pièces : tapis, statues, jusqu'à la copie d'un vêtement taché de sang suite à une tentative d'assassinat dont Lénine fut victime en 1920. Une version post-soviétique a remplacé ce culte léniniste après l'indépendance. Mais à côté de cette propagande, le cœur des collections provient de l'ancien musée Aïbek qui avait été créé en 1876 pour honorer la culture ouzbèke. Parmi les chefs-d'œuvre du musée, on remarquera le seul bouddha entier d'Ouzbékistan (Ier-IIe siècle), un fac-similé du Coran d'Osman, ainsi que des maquettes du mausolée de Bibi Khanoum et de l'observatoire d'Ouloug Beg à Samarcande et du site de Koï-Krilgan Kala au Khorezm.

Chakhrisabz : l'atelier de broderie Khoudjoum
et ses tapis à l'effigie de Tamerlan

■ MUSÉE LITTÉRAIRE ALICHER NAVOÏ

Rue Navoï 69, tél. 41 02 75, de 10 à 17 h, fermé le samedi.

Une statue du poète Alicher Navoï marque l'entrée du musée. Né à Hérat (Afghanistan) en 1441, Alicher Navoï fit ses classes dans sa ville natale, puis à Meched et à Samarcande, avant de devenir un écrivain et une personnalité politique de premier plan. Ses dons s'étendaient à la peinture, à la musique et à la sculpture, et on doit à sa générosité de nombreuses mosquées, des écoles et des dispensaires. Une de ses premières œuvres, *Le jugement des deux langues*, démontre que le turc de Tchagataï était une langue aussi riche que le persan ou l'arabe. Composant poèmes lyriques, ouvrages de sciences naturelles ou traités de philosophie aussi bien en turc de Tchagataï qu'en persan, c'est son talent dans la première de ces deux langues qui lui a valu la réputation de père de la littérature ouzbèke. Il mourut à Hérat en 1501. Le musée expose des manuscrits et des miniatures. Certaines salles sont ornées de scènes tirées de son œuvre majeure, le *Quintette de Khamza*. On verra aussi des copies des bustes de Tamerlan et de son fils Chah Rokh, reconstitutions effectuées par des archéologues ayant étudié leur squelette, ainsi qu'une maquette de l'observatoire d'Oouloug Beg.

■ MUSÉE DU MINISTÈRE DE LA DÉFENSE D'OUZBÉKISTAN

Rue de l'Académicien Abdoullaïev 98, tél. 62 46 46, de 10 à 17 h,
fermé le lundi et le mardi.

La statue géante d'un redoutable soldat soviétique brandissant son fusil garde l'accès à ce musée situé dans un parc saturé de répliques de matériel militaire. Les salles intérieures, toutes à la gloire de la puissance soviétique, sont tapissées d'affiches de la Seconde Guerre mondiale. On verra également un téléphone ayant servi au général Frounzé.

■ MUSÉE TAMARA KHANOUM

Rue Tamara Khanoum 1, appartement 14, tél. 67 86 90,
de 10 à 16 h, fermé le dimanche.

Ce musée est installé dans le dernier domicile de la grande danseuse ouzbèke d'origine arménienne Tamara Khanoum. Celle-ci naquit à Marguilan et consacra sa vie à la danse populaire d'Asie centrale et à l'émancipation féminine. Autrefois, les femmes ne pouvaient chanter et danser que chez elles, les rôles féminins dans les spectacles publics étant joués par de jeunes garçons. Tamara Khanoum fut une des premières danseuses à se produire sans voile. Le musée expose des photos, des tableaux, des affiches, ainsi que plusieurs de ses tenues de scène. Derrière la salle de concert Bakhor, sur la place de l'Indépendance, les amateurs de danse apprécieront le petit musée **Mukarram Turgunbaeva**, tél. 56 40 52, créé à la mémoire de la première danseuse professionnelle d'Ouzbékistan et de la troupe Bakhor.

■ MUSÉE AMIR TIMOUR

Place Amir Timour, angle nord-ouest, tél. 132 02 12, de 10 à 17 h, fermé le lundi.

Bâti à la hâte pour le 660e anniversaire de la naissance de Tamerlan, cet énorme édifice à coupole côtelée abrite des salles bigarrées dans lesquelles se rejoignent les Timourides et l'Ouzbékistan indépendant. Des maquettes et des reproductions des réalisations de Tamerlan constituent le principal intérêt du musée.

■ MUSÉE DES VICTIMES DE LA RÉPRESSION

Sur Amir Timour, square du Mémorial des Martyrs, près de l'hôtel Intercontinental, tél. 112 42 46, de 10 à 17 h, fermé le lundi.

Explore l'impact de l'arrivée et de la présence russe ainsi que la résistance ouzbèke durant plus d'un siècle.

■ AUTRES MUSÉES

Musée Géologique, rue Fourkat 1, tél. 45 13 37, de 10 à 16 h, fermé le week-end. Le musée abrite des collections minéralogiques et paléontologiques (dinosaures…). **Musée d'histoire naturelle**, rue Sagban, place Tchorsou, tél. 144 33 72, de 9 à 17 h, fermé le lundi. Il présente les hommes des cavernes et leurs peintures rupestres, ainsi que la filière du coton et les désastres écologiques liés à ces cultures intensives (voir aussi encadré p. 332). **Musée du Chemin de Fer**, rue Turkiston, tél. 199 70 40. Pour les inconditionnels des trains soviétiques. **Musée de la Gloire olympique**, perspective Charaf Rachidov 4A (près de la place de l'Indépendance), tél. 144 76 02, à 9 h à 17 h, fermé le dimanche. Témoigne de la fierté nationale ouzbèke en matière de sport. **Musée de l'Asie centrale**, rue Khamza 71, tél. 133 98 16, de 10 à 17 h, fermé le dimanche. Mélange éclectique de peintures et de tissages. Certaines œuvres sont à vendre. **Centre d'Art moderne**, rue Okhunboboev 4, tél. 133 98 57, de 10 à 17 h, fermé le lundi.

LE VIEUX TACHKENT

■ LA NÉCROPOLE CHEIKH ANTAOUR

Situés dans le périmètre de l'**Université islamique de l'imam Ismaïl al-Boukari**, au nord du musée Navoï, ces trois mausolées constituent un complexe datant du XVe siècle. Il s'agit des seuls vestiges d'un vaste ensemble de mosquées et de médersas fondé au XIVe siècle à l'occasion des funérailles du saint Cheikh Khovandi Tahour, plus simplement appelé Cheikh Antaour. Le plus grand des trois mausolées est celui de Younous Khan, descendant de Gengis Khan et grand-père de Babour, qui régna un temps sur le Moghoulistan occidental et régla en 1485 des brouilles de Timourides en s'emparant de Tachkent. A sa mort en 1487, son fils bâtit ce mémorial à coupole et à deux niveaux, dont les faïences bleues furent restaurées en 1970.

Demandez l'autorisation de visiter soit à la porte nord de l'université donnant sur la rue Abdulla Kodiry, soit auprès du gardien du mausolée du Cheikh Antaour situé dans un petit jardin à l'est, que l'on atteint plus facilement par la ruelle nord/sud qui relie Navoï à Kodiry. Le dôme en brique de Cheikh Antaour est couvert de plaques métalliques restaurées au XIXe siècle tandis que l'intérieur est supporté par un tronc d'arbre séculaire. Derrière se trouve le **mausolée de Kaldirgach Bey** érigé pour un roi du Moghoulistan au début du XVe siècle. Sa coupole, hémisphérique à l'intérieur, constitue à l'extérieur une pyramide à douze côtés. A proximité se trouve l'atelier de broderie Chark-Guli (perspective Abdulla Kadiri 78, tél. 41 20 56, s'annoncer pour visiter), entreprise collectiviste créée dans les années 30 lorsque les planificateurs soviétiques voulaient appliquer les méthodes de production de masse à l'artisanat ouzbek. Quelque 3000 femmes travaillent le velours, le satin, la soie et le coton, à la main ou sur des métiers, pour produire des panneaux décorés (*suzaine*) ou des couvre-chefs (*tioubityeïka*).

■ TCHORSOU

Sortez de la station de métro Tchorsou et laissez-vous gagner par l'atmosphère agitée du bazar. C'est à ce carrefour (Tchorsou signifie «les quatre chemins») que de tous temps les marchands ont proposé des biens de tous pays. A l'époque socialiste, le bazar était resté le bastion des affaires. Appelé à l'époque Marché d'Octobre, il a été renommé **Eski Iouva** («la vieille tour»), du nom d'un minaret proche qui faisait autrefois partie des fortifications. Le bâtiment à deux niveaux en forme de dôme est une construction soviétique dérivée de la tradition du labyrinthe d'échoppes couvertes pour parer aux ardeurs du soleil. Vous trouverez à l'étage supérieur les fruits secs et les oléagineux (noix, etc.), tandis que l'étage du bas est réservé aux fruits et légumes frais, aux herbes et aux épices. A l'extérieur sont installés les marchands de tapis, de châles ou de mules, ainsi que les vendeurs de charcuterie et de chachliks.

La **médersa Koukeldach** fait face à l'hôtel Tchorsou. Construite au milieu du XVIe siècle par le vizir Koukeldach, cette médersa fut utilisée à des fins profanes par les Soviétiques, qui en firent un entrepôt et un musée. Le bâtiment est désormais réhabilité dans ses fonctions religieuses, et son niveau supérieur, ses minarets d'angle et sa façade de briques colorées sont restaurés au fur et à mesure que le permet l'argent récolté dans la *malhalla* (communauté) voisine. Demandez l'autorisation de pénétrer dans la cour intérieure sur laquelle donnent les 38 salles *(hujra);* celles-ci accueillent plus de 250 jeunes gens venus étudier l'islam pour une période de trois années. La prière du

Vendredi se fait sur l'esplanade de l'entrée de la **mosquée Juma** construite au XVe siècle par le grand chef Khodja Akrar (1404-1492) et récemment restaurée. Ici se trouvait autrefois le centre de la ville – le Reghistan, ou place de sable, lieu des exécutions publiques. Jusqu'à la veille de la révolution, les épouses infidèles étaient enfermées dans un sac et précipitées du haut d'un minaret de vingt mètres !

Si vous êtes fatigués de la poussière et du stress, gagnez le principal souk de Tachkent, où vous trouverez *tchaïkhana* et hammam (sous un superbe dôme bleu) à l'ouest de l'hôtel Tchorsou, sur la rue Ouighour. Cinq lignes de bus s'arrêtent un peu plus loin, face au numéro 372, près de la mosquée et du mausolée Cheikh Zainutdin-Bobo, vestiges et cimetière datant du XVIe siècle.

■ LA PLACE KHAST-IMAM

Prenez l'avenue Zarkaïnar au nord du marché de Tchorsou et pénétrez dans le cœur du **vieux Tachkent**. Vous voici dans le quartier le moins soviétisé de la ville, un dédale de maisons de brique traditionnelles dépourvues de fenêtres et qui, de ce fait, ont pour la plupart résisté au tremblement de terre de 1966. De vieilles Lada rouillent dans des soupentes garnies de pisé où l'on abritait autrefois les chevaux et les carrioles. Quelques ouvertures permettent d'entrevoir des cours ombragées de vignes où règne le calme. Depuis toujours les conciliabules des *aksakal* (les «barbes blanches») entretiennent ici la cohésion sociale dans le voisinage *(malhalla)*.

Un peu plus loin, on arrive à la place Khast-Imam et à la **médersa de Barak Khan**, fondée au XVIe siècle par un descendant de Tamerlan qui administrait Tachkent pour le compte des Cheïbanides. La façade ornée de mosaïques bleues et d'inscriptions coraniques abrite une cour plantée de rosiers et protège 35 *hujra*. Ce lieu est le centre administratif du Mufti de l'Ouzbékistan, c'est-à-dire le chef suprême de l'islam officiel du pays. Le touriste curieux devra donc demander l'autorisation d'y pénétrer.

De l'autre côté de la place, la **mosquée Tellia Cheikh**, qui date de la même époque, est aujourd'hui la principale mosquée du Vendredi de la ville. Les hommes peuvent demander à l'imam l'autorisation de visiter sa belle bibliothèque. On y verra notamment le grand Coran d'Osman, sans doute le plus ancien au monde, qui fut taché du sang du calife Osman assassiné en 655. Tamerlan le fit exposer sur le grand lutrin de Bibi Khanoum à Samarcande à la fin du XIVe siècle. Le général Kaufmann, qui donna le Turkestan au tsar, l'emmena à Saint-Pétersbourg. Après la révolution, les bolcheviks le renvoyèrent à Tachkent, où le Mufti en assure la conservation depuis 1989.

Quelques pas plus loin se trouve le **mausolée Abou Bakr Mohammed Kaffal Chachi**, tombe d'un docteur de l'islam, philosophe et poète qui vécut de 904 à 979. Le portique, le dôme et l'arcade remontent au XVIe siècle, époque où s'étendit la réputation de sa sainteté et où l'on créa un cimetière. Les femmes frappées de stérilité s'enduisent le visage de la poussière de la tombe dans l'espoir de mettre fin à leur malédiction. En face se trouve la **mosquée Nomozgokh**, construite au XIXe siècle pour accueillir les fêtes religieuses et les sacrifices rituels, et qui est entre-temps devenue l'**Institut islamique de l'imam Ismaïl Al-Boukhari**, le second séminaire musulman de l'Union soviétique après la médersa Mir-i-Arab de Boukhara. Alors qu'autrefois l'on n'y formait que vingt-cinq imams ou muftis tous les quatre ans, ce sont de nos jours quelque cent trente hommes et femmes qui y suivent alternativement une formation en quatre ans.

La cathédrale orthodoxe russe de Tachkent

A une demi-heure à pied à l'ouest de Khast-Imam, ou à dix minutes de la station de métro Tintchlik, le **cimetière Tchagataï** jouxte le bazar du même nom au 319 de la rue Farabi. A gauche de l'entrée s'étendent les tombes de la population locale, tantôt musulmanes, tantôt soviétiques. A droite, bustes fort peu musulmans et visages gravés dans la pierre, se dressent les monuments funéraires des dignitaires et des gloires de l'Ouzbékistan soviétique. Prenez un guide et vous bénéficierez d'une leçon d'histoire: Tourson Akhounova (1937-1983), héroïne du Travail, la première femme à avoir piloté une machine à récolter le coton, activiste de l'engagement des femmes dans l'agriculture jusqu'à ce qu'elle succombe à un cancer provoqué par les engrais chimiques; Mirza Aiybek (1905-1968), écrivain du Peuple, le premier à insister sur le rôle de Tamerlan dans l'histoire des civilisations, privé du droit à la parole par les persécutions officielles; Choukour Bourkhon (1910-1987), le premier acteur ouzbek à avoir joué le rôle d'Othello, et avec une telle passion qu'il faillit réellement étrangler Desdémone sur scène; Charaf Rachidov (1917-1983), inhumé sous une tombe de marbre d'une relative simplicité.

■ AUTRES POINTS D'INTÉRÊT

A la station de métro Khalkar Doustligui, vous déboucherez sur une place énorme dominée par les marbres monumentaux du **Palais de l'Amitié des Peuples**, dont la grande salle offre 4000 places pour de grandes réunions politiques ou pour des spectacles. Devant le palais, une statue représente le forgeron Chamakhmoudov en compagnie des quinze orphelins de Russie d'Europe que sa femme et lui adoptèrent pendant la Seconde Guerre mondiale. Derrière le palais et parmi quelques fontaines se trouve la **médersa Abdoul Khasim**, édifice du XIXe siècle aujourd'hui restauré, dont le nom commémore un habitant de Tachkent autrefois célèbre pour sa capacité – partagée par tous ses enfants – de réciter le Coran entièrement par cœur. Le rôle pédagogique de cette médersa est désormais limité, alors que sa renommée repose plutôt sur l'activité d'artisans traditionnels qui occupent ses *hujra* pour y fabriquer des répliques de bijoux et autres objets anciens. En face, le **palais des Mariages Navrouz** doit se visiter de préférence le samedi en milieu de journée, à l'heure où les couples juste mariés et leurs photographes s'y bousculent pour sabler le champagne. A leur sortie, ils embarquent dans des cortèges de Lada, de Moskvitch et de Jigouli décorées de poupées pour se rendre en pèlerinage au monument du poète Alicher Navoï, dont la coupole porte le couplet suivant: «Sachez, frères humains, que le plus grand malheur réside dans l'inimitié, et que l'amitié est la plus grande bénédiction.» Depuis cet endroit, le regard

La nouvelle mairie – Khokkimiyat – de Tachkent

embrasse le lac du parc national Navoï (ex-Komsomol, car creusé en quarante-cinq jours à peine par la jeunesse léniniste en 1939), ses baigneurs et ses rameurs, ainsi que la coupole bleue du tout nouveau Parlement ouzbek – Oliy Majlis.

Si vous êtes amateur de statistiques publiques et de propagande recyclée, allez visiter l'**OuzExpoCentre**, ci-devant VDNKh ou Exposition des réalisations de l'Economie nationale, à proximité de l'aquaparc dans l'ancien parc de la Victoire sur le canal Bozsou (métro Bodomzor). Enfin, une visite de la tour de télévision haute de 375 mètres (accessible de 10 à 21 h, fermé le lundi) permet d'accéder à une plateforme et aux deux restaurants panoramiques tournants: les quartiers verdoyants de Younousabad s'étendent vers le nord, la place de l'Indépendance au loin vers le sud, la vieille ville vers l'ouest et le jardin botanique et le zoo (tlj de 9 à 17 h) en bordure du canal Salar vers l'est.

De même que les musulmans peuvent jouir de leur liberté retrouvée et prier en public, les chrétiens orthodoxes retournent dans leurs églises. La **cathédrale orthodoxe russe** de Tachkent, dont la première construction remonte à 1872 (Avliouta Koutchasi 20, non loin de la gare), accueille tous les dimanches matin les *babouchka*, leurs cierges et leurs célébrations sous son bulbe caractéristique. L'**église polonaise** catholique romaine (centre culturel et salle de concert), la plus grande église catholique d'Asie centrale, vaut également une visite. Située à l'est de l'hôtel Ouzbékistan, elle a été récemment rénovée.

THÉÂTRES

Tachkent compte de très nombreux artistes et tous les soirs, il est possible d'assiter à d'excellentes représentations d'opéra, théâtre, chant ou danse. Faites-vous conseiller par votre hôtel qui vous indiquera les spectacles susceptibles d'intéresser des étrangers. Vous pouvez également consulter le site www.interconcepts.com/tashkent-events.html. Les représentations commencent habituellement à 18 h en semaine, plus tôt le week-end.

- **Opéra et Ballet Alicher Navoï**, rue Ataturc 28, tél. 133 90 81: voir page 89.
- **Conservatoire de musique**, rue Abai, tout grand, tout neuf. Des concerts sont également donnés à son ancienne adresse, rue Pouchkine 31.
- **Salle de concerts Tourkiston**, perspective Navoï 2, tél. 34 99 45, accueille spectacles, musique et danse en intérieur, et théâtre en plein air.
- **Théâtre Ilkhon** («inspiration»), rue Pakhtator 5, sous l'hôtel Yochlik, tél. 41 22 52, avec bar et restaurant: les spectacles de théâtre expérimental, de mime et de pantomime les plus brillants et les plus réussis.
- **Théâtre de Marionnettes**, av. Kosmonavtlar, tél. 56 73 95: spectacles traditionnels ouzbeks et internationaux, musée de la marionnette.

- **Salle de concerts Bakho**r, Paradlar Alleyasi, place de l'Indépendance, tél. 136 46 10 : siège du célèbre ballet ouzbek Bakhor, récitals en tout genre.
- **Aladdin Theatre Studio**, Charov Rachidov 5, tél. 139 19 51.
- **Théâtre dramatique Khamza** de l'Académie d'Etat ouzbek, rue Navoï 34, tél. 144 17 51.
- **Théâtre musical Moukimi** de l'Académie d'Etat ouzbek, rue Almazar 187, tél. 45 16 33.
- **Théâtre d'Etat du Jeune Spectateur**, rue Zarkaïnar 8, tél. 40 50 54.
- **Théâtre dramatique russe d'Ouzbékistan**, rue Otaturk 24, tél. 133 81 65.
- **Théâtre de la Jeunesse d'Ouzbékistan**, av. Navoï 55, tél. 144 10 89.
- **Théâtre dramatique ouzbek Abror Khidoyatov**, rue Zarkaïnar 2, tél. 144 05 78.
- **Comédie théâtrale et musicale d'Etat de Tachkent** (opérette), rue Choponota, Kvartal-C, tél. 77 87 29.
- **Cirque d'Etat de Tachkent**, place Khadra, tél. 144 35 91, les après-midi du week-end.
- **Real Cinema**, tél. 133 11 94, derrière le Bumi Tashkent/Quality Hotel projette des films holywoodiens en anglais le vendredi et le samedi soir.

SPORTS

L'hippodrome se trouve au sud-ouest de la ville, relié par bus à la station de métro Sabir Rakhimov. Si l'on y court le dimanche, le reste de la semaine s'y tient sur le parking un marché libre aux attroupements parfois tumultueux.

Les rencontres de football ont lieu au stade Pakhtator (« l'ouvrier du coton »), 80 000 places, à proximité du métro du même nom.

Les meilleures piscines, qui disposent d'installations de jeu pour les enfants, ainsi que des courts de tennis, se trouvent au club sportif NBU, rue Okkurgon 16 (perpendiculaire à la rue Pouchkine), tél. 68 44 69.

Un aquapark (Tashkentland) construit par les Turcs avec toboggans et attractions diverses vous procurera un après-midi de plaisir : rue Amir Timour (métro Bodomzor, près de la tour de télévision).

Plus au nord, à l'ombre de la tour TV, se trouve le Stade Savdo-Tennis club Younousabad, tél. 134 69 81. Le tennis club Yar se trouve à côté de l'hôtel Tchorsou (tél. 49 46 96).

Le Amako Bowling (tél. 55 47 92) est situé rue Oibek 3.

Uz Bowling (tél. 132 17 84), 8/1, av. de l'Ouzbékistan.

Pour votre footing, les Hash House Harriers partent de l'hôtel Ouzbékistan les dimanche à 18 h en été, à 15 h le reste de l'année.

Le sous-sol de Mir Burger, rue Saïelgokh, propose une salle de billard. D'autres club de billards existent dans la ville.

Le Lakeside Golf Club de Tachkent (tél. 195 09 91) possède le premier parcours d'Ouzbékistan, situé au sud-est de la ville, au lac Rokhat, Bektemir District n° 1. Le club de tir Alekon propose du ball-trap à la rue Amangeldi 71, tél. 180 76 81.

Pour 10 $, vous pouvez utiliser la piscine et le fitness toute la journée au Meridien Hotel. Chez Dedeman, la même prestation coûte 10 à 15 $, et 6 $ au Bumi.

INFORMATIONS PRATIQUES

Transports aériens

Aéroport de Tachkent

L'aéroport de Tachkent est situé à 7 km au sud de la ville. Des améliorations sont constamment apportées, et les pistes récemment refaites. Des plans pour un grand hôtel ainsi que des magasins devraient être concrétisés prochainement. Cependant des problèmes persistent, prévoyez donc suffisamment de temps lors de vos départs. Il comporte deux terminaux distants de 200 m : le terminal international (en ouzbek : Halqaro, en russe : Mezhdu Narodniy) et le terminal domestique (en ouzbek : Makhalliy, en russe : Messniy).

Le rez-de-chaussée est réservé aux arrivées, les départs se font au premier étage. Une taxe d'aéroport de 10 $ est comprise dans le prix de votre billet pour les vols internationaux. Les deuxième et troisième étages hébergent les bureaux des compagnies aériennes (p. ex. pour les problèmes de billets) ainsi qu'une antenne de l'Immigration (pour prolongation de visas). Pour les vols intérieurs, les étrangers devraient s'adresser directement au guichet d'Intourist, quelle que soit leur destination.

Le prix d'une course en taxi jusqu'au centre ville, p. ex. à l'hôtel Ouzbékistan, ne devrait pas dépasser 5-10 $. Lors d'arrivées tardives, ou à cause de l'attitude par trop insistante des chauffeurs de taxi, beaucoup de visiteurs demandent à leur agence, ou à leur hôtel, d'organiser le transfert. Vous pouvez également prendre l'autobus devant le terminal domestique : la ligne 25 s'arrête à Khokkimiyat (la Mairie) à côté de l'hôtel Ouzbékistan. Le bus 67 vous amènera à l'hôtel Grand Mir et le 11 à l'hôtel Tchorsou. Les trois lignes permettent une correspondance avec le métro. Le trolleybus 14 assure la correspondance avec le métro à la station Alicher Navoï.

L'hôtel Ouzbékistan (tlj de 8 à 18 h, tél. 33 32 17), parmi d'autres, dispose d'un point de vente pour les billet d'Uzbekistan Airways. Pour un supplément de 5 $, vous vous évitez la visite du Aviakassalar, le bureau principal d'Uzbekistan Airways qui se trouve face à l'hôtel Rossia, rue Chota Roustavéli Koutchasi 9 (tlj de 9 à 17 h, tél. 56 38 37). Tous les billets sont vendus en dollars. Pour les départs immédiats à destination de la CEI, tentez votre chance directement au terminal international de l'aéroport. Information aéroport, tél. 54 86 37 (en russe et en ouzbek).

Compagnies aériennes

Aéroflot-Russian Airlines, c/o Avia-Lux, ou au 19A rue Movarounnakhr, tél. 133 49 99.
Air Ukraine, à l'aéroport, 3e étage, tél. 50 91 16.
Armenian Airlines, aéroport, 2e étage, tél. 54 59 32.
Asiana Airlines, rue de Boukhara 1, building Daewoo Unitel, tél. 120 73 85.
Avia-Lux (pour Kazakhstan, Kirghizistan, Siberia et Tartarstan Airlines), rue Noukous 79A, tél. 55 26 60.
Baykal/Belavia/Byelorussia, rue Niyozbek Yuli 6, tél. 152 68 10 et 185 85 53.
British Airways, 5, Center, 2 St., région de Mirzoulugbek, tél. 133 71 11, kashif.sadiq@britishairways.uz.
Domodedovo, rue Bobur 77, tél. 152 39 40-41 (vend également les billets de Ural, Perm, et Orenburg Airlines, qui offrent des vols bon marché entre Tachkent et Moscou), aéroport, tél. 54 59 53.
Iran-Air, rue Toy-Tepa 1, tél. 59 13 74.
KLM North-West, rue Movarounnakhr 19A, tél. 133 49 99.
Lufthansa, hôtel Intercontinental, 107A, rue Amir Timour, tél. 137 60 65.
Pakistan International Airlines, rue Khalklar Dustligi 4, tél. 45 91 92, à l'aéroport, 3e étage, tél. 54 92 15.
Transaéro (Russie), rue Khalklar Dustligi 6A, tél. 133 99 35.
Turkish Airlines, rue Navoï 11, tél. 136 79 89, thytasmng@sarkor.uz.
Uzbekistan Airways, siège : rue Movarounnakhr 41, tél. 133 50 00.

Le train

La gare de Tachkent (tél. 199 72 16), officiellement appelée **Tachkent Vokzal**, anciennement Severnyï Vokzal, ou gare du Nord, est située au sud du centre ville, près de Métro Tachkent. Depuis la fermeture de la gare du Sud, elle assure toutes les liaisons de et pour Tachkent.

Le train n° 662 pour Boukhara, très pratique, quitte Tachkent chaque soir à 19 h et arrive à Boukhara à 7 h le matin. Les billets coûtent 9 $, dans un compartiment à quatre, ou 17 $ dans un compartiment à deux. Le nouveau train à grande vitesse part pour Samarcande tous les jours le matin à 6 h 50, arrivée à 11 h 05, billets 8 à 10 $. Pour Moscou, le prix est de 155 $ dans un compartiment pour quatre. Pour des informations concernant le rail, appelez le 136 40 49. Les détenteurs de passeport non CEI doivent acheter leurs billets non pas au guichet principal, mais au guichet des billets internationaux, 51, rue Movarounnakhr, ouvert de 8 à 17 h, tél. 136 48 48, supplément de 5 $. Bureau de change au même endroit.

Transports routiers

Les bus pour les longues distances partent de la gare routière de Tachkent – **Avtovokzal**, tél. 79 39 29 –, située à cinq minutes à pied de la station de métro Sabir Rakhimov. Au guichet des billets, on peut exiger que vous vous enregistriez au bureau de l'OVIR qui se trouve à l'étage.

Plus la destination est lointaine, moins fréquents sont les autobus. Pensez donc à acheter vos billets la veille du départ (Samarcande n'est plus desservie que par deux bus matinaux). En plus des taxis collectifs, des mini-bus privés, à l'extérieur de la station, assurent désormais des services plus rapides et plus fréquents, vers diverses destinations. Ils partent lorsqu'ils sont pleins. Il n'existe actuellement pas de bus régulier pour la vallée du Ferghana ; il faut donc prendre un taxi collectif, non pas à la gare routière, mais près de la gare de Tachkent – *Tachkent Vokzal* – où stationnent également les bus de nuit privés pour Samarcande et d'autres destinations.

Un taxi individuel pour Samarcande ou le Ferghana coûtera env. 30 $.

Transports urbains

Le métro de Tachkent (plan page 89) circule de 5 à 24 h. Donnez-lui toujours la préférence. La construction du réseau se poursuit régulièrement. Le tarif est fixe (actuellement 130 sums, début 2004) : n'hésitez donc pas à acheter une provision de jetons.

Les bus, trolleys et trams relient le centre aux quartiers les plus reculés de la ville. Un plan du réseau vous guidera, sinon, informez-vous auprès des autres passagers.

Les taxis officiels sont **Taxi Ekipage** (tél. 082), **Tashkent Taxi Service** (tél. 062), **Taxi Voyage** (tél. 139 22 22), 150-170 sums/km, minimum 1000 sums. Le trajet pour l'aéroport depuis le centre ne devrait pas coûter plus de 1500 sums. Ce sont les tarifs officiels, début 2004, mais il est possible de discuter le prix de la course. Il est utile d'emporter un plan de la ville ainsi que l'adresse de destination écrite en russe ou en ouzbek. Des particuliers utilisent fréquemment leur voiture comme taxi sans que cela donne lieu à de gros problèmes. Mais là aussi négociez le prix au préalable.

Logement

La plupart des hôtels indiqués ci-après se trouve dans un rayon de 5 à 10 min. de marche au maximum jusqu'à la station de métro la plus proche. Pour un séjour prolongé, un appartement de 3 à 4 pièces coûte entre 300 et 400 $ (début 2004). Des intermédiaires privés (*makleri* en russe) se trouvent sur la rue Khorazm, non loin de l'hôtel Ouzbékistan, entre les rues Khamza et Okhunboboev, www.kupidom.com

Sheraton Tachkent, rue Amir Timour 15, tél. 138 30 00, fax 120 89 04, shertas@online.ru, www.sheraton.com, métro Amir Timour. Hôtel cinq-étoiles ouvert en 1999, tout ce que le voyageur fortuné peut attendre d'un tel établissement. Chambres de 295 à 1400 $ pour la suite présidentielle.

Intercontinental Tachkent, rue Amir Timour 107 A, tél. 120 70 00, fax 120 61 61, tashkent@interconti.com, métro Bodomzor. Le premier cinq-étoiles d'Ouzbékistan constitue le cœur d'un vaste complexe d'affaires situé dans le nord de la ville, à côté du UzExpo Centre. Cet hôtel appartenant à la chaîne du même nom offre toutes les facilités: salles de conférences et de banquets, centres d'affaires et de fitness, piscine, restaurants et bureau de Uzbekistan Airways. Chambre simple ou double à partir de 150 $.

Le Meridien Tashkent Palace, 56, Bouïouk Touron, tél. 120 58 00, fax 120 44 01, reservations@lemeridien-tashkent.com. Une rénovation lourde a rendu à l'ancien Hôtel Tashkent, magnifiquement situé en face du théâtre Navoï, son charme historique. Il dispose d'un service de change ouvert 24 /24 h, accès internet dans la chambre, un Opera jazz bar, une petite piscine, un fitness et transports gratuits à l'aéroport. A l'heure du thé de l'après-midi, vous pouvez déguster un buffet (5 $) et le Sharq Yulduzi sur le toit sert un chachlik de première qualité. Chambres entre 150-220 $. Cartes de crédit acceptées. Possibilité d'obtenir des rabais si vous réservez par une agence de voyage.

Radisson SAS, 88, Amir Timour, tél. 120 49 00, fax 120 49 05, yakup@radissonsas.bcc.com.uz. Un nouvel hôtel quatre-étoiles près de la station de métro Bodomzor, avec sauna et piscine. Chambres à partir de 100 $ avec petit-déjeuner.

Dedeman Silk Road Tashkent, Amir Timour C4, No 7/8, tél. 134 01 01, fax 134 42 42. L'ancien hôtel Dustlik fait maintenant partie de la chaîne turque Dedeman. C'est un bon choix pour des hommes d'affaires dont le budget voyage n'est pas illimité. Il dispose d'une piscine, d'un restaurant turc, d'un centre d'affaires, d'étages non-fumeurs ainsi que d'un médecin résidant. Chambres entre 66 et 99 $ avec petit-déjeuner.

Hôtel Ouzbékistan, rue Khamza 45, tél. 120 77 77, fax 120 61 15, uzb@hotel.co.uz, métro Amir Timour Khiyaboni (bureau parisien: rue de la Chaussée-d'Antin 12, tél. 01 45 23 28 58). Un groupe malais vient de rénover ce vieux navire amiral de l'Intourist. L'hôtel quatre-étoiles de 17 étages est toujours fréquenté par les groupes et délégations, et offre une billetterie pour les excursions et les spectacles, un centre d'affaires, une piscine, une *tchaïkhana* souvent fréquentée par les groupes et les mariages, et divers restaurants. Chambres simples ou doubles dans l'aile droite réaménagée, à 80 à 120 $.

Hotel Poytaht, 4, Movaraunnahr, tél. 120 86 76, fax 120 86 68, info@poytaht.uz. Un élégant bâtiment gouvernemental dans les tons pastels qui bénéficie d'un emplacement de premier choix. Abrite également le Midori, restaurant japonais et coréen. Chambre simple 70-85 $, double 90-100 $, spacieuses. Cartes de crédit acceptées.

Shodlik Palace, rue Pakhtator 5, tél. 41 42 22, fax 41 44 04, info@shodlik-palace.com, métro Pakhtator. Hôtel quatre-étoiles confortable, à direction allemande, comptant 107 chambres, centres de conférences, d'affaires et de fitness, restaurants européens, bar-bistrot. Chambre simple ou double de 160 à 230 $.

Quality Hotel (Bumi Tashkent), rue Ouzbékistan Ovozi 2, tél. 120 66 00, fax 120 63 18, quality@global.net, métro Amir Timour Khiyaboni à 5 min. Toujours en crise d'identité, l'ancien Bumi renaîtra lorsque ses propriétaires indonésiens l'auront revendu... Bien situé derrière l'hôtel Ouzbékistan, ce quatre-étoiles offre les commodités habituelles. Chambre simple ou double à partir de 35 $.

Hôtel Turkiston, rue Navrouz 64, tél. 139 18 21 et 152 13 77, métro Kosmonavtlar. Etablissement calme et agréable situé à proximité du palais présidentiel. Prix pour des chambres spartiates de 35 à 110 $.

Grand Mir (anc. hôtel Rossia), Kunaev 2, tél. 152 78 08, grandmir@hotmail.com. L'ancien hôtel Rossia est actuellement transformé par ses nouveaux propriétaires turcs avec de luxueuses suites ottomanes, une Harem-Club-disco et un Pacha-bar. Chambres simples mais spacieuses de 120 à 160 $ actuellement proposées à moitié prix (printemps 2004). Seules les cartes de crédit ouzbèkes sont acceptées. Devant le Grand Mir, des privés vous proposeront une bonne alternative située à cinq minutes à pied, **rue Mirakilova 32**, à côté du café Stella, tél. 55 41 92, qui vous coûtera de 2 à 10 $ la nuit. Ou, encore mieux, le **Nargiza B&B**, rue Chkalov 17, tél. 54 64 04, un nouvel établissement ouzbek, avec une petite piscine et une cour, chambre double 5 à 10 $.

Hôtel Grand Orzu, 27 M Torobiy, tél. 120 88 77, fax 120 88 76, info@-dolores.uz. L'hôtel-phare trois-étoiles de l'agence de voyages Dolores, avec air-conditionnées, piscine, centre d'affaires, accès internet, et le bureau de Dolores Tour. A deux pas du Caravan Café. Chambre simple 35 $, double 45 $, et de luxe 45-55 $. Service d'accueil à l'aéroport.

Orzu Hotel, rue Ivleva 14, tél. 120 88 77, fax 152 29 73, dolorest@-online.ru. Situé des deux côtés de la rue, il propose banque, cyber-café et agence de voyage. Chambres B&B confortables pour 40 à 60 $.

Sam Buh Elite Hotel, rue Tsekhovaïa 10, tél. 120 88 22, fax 188 38 76, sambuh@buzton.com. Un des premiers B&B de Tachkent. Occupe deux bâtiments dans une ruelle tranquille, au sud-ouest d'Orzu/Sezam. Petite piscine, chambre pour 20 $. Abrite les bureaux d'Everest Tour.

Hôtel Grand Bek, 29, Shohjahon, tél. 152 23 89, fax 115 21 41, info@-bek-hotél.uz. Nouveau et bien géré, en face d'une synagogue. Chambres 35-50 $, suites 45 $. Les suites présentent un très bon rapport qualité/prix.

Hôtel Elite, 75/10, rue Yousouf Khos Khojib, tél. 120 88 29, fax 120 88 28, elitehtl@online.ru. Belles chambres trois-étoiles, l'hôtel ressemble à une villa, joli patio. Chambres simple/double 40-60 $, suites 50-70 $. Accessible depuis la rue Mirakilov, perpendiculaire à Glinka, près du Parc Babour.

Le similaire **Hôtel Viva**, tél. 120 44 40, vivaht@rol.ru est coincé entre deux ailes du précédent. Chambres simple 30-60 $, double 40-80 $.

Malika Tashkent, 53A, Chupon-Ata, tél. 173 14 22, malikatashkent@yandex.ru. Filiale de la populaire Samarkand Guesthouse, avec musique live au Takoma Bar. 20-50 $.

Asia Tashkent Hotel, 39, rue Souleymanova, tél. 120 77 48, info@asiatashkent.uz. Etablissement moderne (anciennement Orzu Elite). Simple/double 20-30 $ avec petit-déjeuner.

Diphotel (Ambassador), rue Murtazoev 6, tél. 137 16 44, fax 34 12 45. Jusqu'à cinq personnes peuvent partager un des appartements bien tenus au prix de 80 $.

Hôtel Ali-Tour, 26/2, rue Vokhidov tél. 56 71 62, 152 39 31, ali_tour@-globalnet.uz. Chambres entre 20-30 $, appartement pour quatre personnes 50 $. Contacter Alisher Khabibullaev. Près du métro Kosmonavtlar.

Gulnara's B&B, 40, rue Azad (Ousmankhojaev), tél. 40 28 16, 144 77 66, gulnara@globalnet.uz. Le meilleur hôtel bon marché en ville avec excellent petit-déjeuner (des groupes organisés viennent de loin pour goûter à l'authentique cuisine ouzbèke de la très accueillante Gulnara et de son mari. Service de blanchisserie et transport à l'aéroport bon marché. Agréable *tchaïkhana* dans le jardin. Salles de bain en commun, mais très propres. A cinq minutes à pied du métro Tchorsou. Sept chambres, 12-15 $ par personne.

Gostinitsa Tara, bâtiment 20A, Appt. 16, Chilanzar, tél. 116 56 48, près du métro Sobhir Rakhimov. Hôtel pour voyageurs sac à dos, caché dans un HLM, en face d'une nouvelle mosquée. Dortoirs 2,50 $, avec douches chaudes en commun. Difficile à trouver; prendre le métro jusqu'à Sobhir Rakhimov ensuite le tram n° 17, à trois arrêts de la station de bus longue distance. Le bus 69 s'arrête également dans les environs.

Hôtel Saïokhat, rue Buyuk Ipak Yuli 115, tél. et fax 68 67 32, fax 68 67 42. Egalement dans l'est de la ville. Chambre simple ou double de 36 à 72 $. A côté se trouve:

Hôtel Saïokhat Sari, tél. 67 53 95, avec des chambres spartiates de 12 à 50 $.

Hôtel du Ministère de la Défense, rue Buyuk Ipak Yuli 133B, tél. 68 07 06. Le Gostinitsa Ministerstva Oboroni propose l'atmosphère soviétique pour 15 $ par personne. Derrière le Musée militaire.

Hôtel Touron, rue Abdoulla Kadiri 1, tél. 41 57 69, en rénovation (2004).

Rovshan B&B, rue Mirobod 118, tél. et fax 120 77 47, rovshanm@online.ru, www.rovshanm.com. Trente chambres, restaurant-bar sur le toit, agence de voyage. 35 à 50 $.

Glen-Eden Hotel, rue Chavandoz 16/18, tél. 120 61 71, fax 120 61 81, tashkent@go-russia.com. Joint-venture américano-ouzbek, idéal pour de petites conférences, des familles, et des voyageurs anxieux (contrôle de sécurité imparable !). Prix des chambres de 70 à 85 $, comprenant deux repas et des boissons (alcool interdit).

Hôtel Lokomotiv, rue Turkiston 7, tél. 199 75 09, métro Tachkent. Propre et bon marché (4 à 5 $), à côté de la gare.

Hôtel Tchorsou, place Tchorsou 1, tél. 42 76 00, métro Tchorsou. A proximité du métro, du bazar et de la vieille ville, actuellement en rénovation.

Hôtel Koreana, rue Noukous 73, 7e étage, tél. 54 25 55, fax 54 35 87. Hôtel économique, chambres impeccables à 40 $, sauna, billard, *kimchi* et voitures Daewoo sous le même toit.

Astoria Hotel (Glaeser-ST), rue Noukous 85, tél. 152 58 88. Situé au-dessus du luxueux restaurant du même nom. Chambres 80 à 130 $.

Restaurants

La meilleure nourriture ouzbèke a toujours été apprêtée et consommée chez les particuliers. Pour cela, il est nécessaire d'y être invité, ce qui est assez courant dans ce pays hospitalier. Comme de plus en plus de résidents de Tachkent transforment leur maison et leur cour en restaurant *(khanadon),* le voyageur a davantage de possibilités de goûter à une cuisine traditionnelle ouzbèke pour un prix convenable. Des plats d'autres contrées (p. ex. coréens) sont également proposés à prix abordables.

Réputé pour ses délicieux chachliks, le **bazar Tchagataï** (rue Akademik Sadikov, métro Tintchlik) diffuse ses effluves alléchants bien avant l'aube. On y trouve également des produits laitiers pour compléter le petit-déjeuner. Demandez également la soupe aux pois, ou des *non* avec des noix et des raisins.

De délicieux chachliks sont proposés, ainsi qu'une décoration ouzbèke, au **Afrosiyob**, près du métro Bodomtsor.

Si vous aimez les spécialités de Boukhara telle la soupe *mokhora*, les *samsa*, et le poisson frit, rendez-vous au café Dilkusho, 57, rue Djahan Obidova, tél. 135 19 30, près de l'hôtel Intercontinental, face à la mosquée Bodomzor. Demander le *plov* d'Andijan, au **Kafe Dilkash**, sur la rue Kounaev, au sud d'Uzbekistan Airways. Tout près se trouve le **Café Samo** qui reste ouvert tard, et propose des spécialités russes. Piste de danse avec hôtesses.

Deux blocs à l'ouest sur la rue Ivleva se trouvent les hôtels Urzu et plusieurs restaurants familiaux dont le **Café Sevan** avec un délicieux menu arménien de *chalogach* (côtes de porc) et *haravat* (salade d'aubergines). Toujours dans le même quartier, musique *live* et nourriture européenne et ouzbèke sont proposées aux **Jungle**, **Greeen House**, **Kafe Liss** et au **Number One Café**. Un autre lieu arménien est le **Café Surprise**, rue Olmachi 14, tél. 67 02 11, dans le nord-est de la ville, métro Pouchkine. Il donne sur une cour; l'expresso y est excellent.

Parmi les nombreuses maisons de thé, la **Sharshara Tchaïkhana** est réputée pour sa situation sur le canal Burdzhar, au bout de la rue Rakatboshi, à dix minutes à pied du Musée des Arts appliqués. D'autres *tchaïkhana* sur le canal: **Anhor** sur Navoï, à côté de la Salle de concerts Tourkiston, et **Al-Aziz** voisin. Des restaurants plus chic apparaissent quotidiennement, avec des prix qui varient du raisonnable à l'insensé! Les repas dans les établissements suivants devraient coûter 10 à 40 $ par personne (sans les boissons). L'excellent **Caravan Art Café**, rue Abdullah Kahhar 22, tél. 55 62 96, vend aussi du très bel artisanat. Essayez le *laghman* avec du riz *(ganfan)*. Remontez la rue A.Kahhar jusqu'au **Manas Arts Café**, 12, rue Usmon Nosir, pour trouver une ambiance kirghize, avec yourte, feu ouvert, etc. Parmi les restaurants géorgiens de la ville, le **Tblisi** vaut une visite. Il est situé dans le complexe Zarafshon à la rue Matbuotchilar 17, tél. 133 56 93. Essayez les *dolma* (feuilles de vignes farcies à la viande de veau) et les *khachapuri* (galettes de pain au fromage et aux œufs). Le **Peking Restaurant**, tél. 133 56 93, se trouve tout près, mais le meilleur chinois est le **New Shanghai** à la rue Bobur 4, tél. 186 98 29. Le **Omar Khayam**, 33, rue Movarounnakhr, tél. 133 00 83, est considéré par les expatriés comme un des meilleurs établissement de la ville et sert une excellente cuisine moyen-orientale et ouzbèke. A proximité se trouve **Le Cassa Bar (Che Guevera)** qui sert de la nourriture mexicaine, et le **Bistro Tashkent**, tél. 152 11 12, des spécialités italiennes. Le **Jumanji**, au 6/1 Youssouf Khos Khodjib, tél. 152 55 10, propose d'excellentes spécialités ouzbèkes, européennes et coréennes, à des prix assez élevé; animé le week-end. L'**Effendim** à la rue Navoï 30, tél. 144 55 49, propose des spécialités turques. Le **Taj Restaurant** à la rue Chehrov 5, tél. 133 53 92 est un bon restaurant indien. Pour des mets à l'occidentale, essayez **The Café**, un piano-bar à la rue Taras Shevchenko 52A, tél. 56 43 73 ou l'intime **Timur** (The British Pub) à la rue Kory Niyozov 9, tél. 137 16 41, il propose de la nourriture géorgienne. La **New World Pizza & Backery** est bien située à côté du théâtre Navoï, sur la rue Buhoro, tél. 132 03 36. Pour une livraison à domicile, appelez **Pizza Hona**, tél. 45 58 62. Au **Bazar Alaisky** (Oloy Bozor), trois blocs au nord de l'hôtel Ouzbékistan, ou au **Bazar Tchorsou** à l'ouest, des stands proposent des quantités de fruits, de légumes, des abats de mouton et... des pièces de Lada. Dans le premier de ces bazars, dans le périmètre des bureaux de change, derrière la poste, essayez du *kukcy*, les délicieuses nouilles froides coréennes. D'autres restaurants coréens, dans l'hôtel **Koreana**, tél. 54 95 45, ou le buffet de fruits de mer du **New World** au deuxième étage du théâtre Navoï, tél. 133 15 99, sont à recommander. Des coréens moins chers servant de la soupe au chien et des salades relevées se trouvent dans Korea Town, dans le quartier périphérique de Qoyloq au sud-est de la ville. Cherchez-y le **Koryo Restaurant**, qui fonctionne comme disco en fin de soirée (district de Bektemir).

Des fast-foods apparaissent comme des champignons... à vous de les trouver si vous appréciez ce genre de nourriture.

Vie nocturne

Le nombre des bars et des night-clubs à Tachkent ne cesse d'augmenter (et les prix d'entrée également), ils sont ouverts jusqu'à 3-4 h du matin. Essayez le **Coinot Bar,** rue Ouzbékistan 96 (indiquez «Dom Kino» au chauffeur de taxi), dans un hangar d'aviation avec une déco psychédélique; il offre de la bière tchèque. Le **Studio**, sur la rue Azimov, vaut la visite pour sa bière Chimkent et sa décoration londonnienne. Ou le chaleureux **Lionheart**, sur Ouzbekistan Ovozy, face au Quality Hotel. Pour côtoyer les amateurs de théâtre, choisissez le **Ilkhom Bar-Restaurant**, tél. 41 22 90, à côté de l'hôtel Shodlik Palace. Les clubs-disco suivants demandent un droit d'entrée de 1000 à 5000 sums, souvent gratuit pour les femmes: en 2004, l'excellent **Kattakomba**, à côté du canal Anhor, près de la rue Bobour, était l'endroit branché. **Che Guevara**, à côté du restaurant Omar Khayam, propose également des nuits animées. Le **Basha**, en face du Grand Mir, grand et bruyant, a été ouvert en 2004. Pour de la musique live, essayez le **Jazz Club** au 14 rue Fourkat (métro Khalklar Dustiligi), ou le **Kino Rock Café** dans le bâtiment à 16 étages au square Khamid Olimjon, ou encore le **Takoma Bar Lounge** à l'hôtel Malika Tashkent. Dans tous ces endroits, vérifiez bien l'addition, afin d'éviter les arnaques éventuelles.

L'argent

La plupart des hôtels ont un bureau de change (celui de Sheraton est ouvert 24/24 h), de même que l'aéroport et la billetterie de la gare. Pour obtenir des devises en échange de traveller's cheques ou au moyen d'une carte Visa, rendez-vous au bureau de la **Banque nationale d'Oubékistan**, rue Akhounbabaïev 23, ou à la rue Amir Timour 101, ou encore à la **Banque Alp-Jamal**, à la rue Otaturk 21. Pour vous faire envoyer de l'argent, essayez auprès de **ABN**

AMRO Bank, place Khamid Olimjon, dans le complexe d'affaires. Toute transaction privée doit se faire auprès d'une personne de confiance, et loin des regards indiscrets.

Postes, téléphone et fax

Tous les grands hôtels offrent ces services. La poste principale est située près d'Alaïski Bazar, rue Chahrisabz 7, à l'angle avec Tolstoï, tlj de 7 à 20 h. Les appels internationaux téléphone et fax peuvent y être passés, mais à l'**Alp Jamol Business Centre** («Biznes Markaz»), rue Abai 7, près du carrefour Navoï, ouvert 24/24 h, ils coûteront moins cher. Ce centre est plus fiable que le Central Telegraph Office, perspective Navoï 28. Pour les renseignements domestiques et internationaux, essayez le 007 ou appelez le 144 39 62 depuis un hôtel, ou le 144 09 12 depuis un poste téléphonique privé. Pour des portables, essayez **Coscom**, rue Vakhidov 118, tél. 152 15 51, ou **Uzdunrobita**, rue Usmon Youssoupov 16, tél. 130 09 09 ou encore **Buztel**, à l'hôtel Quality (Bumi), tél. 132 03 31. Aucun service ne couvre encore toutefois l'intégralité du pays.

FedEx, 6, rue Bozbozur, tél. 120 67 00, 169 04 31, fedex_tas@mum.buzton.com.

DHL, rue Bobour 6 et rue Ouzbékistan 2, tél. 115 20 58.

EMS (Express Mail Service), rue Tourkiston 4, près de la gare, tél. 133 32 69.

Internet

Plusieurs cybercafés sont mentionnés sur le plan de Tachkent. Le plus important, **Internet Markazi**, se trouve à la poste principale, voir ci-dessus, tél. 133 96 11, mais d'autres apparaissent tous les jours, adressez-vous à votre hôtel pour plus de renseignements. Parmi les fournisseurs d'accès locaux, mentionnons **Naytov**, avec de nombreuses boutiques à Tachkent, et dont le siège se trouve à la rue Matbuotchilar 32, tél. 132 13 64, www.naytov.com. Essayez également **Uzpak**, www.uzpac.uz, tél. 144 82 87, **Globalnet**, www.globalnet.uz ou les divers centres d'affaires (voir ci-dessous).

Centres d'affaires

Sitash Business Information & Reference Bureau, tél. 120 09 09 ; répond à toute demande.

Business Communications Centre, rue Chahrisabz 16A, 4e étage, tél. 152 66 79, fax 120 6276, bcctash@bcc.com.uz.

International Business Centre, rue Amir Timour 107B, tél. 137 09 34, fax 137 09 35 à côté de l'hôtel Intercontinental.

Achats

Les boutiques de souvenirs des hôtels proposent l'assortiment de base: tapis, tableaux, céramiques, bijoux. Pour un choix plus étoffé, on visitera les boutiques des musées.

La galerie d'art Caravan Art Café propose des souvenirs et dispose d'un restaurant: rue Abdullah Kahhar 22, tél. 55 62 96. Le centre Meros pour les arts traditionnels à l'intérieur de Abdul Khasim Madrassah, près du Parlement ouzbek, propose de l'artisanat fabriqué sur place; d'autres objets intéressants sont vendus au Musée de l'Asie centrale, rue Khamza 71. Près de l'hôtel Ouzbékistan, on peut visiter le Ustozoda Art Salon à la rue Akhounbabaïev 2, sous l'horloge commémorant depuis 1947 la victoire sur l'Allemagne nazie.

A proximité de l'hôtel Tachkent, vous trouverez des souvenirs ouzbeks et les derniers gadgets importés au Grand Magasin Tsoum (Toshkent Univermagi), au sud du théâtre Navoï. En face du Tsoum, peintures et artisanat sont vendus chez Khamar (perspective Charaf Rachidov 40).

Des librairies se trouvent sur la place Khamid Olimjon, à la rue Ouzbékistan, en face du square du théâtre Navoï, et à côté du supermarché Demir, sur Otaturk. Rue Saïelgokh, entre les restaurants Tamerlan et Zéravchan, des peintres proposent des portraits et des scènes de bazar ainsi que des souvenirs soviétiques. Kodak Express a plusieurs points de vente, y compris à l'intérieur de Tsoum et de Goum, Chorsu Savdo Markazi, en face de la médersa Kukeldach, Zarafshon sur Broadway, et au supermarché Dunyo, au carrefour de la rue Pouchkine et Chahrisabz, où se trouve aussi un photomaton pour photos passeport. D'autres supermarchés proposant des biens importés apparaissent presque quotidiennement... votre hôtel vous indiquera les plus proches.

Agences de voyage

Sairam Tourism, rue Movarounnakhr 13A, tél. 133 35 59, fax 120 69 37, silkroad@sairamtour.com, www.sairamtour.com. Entreprise bien établie proposant des circuits hors des sentiers battus, par exemple un voyage sur les traces des pèlerins bouddhistes.

Dolores Tour, rue Torobiy 27M, tél. 120 88 77, fax 120 88 82, info@dolorestour.com, www.sambuh.com. Gère les deux hôtels Orzu, et organise des circuits en Asie centrale.

Asia Travel, rue Chilonzor 97, tél. 173 51 07, fax 173 15 44, at@arsinform.uz. Pionnier de la branche, bien implanté dans la région, spécialiste des circuits «aventure». Ismat Dekanov parle le français.

UzInTour, rue Buyuk Ipak Yuli 115 , tél. 68 68 28, fax 67 45 63, root@uit.co.uz, www.uzintour.co.uz. Agence gouvernementale, mais très professionnelle, qui propose un grand choix de circuits et de services.

MIR Corporation, rue Abdoulaeva 1, tél. 67 24 04, fax 67 32 10, mir@-tashkent.ccc.uz, www.mircorp.com.

Advantage Tour, rue Mirobod 116, tél. 152 42 00, webmaster@advantour.com. Propose un grand choix d'hôtels.

CATS (Central Asian Tourism Service), Besh Yogoch 8, tél. 120 60 88, fax 120 64 61, catstash@cats.com.uz, Entreprise bien implantée dans la région.

Sitara International, Dom 45, Office 42, rue Usmon Nosir, tél. 152 71 09, fax 120 65 00, tashkent@sitara.com, www.sitara.com. Se distingue par une offre variée et des circuits dont le départ est garanti.

Inter Saraton, square Khamid Olimjon 13A, tél. 137 12 19, fax 137 11 24, saraton@globalnet.uz, www.intersaraton.uzbekworld.com.

Services médicaux

En cas d'urgence, appelez la **Tashkent International Medical Clinic**, tél. 120 60 91-92, à la rue Minglar 6, tash_clinic@yahoo.com. Une consultation revient à 150 $ pour les non-membres.

Pour des ambulances VIP, appelez le 133 26 25 ou le 133 19 03.

Les meilleurs hôpitaux sont les suivants:

VIP Hospital No. 1, rue Mokhlar Oyim 40, tél. 64 84 00 ou 01

Polyclinic No. 1, rue Zhukovsky 65, tél. 136 08 84.

Soins dentaires: **Stomaservice**, à la rue Buyuk Ipak Yuli 428, tél. 64 39 16, cher mais recommandé, ou la **Al Quids Dental Clinic**, rue Abdulla Kodiry 30, tél. 35 72 33.

LES ENVIRONS DE TACHKENT

■ LE MAUSOLÉE DE ZENGI ATA

Situé à une quinzaine de kilomètres au sud de Tachkent (une demi-heure par le bus 153 depuis le métro Sabir Rakhimov), ce site est l'un des plus sacrés de la région. Zengi Ata (le «père noir») est le surnom donné au cheikh Ay Khodja, prédicateur soufi ayant vécu au XIIe siècle, saint patron des bergers. Une grande fête y est célébrée chaque année. L'occupant russe, pas toujours respectueux des traditions musulmanes, y a parfois profané les festivités en imposant des danseuses. Le nouveau climat religieux a toutefois rétabli l'atmosphère de vénération qui règne autour du tombeau. Les couples y quémandent des bénédictions et les femmes stériles visitent tout particulièrement le mausolée de leur sainte patronne Ambar Bibi, épouse de Zengi Ata et veuve du maître de celui-ci, qui était disciple de Ahmed Yasawi (voir p. 116). Selon la légende, alors que

Tamerlan reconstruisait le mausolée de Yasawi à Tourkestan, un des murs s'effondrait systématiquement. C'est alors que Yasawi lui apparut en rêve, lui enjoignant de bâtir d'abord un mausolée à Zengi Ata. Les ouvriers se déplacèrent donc à Tachkent avec leurs outils, et y bâtirent ce mausolée, qui remonte ainsi à l'époque où Tachkent était une forteresse timouride. L'ensemble se compléta d'une médersa au XVIIIe siècle, d'une mosquée en 1870 et d'un minaret polygonal en 1914. Les dernières restaurations ont embelli le complexe, surtout les mosaïques polychromes du portique de Zengi Ata. Sous la voûte, le tombeau est orné de calligraphies coraniques gravées dans le marbre. La tombe d'Ambar Bibi est située dans le cimetière proche, où d'imposants monuments funéraires soviétiques narguent le dépouillement des tombes musulmanes.

TCHIMGAN ET TCHARVAK

Barbecue au bord de l'eau, randonnée, ski, windsurfing, vous trouverez mille possibilités de détente dans les environs de Tchimgan, station située à quelque 80 kilomètres au nord-est de la capitale sur les contreforts du Tian Chan occidental. Seconde résidence du gouverneur général du tsar, le site accueillit les villas d'été de l'aristocratie locale, avant que le pouvoir soviétique ne réquisitionne le tout pour y installer des sanatoriums pour les travailleurs. La passion des Russes pour les sports d'hiver acheva de consacrer le site de Tchimgan.

La route de Tachkent suit le cours du Tchirtchik, ses barrages et les industries chimiques de la ville de Tchirtchik, jusqu'à une bifurcation: à droite la direction de Tchimgan, à gauche celle de Khodjakent, de ses gravures rupestres, de ses *tchaïkhana* et de ses bois de genévriers. Une ascension de deux kilomètres mène au barrage de Tcharvak sur lequel veille une statue de Farkhad. Selon l'une des nombreuses versions plus ou moins romantiques (et fort peu favorables aux bonnes relations inter-ethniques !) de la légende iranienne de Farkhad et Chirin, cette dernière était une reine

Tchimgan, accrochage de tissus votifs

de toute beauté vivant au-delà du Syr Daria, à laquelle une vieille femme suggéra de se choisir un époux au terme d'une épreuve pénible imposée aux prétendants. Elle commanda donc le creusement d'un canal à travers la Steppe de la Faim. Farkhad, l'honnête Ouzbek, prit sa pelle et commença à creuser la montagne, tandis que Khosrou, l'ingénieux Tadjik, se contenta d'étaler sur la steppe un tapis de roseaux censé briller comme l'eau au crépuscule. Lorsque Farkhad apprit le mariage de Chirin avec son rusé rival, il se pétrifia de chagrin (selon une autre version, il lança sa pelle en l'air pour s'en décapiter lui-même). Quant à Chirin, elle découvrit bientôt la vérité et se répandit en un fleuve de larmes… et donna le nom du soupirant évincé aux barrages, centrales hydro-électriques et canaux de tout le pays.

Le barrage retient les eaux bleues du Réservoir de Tcharvak, construit en 1982 au confluent des hautes vallées du Pskem, du Koksou et du Tchatkal. La route serpente au-dessus des eaux jusqu'à Bakatchour, ses résidences et ses *tchaïkhana*. La foule des week-ends mêle surfers russes et matrones ouzbèkes nageant tout habillées sous le vol des deltaplanes, tandis que des chachliks grillent sur les plages de galets. C'est par ici que l'agent britannique Bailey gagna la Perse en 1920 pour échapper à ses poursuivants de la Tchéka, non sans en profiter pour compléter sa collection de papillons («au moyen d'un filet fourni par les autorités soviétiques»!). Quatre espèces de lépidoptères reçurent ultérieurement son nom.

Tchimgan, la grande station de sports d'hiver d'Ouzbékistan, est distant de vingt minutes à peine. Le toponyme, qui signifie «pente verte» en turc, évoque les peupliers, les érables, les acacias et les arbres fruitiers innombrables dans le paysage. Lorsque celui-ci se couvre de blanc, les premiers arrivés dans la station peuvent compter sur des équipements de location; puis on les voit dévaler la piste de Kumbel longue de trois kilomètres... De janvier à avril, le ski héliporté permet de monter à plus de 3000 mètres et de profiter ainsi de descentes de cinq à dix kilomètres. En toute saison le télésiège grimpe au sommet du Grand Tchimgan (3309 mètres), le point culminant, d'où la vue embrasse le lac de retenue et toute la région. Des sentiers de randonnée parcourent également l'Aksaï et Kyzyldjar, la vallée de la rivière de Marbre et les chutes de Goulkamsaï. Les touristes arabes sont parfois surpris de voir leurs coreligionaires musulmans pratiquer le très ancien culte des arbres des disciples de Zoroastre, garnissant rampes ou troncs de bouts de tissus symbolisant leurs vœux. Si le vœu s'accomplit, le fidèle doit retourner sur les lieux et sacrifier un animal.

De multiples itinéraires sillonnent les vallées du Pskem, du Koksou et du Tchatkal. Le Pskem se remonte jusqu'à ses rapides dans la haute vallée. Les cinq canyons du Tchatkal se descendent en rafting. Le Koksou se parcourt en canoë jusqu'aux trois lacs de Saryram. Des randonnées de plusieurs jours permettent même d'atteindre le lac Sary Tchélek au Kirghizistan. Le **Centre nature de Tchatkal**, financé par l'Unesco, comporte une réserve biologique de 35 000 hectares dans les forêts de genévriers. Les pétroglyphes que l'on peut observer sur les falaises de la **Tereksaï** prouvent que les richesses naturelles de l'endroit attiraient déjà l'homme de l'âge de la Pierre. Des chèvres sibériennes, des sangliers, des léopards des neiges et des ours trouvent refuge dans les bois de bouleaux et les gorges profondes. Quant aux tulipes qui abondent au printemps, une variété à fleurs rouges porte le nom de Kaufmann, le premier gouverneur du tsar au Turkestan.

INFORMATIONS PRATIQUES

Des *marchroutnoïe* (taxis collectifs) pour Tchirtchik et Gazalkent partent près de la station de métro Maxime Gorki, où le bus régulier pour Tchirtchik s'arrête aussi. Dans les deux villes, vous pouvez prendre des correspondances pour Khodjakent ou Tchimgan. Des taxis directs sont également disponibles pour ces destinations.

Vous pouvez prendre un train de banlieue (*elektritchka*) partant de la gare de Tachkent (Severnay) qui conduit directement au barrage de Tcharvak. Toute cette région est idéale pour planter sa tente. Si vous n'en avez pas, vous pouvez toujours dérouler votre sac de couchage sur la banquette d'une *tchaïkhana* à Bakachour. A côté du Réservoir se trouve le futuriste hôtel **Chorvoq Oromgohi**, tél. 371-71 44 881 ou 132 22 82 depuis Tachkent, qui propose des chambres en 40 et 90 $.

Tchimgan possède aussi sa caserne Intourist, le **Chimgan Hotel**, tél. 27 42 22, avec vastes chambres, cantine prolétarienne et tennis de table. Des solutions plus agréables existent toutefois, de la chambre chez l'habitant jusqu'aux luxueux bungalows du **Blue Mountain Hotel**. L'héliski et le trekking sont gérés entre autres par Asia Travel. Certains résidents de Tachkent préfèrent **Bildersay** à Tchimgan, car les possibilités de ski y sont meilleures (janvier à mars), les panoramas plus intéressants et la région se prête également à la randonnée pédestre. A une heure de taxi de Tachkent, et un peu plus près de cette ville, Bildersay possède des pistes sur les pentes nord du Kumbel (2307 m). Depuis la route, prenez les deux télésièges (entre 11 et 17 h) jusqu'à la station météorologique, où trois chambres sont disponibles (10 $/pers.), ou alors essayez de loger à la luxueuse Rest Zone (88 $ la chambre), tél. 132 66 15, qui appartient à la Banque nationale. D'autres régions propices à la randonnée pédestre se trouvent à 3 ou 4 km avant Gazalkent : traversez la ligne de chemin de fer à la gare de Pargos, passez devant le sanatorium et poursuivez tout droit... Ou encore près de Angren, sur la route de la vallée du Ferghana.

UNE EXCURSION AU KAZAKHSTAN: TOURKESTAN

A cinq heures au nord-ouest de Tachkent, dans les confins méridionaux des steppes kazakhes, se dresse le mémorial monumental que Tamerlan fit édifier pour le saint soufi Hazret Sultan Khodja Ahmed Yasawi. Une oasis fréquentée par les caravanes était déjà connue au Xe siècle à cet endroit sous le nom de Chavgar. Sous la première dynastie turque islamisée, celle des Karakhanides, Chavgar devint un centre religieux appelé Yasi, du nom d'une tribu vivant à proximité. Khodja Ahmed lui-même reçut le nom de Yasawi pour indiquer où il avait vécu et où il était mort. Né à Saïram près de Tchimkent en 1103, il était venu à Yasi après avoir perdu son père à l'âge de 7 ans. A Yasi, son mentor était le célèbre Cheikh Arslanbob. On raconte qu'avant de mourir, Mahomet demanda qui se portait volontaire pour reprendre son *amanat* et propager ses idées, et qu'Arslanbob, alors déjà âgé de 300 ans et ayant pratiqué 33 religions avant d'embrasser l'islam, s'avança et fut consacré par Allah. Arpentant la steppe cinq cents ans plus tard, il rencontra un gamin de 11 ans qui lui lança: «*Aksakal* (barbe blanche), rends-moi mon *amanat*!». C'était, on l'a compris, le jeune Ahmed. A la mort d'Arslanbob, Ahmed se fit disciple d'un grand cheikh soufi à Boukhara, et fut chargé d'indiquer «la voie de la vérité». Il succéda à son maître en 1160, avant de retourner à Yasi et de développer sa propre conception du *tariqat*, le chemin qui mène à Dieu. A 63 ans, portant le deuil de Mahomet qui était mort à cet âge, il se retira dans une chambre souterraine et mourut dans la prière. Le petit mausolée qui lui fut édifié en 1166 attira de nombreux pèlerins parce que les derviches de la confrérie soufie de Yasawi répandaient sa doctrine mystique et sa poésie didactique partout dans les populations des steppes et jusqu'en Perse et en Anatolie. La force du soufisme lui permit de survivre aux assauts mongols et favorisa la conversion des envahisseurs à l'islam.

Mausolée de Yasawi, à Tourkestan

A l'époque de Tamerlan, la population de Yasi s'était accrue de nombreux pèlerins, clercs, marchands et artisans, et les richesses du mausolée faisaient l'objet de pillages fréquents. En 1394, le grand conquérant ordonna des travaux de reconstruction du mausolée. Lors d'une visite effectuée en 1397 à l'occasion d'un voyage nuptial, il commanda un nouvel édifice grand comme l'Ak Saraï de Chakhrisabz ou Bibi Khanoum à Samarcande. Cet acte de piété contribua d'une part à éblouir les pèlerins et à accroître les revenus de la population, et imposa d'autre part la grandeur timouride jusqu'aux marches de l'empire. La réputation de Yasawi était telle que trois pèlerinages à son mausolée valaient un pèlerinage à La Mecque. Surnommé Hazreti Turkestan, patron du pays des Turcs, Yasawi donna ainsi son nom actuel à la ville. Tourkestan fut au cours des siècles l'enjeu de toutes les convoitises et subit de nombreux coups de force qui ensanglantèrent l'histoire des Ouzbeks et des Kazakhs.

Lorsque le khan de Kokand s'empara de Tourkestan au XIXe siècle, le mausolée fut fortifié. On raconte qu'avant de mourir Yasawi aurait prédit une invasion ennemie en 1864. C'est l'année où arrivèrent les Russes, et seule la reddition du mollah permit de sauver le mausolée. Les travaux de restauration effectués à l'époque tsariste consistaient souvent à fragiliser l'édifice, mais sans le désaffecter, tandis que les Soviétiques le renforçaient mais le désacralisaient en y installant un musée de propagande anti-religieuse. Depuis l'indépendance du Kazakhstan, le site religieux et touristique le plus important du pays a fait l'objet d'une restauration complète, offerte par le gouvernement turc reconnaissant pour les enseignements de Yasawi.

■ À VOIR

A distance, il est difficile d'apprécier la taille effective du **mausolée Yasawi**, car le reste de la vieille ville a presque disparu. Vu de près, sa taille impressionnante s'impose au visiteur. Flanqué de tours d'angle massives, le portail sud s'élève à 37,5 mètres pour une largeur de 50 mètres. L'édifice rectangulaire compact auquel il donne accès est délimité par de vastes façades couvertes de mosaïques. Ses murs percés de fenêtres sculptées sont recouverts de splendides motifs géométriques émaillés de vert et de bleu, reliés en haut par une frise continue d'inscriptions coraniques, et en bas par une garniture de calcaire jaune et de panneaux de majolique. La façade nord porte des ornements destinés à élever peu à peu le regard en direction du dôme cannelé qui surmonte la sépulture de Yasawi et dont la beauté dépasse celle de la coupole centrale, qui avec son diamètre de 18,2 mètres est la plus grande d'Asie centrale.

Les travaux de construction du mausolée s'étaient arrêtés à la mort de Tamerlan, et c'est le khan Abdoullah de Boukhara qui fit terminer l'arcade du portique au XVIe siècle. Aucune mosaïque n'y fut jamais ajoutée, et la structure reste nue de nos jours encore. Achetez un billet et pénétrez par le portail en bois sculpté dans la grande salle sous le gigantesque dôme. On vous montrera fièrement le chaudron de bronze de Tamerlan, ou *kazan*, symbole d'harmonie et d'hospitalité. D'un poids de plus de deux tonnes et d'un diamètre de 2,45 mètres, il contenait l'eau destinée aux ablutions des fidèles à la prière du Vendredi.

De la salle centrale, huit couloirs à deux niveaux divisent l'ensemble en huit sections indépendantes, ce qui a assuré la résistance de l'édifice aux séismes, et donnent accès à 35 pièces aux fonctions les plus diverses. A l'angle sud-ouest, une cuisine servait à préparer les repas rituels. Au nord, une bibliothèque était entourée de chambres de méditation. La mosquée située au nord-ouest présente un beau *mihrab* et une coupole garnie de stalactites. Au nord de la grande salle se trouve la chambre funéraire et la sépulture de Yasawi, recouverte de jaspe ciselé. Comme tous les visiteurs au fil des siècles, vous ne serez autorisé à jeter un coup d'œil qu'à travers un écran de bois ajouré. Dans l'aile sud se succèdent les chambres du palais et une pièce avec une fontaine. Montez par l'escalier en spirale pour parcourir l'étage, puis montez encore pour découvrir le spectacle époustouflant de la coupole à 52 cannelures qui surplombe le tombeau de Yasawi. Ce type de dôme côtelé est apparu en Perse, et celui-ci est le premier qui fut construit en Transoxiane.

Les travaux de restauration se poursuivent sur les monuments voisins également. Le bâtiment octogonal surmonté d'une coupole bleue caractéristique des Timourides est une réplique du **mausolée** édifié au XVe siècle à la mémoire de **Rabiya Sultan Beghin**, fille d'Ouloug Beg que celui-ci donna en mariage au khan ouzbek Aboul-Khaïr (1412-1468), le véritable fondateur de la puissance ouzbèke, dont la tombe est située dans le complexe principal. Non loin de là se trouve un autre mausolée reconstitué, celui de Kasim Khan, qui régna de 1509 à 1518 sur les terres d'Aboul-Khaïr et donna à l'empire kazakh une puissance unificatrice de toutes les tribus installées au nord du Syr Daria. Parmi les autres curiosités de Tourkestan, on visitera également une maison de bains du XVe siècle transformée en musée, une mosquée-musée du XIXe siècle ainsi que des cryptes de prière sousterraines.

INFORMATIONS PRATIQUES

Transports

Tourkestan est relié par chemin de fer à Moscou, Almaty et Tachkent, mais l'autobus est plus pratique. Un bus direct quitte la gare routière de Tachkent tous les matins à 7 heures. Vous pouvez également prendre un bus Tachkent-Tchimkent (3 heures) et changer à Tchimkent pour Tourkestan (2 à 3 heures). La gare routière de Tourkestan se trouve à proximité du bazar, mais à quelques kilomètres du mausolée et des hôtels: demandez donc au chauffeur de vous déposer en passant. Sur place, des bus assurent les liaisons locales.

Immigration au Kazakhstan

Les voyageurs étrangers en provenance d'Ouzbékistan ont besoin d'un visa kazakh, même pour une excursion d'un jour (le consulat kazakh à Tachkent ou une agence de voyage le délivrera). Mais si vous souhaitez revenir en Ouzbékistan, soyez conscient que votre visa ouzbek doit être à double ou multiple entrée.

La frontière avec le Kazakhstan est ouverte quotidiennement de 7 à 22 h. Vous pourrez faire du change auprès des banques ou de particuliers qui changeront vos sums ouzbeks en tenge kazaks.

Logement et nourriture

L'**hôtel Tourkestan** (tél. 72 25 33), spartiate, est situé au nord du mausolée. A la diagonale, sur la place Lénine, derrière le restaurant Navrouz, l'**hôtel Saule** (tél. 318 98), offre sept chambres confortables et propres. Ou essayez le **Turan Hotel**, tout proche, au 2, rue Esimkhana, tél. 412 45, turanasiakaz@asdc.kz. Le bien-nommé Navrouz propose mouton, vodka, raviolis de viande et salades. Vous trouverez également des spécialités d'Asie centrale aux échoppes du bazar. On peut également passer la nuit à Tchimkent.

DE TACHKENT À DJIZAK

La route à quatre voies M-39, dite Autoroute Lénine d'Ouzbékistan, quitte Tachkent vers le sud-ouest et longe les itinéraires de la Route de la Soie en direction de Samarcande, Chakhrisabz et Termez sur la frontière afghane. On atteint Tchinoz, sur la rive droite du Syr Daria, à 64 kilomètres de Tachkent. Au XIXe siècle, les passeurs mettaient une heure à transborder les voyageurs sur l'autre rive, tandis que les marchands venus de Russie remontaient le fleuve sur les vapeurs de la mer d'Aral. Le chemin de fer franchit le Syr Daria en 1895, reliant désormais Tachkent à Samarcande et à la Transcaspienne. Mais les difficultés de la navigation sur des eaux de moins en moins profondes ont contraint à l'abandon de cette voie commerciale, et Tchinoz s'est tourné vers la culture intensive du coton, consommant encore un peu plus les précieuses ressources en eau. Les voyageurs poursuivant leur route vers Djizak étaient autrefois confrontés à la traversée de la Steppe de la Faim, dite *Golodnaïa step* en russe. Un moine bouddhiste du VIIe siècle, Xuan Zang, l'avait traversée en effectuant son pèlerinage de Chine en Inde par la Route de la Soie, et y avait vu un vaste désert de sable dépourvu de tout point d'eau, de toute végétation, de toute piste, où l'on ne pouvait que suivre les restes de squelettes éparpillés ou s'orienter sur les sommets des montagnes lointaines.

Les travaux d'irrigation et de défrichement entrepris sous le tsar ne prirent une réelle ampleur que dans le cadre des plans de mobilisation générale décrétés par les Soviétiques. Goulistan, le chef-lieu de la province du Syr Daria, passa ainsi du petit établissement colonial du XIXe siècle au centre industriel cotonnier que l'on voit aujourd'hui. Dans la cité nouvelle de Djanguyïer, on visitera le Musée du développement des terres vierges, à la gloire des grandes entreprises khrouchtchéviennes et brejnéviennes qui peuplèrent l'Asie centrale de nombreux Russes et de ressortissants d'autres républiques de l'Union. La

M-39 permet d'apprécier l'ampleur de ces réalisations titanesques : villages, fermes collectives, champs de céréales et, partout, plantations de coton. Suite à un différend économique en 2003, le tronçon par le Kazakhstan est fermé, la déviation par le sud-est se fait entièrement sur territoire ouzbek.

DJIZAK (Jizzax)

Au bout de la Steppe de la Faim, le voyageur rassuré découvre Djizak, important carrefour sur la Route de la Soie, à la jonction de la voie qui remonte la vallée du Ferghana. Selon certains, le toponyme signifie « la clé », car Djizak contrôlait le défilé stratégique de Djilanouti dans la chaîne proche du Turkestan, la porte de la riche vallée du Zéravchan, de Samarcande et de Boukhara. D'autres affirment que le nom signifie « fortin » en sogdien, car Djizak était un établissement important de la principauté médiévale d'Ousrouchana, dont la capitale était Boundjikath dans l'ancienne Sogdiane – de nos jours Pendjikent au Tadjikistan. La conquête musulmane renforça le rôle de Djizak dans les relations entre les agriculteurs sédentarisés et les éleveurs nomades. Chacun avait besoin d'échanger ses produits avec l'autre, mais trop souvent les nomades se comportaient en pilleurs plutôt qu'en commerçants. La réponse musulmane consista à bâtir une ligne de fortins, ou *rabat*, gardés par des volontaires, ou *ghazi* – les « guerriers de la foi ». Ceux-ci avaient fait de Djizak leur point de ralliement, et au XIXe siècle la ville était devenue une forteresse-clé aux frontières du khanat de Boukhara. Le Lion de Tachkent – Tcherniaïev – fur d'ailleurs incapable de s'en emparer lors de sa première tentative en 1866, et l'avance russe fut retardée de quelques mois. Les troupes du tsar perdirent six hommes dans une bataille qui détruisit la vieille ville et fit 6000 victimes dans la population. La colonisation amena le chemin de fer et entraîna un affaiblissement du commerce caravanier. Djizak participa en 1916 à un soulèvement anti-russe qui fut écrasé dans le sang. L'année suivante naquit la plus grande gloire de Djizak, Charaf Rachidovitch Rachidov, héros controversé de l'histoire contemporaine ouzbèke (voir encadré p. 81).

■ À VOIR

Les anciens prétendent que Djizak n'était que terre et ciel avant l'ère Rachidov, et que ce dernier envisagea même de transférer ici la capitale de la république. La ville traversée de grandes avenues bordées d'arbres est dépourvue de tout cachet ancien et n'offre que l'image industrielle de la vie ouzbèke moderne. Des balcons de l'énorme hôtel Ouzbékistan, impossible de manquer le buste du président Rachidov au centre de la place Rachidov. Du hall de l'hôtel surveillé par le regard de Rachidov, on peut gagner le parc Rachidov et visiter la *tchaïkhana* et la médersa à deux niveaux fondée en 1890 et qui fut utilisée comme théâtre au temps de Rachidov. L'indépendance a permis sa restauration grâce à des capitaux saoudiens. A côté se trouvent l'école Rachidov, la rue Rachidov et le musée Rachidov (fermé le dimanche) évoquant les étapes de la vie du héros, de son enfance paysanne à son apogée de chef d'Etat soviétique. Photos, tableaux, broderies, céramiques racontent la légende officielle. La plus belle pièce est un crocodile empaillé offert par Fidel Castro.

Remontez la rue Charaf Rachidov pendant une dizaine de minutes jusqu'au n° 33, où une plaque commémorative indique sa maison natale (fermée aux visites). Un peu plus loin, le Musée provincial expose des évocations du soulèvement de 1916 et de la vie d'avant la révolution, mais tout cela pourrait disparaître dans la révision de l'histoire consécutive à l'indépendance. Le buste situé en face est celui de Khamrakoul Nosirov, héros local ayant collectionné les décorations de 1940 à 1972. A deux pas, un autre musée commémore en photos, tableaux et livres le second enfant du pays, l'écrivain ouzbek Hamid Alimjan (1909-1944), qui publia en 1938 *Zaïnab et Aman*, ode à l'amour et à la libération de la femme sur fond de ferme collective. Optant pour la modernité contre la tradition, l'auteur rencontra un vrai succès populaire et fut pleuré sincèrement lorsqu'il mourut six ans plus tard dans un accident de voiture à Tachkent. Sa veuve, également poétesse, fit de ce livre un opéra en 1958.

Pour un retour aux valeurs ethniques et religieuses d'antan, loin de tout culte politique, offrez-vous une visite au centre Yasawi Turkestan Khalk Markazi, situé près d'une église sur la route de Samarcande, au n° 3 rue ex-Karl Marx (tél. 372 22 / 389 37). Dirigé par un guérisseur soufi, Saparboï Kouchkarov, le centre peut vous emmener herboriser ou visiter des sanctuaires dans la chaîne du Turkestan.

INFORMATIONS PRATIQUES

La gare routière régionale est située à une dizaine de kilomètres du centre-ville, le long de la M-39 Tachkent-Samarcande, et reliée à l'hôtel Ouzbékistan par le bus n° 1. Les bus longue-distance circulent toute la journée. La gare ferroviaire se trouve à quatre kilomètres de l'hôtel et à sept kilomètres de l'aéroport.

Ouzbektourisme, à l'hôtel Ouzbékistan, organise les déplacements et le logement pour le Parc national de Zaamin, la Réserve naturelle de Nouratine et le centre de vacances de Sangzor.

Hébergement

Hôtel Ouzbékistan, rue Dustlik 1, place Charaf Rachidov, tél. 372 22. De construction récente, il se détériore rapidement... Chambres entre 15 et 40 $. Ouzbektourisme y a ses quartiers, de sorte que les autres hôtels refusent souvent les étrangers.

Tourbaza Sangzor, au village de Karasaï, à l'est de la Porte de Tamerlan. Centre de vacances (5 $ par personnes) sur la route de Samarcande, repérable par le restaurant Amir Timour.

Approvisionnement en pain, fruits et kebabs aux bazars de la ville.

LES PORTES DE TAMERLAN

Au-delà de Djizak, toutes les voies, route, rail, et même la ligne aérienne, suivent le cours de la rivière Djizak avec le défilé de Djilanouti, la vallée stratégique qui sépare les sommets des monts Nouratine et Turkestan. Le défilé se rétrécit aux Portes de Tamerlan, *Timour Darvoza*, lieu de nombreuses batailles sanglantes, clé du Zéravchan qui vit passer bien des conquérants. Malgré les travaux d'élargissement effectués par les Soviétiques, ainsi que l'apparition de nombreux graffiti, deux inscriptions subsistent sur la paroi du côté droit en direction de Samarcande. La première rapporte le passage d'Ouloug Beg, petit-fils de Tamerlan, de retour de ses campagnes victorieuses en 1425, et la seconde glorifie Abdoullah Khan qui, en 1571, vint à bout d'une armée de 400 000 hommes et fit périr tant d'ennemis que leur sang colora les eaux de la rivière jusqu'à Djizak pendant un mois ! Les bus entre Djizak et Samarcande empruntent toujours cette route, mais un nouveau tracé évite désormais les portes.

LE PARC NATIONAL DE ZAAMIN (Zomin)

Chef-lieu du district, seconde ville par la taille dans l'ancienne principauté d'Ousrouchana, Zaamin est située à 75 kilomètres à l'est de Djizak, par delà un chapelet de fermes collectives poussiéreuses éparpillées dans des champs arides. Aux confins de cette steppe desséchée, Zaamin est dominée par les contreforts des monts Turkestan qui la séparent du Tadjikistan. La route du parc escalade la montagne au milieu de camps de pionniers jusqu'à un lac de retenue entouré de jolies collines. Les visiteurs doivent s'annoncer à l'entrée du parc et s'acquitter d'un droit d'accès. Première réserve naturelle d'Ouzbékistan, créée en 1926, l'ensemble s'étend sur 47 000 hectares.

La route joue avec le cours de la rivière Zaamin et traverse des vergers d'abricots dans les gorges d'Ouriouklisaï avant d'atteindre des pentes recouvertes de genévriers. Le centre du parc apparaît enfin – gigantesque sanatorium sur la gauche, solarium à droite, et au fond la Charchara Datcha, résidence de vacances du grand Charaf Rachidov, à proximité des chutes de Charillak (100 mètres de haut). Pour les visiteurs d'un jour en voiture louée, la datcha et ses environs *sont* Zaamin. Mais le vrai spectacle commence au-delà du col de Souffa, où les alpages grimpent à 4000 mètres au Chaoukartaou et aux trois sommets du Tokalitchouk. Les sentiers de montagne s'étirent sur 150 kilomètres dans les paysages les plus divers, des canyons de Koulsaï ou de Gouralach aux cols de plus de 3000 mètres.

Le printemps et l'été colorent la montagne de tulipes rouges et d'acacias en fleurs, tandis que noisetiers et bouleaux donnent un automne doré éblouissant. On a relevé ici quelque 700 espèces végétales, dont une trentaine d'herbes médicinales, ainsi qu'une quarantaine d'espèces de mammifères (parmi lesquelles le lynx du Turkestan, le léopard des neiges et l'ours noir d'Asie sont des espèces menacées), et 150 espèces d'oiseaux. Dans les gorges de Tchortangui vivent le vautour barbu ainsi que la cigogne noire, celle-ci menacée par la supersition qui voit en elle l'opposé de la cigogne blanche bienfaitrice. Peut-être apercevrez-vous un loir arboricole ressemblant à un écureuil, un porc-épic ou un blaireau au crépuscule, et entendrez-vous le cri de surprise de la perdrix ou du grimpereau.

Une partie du plateau de Souffa voit régulièrement surgir de nouveaux logements pour les naturalistes et les collaborateurs du parc, mais le mode de vie et l'habitat traditionnels survivent chez les nomades kirghizes qui installent ici leurs yourtes de feutre dans l'ignorance ancestrale des frontières nationales modernes.

INFORMATIONS PRATIQUES

Louer une voiture à Djizak (p. ex. auprès d'Ouzbektourisme) est la formule la plus confortable et la plus chère pour explorer le parc. Mais on peut aussi monter de Djizak à Zaamin-ville en autobus et poursuivre en auto-stop. Se faire embarquer à l'intérieur de la réserve demande plus de chance et de patience.

Hébergement

Charchara Datche, parc national de Zaamin, tél. 215 50, ... pour dormir dans un lit présidentiel ! Pension complète et hospitalité ouzbèke comprises dans le tarif des chambres (30 à 50 $ par jour). Le jardin ombragé et les abords des pièces d'eau sont très fréquentés le week-end.

Sanatorium de Zaamin, parc national de Zaamin, tél. 217 35.

Edifice remarquable, sur les flancs d'une colline, confort prolétarien peu onéreux. Plus de 5000 lits pour convalescents ou amateurs. Chambres standards (20 $) et infrastructure complète : cinéma, salles de vidéo, disco, restaurants, bar, sauna et piscine.

Camper est possible. Apportez votre équipement depuis Djizak, et suivez les nomades pour trouver les bons emplacements.

BABOUR, DERNIER TIMOURIDE, PREMIER MOGHOL

« Dans ma douzième année, je suis devenu souverain du pays du Ferghana. » C'est sur cette phrase que s'ouvre la célèbre autobiographie de Zahir ud-Din Mohammed Babour, le *Babournama,* portrait expressif de sa remarquable carrière de soldat de fortune, de bâtisseur d'empire et de poète. Babour est né à Andijan le 14 février 1483 d'une lignée renommée: descendant à la cinquième génération de Tamerlan par son père, lié à Genghis Khan au quinzième degré par sa mère. En 1494, au décès de son père, Umar Cheikh, Babour hérite des guerres intestines que se livrent les différentes factions d'un empire timouride en lambeaux. Dès la fin de 1497, l'adolescent doué assure son trône dans la vallée du Ferghana et occupe Samarcande, ville qu'il doit cependant quitter lorsque des troubles dans sa base d'Andijan le rappellent. Pris dans des querelles fratricides, il ne peut enrayer l'ascension du khan ouzbek Mohammed Cheïbani, seigneur de Mawarannahr en 1500. Babour récupère Samarcande par une offensive surprise, mais la contre-attaque menée par Cheïbani depuis Boukhara en 1501 l'oblige à prendre la fuite. Il se dirige alors vers l'Afghanistan à la tête d'autres fugitifs, où il prend Kaboul en 1504 et Kandahar en 1507.

A la suite de sa victoire sur Cheïbani – dont il fait transformer la calotte crânienne en coupe d'or, – le chah Ismaïl de Perse unit ses forces à celles de Babour pour lui permettre un retour triomphal à Samarcande en octobre 1511. Alors que le peuple se réjouit de la restauration de l'autorité timouride, la lune de miel ne dure que huit mois, car Babour assoit son pouvoir grâce aux chiites persan, considérés comme hérétiques par la Samarcande sunnite. Le cousin de Cheïbani Ubaydullah contraint Babour, suite à une écrasante défaite, à quitter la Transoxiane une dernière fois. Suivant le dicton « dix derviches peuvent dormir sous une seule couverture, mais deux rois ne peuvent gouverner un même pays », Babour se tourne vers l'Inde. En 1526, il vainc

LA RÉSERVE NATURELLE DU NOYER DE MONTAGNE DE NOURATINE

Cette réserve naturelle a été créée en 1975 pour protéger le bélier du Kyzyk Koum (aussi appelé bélier Sévertsov) et diverses variétés rares de noyers et de noisetiers. Elle se situe dans le district de Farich dans le nord-ouest de la province de Djizak, plus exactement sur le versant nord des monts Nouratine et au sud du lac Aïdarkoul (voir p. 240). S'étageant de 400 à 2100 mètres d'altitude,

le sultan de Delhi pour fonder l'empire moghol, que ses descendants gouverneront jusqu'en 1857.

Babour a allié la souplesse et le courage d'un ambitieux guerrier à l'humanité d'un poète. La langue imagée du *Babournama* révèle son profond intérêt pour les gens et l'art. Il y parle avec emphase des beautés naturelles et architecturales de Ferghana, de Samarcande et de Kaboul. Ses vers en turc de Tchagataï l'élèvent au niveau du poète Alicher Navoï, car ses chants d'amour et ses chansons à boire témoignent d'une vie passionnée: sept fois marié, il organisait des beuveries et ne répugnait pas aux plaisirs homosexuels avec les jeunes esclaves de la cour. Babour est décédé à Agra le 26 décembre 1530, et son corps a été transporté plusieurs années plus tard dans un jardin de Kaboul.

les à-pics dominent la vallée salée de l'Aïdar. Les canyons sont garnis de peupliers, de mûriers et de saules et peuplés de loups, de béliers, de sangliers, de porcs-épics, de martres et de serpents venimeux appelés *gurza*; aigles nains et martinets noirs y nichent. Ouzbektourisme organise des visites. Sinon, prenez un bus de Djizak pour Yangui-Kichlak et faites-vous embarquer sur un camion de coton. Soyez prévoyants et autonomes, car vous ferez sans doute chambre commune avec le personnel de la réserve qui surveille la faune toute l'année.

VALLÉE DU FERGHANA

Si l'Ouzbékistan occupe le cœur de l'Asie centrale, la vallée du Ferghana en constitue le centre. Plus de 8 millions de personnes, soit un tiers de la population, vivent dans cette plaine alluviale fertile du Syr Daria. Le fleuve dévale du Pamir pour irriguer une vallée d'environ 300 km de long et 170 km de large, surmontée par les sommets du Tian Chan – la chaîne du Tchatkal au nord, celle du Ferghana à l'est et le Pamir-Alaï au sud. Marchands et envahisseurs ont souvent choisi d'entrer dans la vallée par les défilés de Khodjent à l'ouest, là où le fleuve poursuit son cours en direction de la Steppe de la Faim. C'est par là que sont arrivées à l'âge du Bronze les tribus d'éleveurs, qui se sont fondues dans la population agricole locale. Très haut dans les montagnes, notamment celle de Saïmaly-Tach dans la chaîne du Ferghana, des gravures rupestres dévoilent des scènes de chasse et de culture.

La ville de Khodjent remonte à la conquête d'Alexandre le Grand, qui fonda ici sa neuvième Alexandrie, Alexandria Eskhate (l'ultime) en 329 avant notre ère. Deux siècles plus tard, l'ambassadeur chinois Tchang-kien, pionnier de la Route de la Soie, atteignit la vallée après avoir été détenu dix jours durant par des pillards nomades qui hantaient la frontière chinoise. Il célébra la civilisation raffinée du Ferghana:

> « Les habitants cultivent la terre, labourent les champs et y font pousser du riz et du blé. Ils font aussi du vin à partir du raisin. La région compte de nombreux chevaux racés, qui transpirent le sang; leurs ancêtres sont censés descendre de chevaux célestes. La population vit dans des maisons au sein de cités fortifiées… elle se compte en centaines de milliers de personnes. Celles-ci se défendent à l'arc et au javelot, y compris à cheval. »

Descendants des légendaires chevaux de feu de l'extrême-ouest, les chevaux suant le sang du Ferghana suscitèrent la convoitise de l'empereur han Wu-di pour leur haute stature et leur rapidité. Ils servirent de prétexte aux campagnes chinoises qui ouvrirent les routes commerciales est-ouest, acheminant de la soie en Europe et du vin en Chine. Le sang était moins une transpiration céleste que l'œuvre d'un parasite, mais la voie était ouverte aux échanges commerciaux et culturels. Les marchands sogdiens se révélèrent de redoutables intermédiaires sur la Route de la Soie. Des vestiges bouddhistes tels que le temple proche de Kouva témoignent par ailleurs du degré de civilisation de cette société.

L'or blanc de l'Ouzbékistan : récolte du coton

Les Arabes s'engouffrèrent à la suite des Turcs et des Chinois, lorsque la vallée délimita la frontière entre l'empire samanide et les Turcs païens. Kasansay perdit sa suprématie au profit d'Aksiketh, Ouzgen et Andijan, où Babour, l'arrière-arrière-arrière-petit-fils de Tamerlan, le dernier Timouride et le premier Moghol, naquit en 1483. Ses mémoires évoquent l'âge d'or d'une patrie qu'il dut céder à la dynastie ouzbèke triomphante des Cheïbanides. Dès le début du XIXe siècle, le khanat de Kokand déborda des frontières du Ferghana pour devenir la troisième puissance d'Asie centrale. Sa croissance économique permit de financer l'étude de l'islam et des constructions publiques de style traditionnel. L'expansion territoriale provoquait, elle, de fréquents conflits avec Boukhara.

Lorsque l'agression soviétique succéda à la colonisation tsariste, la vallée se souleva et le mouvement *basmatchi* – les moudjahiddines d'Asie centrale – s'opposa aux infidèles soviétiques. Les derniers foyers de résistance vaincus par les forces communistes, la définition des nationalités en 1924 a donné forme au puzzle ethnique actuel, selon un découpage arbitraire entre les républiques d'Ouzbékistan, du Kirghizistan et du Tadjikistan. La tactique qui consiste à diviser pour mieux régner a ainsi dispersé des îlots nationaux, telle l'enclave ouzbèke de Chakhimardan au Kirghizistan. Le pouvoir soviétique a imposé un développement agricole et industriel intensif. En vertu du proverbe «Ce n'est pas la terre, mais l'eau qui donne les fruits», le grand canal du Ferghana a été creusé en 1939 sur une longueur de 270 km en quarante-cinq jours par 180 000 «volontaires». Célébré comme un grand exemple du *khochar* ouzbek (un effort collectif pour le bien de tous), il symbolise à lui seul tous les efforts consentis pour complaire à Moscou toujours avide de coton.

L'indépendance a consolidé les frontières de l'Asie centrale au-delà de toute espérance, mais ces dernières années, des querelles mineures ont parfois dégénéré en des pogroms, divisant d'anciens «peuples frères». La vallée, qui est la zone la plus peuplée d'Asie centrale, constitue non seulement un baromètre politique, mais aussi un réel indicateur économique de la région. Sous le régime soviétique, c'est ici que les pratiques islamiques ont le mieux résisté. L'argent étranger en provenance de riches pays islamiques trouve ici un terrain favorable au soutien d'un islam plus radical que celui qui est revendiqué par le gouvernement local. Avec son brassage culturel et son économie interdépendante, le Ferghana constitue le laboratoire du Turkestan, tel qu'il fut jadis et pourrait l'être à nouveau. Si l'on ajoute à cela des paysages à couper le souffle, une architecture locale bien particulière et des traditions artisanales, du tissage de la soie et de la sculpture sur bois à la poterie et à la coutellerie, l'attrait d'une excursion dans cette «vallée d'Or» au départ de Tachkent devient évident.

Vallée du Ferghana

DE TACHKENT À LA VALLÉE DU FERGHANA

La plupart des véhicules entrent par la route nord, qui passe un col, tandis que les trains entrent dans la vallée par la route traditionnelle des invasions: par Khodjent au Tadjikistan. Fondée par Alexandre le Grand au IVe siècle avant notre ère, à plus de 5000 km à l'est de la Macédoine, cette cité a connu son apogée avec l'arrivée de l'islam. Dans toute la Transoxiane, c'est son gouverneur Timour Melik qui a opposé la résistance la plus opiniâtre à l'envahisseur mongol. Objet de fréquents conflits entre les khanats de Kokand et de Boukhara au XIXe siècle, Khodjent a été englobée dans la province de Samarcande (Turkestan russe), puis dans la République socialiste soviétique d'Ouzbékistan. Elle fut finalement cédée en 1929 au Tadjikistan, pour permettre à celui-ci d'atteindre le million d'habitants nécessaire à l'accession au statut de république, et sans doute le dédommager pour la perte au profit de l'Ouzbékistan des deux centres historiques de la culture tadjike que sont Samarcande et Boukhara.

Lors de la guerre civile qui a suivi l'indépendance du Tadjikistan en 1992, Khodjent a servi de base aux forces pro-communistes combattant les clans plus islamisés du Sud. La ville a eu beau se débarrasser de son appellation soviétique de Leninabad, sa modernisation à outrance n'a épargné aucun vestige historique. La route et le chemin de fer de Kokand longent le grand lac de Karakoum, alimenté par les eaux du Syr Daria et cerné par les collines de Kouramine, avant de franchir la frontière ouzbèke et pénétrer dans la province du Ferghana.

A la fin des années 50, le pouvoir soviétique a fait percer un passage plus court, mais élevé, entre Tachkent et Ferghana, à travers les versants sud du

Tchatkal. Au sud de la capitale, cette nouvelle route traverse les cités minières d'Almalik et d'Angren avant de grimper au-dessus d'un superbe lac et de gagner l'air pur de la haute vallée de l'Akhangaran. Un monument a été édifié à la gloire des ouvriers du chantier: *Nos ancêtres cherchaient les sentiers, nous avons construit la route.* Récemment des tunnels ont été percés, qui raccourcissent le trajet, mais du fait que la route ne passe plus par le col de Kamtchik (2268 m), on ne bénéficie plus du panarama sur les sommets enneigés du Tchatkal. La route redescend dans la province de Namangan. Dans le fond de la vallée, les effets de l'irrigation sont évidents: le désert envahit les terres à gauche de la route, alors qu'à droite abondent les «fruits du socialisme», vergers, champs de coton, mûriers pour les vers à soie.

KOKAND (Qo'qon)

«Cité du sanglier» ou «cité des vents», Kokand doit son nom au puissant khanat qui au XIXe siècle étendait son pouvoir de la vallée du Ferghana jusqu'à Tachkent et aux steppes méridionales du Kazakhstan. Relativement jeune par rapport aux autres villes du Ferghana, Kokand est rapidement devenue un centre commercial et religieux prospère, rivalisant avec les khanats de Boukhara et de Khiva. Vers 1710, le Cheïbanide Chah Rokh érigea le territoire de sa tribu ouzbèke des Min en principauté indépendante dans l'ouest du Ferghana. Il dota son village de Kokand d'une citadelle, et son fils Abd al-Karim poursuivit son œuvre. En 1758, son petit-fils Irdana fut contraint de reconnaître la suzeraineté chinoise, qui se prolongea durant le règne de son arrière-petit-fils Narbouta Beg, de 1774 à 1798. L'autorité de Kokand se limitait toujours au Ferghana occidental et central, lorsqu'Alim succéda à son père Narbouta. Ambitieux et impitoyable, Alim Khan leva une armée de mercenaires tadjiks pour soumettre les tribus hostiles et les confréries derviches dissidentes. Il sécurisa toute la vallée et s'empara de Khodjent et de Tachkent, avant que ses assassins ne placent son propre frère Omar sur le trône en 1809. Ce poète qui encouragea le développement culturel et religieux n'en poursuivit pas moins la politique expansionniste, s'emparant de Tourkestan en 1814 et édifiant la ligne fortifiée des steppes face aux tribus kazakhes.

Madali Khan, fils d'Omar, n'avait que 12 ans lorsqu'il accéda au trône en 1821. Sous son règne, le khanat atteignit son apogée politique et territoriale, allant jusqu'à déborder par-delà le Pamir dans le Turkestan chinois. Le Grand Jeu consacra l'importance de Kokand, mais les mauvais traitements infligés par les Russes aux diplomates conduisirent à des hostilités ouvertes. En 1841, le capitaine britannique Conolly tenta en vain, pendant deux mois, de persuader Madali de résoudre ses différends avec les khanats voisins. Il partit ensuite pour Boukhara au secours de son compagnon Stoddart, mais le siège de

Kokand leur fut fatal à tous deux. En effet, en dépit de l'influence de sa mère, la poétesse Nadira, le fils d'Omar avait franchi toutes les limites de la cruauté et de la débauche, offrant ainsi à l'émir Nasrullah de Boukhara le prétexte nécessaire à s'emparer de Kokand en 1842. Toutefois, le peuple du Ferghana, préférant son propre tyran au despote étranger, expulsa bientôt Nasrullah pour placer Chir Ali, cousin de Madali, sur le trône. Les deux décennies suivantes virent le khanat éclater sous l'effet de guerres intestines, aggravées par les incursions des Russes et des khans de Boukhara. A partir de 1845, le règne de Khoudayar, le fils de Chir Ali, fut marqué par les conflits sanglants opposant les Kiptchaks ouzbeks à la population persanisée des villes. Les champs de bataille se multiplièrent. Nasrullah revint à Kokand en 1858 pour remplacer Khoudayar par son frère, mais Khoudayar reprit le pouvoir en 1865 pour tomber bientôt sous la coupe des successeurs de Nasrullah. Les rivalités opposant les khanats portèrent un coup fatal à leur résistance face à l'ennemi commun, la Russie tsariste. Dès 1850, des troupes de Kokand avaient combattu l'infidèle avec plus de zèle encore que les milices de Boukhara et de Khiva, mais la supériorité numérique et militaire de leur ennemi fit basculer leurs forteresses du nord l'une après l'autre. Les appels à l'aide militaire britannique restèrent sans réponse. Tachkent tomba l'année suivante, Khodjent un an plus tard. Le khanat se réduisait à nouveau à la vallée dont il était issu. A la même époque, Yakoub Beg, le fils le plus infâme de Kokand, ci-devant seigneur de Tachkent, prit Kachgar aux Chinois, pour y faire régner la terreur pendant une décennie.

En 1868, un traité commercial fit de Khoudayar un vassal des Russes, qui lui laissèrent toute liberté de poursuivre la construction de son palais somptueux en levant toujours plus d'impôts sur ses sujets exsangues. Cette cité de 80 000 âmes impressionnait les visiteurs, ses 600 mosquées et ses 15 médersas fréquentées par 15 000 étudiants lui valurent une réputation presque comparable à celle de la cité sainte de Boukhara. Un diplomate américain qui la visita en 1873 y vit des toitures à demi enfouies sous une végétation luxuriante et des jardins et des vergers partout alentour. Les Russes avaient respecté le pouvoir judiciaire en place : tout criminel condamné à mort – et les exécutions étaient monnaie courante – était d'abord promené par son bourreau dans les rues du bazar, pour être exposé à la lapidation publique ; lorsque le spectacle avait assez duré, le bourreau égorgeait son client par surprise, puis l'abandonnait sur place pendant plusieurs heures.

Des nombreuses insurrections éclatèrent dans la vallée contre le khan-marionnette, et Khoudayar dut trouver refuge chez les Russes en 1875, d'abord à Tachkent, puis à Orenbourg où il mourut. L'attitude anti-russe de son parent Poulad Khan provoqua l'annexion de Kokand par les généraux Kaufmann et Skobeliov. En mars 1876, le khanat qui avait combattu héroïquement fut déclaré province du Ferghana dans le Turkestan russe. Le tsar

Alexandre II avait «accédé au vœu de la population de Kokand de devenir sujets russes». Les colons bâtirent une ville russe aux larges avenues et augmentèrent la production du coton et de la soie. La rébellion n'était cependant jamais éloignée. A la faveur des révoltes contre la conscription militaire pendant la Première Guerre mondiale et de la Révolution russe, Moustapha Tchokayev installa fin 1917 à Kokand un gouvernement autonome provisoire du Turkestan, alternative musulmane nationaliste et progressiste au Soviet de Tachkent. Taxé de contre-révolutionnaire par les bolcheviks, ce dernier espoir d'un gouvernement démocratique autonome fut balayé par l'Armée rouge. Après avoir franchi les murs de la vieille ville musulmane le 18 février 1918, les attaquants se livrèrent au pillage et au massacre (14 000 morts) pendant trois jours, ne laissant que ruines derrière eux. Tchokayev s'enfuit à Boukhara, puis à Paris, tandis que le chef de son armée, Irgach Bey, décrétait la guerre sainte au Ferghana. C'est ainsi que durant les premières années du pouvoir soviétique, l'Armée rouge fut sans cesse harcelée par des bandes de *basmatchi* descendant des montagnes.

À VOIR

■ LE PALAIS DE KHOUDAYAR KHAN

Entre 1863 et 1873, en dépit des révoltes et des invasions, Khoudayar, khan de Kokand, bâtit son palais fortifié, une construction appelée *ourda* par opposition à l'*ark* de Boukhara. Le diplomate américain Schulyer le jugea plus grand et plus beau que tout autre en Asie centrale, ébloui de tous les feux des mosaïques bleues, jaunes et vertes. La restauration en cours rend aux arches et aux minarets l'élégance de leurs briques vernissées. Outre qu'il satisfit sa propre extravagance et étala son nom en lettres flamboyantes, Khoudayar édifia également ce palais pour Hakim Ayin, sa mère kirghize. Honteux de la voir vivre sous sa yourte, il l'installa dans le luxe, mais elle ne tarda pas à remonter sa tente de feutre dans la cour du palais. Mir Ubaidullah engagea pour la construction de ce palais les meilleurs architectes de la vallée. Selon la légende, lorsque Khoudayar lui demanda combien de temps résisterait le palais, Ubaidullah fit placer au sommet d'un minaret une assiette de millet qui se vidait même en l'absence de vent; l'architecte sauva sa vie et le palais en en découvrant la cause: les vibrations provoquées par les moulins à papier dont la ville s'enorgueillissait – et que Khoudayar fit déplacer.

Une rampe d'accès passe sous le portail d'entrée, fiché de pieux pour écarter le mauvais œil, et mène aux pièces encore debout (19 sur 113). Sur la droite, l'ancienne chancellerie abrite aujourd'hui une petite exposition d'histoire naturelle, avec des animaux empaillés et des échantillons de plants de coton. L'ancien bureau et la mosquée du chef des armées de Khoudayar ont été restaurés. Le khan recevait ses hôtes de marque dans l'actuel musée de la joaillerie, du costume et de l'orfèvrerie. Les troupes russes transformèrent cette pièce en chapelle orthodoxe, y plaçant une icône derrière le trône. Une antichambre, qui permettait aux soldats de se changer pour la prière, abrite aujourd'hui les œuvres du sculpteur sur bois Khaïdarov (1889-1984). La chambre de Khoudayar, richement décorée, était son deuxième salon de réception, dont la frise n'a pas encore été restaurée ; des niches y abritent des objets d'art, notamment des vases chinois et japonais. Comme le Coran n'autorise que quatre épouses officielles, les quarante occupantes de l'imposant harem de Khoudayar lui juraient à tour de rôle fidélité pour une nuit devant un mollah. Ces jeunes filles offertes par des vassaux vivaient et mouraient dans un vaste complexe de bassins et de pavillons à étages situé à l'arrière du palais. Selon la légende, Khoudayar, le dernier émir de Boukhara, observait le bain du harem depuis un *divan* retiré, avant de jeter son dévolu sur l'élue du jour.

Le palais est fermé le lundi. Jadis au centre d'un parc arboré de 40 hectares, il est aujourd'hui englobé dans le plus petit parc Moukimi, qui accueille aussi un mini-train serpentant entre les fontaines, des attractions rouillées ainsi qu'un vieux Yak-40 de l'Aéroflot transformé en cinéma pour enfants.

Le poète ouzbek Moukimi (1851-1903) est l'une des gloires de la littérature ouzbèke ; sa vie et son œuvre sont présentées dans une médersa du XIXe siècle transformée en musée et située au sud de la mosquée *juma*, rue Moukimi 77. A l'ouest du palais, plusieurs bâtiments de l'ère tsariste se succèdent dans la rue Istiklol. L'ancienne Banque allemande du Turkestan est toujours une banque, tandis que deux autres grandes résidences abritent aujourd'hui la mairie et l'office des télégraphes.

■ LA MOSQUÉE *JUMA*

En suivant la rue du Turkestan (ex-Lénine), au sud du parc Moukimi, on franchit le pont du canal de Kokand qui séparait autrefois la vieille ville de la nouvelle. La rue Khamza traverse l'ancien quartier musulman, dont le principal vestige en est la **mosquée *juma***, première mosquée du Vendredi du khanat. Construite par Omar Khan de 1809 à 1812, dans le style rural propre au Ferghana, elle fut fermée à l'époque soviétique pour rouvrir après restauration en 1989. Les non-musulmans peuvent être autorisés à jeter un coup d'œil sur la vaste cour intérieure, où s'élève un minaret de 22 m et où s'étend un *aïvan* de 100 m de long, aux 98 piliers en bois des Indes polychrome sculpté. La médersa voisine d'**Amin Beg**, construite pour l'un des fils de Madali en 1830, est souvent appelée aussi Khomol Khozi, du nom de celui qui en 1913 restaura sa façade ornementale de briques vernissées. La médersa a été réouverte à l'indépendance, mais depuis, elle a été transformée en un musée et un magasin. Non loin se dressent la médersa édifiée par la mère d'Omar, Modari Khan, et celle du frère de Khoudayar, Mourad Beg. Le portail ornemental en bois menant à la médersa d'Akim Ayin se trouve dans l'enceinte du palais de son fils.

■ LE MUSÉE KHAMZA

Ce musée, qui retrace la vie de **Akim Akimzade Niyazi**, principal héros soviétique de Kokand, premier poète national d'Ouzbékistan et fondateur de la littérature soviétique ouzbèke, a été ouvert en 1989 pour le centième anniversaire de sa naissance. Ce fils de médecin fréquenta une école ouzbèke et une médersa avant d'élargir son horizon dans une école mixte russe. Ses premiers vers, de facture ouzbèke classique, évoquaient un Turkestan s'éveillant peu à peu aux idées progressistes. Il développa l'enseignement public et devint bientôt un activiste bolchevik. Plongeant dans le monde du théâtre, il constitua une troupe à Ferghana en 1918 et inscrivit à son répertoire des pièces telles que *Le Bey et le valet*; dans celle-ci, l'Ouzbek Gafour accueille ses camarades russes au nom de l'internationalisme prolétarien, sur fond d'injustice sociale et de révolution montante. Khamza – *ardent défenseur de la vie nouvelle et ennemi irréductible de l'obscurantisme* – passa la décennie suivante à enseigner et à écrire. La pièce *Les mystères du parandja* traitait de l'émancipation féminine, un sujet sensible qui provoqua l'assassinat et le martyre de Khamza en 1929.

Le musée est situé dans un bâtiment à deux étages, rue Akbar Islam 2 (tél. 406 38), au nord de la statue de Khamza dans le parc Fourkat, non loin de l'étonnant théâtre Khamza (tél. 223 29). L'une des résidences de Khamza à Kokand, rue Matbyat 28, près de la mosquée *juma*, a aussi été transformée en musée.

■ LES MÉDERSAS DE NARBOUTA BEY ET DE DASTOURKHANTCHI

Au nord du musée Khamza, il suffit de descendre la rue Nabiyev pour gagner la médersa de **Narbouta Bey**, un imposant séminaire fondé par le khan Narbouta en 1796 et agrandi en 1799. Contrairement aux autres institutions religieuses de Kokand, la médersa continua son activité sous le régime soviétique. Des professeurs d'arabe et de Coran occupent les huit pièces de la façade principale. Seuls les visiteurs musulmans mâles peuvent pénétrer dans la cour centrale, où 36 cellules d'étude accueillent jusqu'à 200 étudiants âgés de 15 à 25 ans. Les femmes touristes (musulmanes ou non) peuvent se faire une idée de l'éducation islamique des filles à la médersa de **Dastourkhantchi** voisine. Construite en 1833 (pour les hommes) et restaurée au XXe siècle, elle ouvrit ses portes en 1992 à des filles âgées de 15 à 20 ans. Outre l'étude traditionnelle des textes sacrés, elles y apprennent les travaux domestiques et la broderie. Pour rejoindre le parc Mukimi, il suffit de revenir sur ses pas jusqu'au 20 de la rue Tinchlik et de suivre les sentiers qui serpentent entre d'anciennes maisons en pisé et de petites mosquées de quartier.

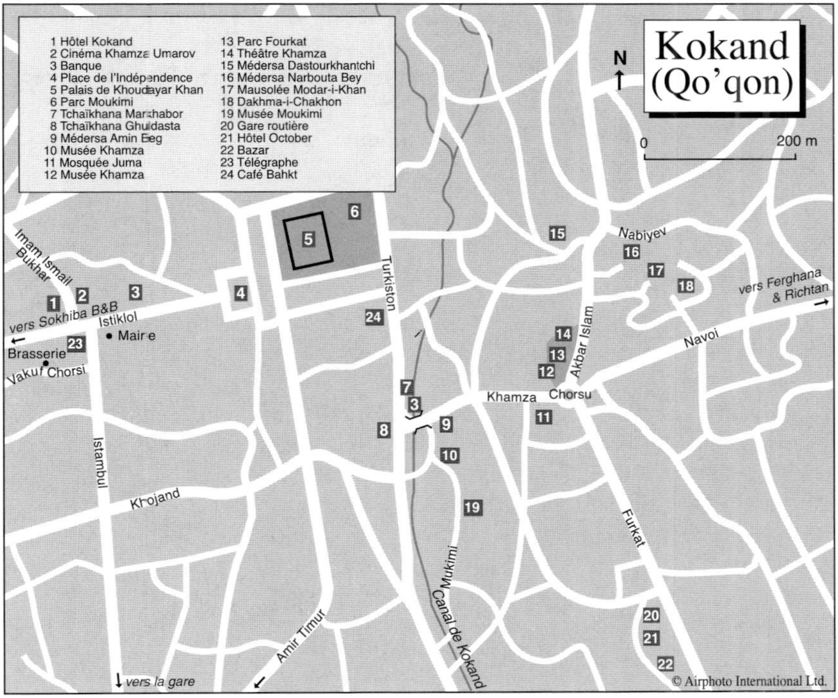

■ LE CIMETIÈRE ROYAL

Au-delà de la médersa de Narbouta Bey, la rue Nabiyev mène à un cimetière verdoyant. Les dômes du portail d'entrée (XVIIe siècle) de cette vénérable retraite pour saints hommes – et ceux qui recherchent leur bénédiction –, sont en cours de restauration. Deux tombeaux ressortent de la multitude des sépultures chaulées.

A droite, le mausolée de Modari Khan, construit en 1825 pour la mère d'Omar Khan et d'autres femmes de la famille royale. Il ne subsiste qu'une petite crypte et deux minarets d'une plus grande mosquée et un ensemble de tombes, où les archéologues soviétiques ont découvert la dépouille de Nadira Beg. Cette poétesse d'Andijan, épouse d'Omar et mère de Madali, trouva une mort cruelle en 1842 des mains de l'émir Nasrullah de Boukhara, qui condamnait son rôle politique; nombre de ses poèmes traitent en effet du gouvernement de la cité: «Si un roi ne se préoccupe pas de la vie des pauvres gens, sa grandeur et ses idéaux ne valent rien.» Elle avait été enterrée dans un monument de marbre blanc, derrière le Tombeau des Rois, **Dakhma-i-Chakhon**. Nadira en avait elle-même commandé le portail de mosaïques aux portes de bois sculptées, et reproduisant des vers des poèmes d'Omar. Le hall intérieur célèbre les arts décoratifs des trois khanats: peintures du Ferghana, sculptures sur albâtre (*ganch*) de Boukhara et sculptures sur bois de Khiva. Parmi les autres sépultures, plus loin, se trouvent celle d'Omar, de son frère Alm, de son fils Madali et de son petit-fils Amin. (Si le mausolée est fermé, demander la clé au 59 de la rue Nabiyev.)

■ L'ATELIER DE KHAÏDAROV

Musée vivant de la sculpture sur bois, l'atelier familial de Kodirjon Khaïdarov est aujourd'hui dirigé par son petit-fils, Hassanjon Oumarov. Khaïdarov a consacré sa longue existence à faire revivre un artisanat traditionnel oublié, ne ménageant pas les cadeaux aux dirigeants soviétiques, de Lénine à Brejnev. Une partie de sa production est exposée ici, des sièges aux lutrins, mais d'autres œuvres sont également visibles à l'intérieur du palais de Khoudayar. Au milieu des piliers en bois, des colonnes, des portes et des lits aux sculptures intriquées, Oumarov apprend l'art de la sculpture sur bois à des gamins de 10 ans. L'atelier est situé au 67 de la rue K. Khaïdarov, à hauteur de la rue Fourkat, à un kilomètre au sud-est du bazar (tél. 306 10).

INFORMATIONS PRATIQUES

Transport

L'aéroport de Kokand (à 10 km du centre ville) est quelque peu délaissé, depuis que la plupart des touristes qui arrivent en avion dans la vallée atterrissent à l'aéroport de Ferghana. De la gare de Kokand, située dans le sud-ouest de la ville, un train part tous les deux jours pour Tachkent (il n'est apparemment pas nécessaire de posséder un visa de transit pour le Tadjikistan). La gare routière, rue Fourkat 102, près du bazar principal, dessert toute la vallée. Le trajet Ferghana-Marguilan prend deux heures, celui pour Andijan trois. Des taxis collectifs pour Andijan coûtent moins de 2 $ et mettent une heure et demie. Il n'y a pas de bus pour Tachkent, il faut donc prendre le taxi ou taxi collectif qui passe par la route des tunnels de Kamtchik (7-8 $ en sum, quatre heures). Les taxis pour Tachkent attendent à la gare routière le jour, et à la gare ferroviaire la nuit. Il existe aussi des bus urbains très utiles: le n° 14 (aéroport-gare ferroviaire-hôtel Kokand), les n° 3 et 8 ainsi que les taxis *marchroutnoïe* n° 1, 5 et 8 qui desservent l'hôtel et les gares routière et ferroviaire (le n° 8 passe à proximité du palais de Khoudayar Khan et la mosquée *juma*).

Logement

L'**hôtel Kokand** (tél. 434 00), qui possède de spartiates chambres doubles à la plomberie défaillante (3-5 $ la nuit), est situé rue Imam Ismaïl Bukhari 1, près du cinéma Khamza Umarov.

L'**hôtel Octobre**, rue Fourkat 94, près de la gare routière et du bazar, fournit lui aussi un logement simple et bon marché. Vous pouvez également essayer le **Sokhiba's B&B**, tél. 254 84, rue Moukheddin Khodjaiev 73, à l'est de l'hôtel Kokand, env. 20 $.

Nourriture

Kokand est célèbre pour ses *tchaïkhana* (salons de thé). Si l'on veut passer un après-midi typiquement ouzbek, il faut se rendre rue Tourkestan au sud du parc Moukimi : on commence par une cure de jouvence dans l'un des deux hammams restaurés avant de gagner l'une des alcôves sculptées de la *tchaïkhana* Ghuldasta pour y savourer du thé et des kebabs, ou l'un des pavillons ombragés de la *tchaïkhana* Markhabor (au-delà du canal de Kokand) pour y goûter à la bière pression et au *plov*.

Le restaurant le plus populaire à Kokand est le Silk Road (**Buyuk Ipak Yuli**), à la rue Obourabon, à cinq kilomètre du centre ville, sur la route de Tachkent. **Akmalbek** est une autre bonne adresse dans la banlieue nord. On mange très bien au **Yangi Bozor**, nouveau bazar au nord-est de la ville.

Au centre ville, essayez le **café Nilouvar** en face de l'hôtel Kokand, le **café Dychlod** place de l'Indépendance, ou les bars sur Navoï, au-delà du rond-point de Tchorsou.

Agences de voyage

Ouzbektourisme se trouve en face de la médersa d'Amin Beg, rue Khamza (tél. 417 82, fax 227 00). Les voyageurs individuels sont parfois vivement encouragés à recourir à ses services pour des tours de ville ou l'achat de billets, bien que cela n'ait rien d'obligatoire.

■ LES ATELIERS DE CÉRAMIQUE DE RICHTAN (RISHTON)

A mi-chemin entre Kokand et Ferghana se trouve la ville de Richtan, renommée pour ses belles céramiques bleues et vertes avec leur glaçure unique *ichkor*. La légende veut que les secrets de cet artisanat se transmettent de père en fils depuis huit cents ans ; il utilise l'argile rouge locale et des pigments naturels. En 1920, quelque trente petits ateliers furent rassemblés sur l'actuel site de la fabrique de céramique de Richtan. Deux mille artisans y utilisent un équipement moderne et des méthodes éprouvées pour produire plus de cinq millions d'articles par an. Les touristes peuvent observer comment les énormes blocs d'argile sont façonnés et décorés de motifs floraux complexes avant d'être vernis et cuits dans d'immenses fours. Une boutique vend (en dollars) des services à thé, des vases à fleurs et des *lyagan* (plats à *plov* décoratifs). La fabrique est située à 1 km à l'est du centre ville de Richtan et du bazar, rue Burkhaneddin Roshidoni 6, tél. 373 45 / 215 49. Un atelier familial où vous pouvez façonner vous-même des objets est celui de Maître Roustam Ousmanov, au 230 de la même rue, tél. 215 85.

FERGHANA (Farg'ona)

Cet ex-centre régional du gouvernement tsariste et soviétique est devenu la troisième ville de la vallée, avec une population de 230 000 habitants. Ferghana, fondée en 1876 à 20 km de l'ancienne cité de Marguilan, fut d'abord baptisée Nouvelle Marguilan avant de devenir Skobelievo en 1907, après le premier gouvernement militaire, puis de prendre le nom de la vallée en 1924. Ses larges avenues, qui s'étirent en éventail à partir de l'ancienne forteresse militaire, ne laissent pas d'évoquer l'urbanisme à la pétersbourgeoise de Tachkent. Une ressemblance amplifiée par les parcs, les fontaines, l'architecture russe et les zones industrielles. En contraste absolu avec la ville musulmane ouzbèke de Marguilan.

■ À VOIR

Fièrement surnommée «ville la plus verte d'Asie centrale» par ses habitants, Ferghana est rarement plus qu'une escale sur la route de la vallée, bien que ses rues plates et ombragées et ses maisons peintes en bleu méritent qu'on s'y attarde. A partir du bazar, la rue piétonne Moustakillik (Indépendance) conduit au verdoyant **parc Al-Ferghani**, nommé à la mémoire du célèbre astronome du IXe siècle. Originaire de la vallée, al-Ferghani a exercé ses talents comme d'autres savants de la même époque dans la «Maison de la Sagesse» du calife Al-Mamoum à Merv, et plus tard à Bagdad. Son *Livre des Mouvements célestes* a influencé la *Divine comédie* de Dante et prédit la découverte de l'Amérique. Au croisement des rue Moustakillik et Al-Ferghani se trouve le **Théâtre régional**, dans l'ancienne résidence principale du général Mikhaïl Skobeliov en 1877. Ses soldats l'appelaient le «général blanc» pour la couleur de son uniforme et de son cheval, mais les Turkmènes qu'il terrorisa après la prise de Ferghana, l'avaient baptisé «le vieux aux yeux de sang» en raison de son aspect après la bataille. En remontant Al-Ferghani, au nord du Stade des ouvriers du pétrole, on arrive à la résidence du gouverneur et au gymnase des garçons (1912). L'on bifurque ensuite pour remonter Ouzman Khodjaïeva vers le nord-ouest jusqu'au **Musée régional** (tél. 24 31 91, ouvert de 10 à 17 h, fermé le mardi). Une carte en trois dimensions replace la vallée dans son époustouflante perspective. On trouve, dans ce musée, des animaux empaillés, des découvertes archéologiques et des photos de sculptures anciennes; une salle est consacrée aux céramiques colorées de Richtan, aux cartes postales du Turkestan révolutionnaire et à des *tioubityeïka* peu conventionnelles, brodées de personnages, de motifs poétiques, voire soviétiques.

Informations pratiques pour Ferghana en page 142.

MARGUILAN (Marg'ilon)

Longtemps détentrice des secrets de la sériciculture, Marguilan était une étape importante de la Route de la Soie au IXe siècle, mais la légende locale fait remonter son existence à Alexandre le Grand. A son arrivée, celui-ci aurait reçu du poulet (*margh*) et du pain (*nan*), qui donnèrent son nom à la cité. A la fin du XVe siècle, Babour la décrit comme «une superbe ville pleine de bonnes choses. Ses abricots et ses grenades sont délicieux (...) la chasse à courre et au gibier y est excellente», même s'il note que «la plupart des fieffés brigands de Samarcande et de Boukhara viennent de Marguilan». La mécanisation à grande échelle a récemment transformé la sériciculture pour projeter Marguilan au centre de la production soviétique, avec chaque année des millions de mètres de soie chatoyante. Comme presque toute la vallée, la ville est un bastion traditionnel de l'islam. Au XIXe siècle, Marguilan possédait plusieurs médersas et plus de deux cents mosquées, mais bien peu ont résisté à la violence bolchevik. L'athéisme officiel a amené les fidèles à prier chez eux, jusqu'à ce que l'indépendance leur permette de proclamer leur foi en bâtissant d'innombrables mosquées.

■ À VOIR

Une promenade dans le **bazar** principal – où l'on commerce, se salue et boit du thé dans un tourbillon de longues robes et de soieries locales – révèle toute la luxuriance de la vie ouzbèke. Les abricots et les grenades de Babour remplissent des bassins entourés de tapis de melons et de sacs d'épices. Les boulangers poussent des charrettes chargées de paniers débordant de *non* fraîchement cuits.

Juste au nord du bazar se trouve la mosquée **Toron** (1840), un édifice élégant de style Ferghana. Sa restauration a permis de redonner vie au plafond multicolore de l'*iwan* à piliers, lieu utilisé pour la prière par temps clément. A dix minutes à pied vers l'est, le long de la rue principale de Marguilan (où le cheik local Bourkhaneddin a évincé Kirov), la mosquée **Khonakhah** est aisément reconnaissable à ses deux minarets de 26 m de haut et à son entrée à étage. Les non-musulmans sont autorisés à en observer l'intérieur par une série de constructions en bois délicatement sculpté et peint. Depuis l'indépendance, cette mosquée fondée au XVIe siècle est redevenue le principal édifice religieux de Marguilan. La médersa de **Saïd Akhmad Khodja**, à vingt minutes au sud de l'hôtel Marguilan, offre un autre exemple de résurgence religieuse. C'est un riche mécène, conseiller du tsar et propriétaire d'usine, qui finança sa construction au XIXe siècle avant de fuir la Révolution en Afghanistan et en Arabie saoudite. Après avoir servi de prison et de bureaux, la médersa rouvrit ses portes en 1992 à 300 étudiants en deux sections, garçons et filles. Les visiteurs peuvent admirer le superbe décor, en partie non restauré, du plafond qui avait été recouvert sous le régime soviétique.

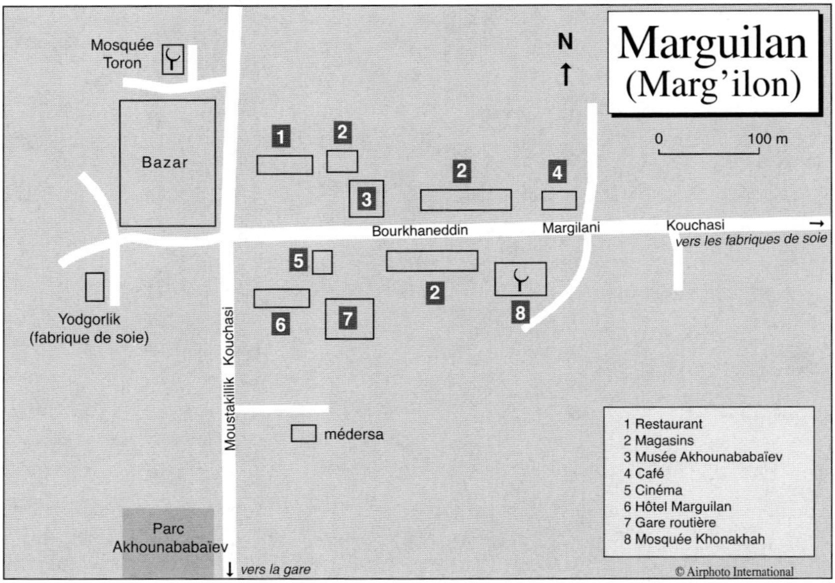

Atelier de soierie Yodgorlik, Marguilan

A l'est du principal carrefour de Marguilan se trouve le **musée** consacré au principal révolutionnaire de la ville, l'ancien président Youldouch Akhounbabaïev (Yuldosh Okhunboboev, 1885-1943). Ce fils de paysan, qui n'avait fait que trois ans d'études à la médersa de Marguilan, trouva bien vite sa voie et tâta de la prison pour activités antitsaristes en 1916. Après la Révolution, il organisa la collectivisation rurale dans la vallée. Son illettrisme ne fit pas obstacle à sa promotion, puisqu'il devint le premier président du Bureau exécutif du Parti communiste ouzbek en 1923 et qu'en 1938 il succéda à son chef exécuté Khodjaiev. Alors qu'à l'extérieur du musée l'islam reprend peu à peu ses marques, à l'intérieur une exposition quelque peu anachronique fait revivre l'un des protagonistes de son éradication. Offrez-vous une visite au magasin d'art réaliste des ouvriers et paysans en marche, avant que les soieries ne chassent ces symboles de l'histoire récente. La statue d'Akhounbabaïev se dresse de l'autre côté de la rue; elle a perdu sa voisine, qui représentait l'actrice ouzbèke Nourkhon Youlacheva, tuée par son frère sur ordre de leur père pour avoir joué non voilée en 1929. La statue de cette héroïne, parmi tant d'autres, de l'émancipation féminine fut jugée inconvenante pour la période post-soviétique.

■ LES FABRIQUES DE SOIE

Pour découvrir par vous-même le secret de la soie, rendez-vous à la fabrique **Yodgorlik** (Souvenir). En 1983, un groupe de travailleurs de la soie de Marguilan a tourné le dos à la production de masse pour remonter un atelier traditionnel. Le succès de leur production entièrement manuelle, même au triple du prix pratiqué par les industriels, les a amenés à augmenter le personnel à près de deux mille ouvriers, sans toutefois renier leur objectif de départ. Avec des feuilles de mûrier fraîches, des familles nourrissent les vers à soie jusqu'à ce qu'ils tissent leur cocon. Avant que les chrysalides ne muent en papillons, les cocons sont ébouillantés et envoyés à la fabrique, où ils s'assouplissent dans des bains bouillonnants avant de libérer leur précieux fil. Suivez tout le processus de dévidage et de tissage. Les pénibles phases de teinture du fil en divers coloris sont réservées aux hommes. Le hall voisin résonne du claquement des métiers à tisser, devant lesquels s'activent les femmes. Alors apparaît le fameux *khanatla*, le roi des motifs, ce dessin chatoyant qui envahit les rues ouzbèkes. Ça et là, de l'herbe *isrth* brûle au-dessus des ouvriers et de leurs métiers pour éloigner le mauvais œil. La visite se termine par l'exposition et le magasin, à la rue Imam Sakhriddin 138, tél. 33 67 61, au sud du bazar, à hauteur de la rue principale.

Dans la ville se trouvent également les fabriques d'Etat de soie **Khanatlas** et **Marguilan**, les plus importantes de la CEI, qui emploient des milliers d'ouvriers. Plus intéressant à visiter, l'atelier de l'artisan **Turgunboy Mirzaahmedov**, à la rue Orol Bouyi 129, tél. 33 81 57.

INFORMATIONS PRATIQUES (FERGHANA/MARGUILAN)

Transports

Le Ferghana est relié à Tachkent par deux vols quotidiens et à Noukous par un vol hebdomadaire. L'aéroport, tél. 659 61, situé au sud de la ville, à 6 km du centre, est desservi par le bus n° 22. Les billets peuvent être achetés à la rue Makhmoud Kasimov 43, tél. 24 45 22, de 8 à 17 h, ou chez Havo Saiyoh, tél. 24 85 25, sur Al-Ferghani.

De Tachkent, les trains mettent environ huit heures pour rallier Marguilan (tél. de la gare : 716 52), avant de poursuivre sur Andijan. Mais un visa ouzbek à double entrée est nécessaire car cette route passe par le Tadjikistan qui lui, apparemment, n'exige pas de visa.

Les bus circulant dans la vallée utilisent la gare routière régionale de Yermazar, tél. 24 71 87, au nord de Ferghana, sur la route de Marguilan. Les bus 3 et 4 relient, via l'hôtel Ferghana, l'aéroport à la gare routière locale derrière le bazar central. De cette gare routière, les départs pour Yermazar et Marguilan sont très fréquents. Du même endroit partent les taxis collectifs et les mini-bus pour Tachkent par la route des tunnels de Kamchik (quatre à cinq heures, 7 $).

Logement

Hôtel Ziyerat, rue Dodkhokh 2a, Ferghana, tél. 24 77 42, fax 26 86 02. L'hôtel d'Ouzbektourisme de sept étages propose des chambres doubles, spacieuses et propres, de 28 à 50 $ la nuit.

Olga's B&B, appart. 10-11, rue Al-Ferghani 11, Ferghana, tél. 72 40 72, fax 24 77 78, daniol26@iac.uzpak.uz (on y parle anglais et français). Appartements confortables, 20 à 25 $, avec accès internet, guides et transport, dans un bâtiment à plusieurs étages visible depuis le carrefour Koumiss/Al-Ferghani.

Hôtel Ferghana, rue Makhmoud Kasimov 29, Ferghana, tél. 26 95 01. Bon marché, sale mais bien situé. Pour le moment, interdit aux étrangers...

Hôtel Doustlik, rue Timour 30, Ferghana, tél. 26 86 18. Cet hôtel situé au sud du centre ville offre des chambres entre 10 et 20 $ par personne, mais le personnel peut aussi vous trouver une chambre chez l'habitant pour 5 $.

Hôtel Marguilan, rue Moustakillik 343, Marguilan, tél. 33 46 42. Cette pension sommaire, proche de la gare routière et près du principal carrefour, au sud-est du bazar, offre un bon rapport qualité-prix (2 à 3 $ la nuit).

Golden Valley B&B, rue Shokirovoy, Apt. 10, bloc 9, Ferghana, tél. 23 21 00, pfsfergana@vodiy.uz. Chambres dans un HLM de type soviétique non loin de l'hôtel Ziyerat. Difficile à trouver, appelez Hojayev Sherzod.

Hotel Asia Ferghana, 26, rue Navoi, Ferghana, tél. (732) 24 52 21, fax (732) 24 80 05, hotelasia@bk.ru. Hôtel moderne avec air conditionné et petite piscine. Simple, 24-36 $, double 42-48 $ en demi-pension.

Club Hotel 777, rue Pushkin, Ferghana, tél. 24 37 77, hotelclub777@ inbox.ru.

Nourriture

On trouve l'essentiel dans les bazars des deux villes : thé, chachliks, *non* et fruits.

A Ferghana, essayez le **Prince Club** près du parc Al-Ferghani ou le **Café Admiral** en forme de bateau à côté du magasin Tsoum. Quand on est lassé du *plov*, on peut trouver des nouilles froides et d'autres spécialités coréennes (*kuksi*), chez **Tante Sonya**, rue Ousman Yousoupov 76, ou chez **Mechta**, à la rue Khodzhent 28. D'autres restaurants de Ferghana comprennent l'européen **Aristocrat** sur la rue Aiybek, le club **Rohat** près de l'hôtel Ziyerat, ou le **Café Sitora** à l'intérieur de ce dernier ou le **Café Bravo** au 12, rue Khodzhent.

Agences de voyage

Ouzbektourisme, hôtel Ziyerat, propose des excursions pour Chakhimardan, des visites dans les fabriques de soie et les élevages de vers à soie, et des excursions dans la vallée.

Autres

Banque nationale d'Ouzbékistan, rue Al-Ferghani 69,Ferghana.

Bureau de **poste**, rue Moustakillik 35, Ferghana.

CHAKHIMARDAN (Shohimardon)

En été, la vallée du Ferghana tient à ce point de l'étuve poussiéreuse que de nombreux habitants renouent avec le nomadisme ancestral pour monter en altitude. La station populaire de Chakhimardan associe air frais, cours d'eau rapides et lacs de montagne au double attrait de centre de pèlerinage politique et religieux. La moitié du trajet vers le sud à partir de Ferghana (55 km) traverse le territoire kirghize, car Chakhimardan est une enclave ouzbèke nichée dans la chaîne kirghize de l'Alaï. Les villages se ressemblent dans la montée, mais les éleveurs kirghizes portent un chapeau de feutre blanc, l'*ak-kalpak*. La route suit le ruban argenté de la rivière Chakhimardan jusqu'à la confluence de ses sources, au centre de la station, où la claire Kok-sou (rivière bleue) s'unit à la lumineuse Ok-sou (rivière blanche).

En saison, un air de vacances envahit les bazars et les parcs, des vendeurs proposent des colliers d'abricots secs, tandis que des photographes proposent de vous immortaliser à côté d'un aigle ou d'un faisan. Un escalator géant permet de gagner le flanc de colline, but de la plupart des excursions : ces hauteurs avaient été tenues, en des temps difficiles, par les bolcheviks et par des martyrs musulmans. Le nom de Chakhimardan, « roi des hommes », fait référence à **Hazrat Ali**, beau-fils de Mahomet et quatrième calife de l'islam. Après l'assassinat d'Ali à Koufa (Irak), le clan des Oméyyades usurpa l'autorité califale en tuant son plus jeune fils, Hussain, le petit-fils du prophète. Cet événement sanglant déclencha la plus grande division du monde islamique : les sunnites prirent le parti des Oméyyades, tandis que les chiites vénérèrent l'héritage usurpé d'Hazrat Ali. Selon l'une des nombreuses légendes, à l'approche de la mort, Ali fit creuser sept tombes en différentes parties du monde ; sa dépouille fut placée sur un chameau, qui, au bout de quelques pas, se divisa en sept chameaux portant chacun une part de la dépouille sacrée. L'Ouzbékistan prétend que trois chameaux se sont arrêtés sur son territoire : à Chakhimardan, à Khiva et à Nourata. Mais l'Irak (plus vraisemblablement), l'Arabie saoudite et l'Afghanistan revendiquent aussi leur part de reliques. Quelle que soit la vérité historique, Chakhimardan a acquis une réputation de lieu saint.

Pour les communistes, la ville fut au centre d'un combat farouche et complexe contre les *basmatchi*. Selon eux, des cheiks locaux auraient mis le feu au mausolée d'Ali en 1919 pour chasser les soldats de l'Armée rouge ; restauré en 1924, celui-ci redevint vite un « nid de charlatans et de parasites ». En mars 1928, le poète **Khamza** (voir page 134) condamna le « clergé réactionnaire », exigea la destruction immédiate du tombeau et fut lapidé par une « foule de fanatiques ». Au cours des décennies suivantes, la ville – rebaptisée Khamzabad – se voua au culte de Khamza, et un musée anti-religieux occupa la colline. Mais grâce à la popularité d'Ali, on peut aujourd'hui voir la dernière des reconstructions du mausolée, gardée par des mollahs confiants dans l'avenir et fréquentée par d'innombrables pèlerins, en particulier des femmes stériles.

Devant le tombeau d'Ali se dresse un monument aux soldats soviétiques tués pendant la contre-révolution, véritable affront aux sensibilités locales... Khamza, lui, repose dans un mausolée spectaculaire taillé dans le même marbre du Pamir que le mausolée de Lénine sur la place Rouge, mais dont l'avenir est incertain. Il est plus facile de prévoir les changements apportés à son musée, notamment le retrait des photos montrant des femmes assassinées pour avoir retiré leur voile.

Quatre kilomètres plus haut, les visiteurs peuvent emprunter un funiculaire grinçant pour gagner le lac bleu acier de **Kouli Koulon**, cerné de pics rocheux; à 1800 m d'altitude, on peut y faire de belles balades et prendre un bain revigorant dans ses eaux glacées. Ouzbektourisme et Asia Travel, à Tachkent, proposent un trekking de dix jours «Autour de l'Alaï», par-delà le lac vers le Kirghizistan, par des cols de 4000 m vers la vallée de la Kok-sou, le glacier Abramov, les pétroglyphes et les printemps ensoleillés.

INFORMATIONS PRATIQUES

Cinq bus quotidiens relient Chakhimardan à la gare routière locale de Ferghana, près du bazar. Un visa kirghize, et donc un visa valable pour le retour en Ouzbékistan, sont nécessaires pour transiter par ce territoire, mais certains voyageurs ont fait ce trajet sans visa et sans problème. Un permis spécial peut être exigé par le Bureau des Affaires intérieures de Ferghana si vous souhaitez y passer la nuit. Vérifiez auprès de votre agence. A Chakhimardan, on a le choix du logement, du simple **hôtel Chakhimardan** en pleine ville aux divers **camps de pionniers** parsemés dans la vallée ou aux chalets de vacances Ouzbektourisme de la Tourbaza Chakhimardan, un kilomètre au-dessus du tombeau d'Ali. Informations sur www.shohimardon.uz

ANDIJAN (Andijon)

Le développement constant du village d'Andougan (Xe siècle) attira la convoitise mongole. Mais à la fin du XIIIe siècle, Kaydou Khan, l'arrière-petit-fils de Gengis Khan, reconstruisit la ville et en fit la capitale du Ferghana – ce qu'elle resta trois siècles durant, donnant par la même occasion son nom en turc de Tchagataï à la vallée entière. Porte orientale de la Transoxiane, Andijan était un centre de commerce lucratif avec Kachgar. En 1483 naquit son enfant le plus célèbre, un certain Zahir ud-Din Mohammed Babour, arrière-arrière-arrière-petit-fils de Tamerlan (voir encadré p. 124). Après avoir perdu sa vallée natale, et Samarcande à trois reprises, Babour gagna l'Inde pour y fonder l'empire moghol. Le khanat de Kokand a renvoyé Andijan dans l'ombre. Les Russes ont, eux, rencontré une forte résistance, perdant cinquante hommes dans leur première avancée vers la ville, avant que le général Skobeliov ne leur assure la victoire en janvier 1876. L'esprit de rébellion refit surface en mai 1898 : l'ichan nakhchbandi Madali prit la tête d'une révolte qui dura trois jours, mais fut écrasée dans le sang. La voie ferrée transcaspienne, fer de lance de la russification et de la modernisation, fut terminée en 1899, mais, trois ans plus tard, un tremblement de terre devait faire 4500 victimes et détruire une grande partie de la vieille ville. Capitale de la province la plus peuplée d'Ouzbékistan, Andijan est aujourd'hui une ville industrielle de 350 000 habitants. Elle doit son essor au pétrole et au coton : la région est le premier producteur de pétrole de la république et le plus gros producteur de coton de la CEI, avec 75% des terres irriguées dévolues à l'« or blanc ».

À VOIR

■ LE BAZAR

Il y a toujours quelque chose à voir. Les dimanche et jeudi, le bazar d'Andijan déborde de ses murs et envahit les rues avoisinantes. Des camions déversent des montagnes de melons aux centres névralgiques, tandis que les marges sont réservées aux colombophiles, aux menuisiers, aux forgerons, aux vendeurs de brosses, aux couteliers et aux brodeurs de calots.

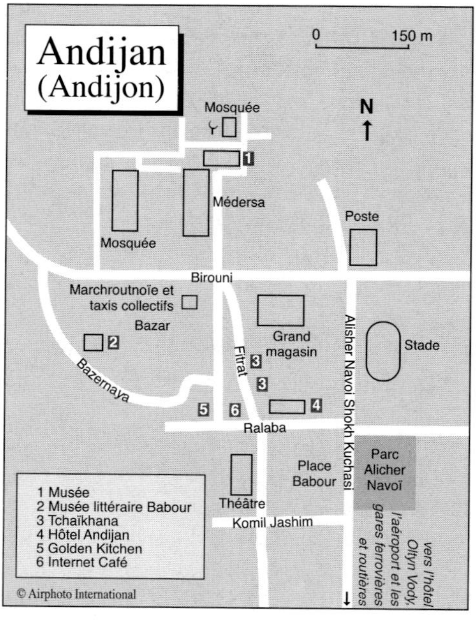

■ LE MUSÉE LITTÉRAIRE BABOUR

Un jardin de roses, havre de paix à l'écart de l'agitation de la rue Bazarnaïa, entoure cette ancienne médersa. Détruite après le départ de Babour, elle fut restaurée au XVIIIe siècle pour devenir l'Ark Itchi, la résidence des dirigeants de la cité. Elle abrite depuis 1990 un musée littéraire consacré à l'œuvre en prose et en vers de Babour, abondamment illustrée par des reproductions de superbes miniatures et peintures évoquant différentes étapes de sa vie. L'une d'elles, intitulée «Babour se sent mal», montre le conquérant en Inde, malade du poison que, selon la légende, lui aurait administré la mère du sultan vaincu de Delhi; il demande qu'on lui apporte un de ces melons du Ferghana qu'il adore pour soulager sa douleur; bien qu'on lui ait à trois reprises certifié que le fruit était indien, il reconnaît à la première bouchée le goût et l'arôme de son lointain Ferghana. Une salle du musée est consacrée à la poétesse Nadira Beg (1792-1842) d'Andijan, l'épouse d'Omar, le khan de Kokand, et admiratrice de Babour. Le musée, rue Bazarnaïa 21, est ouvert de 9 à 16 h, sauf le lundi.

■ LA MÉDERSA ET LA MOSQUÉE JUMA

Le principal complexe religieux d'Andijan fut construit à proximité du bazar à la fin du XIXe siècle. Plus tard, une importante restauration y fut entreprise, à la suite des dévastations dues au tremblement de terre de 1902, pour y installer un Musée de la littérature soviétique. En 1990, les locaux furent réinvestis par une médersa, financée par des wahabites, une branche radicale de l'islam sunnite, soutenus par l'Arabie saoudite. Mais en 1997, le président Karimov a réaffirmé son autorité politique en fermant la médersa et recréant un musée. Des salles voûtées occupent les angles d'une monumentale façade de 123 m de long. Au centre se dresse un portail traditionnel du Ferghana couronné de minarets ornementaux. Depuis le toit, les visiteurs peuvent apercevoir la cour intérieure, le minaret et le vaste *iwan* d'été. L'entrée se trouve derrière le musée voisin des Traditions locales (ouvert de 9 à 17 h).

■ LE PARC NAVOÏ

Dans une oasis verdoyante aux étangs sillonnés de barques, à l'est de la place Babour (ex-Octobre), une statue équestre de Babour a délogé celle de Lénine. Dans le coin nord-est du parc, la résidence un peu délabrée d'Ahmed Beg Khodja dégage une splendeur fanée. A l'arrivée des bolcheviks, cet industriel capitaliste fuit en Chine. Sa résidence, bâtie en 1897, a alors abrité un Musée des arts et traditions populaires. Transformée depuis l'indépendance en bureaux pour les musulmans d'Andijan, elle n'en accueille pas moins les visiteurs désireux d'admirer les deux étages d'appartements et de salons de réception.

Au nord du parc, une mosquée élégamment reconstruite voisine avec une médersa rebâtie à l'emplacement de celle de 1903. Elles ont été financées par le neveu de Khodja, qui réside actuellement en Arabie saoudite mais qui a souhaité aider sa ville natale à trouver la juste voie vers l'avenir.

■ LE PARC DU MAUSOLÉE DE BABOUR

Ce parc, situé à 7 km au sud-est de la ville, fut créé en 1993 pour accueillir un peu de terre de la tombe de Babour. Enfermée dans un mausolée en marbre, cette poignée de terre occupe le centre d'un grand jardin aménagé sur un versant de colline que Babour aimait particulièrement. Avant de quitter définitivement Andijan, il serait venu ici admirer une dernière fois le panorama de sa ville. Un petit musée lui est consacré. Un télésiège permet de gagner le parc, particulièrement agréable à visiter les dimanches matins d'été, lorsque des fêtes l'animent : luttes, chants et danses le disputent aux échoppes d'artisanat et de nourriture.

De la gare routière principale d'Andijan, un bus part toutes les heures pour le village de Baguichamal, et les minibus 16 ou 21 depuis le bazar.

INFORMATIONS PRATIQUES

Transports

L'aéroport d'Andijan, à 10 km de l'hôtel Oltin Vody, est relié trois fois par jour à Tachkent (43 $), et une fois par semaine à Boukhara et Ourguentch. Les billets sont vendus rue Koltsevaïa 1. Deux trains roulent quotidiennement en direction de Tachkent, mais les taxis collectifs sont plus rapides. Pour Namangan (une heure), les taxis collectifs coûtent 1 $. La gare routière principale, proche de la gare ferroviaire sur la rue Amir Timour, dessert toute la vallée, mais pas Tachkent. En ville, les bus n° 1 et 8, le trolleybus n° 2 et le taxi *marchroutnoïe* n° 1 relient l'hôtel Oltin Vody au bazar central. Des taxis collectifs pour Tachkent partent depuis la gare routière et le parc Pouchkine.

Logement et nourriture

Hôtel Oltin Vody (ex Zolotaya) rue Machrab 19, Andijan, tél. 46 87 08. Son nom flatteur qui signifie « vallée d'or » cache en réalité un service déficient, des chambres sales et une restauration de mauvaise qualité. Chambres doubles à 16 $ la nuit. Ouzbektourisme y a ses bureaux. L'**hôtel Sport** (Obol Hokkimiyat) se trouve derrière, à côté du nouveau club de tennis d'Andijan, tél. 26 23 88. Meilleur que le précédent, mais également plus cher.

Hôtel Andijan, rue Ralaba 241, tél. 25 78 07. Près du bazar, 7 à 10 $ la nuit.

Pour manger le fameux *plov* d'Andijan, avec du riz *devsira* ou la *mastava* (soupe de riz à la viande), rendez-vous à la ***tchaïkhana*** près du bazar et du parc du mausolée de Babour. A conseiller également : le nouveau **Golden Kitchen**, près de l'hôtel Andijan, le **Latin**, café avec billard sur la rue Bektosh Rachimov, ou le **Bar Kamol**, de la Brasserie tchèque, sur Charaf Rachidov.

Divers

Banque nationale d'Ouzbékistan, rue Alisher Navoï 42.

Andijan Development Centre, 1A, rue Naydarov, adc@sarcor.com. Sa bibliothèque anglaise est fréquentée par des personnes pouvant éventuellement travailler comme traducteurs.

NAMANGAN

Namangan est la troisième ville d'Ouzbékistan après Tachkent et Samarcande, mais elle semble nouvellement venue dans ce berceau oriental de la civilisation ferghanaise. A proximité, se trouvent les tombes anciennes de Mountchak Tepe et les cités en ruines de Kasan et d'Aksiketh, capitales de la vallée du VIIe au XIe siècle. Namangan émergea au XVIIe siècle comme un gros village proche de la confluence des rivières Naryn et Kara Daria, qui forment le Syr Daria. La ville tire son nom des mines de sel, *namak kan*, qui ont longtemps approvisionné les cuisines de Tachkent. Pendant l'occupation russe, le district de Namangan est devenu un bastion de l'islam, avec plus de vingt médersas et six cents mosquées. Les régimes tsariste et soviétique ont russifié le centre ville et industrialisé les faubourgs, générant une population de 300 000 habitants, mais sans jamais les assujettir réellement.

Après l'indépendance, des courants islamistes non orthodoxes ont traversé les frontières perméables du Ferghana pour prendre racine dans sa partie orientale. Namangan s'est ainsi trouvée au centre d'un nouveau Grand Jeu politico-religieux : des missionnaires de la secte saoudienne wahabite armés de corans et de dollars ont construit des mosquées et suscité des vocations comme celle de Juma Namangani, un étudiant en agronomie qui avait combattu à l'époque dans les rangs de l'armée soviétique en Afghanistan. Depuis le milieu des années 90 et jusqu'à sa mort, il dirigeait le Mouvement islamiste d'Ouzbékistan qui vise à renverser Karimov et à instaurer un régime islamiste. Après avoir échappé à une tentative d'assassinat par Namangani en 1999, Karimov réprime sévèrement tous les groupes d'opposition et expulse les missionnaires étrangers trop zélés. Alors que le port de la barbe était obligatoire dans l'Afghanistan des talibans, ce fait peut valoir l'emprisonnement aux jeunes Ouzbeks. Namangani a été tué en Afghanistan en 2001, où il dirigeait une division de talibans. Aujourd'hui, les haut-parleurs n'appellent plus à la prière dans sa ville natale, mais les femmes y restent plus voilées qu'ailleurs en Ouzbékistan, et certaines portent même le *parandja* noir en crin, le voile traditionnel vilipendé et brûlé en public lors des campagnes de libération de la femme des années 20.

■ À VOIR

Les rues de la ville russe, de style tsariste, mènent au **parc central**, l'ancien jardin du gouverneur dessiné en 1884. Rebaptisé parc Pouchkine et rehaussé de l'inévitable statue de Lénine, il est aujourd'hui placé sous les auspices de Babour et accueille les patriarches ouzbeks qui y boivent le thé et jouent aux échecs sous les ombrages tranquilles de ses robustes *tchinor*. La place de la Paix (ex-Lénine), située au nord-ouest, aligne une série de monuments provinciaux. Non loin, ex-rue Octobre 25, le **musée d'Histoire naturelle** expose de nombreuses trouvailles archéologiques, que le manque d'explications rend difficiles à apprécier. A l'est, l'avenue piétonne Ouïtchinskaïa, qui mène au cœur du bazar. A côté des étals de viande, de fruits et de légumes, les artisans proposent des berceaux en bois aux couleurs éclatantes, tandis que des femmes complètement voilées vendent des calots brodés et des châles en laine.

La médersa **Mollah Kirghize** a été construite en 1910 par un magnat local du coton, à l'est du bazar. Après avoir hébergé le Musée de la littérature soviétique, elle a rouvert ses portes en 1992, après que les habitants de Namangan eurent réuni les fonds nécessaires à la restauration de sa façade, de ses coupoles d'angle, de son portail en céramique et de ses minarets. Dernièrement, la médersa a à nouveau été fermée et transformée en un musée. Cinq minutes de marche vers le sud, par une avenue réputée pour ses ferronniers, permettent de gagner le **mausolée Khodjamni Kabri**. Seuls les hommes peuvent admirer ses copies (XVIIIe siècle) d'anciens portail et tombes voûtées. La façade en terre cuite ornementée et sculptée constitue un exemple étonnant de décoration ferghanaise. Une vaste reconstruction a permis de retransformer le Musée soviétique anti-religieux voisin en mosquée et médersa, dans l'état où Khodjamni les avait voulues.

Au sud-est de l'avenue Ouychi, la mosquée *juma* de Namangan dresse fièrement ses minarets à la turque. Plus à l'est, sur Ouychi, la mosquée **Atavalikhontoure** est aisément reconnaissable à son immense coupole de 14,1 m de diamètre, l'une des plus grandes d'Asie centrale. Construite en 1915, elle abritait dans les années 90 la confrérie wahabite de Namangan jusqu'à sa fermeture. Actuellement, elle fonctionne à nouveau comme médersa et accueille les étudiants de la médersa Mollah Kirghize, fermée elle aussi. En fait de mosquée récemment restaurée, allez voir celle du **Mollah Bozor Akhoun**, rue Akhounbabaïev. Une série de coupoles et de minarets cache une cour ombragée, un *hauz* et la tour-mausolée du Mollah Akhoun (XVIIe siècle), le maître du poète soufi Machrab. Le souvenir du poète lui-même est commémoré dans un parc à thème situé à 6 km du centre ville.

Babarakhim Machrab Namangani, né à Namangan en 1640, est devenu derviche à 16 ans; il gagna alors Kachgar, en route pour une vie d'errance créatrice. Il fut pendu en 1711 en Afghanistan, soit pour avoir incité le peuple à se révolter contre l'illettrisme, soit pour avoir séduit l'épouse d'un imam puissant. Sa poésie émouvante, qui a survécu à la censure soviétique, connaît un regain de popularité. Dans le parc, un petit musée rend hommage à son œuvre poétique et philosophique et retrace ses voyages. Près du lac et de l'inévitable grande roue, plusieurs *tchaïkhana* évoquent les régions visitées par Machrab (Turquie, Iran, Afghanistan et Chine, notamment).

INFORMATIONS PRATIQUES

Transports

L'aéroport, à 15 km à l'ouest de la ville, propose un vol quotidien pour Tachkent. La vente des billets se fait rue Machrab 41. La gare ferroviaire se trouve rue Amir Timour, à 4 km à l'ouest de l'hôtel Orzou. Deux trains par semaine relient Tachkent en 12 heures environ. De la gare routière longues distances, située 2 km plus au nord, au niveau de la rue Doustlik, partent des bus pour toute la vallée, hormis Tachkent. Pour cette destination, prendre un taxi collectif (4 à 5 $ par la route des tunnels). La gare routière locale fait face au bazar central. Le bus 1 relie d'est en ouest Atavalikhontoure à Machrab, et les bus 7 et 15 la gare routière au bazar. La plupart des bus partant de la gare ferroviaire vers l'est passent par le bazar.

Logement

Hôtel Orzou, rue Nadira 1, tél. et fax 617 83. L'hôtel «Rêve» d'Ouzbektourisme, à l'ouest du parc Babour, propose des chambres de 14 à 40 $ la nuit.

Les **hôtels Namangan** (8 à 30 $) rue Assadoulla Khodjaev 61, au nord-est du parc Babour, tél. 621 54, et **Tchorsou** (1-3 $) tél. 673 01, à la rue Uychi 10, bien situé près de la médersa Mollah Kirghize, offrent tous deux un hébergement plus modeste. Plus modernes, les établissements du Club de tennis, situés dans le troisième district (*tretiy mikrorayon*) à l'ouest: **hôtel Dustlik**, 40 S par

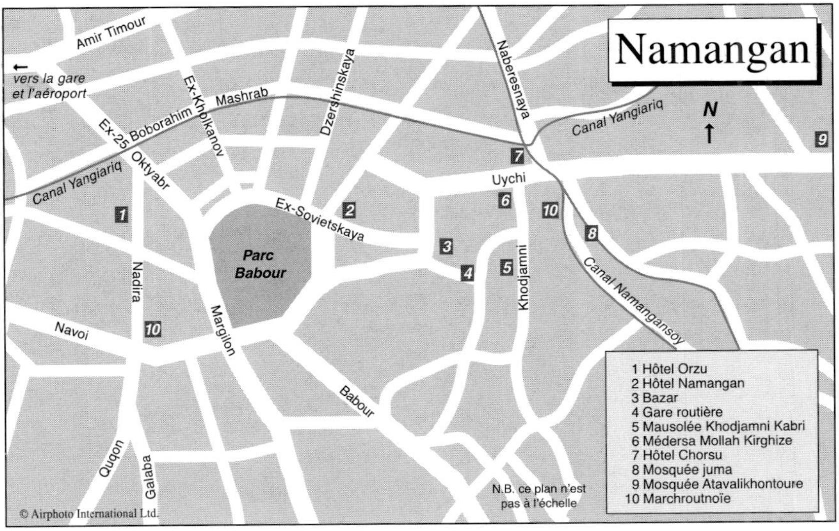

personne, à la rue Dustlik 23, tél. 287 97, et le proche **Pakhlavor Sport Complex** (30-50 $), tél. 402 91.

Nourriture

Prenez un taxi pour le troisième district (*tretiy mikrorayon*) où les excellents et réputés restaurants **Ozbékiston**, tél. 265 47, et **Turkiston**, tél. 253 90, à la rue Dustlik 32B, se font face l'un l'autre. Ils servent des poulets grillés toute la journée, de 9 h à 2 h du matin, avec orchestres. Près de l'Ozbékiston se trouve la disco de plein air Aquapark. En ville, le restaurant de l'hôtel **Orzou** sert un *dimlama* (ragoût de viande et légumes) roboratif et du *dymboul chourva*, soupe de maïs, de pommes de terre et de poivrons. Essayez aussi la *tchaïkhana* **Bech Chinor** du parc Babour, le **Café Ziloyat** à l'ouest de la rue Uychi ou la *tchaïkhana* **Oromgokh** (le restaurant des cheminots), une élégante copie d'architecture traditionnelle sur une des collines du parc Machrab.

Agences de voyage

Namangan Travel, hôtel Orzou, peut fournir des guides, organiser des excursions dans la province, procurer logement et moyens de transport. Il propose aussi des vols en hélicoptère vers le lac kirghize de Sary Tchelek et des trekkings dans les environs de la *tourbaza* de Kok Seraï.

Divers

Banque nationale d'Ouzbékistan, rue Machrab 2.

LES ENVIRONS DE NAMANGAN

AKSIKETH

Les ruines de l'ancienne Aksiketh (Ier siècle) sont visibles sur la rive droite du Syr Daria, à 25 km au sud-ouest de Namangan, près du *kichlak* de Chokhand. La cité se releva des destructions arabes pour devenir la principale ville de la vallée du Ferghana sous les Samanides aux IXe et Xe siècles. Les géographes arabes la décrivent comme une métropole de mosquées, de bazars et d'ateliers d'artisanat, avec la division tripartite commune en Asie centrale : la citadelle, le *chakhristan* (cœur de la ville) et le *rabad* (faubourgs). L'envahisseur mongol lui fit perdre de sa superbe, avant que les Timourides ne lui rendent son importance. Omar Cheikh la dirigea, ce qui étayerait l'hypothèse que son fils Babour ne soit pas né à Andijan. Au XVIIe siècle, un tremblement de terre fit fuir ses habitants à Namangan. Les ruines sont impressionnantes par leur étendue et par le panorama sur la rivière, même s'il faut tout imaginer des murailles de la ville et des habitations.

PAP (Pop)

Plus au sud-ouest, il ne subsiste pas grand-chose de l'ancien comptoir de Pap sur la Route de la Soie, mais un nouveau Musée archéologique y expose les résultats des fouilles entreprises sous les auspices de l'Unesco parmi les tombes de **Mountchak** et de **Balyand Tepe**, à 6 km de là : trente sarcophages enveloppés dans du roseau, datant du Ier au VIIe siècle. On peut aussi y admirer des ossuaires zoroastriens et des objets personnels retrouvés dans les tombes.

TCHOUST

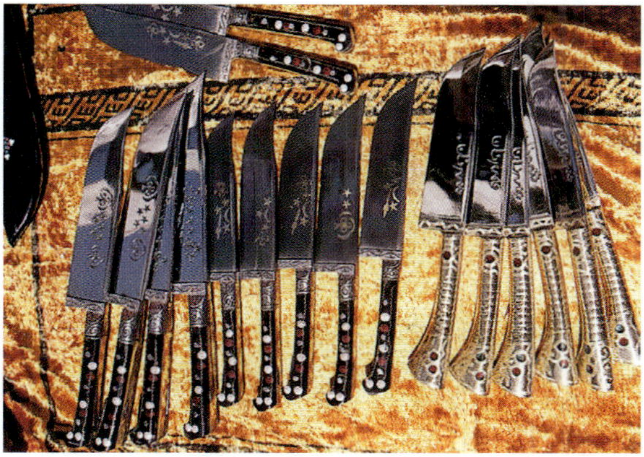
Coutellerie de la vallée du Ferghana

Tchoust, au nord de Pap, revendique des origines plus lointaines encore, car des archéologues soviétiques y ont découvert une série de corps accroupis remontant à 1000 ans avant notre ère. Le site lui-même présente peu d'intérêt pour les non-spécialistes, mais la ville, qui compte seulement 10% d'Ouzbeks, reste très vivante. La population essentiellement tadjike fréquente avec beaucoup de décontraction le parc **Mavlono Loutfoullo**, qui a hérité du nom d'un savant du XVIe siècle, dont les travaux d'irrigation ont reçu l'approbation des idéologues soviétiques. Après avoir visité la mosquée et le minaret de Mavlono, les pèlerins tadjiks se rafraîchissent à la source avant de gagner qui la *tchaïkhana* des hommes, qui celle des femmes. Préférez cette dernière, pour les chants et danses spontanés des femmes momentanément libérées des tâches et responsabilités familiales.

Tchoust est réputée de longue date pour ses couteaux et ses calots. Le couteau national ouzbek, *pitchok*, date de l'âge de la Pierre, mais sa valeur symbolique et décorative a depuis lors supplanté son usage militaire. Outre le fait qu'il convient parfaitement pour découper les melons, il protégerait contre les blessures et le diable. Pour en observer la production, rendez-vous à la **fabrique nationale de couteaux**, rue Tchousti 46 (tél. 310 25), où des salles entières d'hommes martèlent et meulent une grande variété de lames *(tig)* – sculptées ou étampées et recourbées à l'extrémité – et de manches *(haft)*, en corne ou incrustés de nacre.

La **fabrique de calots**, rue Istiklol 7 (tél. 335 10), produit la fameuse *tioubityeïka* noire de Tchoust, modèle de la plupart des couvre-chefs ouzbeks. Son fond tétraédrique est rehaussé de broderies blanches en forme de piment (*kalampir*, qui protège contre les dangers) et d'amande (*bodom*, symbole de la vie et de la fertilité). Seuls les hommes la portaient traditionnellement, mais les femmes s'en sont emparées au début du siècle, et ce sont elles qui font marcher la fabrique (1200 ouvrières). On y produit également des *suzani*, les fameux panneaux brodés colorés indispensables à la dot.

LE MARCHÉ D'OUTCHKOURGAN (Uchqorgon)

Au nord-est de Namangan, la ville d'Outchkourgan s'étend au bord de la rivière Naryn, frontière naturelle entre l'Ouzbékistan et le Kirghizistan. C'est au marché que le mélange ethnique de la vallée prend toute son évidence, et une excursion d'un jour permet de voir se côtoyer deux mondes, l'un avec les *tioubityeïka* et les longues robes des marchands de vêtements ouzbeks, l'autre avec les animaux et les produits laitiers des éleveurs kirghizes. Les bus pour Outchkourgan partent de la gare routière locale de Namangan, en face du bazar, mais renseignez-vous pour savoir si le marché a survécu à la fermeture de la frontière...

Récolte du coton

KASANSAY (Kosonsoy)

Au nord de Namangan, sur la frontière kirghize, est située l'ancienne cité de Kasan qui dominait la vallée aux VIIe et VIIIe siècles lorsque des tribus turques (et un pouvoir chinois éphémère) dirigeaient la région depuis la forteresse de **Moug Tepe**. Un ensemble de ruines isolées offre une superbe vue sur la chaîne du Tchatkal. Comme Tchoust, Kasansay est majoritairement tadjike. Des *tchaïkhana* en branchages bordent la rivière encombrée. La principale attraction est la remarquable mosquée *juma*, naguère musée soviétique, l'une des plus grandes d'Asie centrale. Du XIIIe siècle ne subsiste que la porte, mais grâce aux dons et au travail de tous les *malhalla* du district, elle est aujourd'hui englobée dans un complexe religieux à couper le souffle par son opulence et la richesse des détails. Cinq coupoles en argent distinguent le bâtiment, dont la salle de prière souterraine permet d'accueillir 8000 fidèles sur deux étages. Les décors traditionnels du Ferghana – un art en pleine renaissance – ornent chaque centimètre carré de couleurs et de sculptures raffinées. Les bus pour Kasansay partent de la gare principale de Namangan.

Ebouillantage des cocons des vers à soie

■ CHAH FASIL MAZAR

Pour gagner le mausolée de Chah Fasil, prendre au nord-est de Kasansay la première route à gauche après Zarkent. En Asie centrale, les pratiques religieuses associent la vénération de grandes figures de l'islam et celle de saints hommes soufis, historiquement plus contestables, à des croyances pré-islamiques telles que le culte des ancêtres et le zoroastrisme. Les lieux saints symbolisant ces croyances sont relativement nombreux dans la vallée du Ferghana, tel le mausolée de Chah Fasil datant du XIIe siècle. Les contes populaires racontent que les 2700 compagnons du Prophète envahirent la vallée au milieu du VIIe siècle, mais furent battus par les infidèles à Ispid Boulan. L'histoire préfère créditer Qutaïba ibn Muslim de l'invasion du Ferghana en 712, mais la légende a la peau dure. Le lieu saint hérita plus tard du mausolée de Chah Fasil, un lointain descendant de Mahomet. Les Mongols l'ayant laissé intact, les pèlerins peuvent aujourd'hui l'admirer dans son état originel. Arrivés par bus bondés, hommes et femmes se dirigent séparément vers des arches différentes pour les ablutions et la prière. Le zoroastrisme de jadis refait surface dans le barbouillage fervent des visages avec de la poussière, et dans le culte ancestral des arbres épinglés de tissus votifs. A l'intérieur du mausolée conique, le passage des fidèles efface progressivement les inscriptions coraniques sur la tombe chaulée de Fasil, mais les mosaïques dessinent toujours de superbes motifs multicolores. Les pèlerins vont escalader ensuite la colline, derrière laquelle les saints guerriers auraient été enterrés. Pour prendre un bus de pèlerins, se renseigner à Namangan ou à Kasansay.

LAC SARY TCHELEK

Le village de Nanay se trouve à 70 km de Namangan, au nord de Zarkent sur le versant sud du Tchatkal. Ouzbektourisme y possède un complexe hôtelier, la **Kok Seraï Tourbaza**, point de départ d'excursions dans les montagnes, vers le torrent de Padchaata et la gorge de Kaptchougaï notamment. Trente kilomètres plus loin en direction du nord, sur le territoire du Kirghizistan, le lac de retenue de **Sary Tchelek** («coupe jaune») justifie pleinement sa réputation de «Suisse d'Asie centrale». A 1872 m d'altitude, il est cerné d'éperons rocheux regorgeant d'une faune sauvage. Visas et permis kirghizes pour la réserve sont délivrés à Tachkent. Ouzbektourisme et Asia Travel organisent des trekkings de douze jours du Réservoir de Tcharvak à Sary Tchelek (Namangan Travel, à Namangan, peut aussi vous conseiller). Actuellement, les voyageurs individuels rencontrent beaucoup de difficultés pour visiter la réserve. Les transports publics sont quasi inexistants, et le camping y est interdit. Il est plus facile de s'y rendre avec une agence de voyage ouzbèke ou kirghize.

EXCURSIONS AU KIRGHIZISTAN

A moins d'une heure de route d'Andijan en direction de l'est, c'est déjà le Kirghizistan, et les choses commencent à changer, progressivement. La marée uniforme des calots noirs brodés cède la place à de curieux bonnets de feutre blanc en forme de yourte, et des hommes aux hautes pommettes mongoles parcourent les rues des villages, fièrement perchés sur leur coursier. Les versants orientaux de la vallée du Ferghana se dressent comme des cimeterres, avant de s'ouvrir sur la Chine, l'Afghanistan et l'Inde en un impressionnant amphithéâtre montagneux. Le voyageur atteint là les confins du monde ouzbek, il découvre des traditions différentes, voire rivales. La moderne et disgracieuse frontière entre l'Ouzbékistan et le Kirghizistan masque une ligne de partage géographique, ethnique et culturelle plus ancienne, entre sédentaires et nomades, vallées et montagnes, Ouzbeks et Kirghizes, Turkestan oriental et occidental.

OCH

Och, perchée aux confins de la vallée du Ferghana, se trouve à 5 km à peine de la frontière ouzbèke. La ville est déjà physiquement et spirituellement plus proche de Kachgar que de Tachkent.

Bien que la cité soit une des plus anciennes de la vallée du Ferghana (le troisième millénaire de sa fondation a été célébré en octobre 2000), il ne reste pas grand-chose de la citadelle, de son palais, de sa prison, des murs ou de la forteresse arabes, construits pour défendre les frontières de l'islam contre les incursions nomades, mais l'endroit n'en est pas moins agréable. Deuxième ville kirghize en importance, au marché très actif, Och est le centre régional de tout le sud du Kirghizistan.

■ À VOIR

La ville est située au pied du mont **Tacht-i-Souleïman** (Trône de Salomon), qui étend sur elle son ombre bienveillante. Ce large éperon rocheux de 150 m de haut est l'un des sites les plus sacrés d'Asie centrale. Un deuxième pèlerinage à ce lieu saint, associé à un pèlerinage à Tourkestan au Kazakhstan (voir page 115), vaut un pèlerinage à La Mecque. Une marche plus exténuante qu'il n'y paraît à première vue permet de gagner le trône mythique d'où Salomon aurait légiféré. Plus véridique, Babour, le dernier des Timourides, aurait choisi ce lieu à la fin du XVe siècle, pour sa *tchilla*, ou retraite annuelle de quarante jours imposée à tous les soufis. Babour décrit la ville dans sa fameuse autobiographie *Babournama*; il y raconte que des vauriens ont ouvert des canaux proches de la ville, noyant des voyageurs par surprise. Fermé en 1961, victime de son succès (après qu'une mystérieuse explosion a servi de prétexte au renforcement de la répression soviétique anti-religieuse), le sanctuaire récemment restauré attire désormais des flots de fidèles, venus prier devant sa superbe grille blanche en albâtre (*ganch*). Les non-croyants, eux, seront récompensés de leurs efforts par le panorama à couper le souffle sur la vallée du Ferghana à l'ouest et la route de montagne du Pamir à l'est.

Une pente glissante, usée par le passage des pèlerins, descend, par-dessus un cimetière de croissants et d'étoiles, vers le **musée local** (fermé lundi). Une porte s'ouvre, ô sacrilège, dans la montagne sacrée, pour donner accès à une sorte de grotte-musée bizarrement féerique, où quelques tessons de poterie anonymes disputent la vedette à un ours empaillé en piteux état. A l'étage, une yourte déplacée ici par les Soviétiques est censée évoquer la nostalgie d'un mode de vie révolu.

En ville, le grand **bazar**, très étendu, fait battre le cœur de la ville actuelle. Produits locaux et *kalpak* kirghizes voisinent avec du chocolat occidental, tandis que de vieilles femmes russes accroupies dans la poussière, leurs bagages groupés autour d'elles, attendent afin d'acheter un ticket de train pour Moscou. Les réformes économiques du président Akaïev ont redynamisé le marché et fait du Kirghizistan le partenaire privilégié des Etats-Unis en Asie centrale, même si l'instabilité de la nouvelle monnaie soutenue par le FMI a conduit certains experts à ironiser sur l'avenir économique du pays.

Le *kalpak*, chapeau kirghize en feutre, frais en été et chaud en hiver, constitue le souvenir idéal à ramener en Occident, et il ne coûte que 5 $ environ.

Le visiteur arrivant d'Ouzbékistan ne peut qu'être étonné par l'omniprésence des portraits de Lénine à Och. Alors qu'en Ouzbékistan, les icônes soviétiques ont sans problème cédé la place à des variantes sur un thème connu : une idole chasse l'autre, en fonction des régimes en place, au Kirghizistan, par contre, les considérations financières ont eu raison des scrupules idéologiques. Un Lénine en métal découpé continue à surveiller la rue Lénine depuis les toits, et une statue argentée de Lénine, place Lénine, semble adresser un signe d'adieu – à Moscou en tout cas. Un buste du leader politique prend l'ombre à l'écart de la rue Navoï, et son profil orne le pignon d'un immeuble d'habitations, mais la plus grande effigie de Lénine trône au centre de la place principale, à l'extrémité sud de la ville. Cette statue se dressait dans la capitale, Bichkek, à l'époque où elle s'appelait encore Frounzé ; mais lorsque celle-ci, à la suite des autres villes de la région, s'est débarrassée de ses monuments communistes, le grand dirigeant fut expédié sans plus de cérémonie dans la deuxième ville de la république. Non loin de la statue, l'église orthodoxe russe se trouve à l'état d'abandon.

Les Kirghizes ont traditionnellement opté pour une interprétration souple de l'islam, et cela se traduit par la moindre importance accordée aux mosquées à Och. Tant que la nouvelle mosquée *juma*, au nord-est de la ville, n'est pas terminée (avec l'aide turque), les mosquées *guzar* locales telles que la mosquée Bakhi (Mohammed Yousouf Baihadji Ogli) rue Navoï, ou la plus ancienne mosquée Rabat Abdoullah Khan au pied de Tacht-i-Souleïman, continuent à accueillir les fidèles. Le mausolée peu inspiré d'Asaf ibn Bourchiya se trouve également au pied de la colline. Un nouveau **Musée de la Route de la Soie** a été ouvert à l'occasion du troisième millénaire de Och, et vaut la peine d'être visité pour ses collections ethnographiques.

Dix minutes de bus ou de taxi en direction du village de Touleyken conduisent à l'**hippodrome**, où de spectaculaires joutes sportives ont lieu à l'occasion de fêtes ou d'anniversaires. Parmi ces jeux traditionnels kirghizes, citons le *Kyz Koum* (sorte de chasse au baiser, dans laquelle la femme attrape l'homme, puis doit chevaucher derrière lui en l'encourageant du fouet), la lutte à cheval *Udarech*, la course à cheval *At Tchabych* et même la chasse à l'aigle. Toutefois, le spectacle le plus intéressant est sans conteste le *Oulag Tartych*, un intense match de polo où le corps d'une chèvre décapitée fait office de balle... mais impossible à l'étranger de deviner les règles de ce jeu délirant ! Plus haut dans la montagne, il n'y a plus de règles, et les blessés, voire les morts, font partie de la « fête ». Coiffés à l'ancienne, les joueurs soulèvent des nuages de poussière au milieu de yourtes qui ont fait le plein de vodka et de mouton, où les mi-temps se passent à manger du *plov* et à écouter la déclamation en solo de *Manas*, poème épique national – un rêve pour tout photographe et la garantie de souvenirs en abondance !

INFORMATIONS PRATIQUES

Transports, visas, devises

Les voyageurs étrangers peuvent actuellement emprunter deux passages entre l'Ouzbékistan et le Kirghizistan dans la vallée du Ferghana. Il s'agit de Dustlik, au sud d'Andijan, près de Och, et de Khanabad, à l'est d'Andijan, sur la route de Djalalabad. Il n'y a plus de bus entre Andijan et Och (ni entre Andijan et Djalalabad). Les voyageurs doivent louer un taxi jusqu'à la frontière et ensuite un autre taxi ou un bus jusqu'à Och, dont la nouvelle gare routière se trouve à

La *baïga*, ou polo kirghize, à l'hippodrome d'Och

8 km du centre ville, près de l'aéroport. Le minibus 7A rallie le centre. Des bus pour Djalalabad et Ouzgen partent de la nouvelle gare routière; d'autre bus pour Ouzgen, Bichkek et le Pamir-sud partent toujours de l'ancienne gare routière au centre ville. Des vols quotidiens desservent Bichkek, des vols occasionnels Karakol et Moscou. Vous aurez besoin d'un visa kirghize pour vous rendre à Och et un visa à double ou multiple entrée pour le retour en Ouzbékistan. La plupart des voyageurs étrangers n'ont plus besoin de s'annoncer aux autorités lors d'un séjour au Kirghizistan.

La monnaie kirghize est le *som*, dont le taux fluctue par rapport au *sum* ouzbek, environ 42 soms pour un dollar (début 2004). Le change se fait dans des bureaux officiels au bazar, ou à la Banque Kairat, à l'angle des rues Lénine et Navoï. La Demir Kirghiz Bank, au 180 Kurmanjan Datka, face à l'hôtel Och, change les chèques de voyage et délivre de l'argent cash aux détenteurs de cartes Visa. On peut aussi acheter des soms au bazar d'Andijan.

Logement

Taj Mahal, au-dessus de la Banque Demir, à l'angle rue Zaina Betinova et rue du Kirghizistan, tél. 390 93 ou 396 52. Actuellement le meilleur hôtel en ville, il propose des chambres propres pour 14 à 18 $, mais affiche souvent complet.

Hôtel Osh, rue Bayalinov, tél. 746 14, fax 563 26. A dix minutes à pied du centre, l'ancien hôtel Intourist offre des chambres d'un confort médiocre, à la propreté discutable, au prix de 25 à 45 $.

Hôtel Alaï, rue Navoï, tél. 577 33. Chambres spartiates pour 3 à 7 $.

Uzbek National Guesthouse, rue Tekhnicheskaya 20, géré par Alptrek-sport, propose des chambres correctes pour 10 $, plus 5 $ pour trois repas.

Jukhov Guesthouse, rue Amir Temir 20A, tél. 200 72. Recommandé par des coopérants, Jukhov, le propriétaire, demande 20 $ par nuit, tous repas compris. Il gère aussi une **guesthouse** au 8, Tashkentskaya, tél. 523 38, et au 40, Frunze, tél. 275 76, vadik@ktnet.kg

Hôtel Sara, Kurmanjan Datka 278A (près de Navoï), tél. 225 59, sara.hotel@mail.ru. Petit hôtel tranquille, au troisième étage au-dessus d'un café. Chambre pour 3 à 6 $ par personne.

CBT, 58, Kurmanjan Datak tél. 554 37, osh_cbt@mail.ru, www.cbt-osh.tk. Dinara Abdyrakhmanova, coordinatrice locale d'un projet de tourisme communautaire, peut indiquer un logement chez l'habitant, env. 10 $ par personne.

Osh Guesthouse, Apt 48, rue Kyrgyzstan 8, tél. 306 29, oshguesthouse@hotbox.ru Des routards s'entassent dans cet appartement pour 4$ la nuit. Douche chaude et accès internet. L'appartement étant difficile à trouver, téléphoner à l'avance.

Tes Guest House, 5, Say Boyu, perpendiculaire à Lenina, tél. 215 48, afc-osh@mail.kg. Chambre pour 25-35 $, apprécié des coopérants.

Guesthouse 57, rue Suyumbaeva 57, tél. 568 74, taylor@oshmail.kg. Dix chambres à 20-40 $. Egalement apprécié des coopérants. Service d'accueil à l'aéroport pour 5 $.

Agences de voyage

Alptreksport, Golubev Kuchasi 82, tél. 225 85, fax 779 06. Organisation d'expéditions spéléo dans l'Aravan tout proche, d'excursions à cheval à Arslanbob ou à Sary Tchelek et de trekkings ou vols en hélicoptère vers le pic Lénine. Prévenir au moins une semaine à l'avance. Les prix sont abordables et adaptés ; il faut compter de 35 à 45 $ par jour pour une excursion au pic Lénine, selon l'itinéraire.

Munduz, rue Soviet 1, tél. 222 76 ou 579 06, fax 550 72. Généraliste aimable, son offre est variée.

Central Asia Tourism, Suleimanov 3, tél. 555 30, fax 574 40, catosh@infotel.kg. Filiale d'une agence de Bichkek, elle arrange des treks à Sary Tchelek.

CBT (voir Logement ci-dessus) organise également des excursions dans les environs, notamment dans les grottes de Tchil Oustoun.

OUZGEN (Ozgon)

Moins d'une heure de voiture vers le nord-est suffit pour gagner, à partir d'Och, la petite ville d'Ouzgen, ancienne capitale de la dynastie turque des Karakhanides. Sa situation sur les rives du Kara Daria (« rivière noire »), affluent du Syr Daria, lui a permis de profiter des retombées du commerce pratiqué sur la Route de la Soie, car la ville constituait le point de passage vers le monde turc et une halte bienvenue. Les marchands en profitaient pour faire leurs comptes et changer de bêtes, prendre des forces avant d'affronter les difficultés de la route ou se reposer d'un voyage exténuant. Sa localisation à l'entrée d'une vallée étroite en faisait aussi un endroit idéal pour percevoir des taxes sur la Route de la Soie.

Ouzgen connut son apogée sous les Karakhanides : elle était alors la capitale d'un empire assez lâche qui s'étendait sur les deux versants du Tian Chan et englobait la plupart des pays de la Transoxiane. Le grand Ismael Samani aurait, dit-on, été emprisonné à Ouzgen avant de s'en échapper, déguisé en femme. Après qu'Ilek Khan eut affermi le pouvoir, la capitale fut transférée à Samarcande, plus centrale, et Ouzgen recula d'un rang pour devenir la résidence du gouverneur du Ferghana. En 1141, l'infidèle Kara Khitaï Gourkhan battit le khan karakhanide musulman, et Ouzgen se vit confier le trésor dynastique.

La rumeur de la défaite d'un Turc par un ancien (ou prêtre) non-musulman appelé Gourkhan (traduit en Jean) devait parvenir en Orient grâce aux Chinois, et elle enflamma l'imagination des Croisés qui seraient à l'origine de la légende du Prêtre Jean en route pour Jérusalem afin de vaincre les musulmans.

■ À VOIR

Les vestiges isolés du passé glorieux d'Ouzgen sont visibles à cinq minutes à pied de la gare routière et du bazar, à une centaine de mètres de la rutilante statue de Lénine. Le petit minaret et les trois mausolées restants sont surtout appréciables en raison de la rareté des exemples d'architecture pré-mongole en Asie centrale et pour la qualité de leurs mosaïques. L'ensemble a constitué, dit-on, une avancée importante de l'art islamique, l'accent s'étant déplacé de l'intérieur vers l'extérieur; cet édifice est précurseur de grands monuments tels que le minaret Kalon de Boukhara et le complexe Chah-i-Zinda de Samarcande.

Le **minaret** d'Ouzgen (Xe siècle), au nord du site, est orphelin de sa mosquée détruite depuis longtemps. Il se dresse à 20 m de haut sur une base octogonale en briques de terre cuite, ses cinq grandes strates décoratives étant chapeautées de briques – ce qui indique qu'une deuxième section le surmontait jadis. Les bandes décoratives sont interrompues par des cercles en briques et des motifs dont on retrouve des éléments sur les superbes minarets karakhanides postérieurs de Boukhara et de Vabkent. Ce monument peut être visité, entrée payante.

Le **mausolée de Nasr ibn Ali**, au centre, est antérieur d'une centaine d'années aux deux autres mausolées. Son portail a été restauré, mais une partie du *girikh* de gauche est resté en l'état. Selon la tradition, cette tombe serait celle du premier khan karakhanide, mort en 1012, et du grand sultan seldjoukide Sandjar. C'est vrai pour le premier, et faux pour le second: l'impressionnant mausolée du sultan Sadjar est visible à Merv, au Turkménistan.

A gauche se trouve le **mausolée de Jalal Ad Din Al Hussein**, construit en 1152. L'élégante calligraphie nakhchi foliée de la voûte contraste avec les signes coufiques moins exubérants du fronton des portes, les deux étant séparés par un *girikh* en terre cuite finement incrusté. Les cercles encadrant la voûte rappellent peut-être d'anciennes croyances zoroastriennes.

Les motifs les plus élégants et les plus attrayants sont toutefois réservés au **mausolée sud** (1186), où des inscriptions et plaques en terre cuite sont incrustées sur chaque voûte et toutes les parties concaves de la façade; on ne peut s'empêcher d'y voir une première esquisse de Chah-i-Zinda, qui lui est pourtant postérieur de deux bons siècles.

Si les trois mausolées accueillent encore des pèlerins – surtout des femmes qui en lustrent les parois de leurs mains et visage – ils sont toutefois déserts la plupart du temps; seuls les reflets rosâtres du sol y apportent un peu de vie.

INFORMATIONS PRATIQUES

Les liaisons les plus fréquentes passent par Och (une heure), et accessoirement par Djalalabad. L'**hôtel Juma** offre un logement simple et bon marché à quelques minutes à pied des mausolées, mais il est plutôt conseillé de visiter Ouzgen en une journée à partir d'Och ou d'Andijan. La gare routière se trouve juste à côté du bazar principal.

ARSLANBOB

A trois heures et mille années-lumière d'Andijan, les hautes montagnes et les vertes vallées d'Arslanbob offrent un bol d'air frais au voyageur excédé par l'islamisme militant de la vallée du Ferghana. Des torrents limpides, des argents subtils, des rouges automnaux et des bouquets denses de vieux noyers mènent aux contreforts de la très haute barrière rocheuse des Bagbach Ata, abrupte et tourmentée, couverte de neige et de glace.

Les fermiers ouzbeks y installent des ruchers, les éleveurs kirghizes y mènent leurs troupeaux dans les alpages isolés, et des chevaux d'élevage parcourent la montagne en toute liberté.

Arslanbob est en fait l'un des rares endroits à ressembler au Turkestan rural idéal, utopique et inviolé, décrit au début du siècle par Paul Nazarrof.

Parmi les spécialités gastronomiques locales, citons les délicieuses myrtilles au miel (*assal* en kirghize) et les fameuses noix – et les noyers auxquels la vallée doit son nom kirghize, Arslanbob signifiant «roi des forêts».

Lac d'altitude dans le Pamir

INFORMATIONS PRATIQUES

Pour Arslanbob, prenez un bus local à Djalalabad à destination de Bazar Kourgan (une heure), d'où des bus réguliers inconfortables mettent deux heures pour atteindre Arslanbob.

Le CBT (Community Based Turism) dont le bureau se trouve sur la place principale d'Arslanbob, tél. 558 49, arslanbob_2003@rambler.ru, peut vous trouver un logement chez l'habitant (5-8 $ par personne). Il peut également organiser un trek au **lac sacré de Kul-Mazar**.

L'hôtel délabré du centre ville est parfois ouvert en saison, mais il vaut mieux parier sur la *tourbaza* située à 2 km à pied dans la montagne, où des chalets (plutôt des baraques !) accueillent des groupes scolaires ou touristiques. Hors saison, les voyageurs individuels y trouvent souvent une place.

Le village et la *tourbaza* ne sortent de leur léthargie hivernale que de juin à septembre pour connaître une activité frénétique, lorsque les habitants d'Andijan fuient la touffeur estivale. Le printemps et l'automne sont pourtant les plus belles saisons pour visiter Arslanbob, même s'il faut alors assurer sa propre autonomie. De nombreuses agences de voyage locales proposent des excursions à pied ou à cheval vers Arslanbob. En hiver, toute la région est recouverte d'un mètre de neige.

KYZYL UNGAR (Kyzyl-Unkur)

La vallée de Kyzyl Ungar, elle aussi d'une beauté époustouflante mais plus éloignée, située au pied des monts Ferghana, est plus encaissée que celle d'Arslanbob et ses sommets abrupts dominent le tumultueux Kara Ungar.

Le village, très paisible, mérite le détour. Le voyageur qui arrive ici, loin des sentiers battus, trouve des trésors d'hospitalité et rencontre la curiosité de l'habitant, mais il doit emmener avec lui tout ce dont il pourrait avoir besoin.

La rue qui traverse le village monte sur 3 km jusqu'à la *tourbaza* et continue jusqu'au point de départ de sentiers menant dans des vallées latérales reculées. Le CBT à Arslanbob organise des trek aux **lacs de Kon-Kul** et **Kara-Suu**.

INFORMATIONS PRATIQUES

Des bus quotidiens font l'aller-retour depuis Bazar Kourgan, mais sans autre moyen de transport vous serez contraint d'y passer la nuit. En voiture, descendre d'Arslanbob jusqu'au carrefour de Tchorvak pour rejoindre la route empruntée par le bus jusqu'à Kyzyl Ungar. L'auto-stop est aussi une possibilité, mais n'oubliez pas qu'il y a davantage de bétail que de voitures sur la route ! A Tchorvak, on peut toutefois visiter le mausolée du XVIe siècle perché au-dessus du carrefour.

Le Baiser Fatal

Alors que Tamerlan dévastait le nord de l'Inde, son épouse favorite, la princesse chinoise Bibi Khanoum, ordonnait la construction d'une mosquée gigantesque à Samarcande pour le retour du conquérant. Très vite, les minarets imposants et le vaste dôme se sont élevés, mais une dernière voûte restait inachevée. La raison en est que l'architecte en chef, un jeune prisonnier persan, était si charmé par la beauté de la princesse qu'il refusait de continuer avant qu'elle lui concède un baiser. «Mais toutes les femmes sont pareilles, répliqua-t-elle, prenez l'une de mes esclaves ! Ou regardez ce plat d'œufs colorés de toutes les nuances de l'arc-en-ciel... toutes leurs différences disparaissent lorsque vous brisez leur coquille ! ». Le prétendant amena alors deux bols *piala*, remplit l'un d'eau de source et l'autre de vin blanc. « Leur couleur et leur forme sont les mêmes, argua-t-il, or l'un me laisse de glace et l'autre est enivrant. » Craignant le retour imminent de Tamerlan, elle concéda finalement un baiser, interposant cependant sa main. Hélas ! L'ardeur de la passion du jeune homme marqua néanmoins son empreinte sur sa joue. La voûte était terminée lorsque le maître fut de retour. Mais sa joie devant le spectaculaire présent se mua rapidement en fureur à la vue de la marque d'infidélité. La malheureuse princesse fut jetée du sommet d'un minaret alors que l'architecte s'enfuit au haut d'un autre, un escadron à ses trousses. Il déploya alors des ailes et s'envola vers La Mecque... Depuis ce jour, Tamerlan ordonna à toutes les femmes de son empire de couvrir leur visage d'un voile, de crainte qu'elles n'incitent les hommes à convoiter la femme de leur voisin.

Le portique de Bibi Khanoum et la mosquée latérale côté sud

SAMARCANDE (SAMARQAND)

Miroir du monde, jardin de l'âme, joyau de l'islam, perle de l'Orient, centre de l'univers, Samarcande… Cette oasis fabuleuse des confins du Kyzyl Koum n'a cessé d'éblouir les voyageurs. Sertie dans la vallée du Zéravchan, la cité des grandes ombres dominée par le massif de l'Altaï est au cœur de toute l'histoire de l'Asie centrale. Il y a quarante mille ans déjà, une nature généreuse avait attiré ici l'homme du Paléolithique. Et puisque les archéologues ont daté des vestiges d'urbanisation du VIe siècle avant notre ère, on peut établir un parallèle entre Samarcande, Rome et Babylone.

Jusqu'au XVIe siècle, Samarcande est restée la ville la plus peuplée de Transoxiane, sa métropole commerciale et culturelle, son jardin nourricier et son marché. Elle a été le carrefour des diverses branches de la Route de la Soie, celle de l'ouest vers la Perse, celle de l'est vers la Chine, et celle du sud vers l'Inde. Le Macédonien Alexandre le Grand, le Mongol Gengis Khan furent ses conquérants, et Tamerlan en fit une capitale dont les dômes audacieux et les mosaïques bleues suscitent aujourd'hui encore l'admiration des voyageurs.

HISTOIRE

Comme les origines de la ville, son nom se perd dans la nuit des temps et mystifie les chercheurs. Est-ce un roi Samar qui, dans des temps lointains, fonda cette ville *(kand)*, ou plutôt le roi Afrasiab, le fondateur mythique de Touran, qui donna ultérieurement son nom à la cité dont il reste des ruines au nord-est de Samarcande ? Lorsqu'Alexandre arriva ici en 329 avant notre ère, il s'empara sans coup férir de Maracanda, la capitale fortifiée de la Sogdiane, une satrapie achéménide peuplée d'Iraniens cultivés. Derrière les treize kilomètres de murailles, il découvrit une ville plus belle encore que tout ce qu'il avait imaginé. Mais dès que les Grecs reprirent leur progression vers l'est en direction du Ferghana, le chef rebelle Spitamenes les harcela au point qu'Alexandre fut contraint de recourir à la tactique de la terre brûlée. La citadelle fut définitivement conquise au bout d'un an. Les fouilles révèlent l'influence grecque, puis l'arrivée des Kouchan. Au début de l'ère chrétienne, Samarcande, victime de la désaffection des marchands et des artisans, déclina peu à peu, jusqu'à ce qu'au IIIe siècle les nouvelles voies commerciales lui redonnent un souffle nouveau. Pillés par les Huns au Ve siècle, absorbés par le khanat turc au VIe, les

Haut gauche: Céramique de Richtan séchant au soleil. *Haut droite:* Gravure rupestre datant de l'âge du bronze, Sarmysh. *Bas:* Jeu d'enfants.

indomptables Sogdiens surent tirer parti de leur position sur la Route de la Soie. Le moine bouddhiste Xuan Zang, que nous avons déjà rencontré plus haut dans la Steppe de la Faim, parle au VIIe siècle d'une cité florissante débordant largement ses murailles. Il voit à Samarcande des entrepôts remplis de marchandises précieuses de toute origine, une abondance de récoltes, des arbres, des plantes, des fleurs et des fruits à profusion, des artisans et des commerçants d'une habileté rare, des habitants d'une bienséance et d'une politesse exemplaire. Et son disciple de remarquer que le roi et le peuple de la ville ne connaissent pas le bouddhisme, mais adorent le feu, qu'il y a là deux monastères mais pas de moines, et que si un moine errant y cherche refuge, les barbares le pourchassent en brandissant des flambeaux.

Cette description d'une société zoroastrienne trouve sa confirmation dans les découvertes d'ossuaires à Afrasiab. Les plus belles découvertes sont celles de peintures murales grandioses et colorées remontant à l'apogée de la Sogdiane, une époque où ses envoyés parcouraient le monde en quête de nouvelles techniques, et rapportaient de Chine la maîtrise du verre et la vinification. Comme l'Occident des siècles plus tard, la Chine des Tang se laissa subjuguer par la splendeur exotique de la lointaine Samarcande, qui savait impressionner les souverains chinois en leur offrant des joueurs de flûte, des acrobates, des pygmées, des léopards ou des pêches en or. Mais les espoirs que nourrissaient les Chinois d'ajouter la Sogdiane aux confins occidentaux de leur empire furent balayés par l'invasion arabe. Là où Xuan Zang avait tenté de raisonner les païens, le glaive de l'islam s'imposa par la dévastation. Le général arabe Qutaïba ibn Muslim fit bâtir la première mosquée de la ville et déporter une grande partie de la population. Mais Samarcande tira à nouveau parti du chaos qui s'ensuivit, et la bataille de Talas en 751 lui permit d'apprendre de ses prisonniers chinois l'art de fabriquer le papier. Les routes commerciales véhiculèrent peu à peu ce secret vers l'Occident, permettant ainsi le remplacement progressif du parchemin et du papyrus.

Samarcande connut une nouvelle renaissance au IXe siècle sous la dynastie samanide. Avec Boukhara et d'autres cités persanes, Samarcande partage la division tripartite commune en Asie centrale : la citadelle et sa prison, le *chakhristan* (cœur de la ville abritant notamment l'administration et la grande mosquée du Vendredi) et le *rabad* (faubourgs, bazars, entrepôts). Le *chakhristan* était abrité derrière des douves et une muraille percée de quatre portes : celle de Boukhara au nord, de Kech au sud, la porte chinoise à l'est et la porte de Fer à l'ouest. Ses rues étaient pavées et quelque 2000 foyers bénéficiaient d'un système de distribution d'eau fraîche. Des initiés du zoroastrianisme étaient exemptés de l'impôt en échange de leurs travaux d'entretien sur ce réseau de canalisations qui irriguait maisons et jardins. Lorsque Abdoul Kassim ibn Hakal visita la cité au Xe siècle, il monta à la citadelle et contempla « l'un des plus beaux spectacles que l'homme eût jamais vus : la fraîche verdure des arbres, les châteaux scintillants, les grands marchés, les groupes d'habitations, les bains publics, le caravansérail... ».

Du Xe au XIIe siècle, chaque changement de pouvoir – Karakhanides, Seldjoukides, Kara-Kitaï – affaiblissait un peu plus Samarcande. L'invasion du Khorezmchah Mohammed (1207-1212) vit la population diminuer de 400 000 à 100 000 âmes ! Mais le pire était à venir. Comme le firent les Arabes au VIIIe siècle et les Russes beaucoup plus tard au XIXe, Gengis Khan fit obstruer les canaux d'irrigation qui apportaient la vie à Samarcande. Lors de la prise de la ville, les Mongols la pillèrent, en chassèrent les habitants pour les massacrer hors les murs. Un millier de personnes qui avaient tenté de fuir furent enfermées dans la mosquée du Vendredi, et celle-ci fut bombardée de pots de naphte, en sorte que « tous ceux qui y étaient retenus furent brûlés du feu de ce monde et lavés de l'eau de l'au-delà ». La garnison turque de 30 000 hommes fut « plongée dans l'océan de la destruction et brûlée au feu de la perdition ». Un nombre équivalent d'artisans fut emmené en captivité en Mongolie. Les survivants laissés sur place occupaient à peine un quartier de la ville.

Le moine taoïste Chang Chun passa par Samarcande en 1221 alors qu'il se rendait à la cour du Grand Khan pour lui apporter les lumières de sa philosophie (et le décevoir dans sa quête d'éternité). Ignorant la crainte de se faire agresser par des brigands, il logea dans le palais abandonné du chah et remarqua que des lopins de terre étaient toujours cultivés (il était persuadé que les jardins et les melons de Samarcande surpassaient ceux de Chine). Dans ses observations, Chang Chun nota que « tout homme qui néglige ses devoirs religieux est exécuté », et que « si un homme tombe dans la misère, sa femme change de mari, et si un homme parti en voyage ne reparaît pas au bout de trois mois, son épouse se remarie également ». Plus étrange, il prétend avoir vu à Samarcande « certaines femmes portant barbe et moustache ». A la fin du XIIIe siècle, Marco Polo atteste d'une ville « grande et splendide », tandis qu'ibn-Battouta, qui a poussé les limites de ses voyages au-delà de ceux du Vénitien, trouva la cité en ruines mais rapporta néanmoins qu'il s'agissait « d'une des plus grandes et des plus belles villes du monde ».

Lorsque Tamerlan, le berger turco-mongol devenu bâtisseur d'empire, imposa sa domination en Transoxiane en 1370, il fit sans hésitation le choix de Samarcande comme capitale, car son histoire, sa fertilité et son potentiel dépassaient largement ceux de sa cité natale Chakhrisabz. Après les destructions des Mongols, la cité avait été reconstruite plus au sud, et le nouveau souverain consacra ce déplacement en y bâtissant des douves, des fortifications et des portes. La liste des maîtres artisans appelés à embellir son rêve impérial n'a d'égale que la liste des campagnes quasi ininterrompues qu'il mena au cours des trente-cinq années qui suivirent. Aux trésors et aux esclaves ramenés de Perse, de Syie, d'Asie mineure et d'Inde, il faut ajouter les plus grands esprits de ces pays – savants, historiens, théologiens – et les mains les plus habiles – architectes, maçons, peintres, calligraphes, céramistes, tisserands, souffleurs de verre, orfèvres, armuriers... Les villages qui poussèrent autour de la capitale reçurent par dérision les noms des cités conquises de Bagdad, Damas, Sultania, Chiraz ou Le Caire.

Des portes principales, six rues menaient par des places entourées de fontaines, de mosquées, de médersas, de mausolées et de caravansérails, jusqu'à la galerie commerçante couverte d'un dôme au centre de la ville: le Reghistan. Le Palais bleu à quatre étages de Tamerlan – de son nom local Kok-Saraï – se dressait à l'intérieur de la citadelle, du côté de la muraille ouest, mais le souverain de passage à Samarcande lui préférait ses palais, jardins et tentes décorées de soieries et de tapisseries hors les murs. L'ambassadeur Ruy Gonzalez de Clavijo admira en 1404 la ceinture verte de Samarcande: «Un voyageur qui s'approche de la ville ne voit qu'une forêt de feuillages, et les maisons qu'elle abrite restent invisibles.» Clavijo put voir le conquérant du monde recevant le tribut des peuples ou jouant aux échecs dans le cadre somptueux du «Jardin des délices du cœur» ou d'autres paradis du même genre. Il le vit festoyer et donner des ordres. Ainsi deux notables se virent ainsi imposer, sous peine de mort, de bâtir sur le champ une artère commerçante couverte passant par le milieu de la ville. «Et ce fut un tumulte de tous les diables, mais au bout de vingt jours le miracle s'était réalisé, un tout nouveau bazar était là; quant à ceux dont les maisons avaient été démolies, ils avaient leurs raisons d'accumuler de la rancœur.»

La mort de Tamerlan déclencha des luttes intestines qui réduisirent son empire, mais Samarcande poursuivit son expansion pendant un demi-siècle encore sous la houlette du roi-astronome Ouloug Beg, le petit-fils de Timour. L'avènement des nomades ouzbeks scella toutefois le sort des Timourides et de Samarcande. Babour, l'arrière-arrière-arrière-petit-fils de Tamerlan, reprit la ville pour la troisième fois en 1512, mais le retour des Ouzbeks l'obligea bien vite à s'exiler en Inde où il fonda l'empire moghol. Dans son autobiographie, le *Babournama*, Babour fait l'éloge de Samarcande, de ses édifices, de ses bazars, de ses vergers et de ses fruits, de son papier et de son velours incarnat, mais il s'agit là de l'épitaphe d'un âge d'or alors révolu.

A partir du XVIe siècle, l'ascension de Boukhara sous les Cheïbanides et les Astrakhanides se fit au détriment de Samarcande, et toute la région subit le déclin de la Route de la Soie. Peu de grands travaux furent entrepris, si ce n'est par le gouverneur ouzbek Yalangtouch Bakhadour au milieu du XVIIe siècle. Luttes intestines, pillages et tremblements de terre laissèrent de Samarcande une cité-fantôme à l'aube du XVIIIe siècle, jusqu'à ce que l'émir de Boukhara restaure ses habitations et ses fortifications longues de 13 kilomères pour ainsi la repeupler dans les années 1770.

Lorsqu'apparut Kaufmann, le général du tsar, Samarcande revêtit à ses yeux une importance plus symbolique que militaire : Tamerlan n'avait-il pas pillé la Russie jusqu'à un jet de pierre de Moscou ? A la tête de 3500 hommes seulement, Kaufmann n'en perdit que deux, et la ville se rendit en mai 1868 pour éviter la destruction. Kaufmann poursuivit sa campagne en laissant Samarcande sous le contrôle d'une garnison de 800 hommes, qui se virent bientôt confrontés à une armée de 20 000 soldats venus de Chakhrisabz soutenue par la population de Samarcande dressée contre l'envahisseur. Près de 200 Russes furent massacrés avant le retour de Kaufmann.

La colonisation russe modifia la configuration de la ville. Les murailles furent abattues, la citadelle devint forteresse militaire, et une ville russe nouvelle étendit ses larges avenues en éventail vers l'ouest. Dès 1888 le chemin de fer transcaspien apportait le développement, un embryon de prolétariat, et une foule d'Occidentaux rêveurs partis à la découverte d'une ville fabuleuse que deux Européens seulement avaient visitée entre 1404 et 1841 !

Fin 1917, le drapeau rouge de la Révolution flottait sur le Reghistan. En 1920, c'est à Samarcande que le général bolchevik Frounzé massa ses troupes pour prendre Boukhara.

En 1925, un rassemblement de masse proclama Samarcande capitale de la République socialiste soviétique d'Ouzbékistan, à la consternation de sa population majoritairement tadjike. Le progrès industriel fit gonfler la population – actuellement de 400 000 habitants, deuxième ville après Tachkent – et flanqua la vieille cité de tous les attributs d'une métropole soviétique : usines, instituts, blocs d'habitations, transports publics. Une place Lénine, un palais des soviets et un opéra furent édifiés sur l'emplacement de l'ancien Palais bleu de Tamerlan. Les nouveaux maîtres des lieux réhabilitèrent des gloires oubliées et tentèrent d'effacer des siècles de négligences.

Aujourd'hui, les jardins-*rabat* de l'époque de Tamerlan encerclent à nouveau Samarcande de leur verdure, et quoi qu'on pense de la qualité des travaux des restauration, les efforts qui sont faits actuellement donnent au voyageur l'opportunité de se faire une bonne idée de ce que fut le centre de l'univers de Tamerlan.

À VOIR

■ LE REGHISTAN

Voici, au cœur de Samarcande, restauré dans sa splendeur originelle, le complexe le plus grandiose d'Asie centrale et l'un des plus beaux de l'islam. Son nom de « place de sable » (sans doute en raison d'un fleuve qui déposait du sable à cet endroit) n'évoque malheureusement pas la magnificence de l'architecture. Comme pour la nécropole de Chah-i-Zinda, plusieurs visites sont indispensables à qui veut s'imprégner de chaque détail et de chaque nuance des mosaïques dans la lumière changeante de la journée.

Voici le carrefour de la capitale de Tamerlan, où six artères se rejoignaient sous le dôme d'un bazar. Plus tard, son petit-fils Ouloug Beg attribua à ces lieux des fonctions plus culturelles et politiques, y édifiant de 1417 à 1420 une médersa à l'ouest de la place, y remplaçant en face le bazar à coupoles de Touman Aka, la plus jeune épouse de Tamerlan, par une *khanagha*, un hospice pour les derviches, y ajoutant au nord le caravansérail Mirza, et au sud la gigantesque mosquée de Koukeldach, la mosquée sculptée et les bains décorés de mosaïques. La place proprement dite servait aux défilés militaires et aux exécutions publiques. Et c'est au sommet de la médersa d'Ouloug Beg que Babour installa son poste de commandement lorsqu'il chassa les hordes ouzbèkes au début du XVIe siècle.

Un siècle plus tard à peine, il n'en subsistait que la médersa, le gouverneur ouzbek Yalangtouch Bakhadour ayant voulu entrer dans l'histoire en démantelant la *khanagha* et le caravansérail pour y installer deux médersas de taille comparable et aux décorations harmonisées, donnant ainsi aux lieux leur configuration actuelle. Les troubles du XVIIe siècle vidèrent le Reghistan. La médersa d'Ouloug Beg vit «des hiboux remplacer les étudiants dans les cellules, et des toiles d'araignée prendre la place des rideaux de soie aux portes». Les trois médersas servirent d'entrepôts à céréales jusqu'au renouveau religieux du XIXe siècle. Les bolcheviks rendirent son animation à la place en y organisant des manifestations politiques, des rassemblements de masse, des bûchers destinés à brûler les voiles des femmes, des procès publics de contre-révolutionnaires. Ils rafraîchirent aussi son aspect, stabilisant des minarets, reconstruisant des dômes, restaurant des mosaïques et évacuant près de deux mètres d'épaisseur de terre et de sable, accumulés durant des siècles.

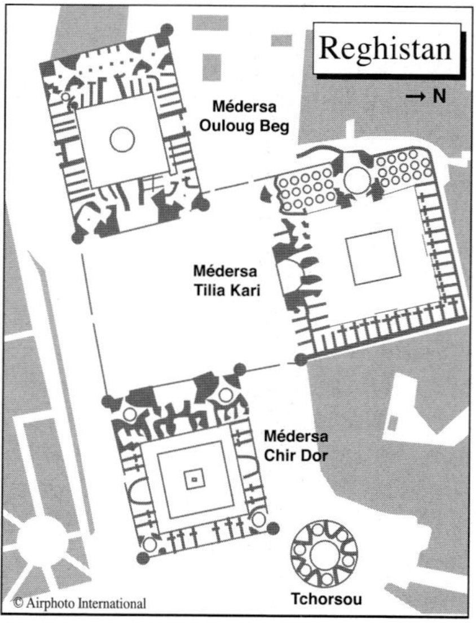

■ LA MÉDERSA D'OULOUG BEG

Alors que son grand-père Tamerlan fut un bâtisseur de mosquées et de mausolées, Ouloug Beg a préféré investir dans l'enseignement. Sa mé-

La médersa Chir Dor, dans le Reghistan, à Samarcande

dersa accueillait une centaine d'étudiants au moins, et ils étaient encadrés par les meilleurs professeurs de l'époque, qu'il s'agisse des études islamiques ou des sciences profanes. La tradition veut que le souverain en personne y ait enseigné l'astronomie, sa grande passion. Celle-ci est d'aileurs évoquée par les étoiles qui ponctuent le firmament du *pichtak* (portique) de l'édifice. Une calligraphie coufique affirme que «cette magnifique façade est deux fois plus haute que le ciel, et lourde au point que l'échine de la terre en est écrasée». Sa taille énorme est pourtant parfaitement équilibrée par l'élégance de ses formes et la beauté de ses mosaïques. Un fond jaune brun rappelant la terre rehausse les motifs émaillés de vert, de turquoise, de jaune et de divers tons de bleu. Des panneaux de mosaïques et de majolique portent des motifs floraux et des calligraphies coufiques, mais ce sont les dessins géométriques, ou *girikh*, qui dominent sur les murs et les minarets flanquant la façade. Ces deux colonnes hautes de 33 mètres défient les lois de la gravité et sont couronnées de corniches (*muqarna*) décorées de motifs en nid d'abeilles.

Le 600e anniversaire d'Ouloug Beg en 1994 permit d'accélérer la restauration de la médersa, de sorte qu'aujourd'hui l'intérieur de l'édifice a également recouvré sa splendeur originale. Au-delà du *pichtak* d'entrée se trouve une cour carrée de laquelle quatre *iwan* (arcades) donnent sur une cinquantaine de cellules (*hujra*) réparties sur deux étages. Les dômes d'angle abritent des salles de classe (*darskhana*), tandis que le côté ouest de l'édifice est une mosquée à cinq baies.

■ LA MÉDERSA CHIR DOR

«L'acrobate de la pensée grimpant à la corde de l'imagination n'atteindra jamais les sommets interdits des minarets»: telle est l'inscription qui orne la façade de la seconde médersa du Reghistan, construite par Yalangtouch entre 1619 et 1636. Ses architectes tentèrent d'égaler la taille et l'élégance de la première médersa, mais une réplique exacte était impossible en raison de l'interdit coranique de la symétrie. La longueur de la façade – 51 mètres de minaret à minaret – est identique, et les grands dômes élancés qui flanquent le *pichtak* permettent de supposer que la médersa d'Ouloug Beg portait autrefois les mêmes dômes au-dessus de ses salles de classe antérieures. Mais des différences apparaissent aussi: absence de mosquée, de *darskhana* arrière et d'entrées secondaires sur les façades latérales. Chaque centimètre carré est recouvert de motifs décoratifs géométriques ou floraux richement colorés. Si les experts relèvent des proportions et des ornementations plus grossières qu'à l'époque timouride, la représentation stylisée d'animaux constitue une innovation qui brise le tabou islamique de l'art figuratif. Le *pichtak* est surmonté de mosaïques représentant des lions – ils donnèrent leur nom à la médersa (Chir Dor signifie «qui porte des lions») – à la poursuite de biches blanches fuyant au milieu de spirales de rameaux et de fleurs. Les lions ressemblent à des tigres, et portent sur le dos des soleils à face humaine bordés de rayons. Le lion-tigre est-il Yalangtouch lui-même, dévorant ses voisins sous le soleil contemplant sa gloire? Ou l'animal-soleil symbolise-t-il plutôt la résistance de la symbolique solaire zorastrienne face à l'islam? La légende veut que l'architecte fut condamné à mort pour cause d'hérésie, bien que d'autres médersas du XVIIe siècle soient décorées de la sorte, notamment celles de Nadir Divanbedi à Samarcande et à Boukhara. Le choix des couleurs – bleu, blanc, jaune et vert – reflète également l'influence de Boukhara.

■ LA MÉDERSA TILIA KARI

Yalangtouch souhaita compléter l'harmonie de la place, et demanda à ses architectes d'y construire une troisième médersa, avec une façade large de 75 mètres cette fois. Les travaux durèrent de 1646 à 1660. Des tourelles d'angle furent préférées aux minarets, mais les mosaïques offrent un festival de symboles solaires éclatants et d'entrelacs floraux dans les mêmes tons que Chir Dor. Alors que les autres médersas ont leurs façades latérales garnies de niches peu profondes et dépourvues d'ouvertures, Tilia Kari affiche sa fonction et étale en façade deux rangées de *hujra* ventilées depuis les balcons par des fenêtres aux panneaux ajourés. L'étage unique de cellules sur les autres côtés du bâtiment contribue à mettre en valeur le grand portique ouest et le dôme turquoise, qui marquent la vocation de mosquée du Vendredi dévolue à Tilia Kari après la destruction de Bibi Khanoum et la disparition de Koukeldach. L'intérieur resplendit de motifs de *kundal* en feuilles d'or – d'où le nom de Tilia Kari, « doré » – inscriptions coraniques, stalactites descendant sur le *mihrab* en marbre, panneaux muraux imitant des tapis et voûte aux délicats entrelacs de feuilles et de fleurs en trompe-l'œil.

Les salles de prière renferment maintenant des expositions de terres cuites ou de documents sur les travaux de restauration – inachevés –, expositions menacées par la montée progressive de la nappe phréatique de Samarcande. Comme à Chir Dor, de nombreuses *hujra* ont été reconverties en boutiques de cadeaux et de souvenirs ; l'un ou l'autre de leurs tenanciers vous conduira sur le toit de l'édifice si vous le souhaitez.

Lors de la restauration de l'édifice, les Soviétiques ont installé à l'angle sud-est de la médersa la *dakhma* de la dynastie cheïbanide du XVIe siècle. Il s'agit d'une plateforme où sont rassemblées les pierres tombales de marbre sculpté. A proximité se trouve le bazar à coupole **Tchorsou** (« quatre chemins » ou, littéralement, « quatre rivières ») construit au XVIIIe siècle à la demande de l'émir de Boukhara avec des débris de la mosquée de Bibi Khanoum.

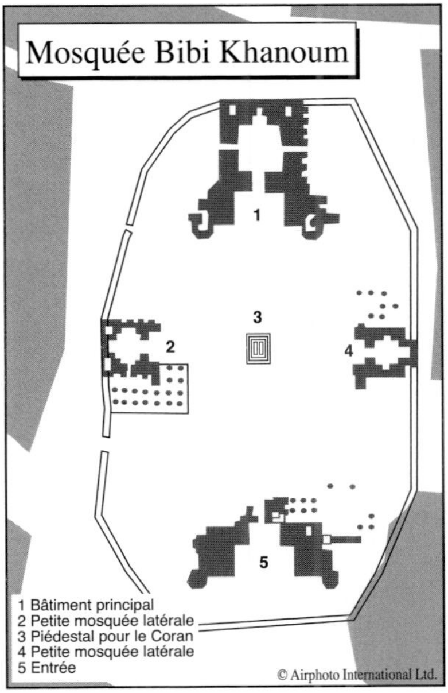

■ LA MOSQUÉE DE BIBI KHANOUM

De retour avec un généreux butin du sac de Delhi en décembre 1398, Tamerlan aurait fait le vœu de bâtir une mosquée surpassant tout ce qu'il y avait de grand et de beau dans le monde musulman. Et malgré les ravages exercés par le temps sur ce qui fut l'un des symboles de la puissance de Tamerlan, le visiteur reste ébahi par son caractère imposant et par la légende qui y est associée. Les meilleurs artisans de l'empire furent mis au travail. Quelque 95 éléphants ramenés d'Inde tiraient les chariots chargés de marbre. L'ambassadeur Clavijo estimait en octobre 1404 qu'il s'agissait de « la plus noble de toutes les mosquées », mais Tamerlan en trouvait le portique trop bas, et le fit reconstruire à la hâte. « Il s'y faisait conduire en litière chaque matin pour y surveiller les travaux toute la journée, faisant préparer des viandes pour les jeter aux ouvriers dans les tranchées des fondations, comme on nourrit des chiens… Parfois, satisfait de l'avancée des travaux, il leur jetait des pièces de monnaie. »

Comme dans le palais de Tamerlan à Chakhrisabz, la cour et les activités s'y déroulant étaient très importantes, et les *pichtak* (portiques) menant dans ces arènes magnifiques étaient aussi somptueux que l'édifice lui-même. La mosquée de Bibi Khanoum s'envolait à 35 mètres par une arche de 18 mètres de diamètre flanquée de minarets de 50 mètres de haut. Ce portique menait à une cour rectangulaire de 167 mètres sur 109, pavée de marbre, marquée d'un minaret à chaque angle et bordée d'une galerie de 400 coupoles supportées par 400 colonnes de marbre. Des mosquées latérales dressaient au nord et au sud leurs dômes élancés, tandis que du côté de l'est le portail du sanctuaire principal culminait à 40 mètres. La décoration de marbre sculpté, de terre cuite et de mosaïques multiformes, de fresques bleues et dorées et de papier mâché doré était magnifique. Un historien de la cour écrivit que « le dôme en était unique, seul le ciel en étant une copie, de même que la grande arche, seule la Voie lactée étant son imitation ».

Pourtant, peu après la consécration de la mosquée, les fidèles devaient déjà éviter les chutes de briques, et l'on se perd encore en conjectures à ce sujet : fondations inadéquates, construction trop hâtive, ou trop ambitieuse en regard des techniques maîtrisées à l'époque ? Des tremblements de terre accélérèrent la déchéance de l'édifice, et les émirs de Boukhara en récupérèrent des matériaux de construction pour de nouveaux chantiers, tandis qu'au début du XIXe siècle l'un d'entre eux fit fondre les sept métaux constituant les battants de porte pour frapper monnaie. Les armées du tsar y installèrent écuries et entrepôts de coton. En 1974, les Soviétiques entreprirent la restauration.

Aujourd'hui, une grue rouillée et des échafaudages semblent soudés aux pylones de l'entrée qui continuent à écraser le voisinage. Les trois coupoles de la mosquée sont de nouveau là, regarnies de turquoise sur la brique jaune-brun, selon le contraste ciel-terre typique de Samarcande. Sous le dôme sphéri-conique principal, une inscription coranique se déroule à la verticale en lettres géométriques bleu clair. Ce type d'ornementation soulignait le mouvement ascentionnel créé par les tours effilées du portique et par les minces minarets d'angle. Au centre de la cour, sur un lutrin de marbre gris de Mongolie, don d'Ouloug Beg, fut autrefois déposé le grand Coran d'Osman, mesurant environ un mètre carré, trésor du VIIe siècle emmené à Saint-Pétersbourg par les Russes en 1875, et renvoyé ensuite à Tachkent par les bolcheviks. La tradition promet des enfants aux femmes stériles qui ramperont trois fois entre les neuf pieds du lutrin. Face à l'entrée de la mosquée se trouve la coupole bleue du **mausolée de Bibi Khanoum** (1397). Entre les deux édifices, se trouvait autrefois un bazar animé, au-dessus duquel traversait un aqueduc de plomb. La légende de la princesse chinoise Bibi Khanoum aurait été inventée par la première épouse de Tamerlan, Saray Mulk Khanoun, fille d'un khan mongol. Celle-ci était à l'origine de la construction de la mosquée et du mausolée, mais elle était à cette époque tellement âgée qu'il est peu probable qu'elle ait pu séduire l'architecte (Bibi Khanoun signifie «première épouse»). Trois tombes de femmes ont été dégagées dans la crypte de la salle octogonale de la mosquée.

■ LE BAZAR

Cœur de la vieille ville, le bazar central de Samarcande se tient à l'ombre de Bibi Khanoum. Officiellement marché kolkhozien où les melons arrivent par camions, et non à dos de chameau, le bazar est le lieu de rassemblement de foules bigarrées et de marchandages interminables. C'est en début de matinée et le dimanche que l'activité y est la plus intense. Les galettes de *non*, pain sans levain, arrivent par brouettes entières, en vingt variétés. Tamerlan avait pris l'habitude d'emmener dans ses campagnes les meilleurs boulangers de Samarcande, ainsi que les stocks de farine, de sel, d'eau et même de bois, mais le pain n'avait jamais le goût qu'il en attendait, et bien des boulangers le payèrent de leur tête, jusqu'à ce qu'il comprenne que seul manquait l'air pur de sa capitale. Il ne mangea plus désormais que le *non* livré directement depuis Samarcande. Outre le pain, le bazar aligne les sacs d'épices multicolores, des montagnes d'abricots, de pêches, de figues et de grenades; en automne, les melons tapissent le sol du bazar, et des cent variétés de raisin, goûtez absolument le *kichmich*, doux et sans pépins. Et lorsque vous serez fatigué, allez vous détendre à la *tchaïkhana* sur le côté ouest du bazar.

Du bazar, on gagne facilement l'extrémité sud-ouest d'Afrasiab où se situe la **mosquée Khazret Khyzr**, un passage obligé pour les voyageurs: Khyzr est en effet le patron des voyageurs et dispense l'eau de la vie. Il n'apparaît cependant qu'aux fidèles assez dévots pour accomplir quarante lundis de suite la prière du *namaz bamdad*. Comme Tchoupan Ata, Khyzr vivait avant l'avènement de l'islam, et ce site était peut-être celui d'un ancien temple sur lequel les Arabes auraient bâti la première mosquée de la ville. L'édifice actuel date du milieu du XIXe siècle et a déjà été restauré depuis. Sa composition asymétrique comprend un minaret, un portique d'entrée, et des salles intérieures ouvertes. De l'*iwan*, au beau plafond de bois, admirez la perspective qui s'ouvre sur l'animation du bazar, Bibi Khanoum et Chah-i-Zinda.

■ NÉCROPOLE CHAH-I-ZINDA

Le site le plus sacré de Samarcande est la nécropole de mausolées qui s'étend aux confins nord-est de la capitale de Tamerlan, par delà les murs de la ville, jusqu'au versant méridional d'Afrasiab. Cet ensemble semble avoir concentré toutes les expériences architecturales des XIVe et XVe siècles en une apothéose de l'art de la céramique, sans égale dans toute l'Asie centrale. Cette cité funéraire offre sans doute le spectacle le plus étonnant de cette capitale des superlatifs.

La légende fait remonter l'histoire de Chah-i-Zinda à l'an 676, c'est-à-dire à l'arrivée de Koussam-ibn-Abbas, le cousin du Prophète venu convertir la Sogdiane zoroastrienne à l'islam. Le succès de sa prédication aurait conduit, en réaction, une bande d'adorateurs du feu à le décapiter alors qu'il était en prière. En fait, il semblerait plutôt que les Arabes introduisirent Koussam, qui n'a probablement jamais mis les pieds à Samarcande, dans le culte de Chah-i-Zinda («le roi vivant») en récupérant la figure mythique d'un seigneur pré-islamique, sans doute Afrasiab, qui régnait sur terre depuis l'au-delà. La furie mongole rasa tout le site… à l'exception du tombeau de Koussam. En 1333, ibn-Battouta écrit que «les habitants de Samarcande y viennent le soir chaque dimanche et chaque jeudi, de même que les Tatars, qui apportent des offrandes votives, des vaches, des moutons, des dirhams et des dinars, le tout au bénéfice de l'hospice et de la sainte sépulture».

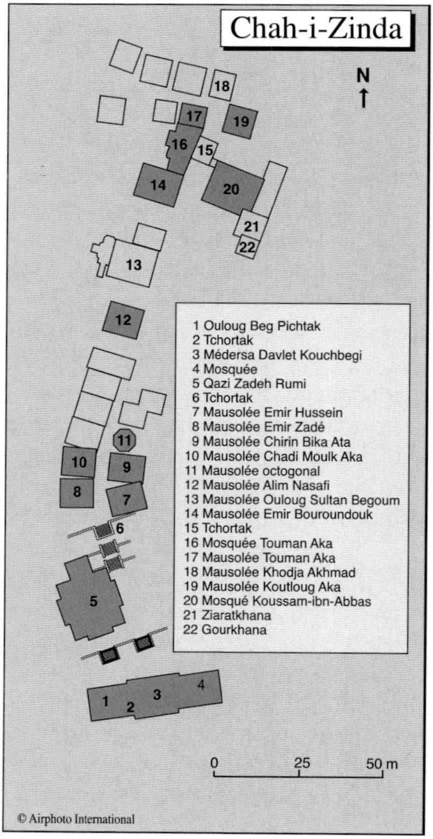

L'aristocratie timouride poursuivit la tradition et bâtit des mausolées à proximité de ce lieu sacré, souvent sur des ruines d'anciens monuments. L'ensemble témoigne de la prospérité et de l'harmonie qui régnaient dans la capitale de l'empire: aucun mausolée n'est à l'image d'un autre, et leur taille modeste assure une intimité que des projets plus grandioses eussent empêchée. Une prophétie courait les rues de Samarcande dans les années 1870, selon laquelle le roi très saint devait réapparaître en 1868 pour bouter les Russes hors des frontières, mais il ne vint pas, et la ville resta occupée. La réputation du Chah-i-Zinda s'en trouva émoussée, mais les fidèles continuèrent à venir le vénérer jusqu'à ce que les Soviétiques convertissent le site en musée de l'athéisme, forçant les visiteurs à masquer leurs opinions. L'indépendance a rendu son caractère sacré à la rue, ses mosquées aux fidèles et les sépultures aux pèlerins.

Le site

Ouloug Beg fit bâtir un grand *pichtak* (portique d'entrée) en 1435 à l'extrémité sud de Chah-i-Zinda. Au-delà se succèdent trois *tchortak*, portiques à coupole intermédiaires, le premier flanqué d'une mosquée et de salles de prière, qui mènent à l'*iwan* en bois (1910) d'une mosquée du XIXe siècle faisant face à la **médersa Davlet Kouchbegui** (1813). Ensuite, l'escalier du Paradis conduit aux deux coupoles bleues du mausolée Qazi Zadeh Roumi (1420-1425), le plus grand de l'ensemble, attribué au petit-fils d'Ouloug Beg, bien qu'on n'y ait découvert que les ossements d'une femme, peut-être la nourrice de Tamerlan. Après le second *tchortak* apparaissent les dômes cannelés de briques du **mausolée de l'émir Hussein** (1376) à droite et de l'**émir Zadé** (1386) juste en face. Le premier est parfois appelé Touglou-Tekin, du nom de la mère du général Hussein, tandis que le second commémore le fils d'un émir inconnu. Leurs façades colorées et finement ornées n'en restent pas moins pâles en regard des deux mausolées suivants, ceux de Chadi Moulk Aka (1372) à gauche et de Chirin Bika Aka (1385) en face, tous deux éblouissants.

Le **mausolée Chadi Moulk Aka** est le premier édifice timouride de Samarcande et occupe une place centrale dans la nécropole. L'inscription « Une perle précieuse a été perdue ici » évoque une très belle nièce de Tamerlan, ensevelie ici aux côtés de sa sœur aînée Tourkhan Aka. Les surfaces de briques unies de son dôme et de ses trois façades mettent en pleine valeur les dentelles raffinées de son portique. De la voûte surplombant l'entrée aux colonnes d'angle filigranées courent des panneaux sculptés et émaillés de terre cuite et de majolique qui rehaussent les motifs floraux bleus et turquoise caractéristiques de l'époque. L'intérieur de la coupole représente une étoile à huit branches, chacune portant un médaillon en forme de larme – véritable joyau dans le cosmos du dôme – et chaque larme renfermant un soleil et six planètes.

Le **mausolée Chirin Bika Ata** commémore une autre sœur de Tamerlan dans un décor tout aussi éblouissant. Plus récent, il offre aussi la première mosaïque ajourée de Samarcande, technique apportée sans doute par les artisans ramenés d'Iran et d'Azerbaïdjan par le conquérant. Au lieu des reliefs habituels, le portique entier est recouvert de mosaïques en majolique sculptée représentant des calligraphies et des motifs floraux. Autre innovation, la coupole segmentée repose sur un tambour à seize côtés, et les murs intérieurs sont dorés à la feuille. Des ouvertures sont décorées d'animaux mythiques et de paysages à la chinoise.

Le **mausolée octogonal** voisin, sorte de rotonde octogonale ouverte datant du XVe siècle et garnie de brique émaillée, de même que les quatre mausolées suivants sur la gauche, est resté anonyme. Le second est l'œuvre de l'architecte Oustad Alim Nasafi, qui le bâtit vers 1385 et le décora de brillants motifs étoilés et d'inscriptions telles que « Il n'y a pas de création qui ne soit condamnée à disparaître », ou encore « Il n'y a d'amitié véritable que dans le sommeil ». Des ornements en stalactites et des majoliques polychromes animent l'intérieur. Le fragment de portique du troisième mausolée, dit de **Ouloug Sultan Begoum** (vers 1385), porte des traces de décorations étoilées bleues, rouges et or. Enfin, le dernier mausolée, inachevé, daterait de 1390 et serait attribué à l'**émir Bouroundouk**, général de Tamerlan.

Le dernier *tchortak* assure le passage entre le temple de Koussam du côté de l'est et la cour nord de la nécropole. A gauche se dressent la mosquée et le mausolée de **Touman Aka**, la jeune épouse favorite de Tamerlan (1404-1405). Sous la coupole bleu ciel, le portique est décoré d'une belle mosaïque qui rappelle celle de Chirin Bika, bien que les motifs géométriques et l'usage de la couleur violette constituent des innovations. La calligraphie surmontant la belle porte finement sculptée rappelle que « la tombe est une porte que chacun franchira ». L'intérieur de la coupole est un ciel bleu nuit ponctué d'étoiles audessus de paysages délicats. L'allée aboutit enfin au **mausolée Khodja Akhmad** (vers 1350), le second de l'ensemble par son ancienneté, dont la forme cubique à la façade élaborée, et surmontée d'une coupole, a servi en quelque sorte de prototype au reste de la nécropole. Le portail de terre cuite sculptée et émaillée est l'œuvre du maître Fakhri Ali de Samarcande. Le mausolée voisin (1361), traditionnellement attribué à l'épouse de Tamerlan **Koutloug Aka**, présente des ornementations similaires, tandis que la stalactite intérieure aurait servi de modèle pour Chadi Moulk.

Le mausolée Khodja Akhmad

Le portail oriental du *tchortak* (1405), garni d'or, d'argent et d'ivoire, porte des motifs sculptés entourés d'une calligraphie de bienvenue à l'adresse des fidèles, dont le texte promet également le paradis pour trois pèlerinages à ce lieu (qui en valent donc un à La Mecque). Ce portail renferme les restes d'un minaret du XIe siècle qui traversent son toit. Construit en briques à l'instar du mausolée samanide de Boukhara, il est sans doute la seule structure pré-mongole entièrement préservée de Samarcande. La voûte d'un corridor conduit à la **mosquée Koussam-ibn-Abbas** (1460), rectangle à trois coupoles comportant un *mihrab* de mosaïque bleue et une *ziaratkhana* (chambre des pèlerins) aux carreaux vernissés, le tout reconstruit en 1334 sur des fondations du XIe siècle. Une frise de bois originale longe le passage. En sous-sol, la *tchillakhana* comportait des cellules pour les jeûnes rituels de 40 jours. Un grillage de bois dans le *gourkhana* (la chambre mortuaire) permet d'apercevoir la tombe de Koussam (vers 1380), recouverte de motifs floraux de majolique richement colorée et dorée et portant la citation coranique «Ceux qui furent tués sur la voie les menant à Allah ne sont pas morts: en vérité ils sont en vie».

Une promenade dans le cimetière voisin offre une vue d'ensemble sur les coupoles si diverses de Chah-i-Zinda et témoigne de l'attrait qu'exerce la proximité des lieux saints, tant sur de modestes tombes musulmanes que sur d'imposants monuments funéraires soviétiques. Comptez les marches lorsque vous redescendrez l'escalier du Paradis, et si le nombre diffère de celui obtenu à la montée, votre pénitence consistera à les remonter 40 fois sur les genoux. Ce nombre est aussi celui des marches, puisque c'est un nombre sacré pour beaucoup de religions. En Asie centrale, quarante détermine aussi la durée du deuil et c'est souvent le nombre de nattes d'une coiffure.

■ LE MUSÉE HISTORIQUE D'AFRASIAB

Du VIe siècle avant J.-C. jusqu'en 1220 de notre ère, c'est depuis la forteresse d'Afrasiab, située au nord-est de la ville moderne, que Samarcande faisait front aux invasions et procédait aux restaurations successives. Le toponyme est sans doute le nom d'un souverain légendaire de Touran, que le poète persan Firdousi décrit comme déloyal mais brave et sage dans son épopée *Chahnama*. Les remparts, parcourus de couloirs et percés de meurtrières, bâtis de briques crues, de roseaux pour en assurer l'étanchéité, et de genévrier leur conférant la résistance aux tremblements de terre, abritaient une population de Sogdiens jouant avec habileté les intermédiaires commerciaux et culturels entre l'est et l'ouest. L'histoire les oublia jusqu'à ce que des archéologues russes fouillent les ruines de la forteresse dans les années 1880. Le musée de marbre construit aux confins sud-est du site conserve leurs découvertes ainsi que les trouvailles ultérieures.

La première salle présente des photos des fouilles et des cartes en relief montrant l'expansion progressive au sud de la citadelle. Les objets et les maquettes exposés dans les salles suivantes donnent à voir l'évolution d'Afrasiab à travers les âges. Constructions et ornements de céramique connurent des progrès esthétiques avec l'époque gréco-bactriane; le passage d'Alexandre le Grand laissa des monnaies, des glaives et des couteaux. A l'époque kouchan, le zoroastrianisme se manifeste dans les autels dédiés au culte du feu, les briques portant des symboles solaires; les ossuaires d'apparat étaient destinés à recevoir les squelettes des défunts après qu'ils aient été «nettoyés» par les charognards et les bêtes sauvages. D'autres cultes apparaissent également dans les ruines d'Afrasiab, notamment à travers les statuettes en terre cuite d'Anahita, déesse des eaux et donc de l'Amou Daria, ainsi que de la fertilité (elle porte une grenade pleine de pépins).

Dès le Ve siècle, la prospérité apportée par la Route de la Soie se reflète dans les bijoux, les parfums, les échiquiers en os, et surtout dans les peintures décorant les édifices publics et les habitations des gens aisés. C'est le palais royal qui offrit en 1965 ses plus belles pièces au musée: une série de fresques de deux mètres de haut représentent le récit épique de la splendeur régnant à la cour. Une procession nuptiale amène de Surkhandaria au seigneur de Samarcande une princesse juchée sur un éléphant blanc et suivie de ses servantes à cheval, de chameliers barbus portant les sceptres d'ambassade, d'une troupe de cavaliers ainsi que d'un cortège de cygnes sacrés. Le panneau central montre le seigneur en personne, somptueusement vêtu de robes et de bijoux, recevant les ambassadeurs et leurs cadeaux: Chinois vêtus de soieries, Turcs aux longs cheveux, nomades du Pamir, Coréens à queue de cheval. Sur la dernière scène, une princesse chinoise est conduite en bateau vers le harem royal, tandis que sur les berges des cavaliers poursuivent un léopard bondissant. Malgré les atteintes des ans et les mutilations infligées par les Arabes qui grattèrent les yeux des personnages pour respecter l'interdit religieux de représenter des visages, les fresques ont gardé leurs couleurs et attestent de la maîtrise des artistes de l'époque sogdienne.

Le musée est ouvert quotidiennement de 9 à 17 h, rue Tachkent, à 10-15 minutes de marche depuis le nord du bazar. Les taxis *marchroutnoïe* n° 17 ou 45 partant de l'hôtel Samarcande ou du bazar y mènent également.

Le site archéologique s'étend sur un plateau de loess de plus de 200 hectares où les excavations se succèdent. Les vestiges de l'ancienne forteresse, située au nord-est, au-dessus de la Siab, un affluent du Zéravchan, sont plus intéressants. D'épaisses murailles hautes de deux étages sont profondément enfouies dans le sol et séparent les salles, pièces et corridors du palais.

A une quinzaine de minutes à pied du musée, surplombant la rive sud de la Siab, se trouve la Tombe de Daniel (*Doniyor*), celui de la fosse aux lions, qui aurait été ramenée de Perse par Tamerlan. Cinq coupoles surmontent un sarcophage géant de 18 mètres de long: certains mollahs affirment que Daniel continua à grandir dans la mort, obligeant à agrandir sa tombe chaque année, et qu'il reviendra lorsqu'il aura atteint «une certaine taille». L'afflux de pèlerins musulmans, juifs et orthodoxes a contraint les autorités à percer une nouvelle rue de Tachkent Koutchasi au mausolée de Daniel (prendre à gauche avant le pont sur la Siab).

■ L'OBSERVATOIRE D'OULOUG BEG

Au milieu des collines faisant face à Afrasiab se dressent les vestiges d'un extraordinaire observatoire astronomique du XVe siècle. Couronnement de l'œuvre du génial roi-astronome, cet édifice scientifique entraîna simultanément la condamnation de son concepteur, petit-fils de Tamerlan. C'est en 1908 que l'archéologue russe amateur Viatkine découvrit l'emplacement de l'observatoire au terme de longues recherches. Ce que l'on peut voir aujourd'hui est la partie souterraine d'un sextant géant, en fait le plus grand quadrant de 90° jamais vu, mais dont seuls 60° étaient utilisés. Profondément enroché afin de réduire les conséquences des séismes, l'arc subsistant de 11 mètres est constitué de deux parapets de marbre gradués en degrés et en minutes. Il se prolongeait à l'origine jusqu'au sommet d'un édifice de trois étages. Les pièces du rez-de-chaussée étaient surmontées d'arcades servant d'instruments astronomiques. Un témoin de l'époque a décrit ce véritable planétarium, «décoré des représentations des neuf corps célestes et de leurs orbites, avec la mention des degrés, minutes et secondes de leurs épicycles, des sept planètes et des étoiles fixes, du globe terrestre, de ses climats, de ses montagnes, mers et déserts...».

Le sextant est désormais abrité sous une voûte couvrant le centre de l'observatoire. Non loin repose Viatkine, conformément à ses dernières volontés. Un **musée mémorial** (ouvert tlj de 9 à 18 h) retrace les parcours de Tamerlan et de son petit-fils Ouloug Beg, les découvertes scientifiques de ce dernier, l'apogée du savoir en Asie centrale avec al-Khorezmi, al-Berouni et ibn-Sina, ainsi que les erreurs politiques du roi qui coûtèrent la vie à l'astronome. L'observatoire se trouve à une dizaine de minutes de marche du musée d'Afrasiab en direction du nord-est. Utiliser les mêmes lignes de taxis *marchroutnoïe*.

■ LE MAUSOLÉE DE TCHOUPAN ATA

Au sommet d'une colline proche de son observatoire, dans un jardin d'agrément que Tamerlan avait fait planter pour son petit-fils encore enfant, Ouloug Beg bâtit un palais d'été à deux étages, Tchihil Soutoun, ou «les quarantes piliers», supporté par de fines colonnes de pierre torsadées. N'en subsiste que la chapelle de Tchoupan Ata («le père des bergers»), figure légendaire préislamique adoptée comme patron tant par les nomades que par la cité de Samarcande. Construit pour les pèlerins dans les années 1440, ce mausolée sans sépulture est surmonté d'un tambour cylindrique orné d'inscriptions coufiques de mosaïque colorée. La légende inscrit Tchoupan Ata dans le cadre de l'islamisation du pays: les trois premiers missionnaires arabes qui atteignirent la ville s'arrêtèrent sur cette colline pour fixer la suite de leur voyage. Ils décidèrent de découper un mouton et de le cuire. Tchoupan Ata plongea la main dans la marmite et en retira la tête, ce qui lui donnait la priorité. Il choisit de

OULOUG BEG, LE PRINCE ASTRONOME

Est-ce le fait d'être né le 22 mars 1394, à l'équinoxe de printemps, qui a valu à Mohammed Taragaï sa nature d'homme curieux? Quoi qu'il en soit, Tamerlan a vite reconnu les talents de son petit-fils, qu'il a nommé Ouloug Beg, « le grand-duc », et il l'a emmené dans ses campagnes au Caucase et en Inde. En 1404, l'ambassadeur espagnol Clavijo assistait au mariage de cet enfant alors âgé de 10 ans seulement. Cinq ans plus tard, son père Chah Rokh, qui dirigeait lui-même la Perse depuis Herat, le nommait vice-roi de Samarcande, seigneur de Transoxiane. La passion du jeune homme pour les mathématiques, l'histoire, la théologie, la médecine, la poésie et la musique a donné à la ville une réputation de science et de culture qui attira l'astronome turc Qazi Zadeh Roumi, auprès duquel Ouloug Beg trouva sa science de prédilection.

Il ordonna la construction d'un observatoire, entre 1424 et 1429. Sans équivalents dans le monde connu de l'époque, ses instruments permettaient des mesures d'une précision incomparable et firent de Samarcande la capitale de l'observation des étoiles au XVe siècle. Avec un groupe d'experts, Ouloug Beg détermina les coordonées de 1018 étoiles – la première entreprise de la sorte depuis Ptolémée –, conçut des modes de calculs pour prévoir les éclipses et mesura l'année stellaire avec une précision telle que les calculs informatiques d'aujourd'hui ne font guère mieux.

Toujours méfiant envers la flatterie, il n'acceptait aucune observation sans qu'un débat honnête assure l'unanimité. Sa mémoire était exceptionnelle: lorsque son secrétaire mentionna la perte de son journal de chasse, Ouloug Beg dicta aussitôt le tableau de chasse complet et presque exact, comme le prouva le journal une fois retrouvé.

Comme Galilée deux siècles plus tard, il défia l'orthodoxie religieuse avec des affirmations d'une laïcité audacieuse, voire hérétique: « Les religions se dissipent comme le brouillard, les royaumes disparaissent, mais les travaux des scientifiques s'inscrivent dans l'éternité. » Alors que Chah Rokh dirigeait Herat à la manière d'un monarque musulman éclairé, mais sévère, la cour de son fils se divertissait en fêtes, chants et danses, faisant écho à l'époque de Tamerlan. Soutenu par le clergé officiel, Ouloug Beg bâtit plusieurs médersas et mosquées, mais il ne réussit pas à contrer l'hostilité et le pouvoir croissants des derviches soufis. Au décès de son père, en 1477, le nouveau chef du royaume timouride fut vite dépassé par les événements; ceux-ci confirmèrent en lui l'érudit lettré, mais non un dirigeant suffisamment déterminé. Critiqué pour le comportement indiscipliné de son fils Abdoulaziz, plusieurs fois vaincu dans des batailles, Ouloug Beg fut arrêté en octobre 1449 par son autre fils, Adb al-Latif. Une cour secrète de derviches l'envoya en pèlerinage à La Mecque, mais au premier village hors de Samarcande, il fut rattrapé et décapité avec la complicité d'Abd al-Latif. L'observatoire, «cimetière de quarante esprits maléfiques», fut rasé. Cependant, à peine six mois plus tard, la tête d'Abd al-Latif était exhibée à la médersa de son père.

Ali Kouchji, collaborateur scientifique d'Ouloug Beg, s'enfuit à Constantinople, où l'atlas stellaire du martyr fut publié, puis largement acclamé à travers le monde musulman. Alors que ces tables de coordonnées n'ont atteint l'Europe qu'au milieu du XVIIe siècle, suite aux découvertes de Tycho Brahe vers 1600, l'observatoire d'Ouloug Beg était toujours imité en Inde au XVIIIe siècle. En 1994, l'Ouzbékistan commémorait fièrement le 600e anniversaire de la naissance de Mirza («l'érudit») Ouloug Beg en restaurant les magnifiques bâtisses qui lui ont survécu.

L'observatoire d'Ouloug Beg

rester à Samarcande. Le second attrapa le cœur et décida de retourner à La Mecque, tandis que le troisième héritait des bas quartiers et élisait domicile à Bagdad. C'est ainsi que La Mecque devint le cœur de l'islam et Samarcande sa tête. Dans sa grande sagesse, Bagdad ignore cette légende. Le mausolée est visible depuis la route de Tachkent, à 45 minutes de marche depuis l'observatoire, près d'installations militaires qui l'ont rayé des cartes dans le but de décourager les visiteurs.

Du côté de la colline orienté vers Tachkent, les passagers des bus aperçoivent les **Arches du Zéravchan** tombant en ruines dans la rivière en aval du pont du chemin de fer. Traditionnellement attribuées au génie bâtisseur de Tamerlan ou d'Abdoullah Khan, elles seraient plus vraisemblablement les vestiges d'un aqueduc édifié par Cheïbani au début du XVIe siècle.

■ LE GOUR ÉMIR

«Le firmament viendrait-il à disparaître, cette coupole le remplacerait», s'exclamait un poète à la vue de la coupole sans pareille surmontant le mausolée de Tamerlan, le Gour Emir – «le tombeau du souverain», situé à quelques pas de l'hôtel Samarcande. Le petit-fils favori de Tamerlan, Mohammed Sultan, avait fait construire ici une médersa et une *khanagha*. La mort de Mohammed en 1403 incita Tamerlan à ajouter un mausolée à ce complexe. L'ambassadeur espagnol Clavijo rapporte que le vieil émir s'était fait amener sur le chantier à la fin de 1404 pour exiger qu'en dix jours on reconstruise le monument plus grand et plus beau, «sous peine d'un châtiment terrible». Alors qu'il avait autrefois l'intention de se faire ensevelir dans sa ville natale de Chakhrisabz, il finit par décider de reposer auprès de son petit-fils, ce que feront également ses descendants jusqu'à Ouloug Beg.

Le grand portique bleu de Mohammed Sultan s'ouvre sur une cour marquée de quatre minarets d'angle et flanquée d'une médersa et d'une *khanagha* dont seules subsistent les fondations. Leur absence accentue d'autant le caractère monumental et dépouillé du Gour Emir lui-même, reposant sur une chambre octogonale décorée de motifs géométriques. Plus haut, le gigantesque tambour, également géométrique, est ceinturé d'une inscription coufique blanche de trois mètres de haut qui proclame que «Dieu est immortel». Couronnant l'édifice, la coupole bleue s'élance vers le ciel à plus de 32 mètres de haut. Ses 64 nervures de briques émaillées forment un motif ininterrompu de losanges de couleur. Les jaunes et les verts contrastent comme ombre et lumière avec les tons turquoise de la mosaïque. L'intérieur du mausolée, que l'on gagne par la galerie extérieure ajoutée par Ouloug Beg, est tout aussi spectaculaire. Des briques hexagonales d'onyx confèrent aux parois une lumière verdâtre, tandis que le haut des murs est couvert d'inscriptions coraniques gravées dans le marbre et peintes sur le jaspe. Plus haut encore, des panneaux de motifs géométriques déploient un ciel étoilé autour de niches garnies de stalactites de papier mâché peint en bleu et or. La face intérieure du dôme est garnie d'entrelacs d'or et d'ajours en treillis. Derrière une barrière de marbre, sept dalles funéraires en marbre font cercle autour d'une plaque de jade longue de 1,8 mètre, la plus grande du monde, rapportée de Mongolie en 1425 par Ouloug Beg pour couvrir la tombe de son grand-père. La cassure au milieu de la dalle est l'œuvre de Nadir Chah qui voulut l'emmener en 1740. Tamerlan repose selon son vœu aux pieds de son maître spirituel, Mir Saïd Barakah ; à son côté, dans le sens des aiguilles d'une montre, reposent également Mohammed Sultan, Ouloug Beg, les fils de Tamerlan Chah Rokh et Miranchah, ainsi que deux enfants aux noms inconnus. Les dalles ne sont en réalité que des cénotaphes disposés dans le même ordre que les tombes proprement dites, situées en dessous, dans une crypte (visite payante). La hampe garnie de crin marque l'emplacement de la tombe d'un saint homme dont on découvrit les restes dans le chantier du mausolée. Cet emblème était courant sur les longues routes du pèlerinage de La Mecque.

Dans la cour, le **Kok Tach**, grand bloc de marbre sculpté d'arabesques, passa autrefois, mais contre l'avis des historiens, pour le trône de Tamerlan. Au XVIIe siècle, cette pierre servait vraisemblablement de pavoi pour le couronnement des émirs de Boukhara, auxquels des prisonniers de noble extraction servaient pour la circonstance de marches d'escabeau. La coupe voisine aurait servi aux ablutions rituelles de Tamerlan, à moins que, selon une autre tradition, elle n'ait servi à compter les pertes militaires, les soldats partant à la bataille devant y verser du jus de grenade, puis en boire au retour du front, en sorte que le résidu indiquait le nombre de soldats tués.

Un autre mausolée timouride, l'**Ak Saraï**, ou Palais blanc, construit vers 1470, est situé derrière le Gour Emir, du côté sud-est. Toujours élégant bien qu'en ruines, cet édifice cruciforme ressemble en plus petit à l'Ichrat Khana, tant par la forme de son portique ou ses mosaïques émaillées que par ses motifs décoratifs foliés et dorés (*kundal*). Des stalactites garnissent l'intérieur de la coupole et quelques fresques ont survécu aux siècles. Les archéologues ont exhumé un squelette sans crâne dans la crypte ; peut-être s'agit-il de celui d'Abd al-Latif, fils et meurtrier d'Ouloug Beg.

Suite à la démolition du quartier autour de la mosquée locale, une nouvelle route a été construite à la place de l'ancien chemin pavé qui conduisait du Gour Emir au **mausolée Roukhabad**, construit à la même époque par Tamerlan pour honorer la mémoire de Cheikh Bourhan al-Din Sagardji. La tombe de ce mystique a donné au mausolée son appellation populaire de Roukhabad – « qui abrite l'esprit ». La tradition veut qu'un coffret renfermant des cheveux du Prophète y ait été enseveli avec le cheikh. Le plan classique avec chambre cubique, tambour octogonal et dôme conique recouvert de touffes d'herbe, l'absence de portique et la maçonnerie de briques sans ornementation lui confèrent une allure archaïque. Seules ses dimensions imposantes attestent de ses origines timourides.

■ LES MAUSOLÉES ABD-I-DAROUN ET ABD-I-BIROUN

Dans le sud-est de la ville, le **complexe Khodja Abd-i-Daroun** offre au visiteur étranger un aperçu pittoresque de l'islam tel qu'il est pratiqué à Samarcande aujourd'hui. Ce lieu est lié au nom du docteur en droit arabe Abd-al-Mazeddin qui vécut au IXe siècle. Khodja est le titre de toute personne ayant accompli le pèlerinage de La Mecque. Le sultan seldjoukide Sandjar lui fit ériger ce mausolée au XIIe siècle, et Ouloug Beg le reconstruisit au XVe à l'arrière d'une *khanagha* comportant un portique et une coupole. Au XIXe siècle, une mosquée et une médersa vinrent compléter l'ensemble autour d'un grand bassin (*haouz*). Quatre *chinor* centenaires laissent filtrer une douce lumière sur l'eau du bassin tandis que des gamins apprennent le Coran dans les classes et que des vieillards prient sous l'*iwan* de bois coloré. Le complexe est situé dans un cimetière dans lequel se construit une nouvelle médersa. A proximité subsistent des fragments des murailles de la ville, d'où l'appellation d'Abd-i-Daroun («l'*Abd* intérieur»), par opposition avec l'autre sanctuaire d'al-Mazeddin, **Abd-i-Biroun** («l'*Abd* extérieur») situé hors les murs vers le sud et vraisemblablement construit par le vizir de Boukhara Nadir Divanbegi en 1633, comme en témoigneraient les motifs floraux et géométriques caractéristiques. La restauration en cours rafraîchit le portique et la coupole surmontant la chambre funéraire, tandis que les dons des fidèles servent à la reconstruction de la mosquée voisine.

Pour Abd-i-Daroun, prenez le bus 14 ou le *marchroutnoïe* 32 depuis l'université ou la rue du Reghistan jusqu'à la jonction Andijan/Sadriddin Aïni. Pour Abd-i-Biroun, indiquez au chauffeur de taxi le kolkhoze Lenin Byrogi («Drapeau de Lénine»).

■ LE MAUSOLÉE ICHRAT KHANA

De l'autre côté de la route par rapport au mausolée Abd-i-Daroun, Ichrat Khana («la maison de la joie») affiche une certaine noblesse malgré son délabrement en attente de restauration. Une légende raconte que ce monument fut bâti par une des épouses de Tamerlan, mais devint un palais des plaisirs sitôt que le seigneur ébloui par sa beauté l'eût contemplée. Cette appellation s'explique en tout cas par l'opulence de ses ornementations à la feuille d'or, ses mosaïques polychromes et ses vitraux. En fait, c'est l'épouse de l'arrière petit-fils de Tamerlan, Abou Saïd, qui fit bâtir ce mausolée pour leur fille favorite. La crypte renferme une bonne vingtaine de tombes de femmes et d'enfants de la dynastie timouride. Toujours debout, un impressionnant portique résista au tremblement de terre de 1904 qui abattit le dôme turquoise ; il mène à la salle cruciforme autrefois flanquée de galeries à deux niveaux. Deux des quatre escaliers en spirale donnent encore accès au toit et au panorama qui s'y déploie.

■ LE COMPLEXE KHODJA AKRAR

A cinq kilomètres au sud du Reghistan se trouve un ensemble bâti autour du tombeau de Cheikh Khodja Akrar (1404-1490), chef de la confrérie derviche des Nakhchbandi et figure politique de premier plan en Transoxiane après la mort d'Oulougg Beg. S'étant acquis une grande popularité d'ascète et de thaumaturge, il fit bénéficier de ses faveurs et de son influence l'arrière-petit-fils de Tamerlan, Abou Saïd, et les enfants de ce dernier. En 1630-1635, l'émir de Boukhara **Nadir Divanbegi** engloba la mosquée commémorative bâtie par les fils d'Akrar dans une grande médersa. Les mosaïques ont été entièrement restaurées, de sorte que le portique étale à nouveau dans toute leur splendeur ces emblèmes hérétiques persans que sont les lions-tigres chassant les biches, les mêmes que l'on peut voir sur la façade de la médersa Chir Dor. La cour, ornée de motifs solaires et floraux similaires à ceux de Tilia Kari, est entourée d'une galerie sur laquelle donnent les cellules des étudiants, les salles de classe et une mosquée à coupole. Le sanctuaire a recouvré sa fonction religieuse depuis l'indépendance. Au sud de la médersa, la **mosquée Khodja Akrar** (XVIIe-XXe siècles) abrite des lieux de prière pour l'hiver et pour l'été, un double *mihrab*, un *iwan* en bois décoré de motifs étoilés et des colones aux chapitaux ornés de *muqarna*. La dalle funéraire du cheikh est au sud d'un *haouz* octogonal, à l'ombre de vieux *chinor*.

On rejoint ce complexe par le bus n° 9 ou le taxi *marchroutnoïe* n° 31 depuis le bazar et l'hôtel Samarcande.

■ LE MUSÉE D'ÉTAT DE L'HISTOIRE CULTURELLE D'OUZBÉKISTAN

La majesté du Reghistan porte évidemment ombrage à une institution soviétique louable telle que ce musée situé à l'angle sud-est de la place. Il mérite pourtant une visite pour ses collections abondantes et bien exposées. Le rez-de-chaussée présente des tableaux modernes et des affiches soviétiques de propagande anti-féodale rédigées en arabe. Les collections archéologiques du premier étage comportent de la vaisselle et des ossuaires d'Afrasiab, ainsi que des copies polychromes des fresques du même site, des répliques d'objets de l'ancienne Bactriane, telle la frise sculptée dans le calcaire de Kouchan Ayrtam, reflet d'une ancienne culture indo-européenne. Parmi les autres trésors du musée, on admirera également le sarcophage en bois de Tamerlan ainsi que l'énorme Coran du XIXe siècle qui avait remplacé celui d'Osman sur le lutrin de Bibi Khanoum. L'artisanat traditionnel est également présenté dans diverses boutiques de bazar : calots, bijoux, instruments divers, broderies, animaux bizarres en céramique, etc.

Rue Tachkent 1, tél. 35 39 58, de 9 à 17 h, le mardi de 9 à 15 h, fermé le mercredi.

■ LE MUSÉE RÉGIONAL

Rue Charaf Rachidov 59, tél. 33 03 52, de 9 à 17 h, le mercredi de 9 à 17 h. Perdu au cœur de la vieille cité russe de Samarcande, ce musée très intéressant occupe l'ancien hôtel particulier d'Abraham Kolontarov, un millionnaire juif de Boukhara dépossédé par les bolcheviks en 1917. Sa synagogue abrite des objets archéologiques du Paléolithique jusqu'à la période timouride, ainsi qu'une collection de photos du XIXe siècle fort instructive – on y découvre par exemple le Reghistan en ruine mais grouillant de marchands. Après la colonisation russe arrivèrent les progressistes, tel le social-démocrate Morozov, qui publia et imprima clandestinement le journal révolutionnaire *Samarkand* de 1905 à 1907. Le point culminant de la visite est sans conteste la grande salle de réception décorée à la musulmane. Les sculptures en *ganch* du balcon représentent entre autres l'étoile de David et l'aigle du tsar. Il est vrai que Kolontarov espérait recevoir la visite du tsar, au lieu de quoi ces lieux, symboles d'une tradition féodale hybride, accueillirent le Comité central du Parti communiste ouzbek de 1925 à 1930. Malheureusement, les expositions de l'ère soviétique ont été transférées dans les dépôts du musée de l'Histoire culturelle d'Ouzbékistan.

■ MUSÉE DE L'HISTOIRE DES MONUMENTS

Rue Reghistan. Nouveau musée installé dans une médersa rénovée, à l'est du musée Aïni, en face du Reghistan.

■ LA MAISON-MUSÉE DE SADRIDDIN AÏNI

Rue Reghistan 7B, tlj de 9 à 17 h. Si Khamza est le père de la littérature soviétique ouzbèke, Aïni (1878-1954) est son homologue tadjik. C'est derrière son buste blanc dressé non loin du Reghistan que l'on trouvera sa résidence de Samarcande, maison-musée restaurée et meublée de meubles traditionnels de facture modeste, décor dans lequel le poète, écrivain et futur président du Tadjikistan, coucha sur papier ses souffrances personnelles de la période prérévolutionnaire. Parmi ses œuvres exposées, des éditions en plusieurs langues de ses romans *Le Boukhariote* et *Esclaves*, qui a servi de modèle à la maquette d'une maison exposée au musée régional.

INFORMATIONS PRATIQUES

Avion

Deux vols quotidiens arrivent de Tachkent. Vols régionaux ou internationaux : se renseigner. L'aéroport (tél. 32 11 02) est situé à 6 km au nord de la ville. Un hôtel d'aéroport est actuellement en construction. La billetterie d'Uzbekistan Airways (tlj de 8 à 19 h) se trouve à la rue Gagarine 84.

Train

La gare (tél. 29 15 32) est située à 7 km au nord-ouest de la ville. Attendez-vous à la rareté des places assises, car Samarcande n'est pas le point de départ des trains, que ce soit pour Tachkent ou pour Boukhara. Au moins un express matinal pour Tachkent circule trois fois par semaine, les autres trains express passent à Samarcande tard le soir. Le *Registan,* un train électrifié à grande vitesse, part de Tachkent à 17 h et entre dans Samarcande vers 21 h, 7-9 $ le trajet. Le Tachkent-Samarcande part de la station Severniy Vokzal à 6 h 50 le matin, 7 à 9 $.

Bus

Le voyage par la route est sans doute la meilleure option. La gare routière longue distance (tél. 32 10 86) située à l'est de l'aéroport propose des départs fréquents pour Tachkent (3 à 4 heures en minibus, 5 à 6 heures en autobus), des départs réguliers pour Boukhara (5 heures de route), deux départs quotidiens pour Chakhrisabz (3 à 4 heures) et deux pour Ourguentch (14 heures). Des taxis collectifs pour Tachkent (5-10 $ par pers., ou 20-30 $ pour un taxi individuel) attendent devant les gares routière et ferroviaire. Des taxis pour Boukhara (10 $) partent depuis Povorot avtostantsia près de l'hôtel Bagi-shamal et le bazar Kriti Rinik, à l'extrémité orientale de la rue Ouloug Beg. Les liaisons régionales (p. ex. pour Ourgout) se font au départ de la station d'autobus au sud du Musée de Samarcande, sur la rue Reghistan. A proximité, sur la rue Souzangaran, on trouve des taxis pour Chakhrisabz, et pour Pendjikent, sur la rue du même nom.

Transports urbains

Une flotte délabrée de taxis et de voitures privées complète le vaste réseau de bus et de taxis *marchroutnoïe*. Les lignes les plus utiles sont celles du *marchroutnoïe*. n° 10, reliant la gare routière, l'aéroport, le bazar, les hôtels Samarcande, Zéravchan, Reghistan et Sayokh, des bus n° 21 et 52 de la gare routière à l'hôtel Sayor via le bazar, des trolleys n° 1 entre la gare et le Reghistan, et n° 3 entre la gare et le boulevard de l'Université, et des taxis *marchroutnoïe* n° 17, 19, 23 et 45 entre l'hôtel Samarcande et le bazar.

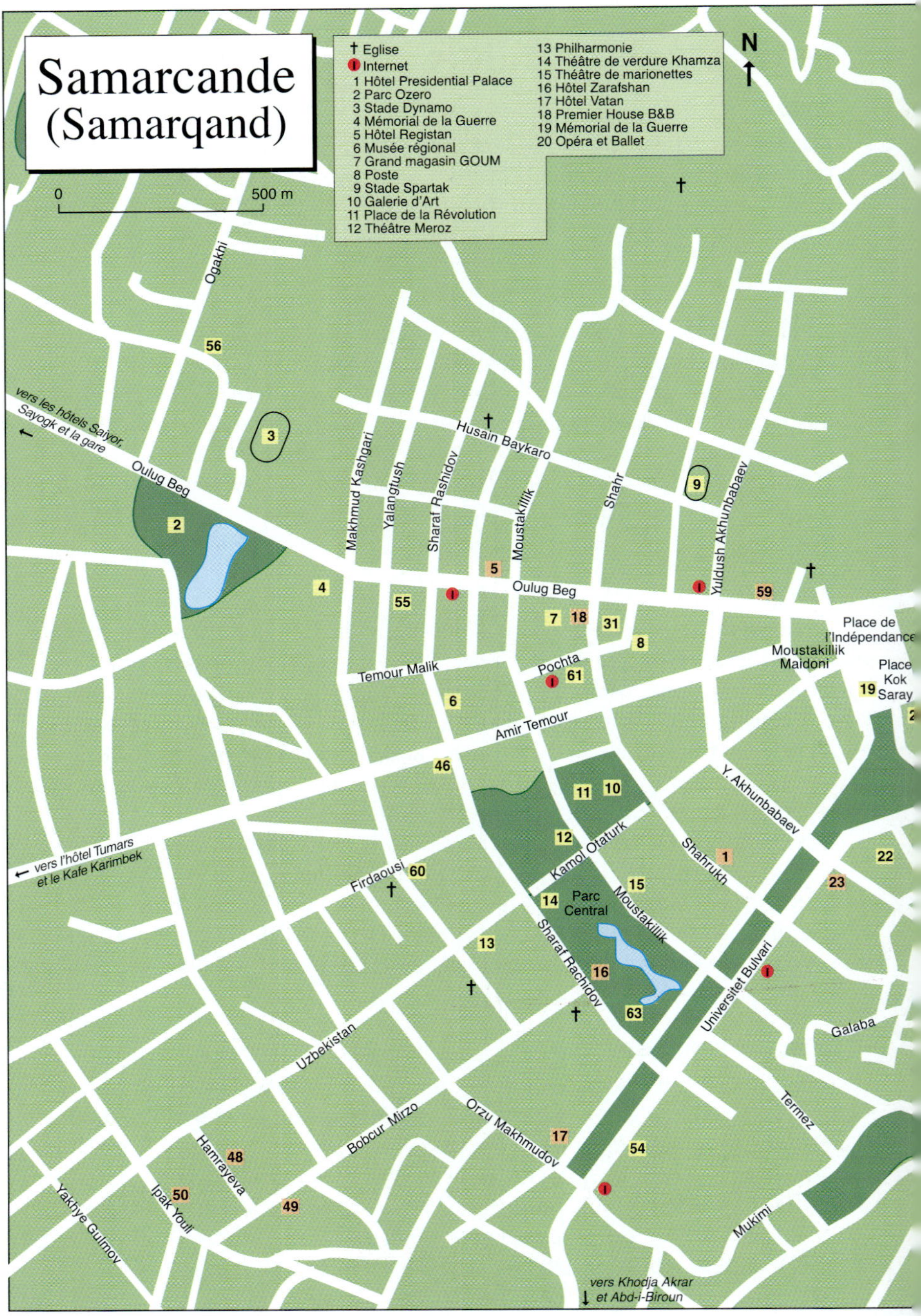
Samarcande
(Samarqand)
0 500 m
N
† Eglise
Internet
1 Hôtel Presidential Palace
2 Parc Ozero
3 Stade Dynamo
4 Mémorial de la Guerre
5 Hôtel Registan
6 Musée régional
7 Grand magasin GOUM
8 Poste
9 Stade Spartak
10 Galerie d'Art
11 Place de la Révolution
12 Théâtre Meroz
13 Philharmonie
14 Théâtre de verdure Khamza
15 Théâtre de marionettes
16 Hôtel Zarafshan
17 Hôtel Vatan
18 Premier House B&B
19 Mémorial de la Guerre
20 Opéra et Ballet
Ogakhi
vers les hôtels Saiyor, Sayogk et la gare
Oulug Beg
Husain Baykaro
Makhmud Kashgari
Yalangtush
Sharaf Rashidov
Moustakillik
Shahr
Yuldush Akhunbabaev
Temour Malik
Pochta
Amir Temour
Place de l'Indépendance
Moustakillik Maidoni
Place Kok Saray
Y. Akhunbabaev
Shahrukh
Kamol Otaturk
Parc Central
Moustakillik
Sharaf Rachidov
Universitet Bulvari
Firdaousi
vers l'hôtel Tumars et le Kafe Karimbek
Uzbekistan
Galaba
Termez
Bobcur Mirzo
Orzu Makhmudov
Hamrayeva
Ipak Youli
Yakhye Gulmov
Mukimi
vers Khodja Akrar et Abd-i-Biroun

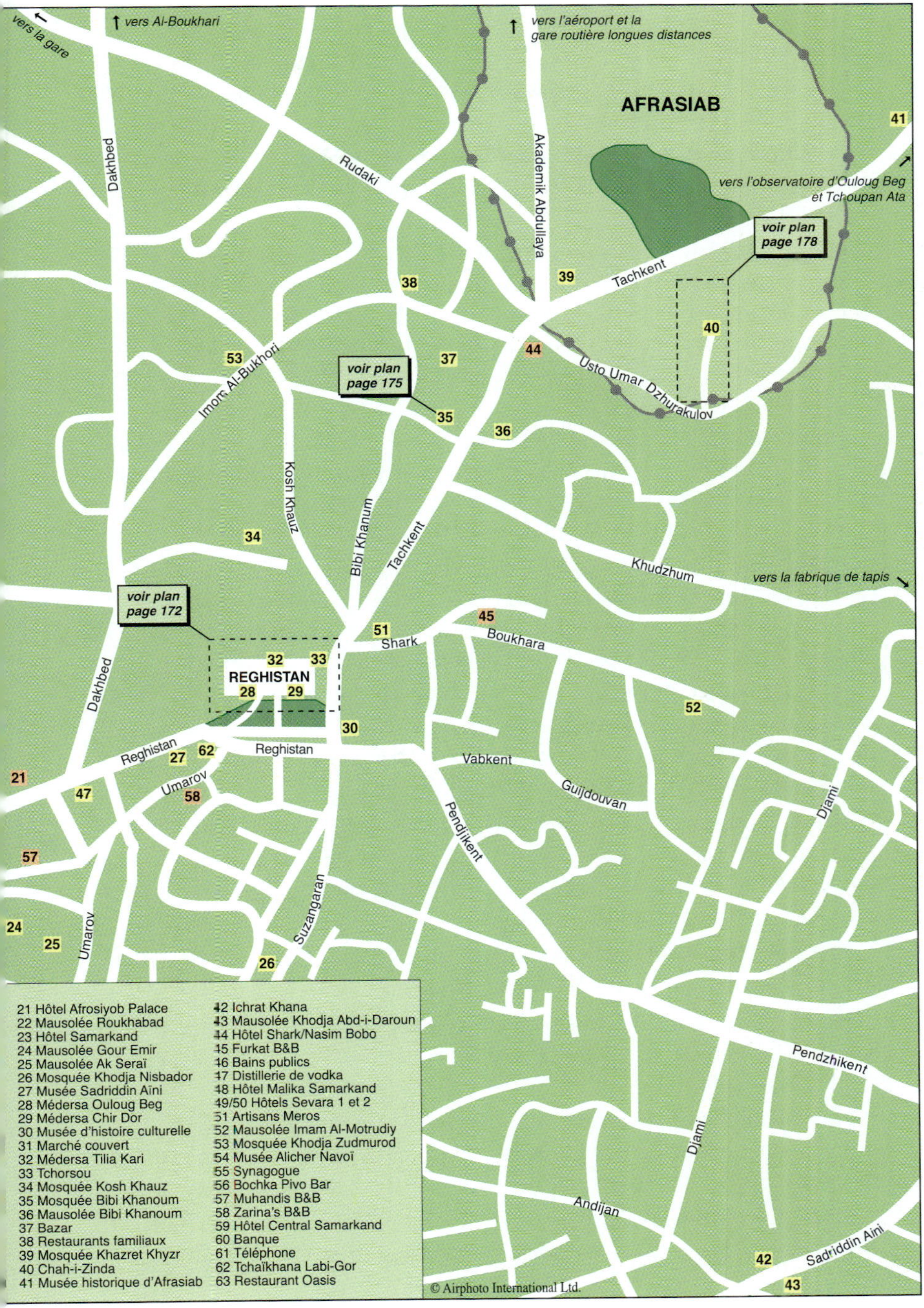

vers la gare
vers Al-Boukhari
vers l'aéroport et la gare routière longues distances
AFRASIAB
vers l'observatoire d'Ouloug Beg et Tchoupan Ata
voir plan page 178
voir plan page 175
voir plan page 172
vers la fabrique de tapis
REGHISTAN
Dakhbed
Rudaki
Akademik Abdullaya
Tachkent
Usto Umar Dzhurakulov
Imom Al-Bukhori
Kosh Khauz
Bibi Khanum
Khudzhum
Shark
Boukhara
Reghistan
Umarov
Vabkent
Guijdouvan
Pendjikent
Djami
Suzangaran
Pendzhikent
Andijan
Sadriddin Aini
21 Hôtel Afrosiyob Palace
22 Mausolée Roukhabad
23 Hôtel Samarkand
24 Mausolée Gour Emir
25 Mausolée Ak Seraï
26 Mosquée Khodja Nisbador
27 Musée Sadriddin Aïni
28 Médersa Ouloug Beg
29 Médersa Chir Dor
30 Musée d'histoire culturelle
31 Marché couvert
32 Médersa Tilia Kari
33 Tchorsou
34 Mosquée Kosh Khauz
35 Mosquée Bibi Khanoum
36 Mausolée Bibi Khanoum
37 Bazar
38 Restaurants familiaux
39 Mosquée Khazret Khyzr
40 Chah-i-Zinda
41 Musée historique d'Afrasiab
42 Ichrat Khana
43 Mausolée Khodja Abd-i-Daroun
44 Hôtel Shark/Nasim Bobo
45 Furkat B&B
46 Bains publics
47 Distillerie de vodka
48 Hôtel Malika Samarkand
49/50 Hôtels Sevara 1 et 2
51 Artisans Meros
52 Mausolée Imam Al-Motrudiy
53 Mosquée Khodja Zudmurod
54 Musée Alicher Navoï
55 Synagogue
56 Bochka Pivo Bar
57 Muhandis B&B
58 Zarina's B&B
59 Hôtel Central Samarkand
60 Banque
61 Téléphone
62 Tchaïkhana Labi-Gor
63 Restaurant Oasis

Hébergement

Comme à Boukhara, l'offre privée de B&B se développe rapidement et propose un choix réel au voyageur.

Presidential Palace Hotel, rue Chah Rukh. Ce cinq-étoiles, ouvert fin 2003, est l'un des meilleurs hôtels de Samarcande. Chambre simple 95-115 $, double 150 $.

Hôtel Afrasiab, rue Reghistan 2, tél. 31 13 41, fax 31 10 44, afrosiab@online.ru. Hôtel construit par un groupe indien, géré par des Allemands et situé au sommet d'une colline à l'ouest du Reghistan, à l'emplacement du Palais bleu de Tamerlan (voyez les restes des fondations dans le bar). Agence de voyage, billetterie, piscine, sauna, deux restaurants. Chambre simple ou double de 95 à 150 $.

Hotel Central Samarkand, place Kok Saray 1, tél. 31 02 11, fax 33 42 92, hcentral@online.ru, www.hcentral.50megs.com. Autrefois bâtiment administratif, ce nouveau trois-étoiles géré par des étrangers met à disposition un centre d'affaires. Café sans alcool. Chambres petites pour 54 à 80 $.

Hôtel Samarcande, bd de l'Université 1, tél. 35 71 52, fax 31 07 77. A l'ouest du Gour Emir, à côté de la nouvelle statue de Tamerlan, cet hôtel d'Etat offre des chambres simples ou doubles propres, climatisées, avec salle de bains, pour 15 à 24 $. Guichet postal, boutique, galerie, restaurant sur le toit, bar.

Hotel Orient Star, rue Dakhbed 33, tél. 35 27 16, fax 35 89 62, ostar@tour-orient.com, www.tour-orient.com. Nouveau, dans le nord de la ville, ce trois-étoiles propose des chambres bien équipées pour 30-50 $, de luxe pour 60-100 $. Abrite l'agence Orient Voyages.

Hotel Tumaris, rue Gagarine 149, tél. 33 40 03, fax 33 58 51, bwa@online.ru. Géré par une association féminine, il est situé en face de plusieurs bons restaurants, dans la partie ouest de Samarcande, et propose piscine, sauna, et des chambres entre 25 et 60 $.

Premier House B&B, Ouloug Beg 9, tél. 33 06 17. Aseptisé, dans la ville moderne, chambre simple 25-30, double 50-60 $.

Hôtel Zéravchan, rue Charaf Rachidov 65, tél. 33 33 72. Situé près du cœur de la ville russe, cet hôtel rénové est un des meilleurs dans sa catégorie (15-30 $ la chambre).

Hôtel Vatan, bd de l'Université 20 (au nord de la statue Navoï), tél. 33 72 14. Formule économique dans une demeure de l'époque tsariste, aux chambres ornées de draperies imposantes. Compter 20 $ par personne.

Hôtel Sayokh (anciennement Touriste), rue Gagarine 85B, tél. 34 07 01. Chambres délabrées à 10 $, loin dans le nord-ouest de la ville russe.

Hôtel Reghistan, rue Moustakillik 36, tél. 33 52 25. Hôtel sans prétentions, à 5 $ la nuit.

Hôtel Sharq, rue Tachkent 27, face au bazar d'Afrasiab, tél. 35 10 28. Pour côtoyer (jusqu'à ce que la police s'en mêle...) les kolkhoziens du bazar, 1 à 3 $ le lit.

Fourkat B&B, rue Moullokandov 32 et 105 (en ouzbek rue Shark/Qozi Kalon), immédiatement à l'est du Reghistan, tél. 35 32 61, hotelfurkat@ mail.ru. Situation imbattable, le n° 105 grandit avec le succès, tandis que le n° 32 demeure plus tranquille. Des appartements sont disponibles en face du Reghistan, 8 $ (chambres au rez, sans petit-déjeuner) à 50 $ pour chambres avec vue.

Bakhadir B&B, rue Moullokandov 132, tél. 35 85 29, bon rapport qualité/prix, avec excellent emplacement et bons repas. Le favoris des routards, chambre avec sdb 10-18 $, sans sbd 6-12 $.

Zarina's B&B, rue Umarov 4, tél. 35 07 61, fax 35 16 09, www.esprit.da.ru. Esprit@samuni.silk.org. Nouvel hôtel bien équipé près du Reghistan, avec piscine, *tchaïkhana* sur jardin et des chambres dans le style local, 20-30 $. L'agence de voyage **Esprit du Temps** dispose de guides francophones.

Malika Samarkand, rue Khamraeva 37, tél. 33 01 97, fax 33 43 49, mauzo@rol.uz. Construction spacieuse dans le sud-ouest de Samarcande, associant style traditionnel, magnifiques sculptures sur bois et confort moderne, 25 à 50 $.

Muhandis B&B, rue Iskandarov 58, tél. 35 20 92, kutbiya@ samuni.silk.org. Sympathique endroit avec jardin et vue sur le Gour Emir, qui a survécu aux démolisseurs qui ont «nettoyé» le quartier. Des sœurs, propriétaires, proposent une excellente cuisine et des chambres entre 10 et 25 $.

Timur the Great B&B, rue Bukhara 84, tél./fax 35 19 80. Dans une rue parallèle au sud de Furkat, propose des lits pour 15 $. Bar-restaurant en sous-sol.

Bonu-Sh B&B, rue Suzangaran 87, tél. 35 51 02, shehrozi@online.ru, www.bonu-sh.narod.ru. Au sud du Reghistan, avec une grande cour mais de petites salles de bains, 15 à 25 $.

Dilshoda B&B , rue Ak Saray 150, tél. 35 03 87, dil_servis@mail.ru. Dans une allée à côté du Gour Emir, qu'on peut apercevoir de l'étage supérieur, chambres à 15-30 $.

Shahname B&B, 57, rue Orsout Mahmoudov, tél. 35 43 95, shahname@ online.ru. Bâtiment moderne de deux étages.

Legend B&B, 60, rue Tolmasova, tél. 35 05 43, legend_guesthouse@ intal.uz. Dans un bâtiment au décor ancien, avec balcon, apprécié des groupes français, 25 $ par personne, avec petit déjeuner. Difficile à trouver, appelez à l'avance, Géré par l'agence Légendes de Samarcande, contacter Laziz.

Igbal Opa's B&B, 3, rue Ouvaïsy, perpendiculaire à Ouzmon Yousopov et Samarkandskaya, tél. 35 25 74, zumradashurova@hotmail.com. Ravissante demeure tadjike, dans le sud de la ville, 10-15 $ par personne.

Sevara-1 B&B, rue Shokir Bekova 7, tél./fax 37 32 75, et **Sevara-2 B&B**, deux blocs plus loin, à la rue Ipak Yuli 6 (ex-Shelkovodnaya), dans le sud-ouest de la ville, tél. 33 33 59. Dix chambres de 20 à 50 $, avec jardin, piscine et sauna.

Kamila Hotel, rue Artyoma 26, tél. 35 40 39. Grand établissement impersonnel avec piscine, bar et billard, au nord du Reghistan, perpendiculaire à Dakhbed, un peu loin du centre ville (25-40 $).

Nourriture

Suivez la foule pour les restaurants de plein air, y compris l'excellent **Kafe Karimbek-Sayora**, à l'angle sud-ouest du carrefour Gagarine/Amir Timour, à l'ouest de Samarcande. On y mange salades, chachliks, poulet, bœuf et agneau grillés, ainsi que du foie. Pour un bon *plov*, allez à la *tchaïkhana* **Besh Tchinar** au 121, rue Tursunova, face à la banque Pakhta, dans le centre ville (ouvert de 9 à 22 h, fermé le dimanche). Demandez le *plov* de Samarcande avec huile et os (*Samarqand palov dumma va illik bilan* en ouzbek). Plus près, la *tchaïkhana* située du côté ouest du bazar sert sans discontinuer un thé vert pour accompagner fruits et galettes de *non* fraîchement sorties du four. Du côté est, montez à **Nasim Bobo Oksakol**, rue Tachkent 32, à côté de l'hôtel Chark, au carrefour de Khazret Khyzr. Pour un bon repas maison ouzbek, remontez au nord du bazar, vers la rue Imom Al-Boukhari et suivez un des nombreux rabatteurs qui vous proposeront de bonnes tables. Les prix sont modestes et les menus variés. Vous dégusterez *plov*, chachliks, *laghman* et *manty*, *nakhot chourak* (ragoût aux pois chiches) et *tchalop* (potage froid).

Au sud de la zone piétonne de la rue Tachkent, évitez la *tchaïkhana* Tchorsou et rendez-vous en face à la rue Reghistan 6, où la *tchaïkhana* **Labi-Gor** propose une nourriture bien meilleure (poivrons farcis, feuilles de vigne farcies et salades) ; salle à l'étage avec vue.

Dans le quartier russe, on trouve de la nourriture européenne et ouzbèke au restaurant **Oasis** et dans les établissements alentour, au parc Central, derrière Charaf Rachidov. L'Oasis appartient à Samarkand Praga, joint-venture tchèque qui produit la bière brune Samarkand et la blonde Pulsar. Toutes deux sont disponibles à la pression au **Bochka Pivo-Bar**, à côté de la brasserie, sur la rue Ozod Chark, derrière le stade Dynamo. Pour le petit-déjeuner, essayez le **Café Boris** où la rue Firdaousi rejoint Charaf Rachidov. D'une manière générale, la nourriture dans les hôtels est quelconque, à l'exception du restaurant sur le toit de l'**hôtel Samarcande**, réputé pour ses chachliks, et ses glaces ; vue sur le Reghistan et le Gour Emir.

Dôme de la mosquée sud de Bibi Khanoum

Distractions

Chants et danses ouzbeks animent parfois la **médersa Chir Dor**, et le **Reghistan** offre certains soirs d'été un spectacle son et lumière. Le **théâtre Meros** propose un autre type de décalage culturel, avec un défilé de costumes populaires au Club des officiers du tsar, rue Moustakillik 58, où fut proclamé en 1917 le pouvoir bolchevik. En face, sur l'ancienne place de la Révolution, des concerts de musique classique sont donnés à la **Samarkand Art Gallery**, tél. 33 51 43, une ancienne église russe.

Informez-vous auprès de votre hôtel/guide pour le **Khamid Alimjon Opera & Ballet Theatre**, à côté de l'hôtel Afrasiab, le **Théâtre de marionnettes** de Samarcande, rue Moustakillik 51, la **Philharmonie**, rue Makhmoud Kachgari 68, le **Théâtre de verdure Khamza**, rue Charaf Rachidov 57 ou, un bloc au nord, le cinéma de plein air ainsi que la discothèque d'été **Green Hall**. Le populaire club **Sharq Disco and Pool Hall**, sur Ouloug Beg, près du carrefour Berouni, est ouvert toute l'année. Plusieurs bars se trouvent sur, ou près, de la rue Akhounbabaïev, où celle-ci rejoint Ouloug Beg, Amir Timour, et la rue Ouzbékistan.

Pour vous détendre, profitez des courts de **tennis** des clubs Samarkandtrans et Dynamo (tél. 33 42 49 et 33 58 01), derrière le parc Ozero, rue Ouloug

Beg 52, à l'emplacement où les archéologues ont découvert les outils de silex et les traces de foyers de l'homme paléolithique.

L'**Alliance française** se trouve à la rue Nikrasova 26, tél./fax 33 66 27, alliance@samarkand.uz.

Argent et communications

Vous trouverez des bureaux de change dans la plupart des hôtels. Vous pouvez également vous adresser à la **Banque nationale d'Ouzbékistan**, rue Firdaousi 7, tél. 33 57 50, où il est possible de retirer des dollars avec la carte Visa.

Les cybercafés se développent à toute vitesse: **Zona-X**, à la rue Ouleg Beg 4; **Internet Club World**, sur le bd de l'Université 6; **Public Access Centre**, à l'intérieur de la Librairie régionale de Samarcande, à l'extrémité sud du bd de l'Université; ou **Intal-Telecom Internet**, à la rue Pochta 9, à côté de l'Office des Télégraphes ouvert 24/24 h, au sud du magasin Goum, à l'angle avec Chah Roukh.

La **poste principale**, ouverte de 8 à 20 h, se trouve tout près, rue Pochta 5, derrière le marché couvert. Des cartes postales et des timbres sont vendus dans les grands hôtels.

Achats

Le Reghistan est l'endroit le plus agréable pour les achats. Laissez-vous séduire par le vaste choix de broderies, de céramiques et de peintures dans les anciennes cellules d'étudiants des trois médersas du Reghistan, mais n'oubliez pas de marchander. Découvrez, dans la façade gauche de Chir Dor, la **Fabrika Houdjoum**, au 12 rue Houdjoum, à l'est du Reghistan, ouverte les jours ouvrables, où l'exilé afghan Abdoul Badghisi vend des tapis traditionnels en soie faits main.

Pour voir la fabrication d'autres objets artisanaux, allez au Centre artisanal derrière le mausolée Rukhabad, près du Gour Emir, ou à la plus grande **Meros Artisans Association**, derrière la *tchaïkhana* Tchorsou, dans la partie sud de la rue Tachkent, au 43A. Dans l'avant-cour du Musée d'Histoire culturelle tout proche, le **Great Silk Road Shop** propose un bon choix d'artisanat, tout comme la **Samarkand Art Gallery**, rue Moustakillik 58, tél. 33 51 43, qui a également un choix de broderies anciennes. Plus loin, dans la partie piétonne de Moustakillik, se trouvent diverses boutiques, une librairie, et le grand magasin Goum, rue Ouleg Beg 17, qui déborde de produits importés de Chine.

Agences de voyage

Ouzbektourisme, dans l'hôtel Samarcande, tél. 35 71 52, fax 31 07 77. Organise des tours de ville et des excursions à Chakhrisabz, Pendjikent et au mausolée al-Boukhari.

Asia Travel International, à l'intérieur de l'hôtel Afrosiyab Palace, tél./fax 31 13 82, www.ati-uzbekistan.com. Entreprise privée proposant, à des tarifs raisonnables, des excursions sur la Route de la Soie de Tachkent à Khiva, du trekking et des expéditions à dos de chameau dans le Kyzyl Koum, et des séjours dans des familles ouzbèkes. Guide francophone.

Afrosiab Business Travel Agency, à l'hôtel Samarcande, 2e étage, tél. et fax 35 82 50.

Avesta-N, à l'hôtel Zéravchan, tél. 33 33 73. Spécialiste du trekking dans le désert.

Sairam Tourism, rue Kok Saray 2, tél. et fax 35 10 32.

Sogda-Tour, pl. Kok Saray 1, près du Central Samarkand Hotel, tél. 33 17 35, fax 31 17 35, sogda@online.ru, www.silktour.uz. Grand choix de circuits en Ouzbékistan et en Asie centrale. Saad Alhaire et Lyubov Goraschenko vous aideront efficacement lors de votre séjour à Samarcande (guide parlant français).

Afsona Travel, rue Ouzbékistan 74, tél. 33 19 21, fax 33 51 27, afsona@online.ru. Agence expérimentée, avec guides parlant français.

UzIntour, rue Firdaousi 2, tél./fax 33 77 38, www.uzintour.co.uz. Filiale locale et efficace d'une entreprise nationale. Va publier prochainement un plan de Samarcande et un magazine destiné aux touristes. Guides francophones.

Esprit du Temps, dans l'hôtel Zarina. Circuits en Ouzbékistan, et guides francophones.

Légendes de Samarcande, rue Ouloug Beg 48/62, tél. 33 74 81. Circuits guidés en français, et chambres B&B pour 20 $.

Tour Orient (voir hôtel Orient Star ci-dessus).

LES ENVIRONS DE SAMARCANDE

■ LE MAUSOLÉE AL-BOUKHARI

Le deuxième livre saint de l'islam, après le Coran, est le recueil de hadiths (paroles du Prophète) rassemblés notamment par Abou Abdoullah Mohammed ibn Ismaïl Imam Al-Boukhari, né à Boukhara en 810. Doué dès son plus jeune âge pour l'étude des traditions de Mahomet, celui-ci accompagna sa mère et son frère en pèlerinage à La Mecque à l'âge de 16 ans. Ils revinrent sans lui, car Al-Boukhari avait choisi de parcourir tout le monde islamique à la recherche de hadiths. Pendant seize ans, il allait en recueillir 600 000 auprès d'un millier de cheikhs, et les collationner dans les 97 livres de son œuvre maîtresse. Il n'incluait jamais un nouveau texte sans avoir fait au préalable ses ablutions et sa prière. Outre la vie de Mahomet, Al-Boukhari expliqua la création du paradis et de l'enfer.

Bien que sa probité intellectuelle et ses profondes connaissances fussent reconnues de son temps, sa popularité et son esprit indépendant lui attirèrent des ennemis en Perse, le contraignant à retourner à Boukhara. Souhaitant continuer à étudier devant tous les fidèles qui fréquentaient sa mosquée, Al-Boukhari refusa de donner des leçons particulières aux enfants du gouverneur de Boukhara. Ce qui entraîna sa relégation dans le petit village de Hartang, à l'écart de Samarcande. Une nuit de 870, on entendit le vieux maître, déprimé, prier Dieu de le libérer. Un mois plus tard, il était mort.

Des siècles de recherches ont prouvé qu'Al-Boukhari avait constitué la collection de hadiths la plus fiable et la plus respectée. Comme il n'a jamais été rattaché à une école particulière, son mausolée attire des pèlerins du monde entier. Le monument visible aujourd'hui date d'au moins 200 ans. Une rénovation en cours – qui ne fait pas l'unanimité – l'a transformé en centre d'étude international. Les visiteurs doivent présenter une tenue correcte (la tête couverte pour les femmes) et demander la permission d'entrer. Les salles de réception et de prière entourent un *haouz* ombragé par des *chinor*. Tout près du minaret, une arcade conduit au tombeau d'Al-Boukhari, sous un mausolée à coupole bleue.

Pour atteindre le mausolée, situé 25 km au nord de Samarcande à Khodja Ismaïl Kichlak, il suffit de se joindre à un tour organisé, ou de prendre un taxi. On passe en chemin, entre les rivières Blanche et Noire, par le site de **Match-toumi Azam** dans le village de Dakhbed. C'est l'autre nom de Cheikh Khodja Mohammed Kasani, un adepte de l'ordre des nakhchbandi de Boukhara, qui mourut ici en 1542 à l'âge de 81 ans. La grande mosquée, restaurée, fut construite en 1613 par Yalangtouch Bahadour, le gouverneur cheïbanide de Samarcande, qui reposerait dans le *dakhma* de marbre s'élevant dans le cimetière voisin.

OURGOUT

Les collines d'Ourgout offrent un bol d'air bienvenu après l'intense chaleur de Samarcande. Des torrents rapides alimentent un réseau serré de bassins et de *tchaïkhana*. Le centre ville abrite la mosquée Tchoubin, restaurée, tandis que les pentes étagées de la vallée servent d'écrin à la sublime mosquée Tchor Tchinor. Ses salles en pierre paraissent bien petites à côté du bouquet de sycomores et de *karagatcha* géants qui ombragent une source d'eau fraîche.

Les environs d'Ourgout offrent de nombreuses possibilités d'excursion, mais il ne faut pas oublier que la région est considérée comme l'un des principaux centres de production d'opium. Le marché du dimanche et du jeudi, connu comme le plus actif de la région, propose surtout des marchandises modernes, mais on y trouve parfois des objets d'artisanat, y compris des céramiques réalisées par la famille Ablakoulov, maître de la célèbre Ecole d'Ourgout. L'hôtel Ourgout offre un logement sommaire à bas prix.

UNE EXCURSION AU TADJIKISTAN: PENDJIKENT

La ville de Pendjikent, au Tadjikistan, se trouve à 65 km à l'est de Samarcande, en amont sur le Zéravchan. Les visiteurs viennent s'imprégner d'une culture qui, par-delà les frontières politiques, remonte aux origines des peuples tadjik et ouzbek. Au Ve siècle, **Boundjikath** (cinq villages), aujourd'hui à l'est de la ville moderne, fédéra cinq villages pour former une partie importante de la confédération sogdienne, qui englobait l'Afrasiab de Samarcande. Une société prospère de guerriers, de gentilshommes et d'artistes s'y développa sur un plateau de loess, au-dessus du Zéravchan, grâce au commerce de la Route de la Soie. Mais cette civilisation de grande tolérance et de culture diversifiée ne put résister à l'incursion de l'islam et tomba sous la coupe des Arabes au VIIe siècle.

Elle avait sombré dans l'oubli lorsqu'en 1933, un berger trouva sur le mont Moug (130 km à l'est de Pendjikent) un panier en osier renfermant des manuscrits sogdiens. Les experts en découvrirent d'autres, ainsi que le château en ruine du dernier prince de Boundjikath, Divastitch. Celui-ci avait fui après un ultime assaut infructueux contre les Arabes, mais avait été fait prisonnier et exécuté, son château étant saccagé. Les fouilles commencèrent en 1946 dans cette cité endormie, suscitant le plus grand intérêt des milieux archéologiques. Elles exhumèrent des peintures murales, des fresques monumentales témoignant, fût-ce de façon parcellaire, d'une société lettrée, possédant ses légendes épiques, ses fêtes de cour et ses champs de batailles. Un dialecte sogdien a d'ailleurs survécu aux assauts du perse et du turc dans la lointaine vallée de Yagnob, plus à l'est, livrant ainsi aux philologues un lien ténu avec cette période oubliée.

Ruines sogdiennes, Pendjikent

■ À VOIR

Encadré par la chaîne du Turkestan au nord et le Zéravchan au sud, **Boundjikath** jouit d'une superbe situation, très haut au-dessus de la rivière. En raison du saccage perpétré il y a plus de mille deux cents ans et du fait que la nature y a repris ses droits, le visiteur doit faire preuve d'imagination sur le site. Il peut parcourir les 18 hectares de ruines en argile ou en adobe, discernant des maisons et des porches le long d'anciennes avenues, mais un guide est nécessaire pour apprécier réellement la visite.

Si l'on se tient devant le plan, près du petit musée à l'écart de la route principale, la cité apparaît divisée en quatre sections: loin à gauche, la citadelle fortifiée du prince; devant, le *chakhristan* (ville fortifiée intérieure); à droite, les faubourgs entourés d'une muraille extérieure; derrière soi, la nécropole. Le *chakhristan* renferme deux complexes religieux avec bâtiments, cours et salles closes réservées aux prêtres zoroastriens et au culte du feu. Les peintures montrent des repas et des danses rituels, que les bouddhistes, les manichéens et les nestoriens ont aussi pratiqués. Les résidences à un ou deux étages comportaient de grands salons de réception, des portes sculptées, des escaliers en colimaçon et des façades décorées. Le zoroastrisme interdit que les cadavres souillent les quatre éléments, ce qui implique qu'ils ne soient ni brûlés, ni enterrés, ni noyés, ni abandonnés à l'air. Une fois leur chair dévorée par les bêtes de proie, les Sogdiens plaçaient les os des défunts dans des ossuaires (caissons ornementaux en argile), ensuite déposés dans des tombes voûtées.

Le **petit musée** de Boundjikath propose les reproductions de certaines fresques, depuis longtemps parties au musée de l'Ermitage (Saint-Pétersbourg), des colonnes originales en bois, des bols, des bijoux et des ossuaires.

Pour en voir plus, ne manquez pas le **musée Roudaki de la vie locale** de Pendjikent, oulitsa (rue) Roudaki. Roudaki est considéré comme le père de la poésie persane et tadjike en raison de sa carrière longue, variée et prolifique à la cour de Samarcande et à celle de Boukhara. A sa mort, en 940, il fut enseveli dans un magnifique site montagneux à 60 km de Pendjikent (cette visite est comprise dans le circuit de Sogda Tours à Pendjikent). Le musée explique le déroulement des fouilles, expose les objets découverts et de nombreuses reproductions de cette ultime floraison de l'art sogdien pré-musulman.

On peut y admirer la version sogdienne du héros épique iranien Roustam, célébré deux siècles plus tard dans le *Chahnama* (Livre des Rois) de Firdousi, des thèmes chinois, des illustrations de fables indiennes et de contes mythiques traités par Esope, comme celui de la poule aux œufs d'or. Une peinture montrant un jeune prince éploré dans un palais évoque le culte de la mort et de la renaissance saisonnières de la nature pratiqué en Asie centrale; les pleureurs sogdiens et turcs s'arrachaient les cheveux et se coupaient les lobes de l'oreille en signe de chagrin.

INFORMATIONS PRATIQUES

Transports

Sogda Tours et d'autres agences de voyage de Samarcande proposent des excursions d'un jour à Pendjikent. Il n'y a plus de bus direct pour cette destination. Le trajet prenait naguère moins d'une heure, mais l'indépendance et les conséquences de la guerre civile engendrent des complications pour les usagers des transports publics. Si vous souhaitez y aller par vos propres moyens, prenez un taxi pour les quarante-deux kilomètres jusqu'à la frontière tadjike au sud-est du Reghistan sur Pendjikent Koutchasi, traversez à pied la zone internationale et poursuivez avec un bus tadjik pour les dix-huit derniers kilomètres. Pour gagner la ville ancienne («drevniy gorod»), prendre un taxi au centre de Pendjikent ou faire une demi-heure de marche.

Les formalités d'immigration

Avec un tour organisé, on vous fournira les documents de voyage qui permettent aux visiteurs étrangers de séjourner trois jours au Tadjikistan sans visa, et sans visa à entrée multiple pour le retour en Ouzbékistan. Pour les voyageurs individuels, il est nécessaire de requérir un visa au consulat tadjike de Tachkent et de disposer, le cas échéant, d'un visa à entrée multiple pour le retour en Ouzbékistan.

La monnaie tadjik, le *somani*, est disponible dans les banques et bazars de Pendjikent (3 *somani* pour 1 dollar, début 2004), mais on peut aussi en obtenir auprès des commerçants montant dans le bus de Pendjikent, en territoire tadjike.

Logement et nourriture

L'**hôtel Pendjikent**, rue Mirnaïa 22, à hauteur de la rue Roudaki, dans le sud de la ville, tél. (3475) 545 09, est un solide bâtiment soviéto-oriental avec superbe vue sur la vallée. Les chambres doubles avec bain et air conditionné sont facturées environ 15 $ la nuit.

Les possibilités de se nourrir se réduisent au restaurant troglodytique **Dousti** («amitié»), près de la statue de Lénine, à quinze minutes de marche des hôtels, ou aux salons de thé du bazar, plus loin sur la rue Roudaki.

Miniature représentant la naissance d'Ouloug Beg

LA ROUTE DU SUD

Au-delà de Samarcande, la M-39 poursuit sa trajectoire reliant Tachkent à Termez en escaladant le Zéravchan, un massif du Pamir, en direction du col de Takhtakaratcha. Cette importante branche de la Route de la Soie a été parcourue par les armées d'Alexandre le Grand et de Tamerlan, en route pour l'Inde. Les tanks soviétiques ont aussi rallié l'Afghanistan par cette voie. En 1395, Tamerlan fit construire un palais et des jardins, entre sa capitale impériale et sa ville natale de Chakhrisabz, 80 km plus au sud. L'enceinte de la résidence témoignait de la démesure timouride – on dit que lorsqu'un constructeur y perdait son cheval, il ne le retrouvait que six mois plus tard... Des carrières proches permettaient au tyran d'assouvir sa soif de construction. La route traverse le village d'Amankoutan, à l'ombre de ses acacias blancs, de ses noyers, de ses pins; un avion, héritage du général Abramov, rappelle que celui-ci fut le premier gouverneur russe de Samarcande. Non loin de là, après le camp des pionniers de la Jeune Garde, se trouve une grotte de 80 m de profondeur, la plus profonde d'Asie centrale, où un savant russe trouva les restes d'un campement paléolithique, aujourd'hui exposés au Musée régional de Samarcande. Ailleurs dans le sud de l'Ouzbékistan, il est possible d'explorer les grottes qui ont abrité Tamerlan et sa bande de brigands, pêcher dans des lacs glaciaires avec l'hélicoptère, parcourir à cheval la chaîne montagneuse de l'Hissar, escalader la montagne sacrée Khazreti Sultan, ou partir à la recherche de peintures rupestres et autres traces de dinosaures datant du Jurassique. Etant donnés les problèmes de sécurité de ces dernières années, il est recommandé de s'informer avant de s'engager.

D'Amankoutan, la route grimpe à 1675 m d'altitude; le col offre un superbe panorama sur la rivière Kachladaria dans la vallée et l'ancienne ville de Chakhrisabz.

CHAKHRISABZ

Tamerlan, le plus grand conquérant d'Asie centrale, est né dans la ville sogdiane de Kech, qui vit passer le voyageur bouddhiste chinois Xuan Zang au début du VIIe siècle. Devenue une cité musulmane après l'invasion arabe, elle tomba quelque peu en déréliction sous les Samanides, alors que Boukhara et Samarcande prospéraient. Les Mongols y rencontrèrent peu de résistance en 1220. En 1336, à la naissance de Tamerlan, Kech se trouvait sous la coupe du clan des Barlas, des Mongols du khanat de Tchagataï, turquisés à la suite d'un long séjour dans la fertile vallée de Kachkadaria. Tamerlan se prévalut de son lignage Barlas pour rassembler des compagnons, qui permirent à ce voleur de bétail de devenir le seigneur de la vallée à l'âge de 25 ans. Une décennie de combats plus tard, il régnait sur la Transoxiane. Tamerlan déploya de gros efforts pour renforcer et embellir Kech, alors que Samarcande était toute désignée pour devenir le joyau de son empire. Le centre ville fut entouré de hautes murailles et de douves profondes, traversées par un pont-levis. Le cimetière familial fut agrandi et, défiant tous les superlatifs, le Palais Blanc de Tamerlan sortit de terre. Bien que la dynastie des Timourides allait s'écrouler, comme ses constructions, Kech doit à son âge d'or sa nouvelle appellation de Chakhrisabz, « ville verte » en raison de ses nombreux jardins.

Le khan Abdullah de Boukhara détruisit l'essentiel de l'héritage timouride à la fin du XVIe siècle – il aurait, dit-on, été rendu fou furieux par la mort par épuisement de son cheval favori à l'approche de la cité. Toutefois, Chakhrisabz conserva une semi-indépendance vis-à-vis de Boukhara jusqu'au XIXe siècle, pendant lequel elle résista plus de trente ans à l'émir Nasrullah. A la reddition du gouverneur en 1856, Nasrullah enleva sa sœur jeune mariée, qu'il fit exécuter quatre ans plus tard, près de son lit de mort. La ville vécut une dernière décennie d'autonomie avant que le général Abramov ne la prenne d'assaut pour venger l'assassinat d'un collecteur d'impôts tsariste. Le diplomate américain Schulyer, qui la visita en 1873, y découvrit deux villes dans une seule enceinte : Kitab et Chaar, la seconde plus grande que la première, avec 90 mosquées et trois médersas. L'accueil y était plus chaleureux que partout ailleurs. Contrairement à Boukhara, l'esclavage y était interdit et, « pour des motifs humanitaires, ils tranchaient la gorge d'un condamné avant de le pendre ». Le régime soviétique a apporté de grands bouleversements au mode de vie et à la physionomie de la ville, mais celle-ci conserve beaucoup de légendes et de monuments de son passé. La décontraction ouzbèke demeure, dans les mosquées, les salons de thé et les rues sinueuses bordées de maisons traditionnelles. En 2002, Chakhrisabz a célébré le 2700e anniversaire de sa fondation.

Tamerlan, qui avait fait bâtir de magnifiques mausolées pour les membres de sa famille, s'était réservé une crypte toute simple à Chakhrisabz ; avant de rendre son dernier soupir, il avait demandé « une seule pierre, et mon nom dessus ». Au lieu de quoi, il repose dans le somptueux Gour Emir de Samarcande, sous une gigantesque dalle de jade. Une statue imposante, à sa gloire, a été érigée en 2003 devant l'hôtel Chakhrisabz Orient Star. Seul son village natal de Khodja Ilgar (à 13 km au sud de Chakhrisabz) a respecté son vœu de simplicité : un petit kern en briques commémore la naissance de la Terreur du Monde.

À VOIR

Tour d'entrée d'Ak Seraï, le Palais Blanc, à Chakhrisabz

■ LE PALAIS AK SERAÏ

« Que celui qui doute de notre puissance et de notre munificence regarde nos constructions. » Cette inscription a partiellement disparu, à l'image du grandiose projet de Tamerlan, mais les deux tours d'entrée en ruine témoignent avec éclat d'un véritable âge d'or. Après avoir pris Kounia Ourguentch en 1379, Tamerlan dépêcha ses artisans dans sa ville natale pour y édifier son plus grand palais ; la mosquée Bibi Khanoum de Samarcande, de vingt ans postérieure, a hérité du même plan, mais pas de ses dimensions ni de sa décoration incomparables. Le nom d'Ak Seraï (Palais blanc) symbolise la noble descendance de Tamerlan, mais les couleurs qui prédominent dans les immenses mosaïques sont le bleu, le vert et l'or.

Les artisans esclaves du Khorezm et d'Azerbaïdjan étaient toujours au travail en 1404, lorsque l'ambassadeur d'Espagne Clavijo franchit, fasciné, une arcade de 40 m de haut et de 22 m de large, flanquée de tours de 65 m de haut, et donnant sur une cour dallée de marbre de 100 m de côté, elle-même ceinturée d'arcades à étage. Une autre porte décorée s'ouvrait sur le salon de réception à coupole de Tamerlan, « où les murs étaient recouverts de mosaïques or et bleues, et le plafond entièrement plaqué d'or ». La visite de Clavijo se poursuivit par des pièces « merveilleusement ouvragées » et la salle à manger des femmes de Tamerlan jusqu'à un verger et des bassins d'eau, idéaux pour les fêtes estivales avec vin, viande de mouton et de cheval. « Les Tartares ont l'habitude de boire du vin avant de manger, et ils en boivent tellement et avec une telle précipitation que les hommes sont vite saouls. Aucune fête n'est digne de ce nom, nous a-t-on dit, si les invités n'ont pas bu jusqu'à l'ivresse. »

Le complexe s'étend, au-delà du mémorial de la Guerre, jusqu'à l'hôtel Chakhrisabz. Les visiteurs peuvent aujourd'hui en imaginer la splendeur passée en admirant les tours de 38 m et les éblouissants murs à la base de l'arcade. Les jeunes gens du lieu empruntent des échelles peu sûres pour restaurer

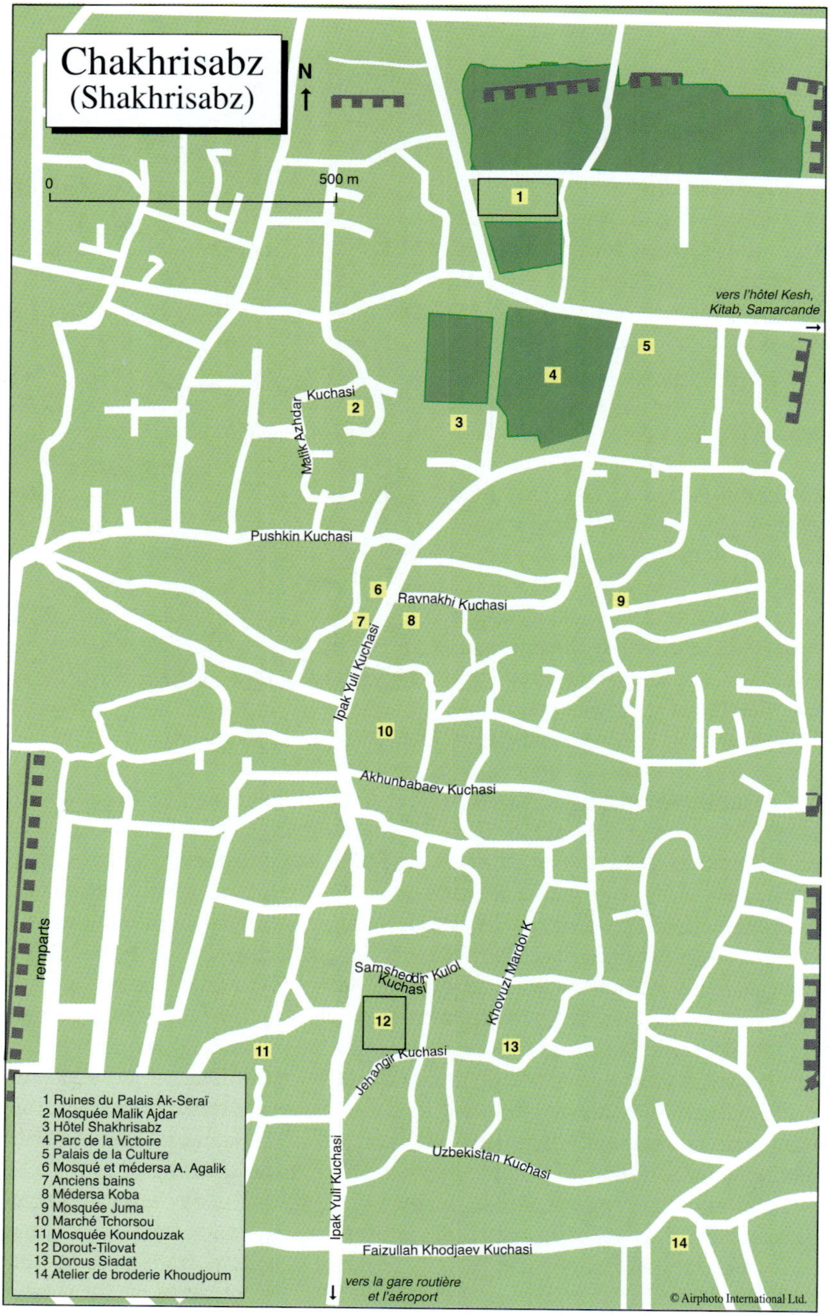
Chakhrisabz
(Shakhrisabz)
N
0
500 m
vers l'hôtel Kesh, Kitab, Samarcande
Malik Azhdar Kuchasi
Pushkin Kuchasi
Ravnakhi Kuchasi
Ipak Yuli Kuchasi
Akhunbabaev Kuchasi
remparts
Samsheddin Kulol Kuchasi
Khovuzi Mardoi K
Jehangir Kuchasi
Uzbekistan Kuchasi
Faizullah Khodjaev Kuchasi
vers la gare routière et l'aéroport
1 Ruines du Palais Ak-Seraï
2 Mosquée Malik Ajdar
3 Hôtel Shakhrisabz
4 Parc de la Victoire
5 Palais de la Culture
6 Mosqué et médersa A. Agalik
7 Anciens bains
8 Médersa Koba
9 Mosquée Juma
10 Marché Tchorsou
11 Mosquée Koundouzak
12 Dorout-Tilovat
13 Dorous Siadat
14 Atelier de broderie Khoudjoum
© Airphoto International Ltd.

les briques dorées et les nids d'hirondelles. L'inscription coufique visible sur le côté est stipule que «le sultan est l'ombre d'Allah [sur terre]», une sentence abrégée en «le sultan est une ombre» du côté opposé. Peut-être l'artisan a-t-il volontairement évité la symétrie – interdite par le Coran –, mais la légende raconte qu'il aurait plutôt été jeté au bas de son échelle par un Tamerlan courroucé.

■ UNE PROMENADE DANS CHAKHRISABZ

A l'ouest de l'hôtel Chakhrisabz se trouve le **Malik Ajdar Khanagha** (XIVe siècle), l'ancienne résidence des derviches soufis. Sous son large dôme de briques, la mosquée en activité avait jadis brièvement servi de mosquée *juma* pour la prière du Vendredi, jusqu'à ce que l'athéisme soviétique en fasse un musée. Puis c'est le rôle plus populaire de *tchaïkhana* qui fut dévolu à la mosquée et à la **médersa Abdouchoukour Agalik** (datant de 1914), autrefois appelée Khodja Mirkhamid, et située au sud sur la rue principale de Chakhrisabz. Depuis l'indépendance, elle a repris sa vocation de centre d'enseignement religieux pour 200 garçons et filles. Non loin de là, les bains du XVe siècle ont été récemment rénovés, et ont retrouvé leur fonction publique. La médersa Koba, en face, date de la même époque, mais son utilisation postérieure comme caravansérail a déterminé sa fonction actuelle de centre commercial. Cinq minutes de marche vers l'est, et voici la mosquée *juma* actuelle de Chakhrisabz (1915). Revenir sur la rue principale pour gagner le bazar à coupole de Tchorsou (quatre chemins), une construction classique de la Route de la Soie édifiée à un carrefour commercial au XVe siècle. La route qui le longe a perdu le nom de Lénine pour prendre celui plus approprié d'Ipak Youli (Route de la Soie). A côté du marché couvert se tient le marché en plein air, où la foule se presse au milieu des fruits et des légumes. Le nouveau **musée Amir Timour**, à 100 m à l'est de l'hôtel Chakhrisabz, est consacré à l'archéologie et à l'histoire.

■ DOROUT TILOVAT

Dix minutes de marche vers le sud suffisent à gagner la mosquée Kok Goumbaz (1435-36), reconnaissable au dôme bleu qui lui a donné son nom. Elle fut construite par le petit-fils de Tamerlan, Ouloug Beg, comme mosquée *juma* de Chakhrisabz et pièce maîtresse de la médersa Dorout Tilovat, «Foyer de Respect et de Considération». A l'occasion du 600e anniversaire de sa fondation, en 1994, des bataillons d'artisans ont rafraîchi les mosaïques du portail et de l'arcade de 10 mètres; certains estiment cependant que s'ils ont égalé leurs ancêtres en monumentalité, ils ne les ont pas surpassés en élégance! Les portiques de la médersa ont aussi réapparu, et flanquent les deux mausolées subsistant du cimetière des Barlas. Le premier fut édifié par Tamerlan en

1373-74 pour Cheikh Chamseddin Koulyal, un dirigeant soufi qui était le conseiller spirituel du son père Taraghay. Selon la légende, les deux hommes reposeraient sous les pierres tombales, aujourd'hui privées de leurs mosaïques mais comportant des restes de sculpture en onyx. Sous la grande coupole bleue du caveau et du portail d'Ouloug Beg, construit à côté en 1437-38, se trouvent quatre tombeaux de leurs parents. Le Kok Tach (pierre bleue), à gauche, comporte une cuvette utilisée par les parents pour désaltérer les enfants malades – les scientifiques confirment que la pierre contient des sels médicinaux. D'autres tombes appartiennent aux *sayyids* (ceux qui prétendent descendre du petit-fils du Prophète, Hussein) de Termez – d'où le nom local de Goumbazi-Sayyidan (dôme des Sayyides). Une rénovation a permis de raviver les riches décors sur plâtre de l'intérieur, qui souffrent actuellement de la montée de la nappe phréatique.

■ DOROUS SIADAT

L'autre ensemble Barlas, le Foyer de Pouvoir et de Puissance, se trouve à quelques minutes à pied de là, en direction de l'est. La restauration de ce mausolée dynastique jadis imposant, qui n'a rien à voir avec Ouloug Beg, est plus nonchalante. Le complexe original (50 m sur 70) était à la hauteur des grands projets de Tamerlan. Il le fit construire en 1375 à la mort de son fils aîné (et favori), Jehangir, décédé d'une chute de cheval à l'âge de 22 ans. Lorsqu'un autre de ses fils, Oumar Cheikh, rejoignit dans la mort Jehangir en 1394, Tamerlan se fit bâtir une crypte. En 1404, Clavijo observa que « tous les jours, sur ordre de Timour, un repas de vingt chèvres est ici préparé et distribué aux mendiants, en mémoire de son père et de son fils ». Le mausolée de Jehangir, délabré mais impressionnant, est tout ce qui reste debout. Une tour d'angle garnie de mosaïque prouve que le mausolée était le pylône gauche d'une grande entrée sur la rue, et l'inhabituel dôme conique (27 m de haut sur un tambour à seize côtés) traduit toute l'habileté des artisans prisonniers du Khorezm.

La crypte de Tamerlan fut redécouverte en 1943, lorsqu'un enfant jouant au football tomba dans un trou, 35 m derrière le mausolée. Les guides d'Ouzbektourisme peuvent ouvrir les portes vertes menant à une petite pièce en calcaire blanc décoré de dalles de grès. Le *soundouk* (caveau) de marbre attendit vainement Tamerlan, mais deux corps anonymes y furent par la suite ensevelis. On entre dans la mosquée Jehangir par la mosquée Khazreti Imam voisine, à la grande coupole argentée. Au XVIe siècle, celle-ci était associée à Dorout Siadat, mais elle tient son nom actuel d'un saint homme du VIIIe siècle, dont le corps aurait été ramené de Bagdad par Tamerlan. De telles importations ont servi de prétextes aux mollahs du lieu pour empêcher Abdullah Khan et les autres purificateurs de l'héritage timouride de détruire l'ensemble du site. Des vieillards en turban, hautes bottes *maksi* et *tchoupan* flottants traversent la cour ombragée de la mosquée pour se désaltérer au puits avant d'aller prier sous le haut *iwan* en bois.

■ L'ATELIER DE BRODERIE KHOUDJOUM

Les broderies traditionnelles de Chakhrisabz sont connues dans tout l'Ouzbékistan. Les magasins de la ville regorgent d'articles brodés en tous genres, mais c'est à l'atelier de broderie Khoudjoum, rue Faizullah Khodjaiev 39, à vingt minutes de marche au sud-est de Dar-al Tilavah, que l'offre est la plus abondante. L'atelier doit son nom au mouvement anti-traditionnaliste des années 20, qui encouragea les femmes à ôter le voile et à tirer profit de leurs compétences artisanales. Fondé en 1928 avec seulement seize femmes, l'atelier de broderie Khoudjoum emploie aujourd'hui 1600 personnes, qui fabriquent des tapis, des nattes Tamerlan, des panneaux *suzani*, des robes et des *tioubityeïka*, et surtout le calot brodé du motif *iroki* en forme de rosettes et autres variations géométriques.

INFORMATIONS PRATIQUES

Un jour viendra où l'avion de Tachkent atterrira à nouveau à l'aéroport de Chakhrisabz, à 7 km du centre ville. La gare ferroviaire se trouve, elle, à 4 km, mais la plupart des voyageurs arrivent de Samarcande par la route du col de Takhtakaratcha. Les taxis pour Chakhrisabz (20 $ aller-retour), attendent les clients au sud du musée d'Histoire et de la Culture de Samarcande, et les taxis au départ de Chakhrisabz stationnent à la gare routière de Kitab (à 10 km au nord de Chakhrisabz), que les bus locaux desservent ainsi que la gare routière principale, rue Ipak Youli, au sud de Chakhrisabz. Le *marchroutnoïe* n° 10 relie cette dernière à l'hôtel Chakhrisabz. Taxis collectifs pour Termez, 8 $ par personne, 6 $ pour Boukhara.

Logement

Hôtel Shakhrisabz Orient Star, rue Ipak Youli 26, tél. 206 38. Trois-étoiles récemment rénové, chambres simple/double dès 25/44 $ avec petit-déjeuner.

Hôtel Kech, rue Amir Timour 112, tél. 420 31. Peu cher, à 3 km au nord, sur la route de Kitab. Chambre 6 $.

Ming Chinor, à 17 km au nord sur les contreforts du Zéravchan, en haut d'un chemin partant 300 m au sud du portique « Bienvenue à Kachkadaria » de la M-39 de Samarcande. Bon air de la montagne, chalets de vacances avec sauna et piscine intérieure/extérieure.

On peut manger au bazar, ou chez **Dilmurod**, un particulier, tél. 231 40.

Agences de voyage

Ouzbektourisme, à l'hôtel Chakhrisabz, propose des circuits standards en ville, ainsi que des excursions à la découverte des vins.

Sogdiana Adventure Tourism Club, rue Ipak Youli 9, tél./fax 418 52. Actuellement en veilleuse, mais devrait un jour retrouver une activité prometteuse, si l'on se réfère à la carte du sud-est de l'Ouzbékistan qu'ils ont publiée...

LES ENVIRONS DE CHAKHRISABZ

■ LE SITE DE KHODJA OLIM KHAN

Cet endroit, accroché à un contrefort venteux du Zéravchan d'où le regard se porte sur les chaîne de l'Hissar et du Turkestan, par-delà la vallée de la Kachkadaria, est l'un de ceux qui valent le plus le détour. Au milieu d'un cimetière se dresse une grande *khanagha* (maison de derviches soufis) en briques, surmontée d'une large coupole brillante recouverte d'acier. Le portail de la *khanagha* fait face au *dakhma* du saint homme Khodja Olim Khan (1510-1600), une plateforme surélevée portant sa tombe et celle de son fils. Des drapeaux blancs et des cloches accrochés à des cadres de bois indiquent toute la vénération qui les entoure. En cinq minutes à pied, on atteint un sommet d'où jaillissent douze sources géantes ; la croyance locale veut que Khodja les ait fait surgir d'un simple coup de bâton. Pour gagner le site, prendre le bus pour Kitab, puis n'importe quel bus pour Sivaz pendant 12 km. De l'arrêt Khodja Olim Khan, en face d'une statue de mère éplorée, grimper pendant vingt minutes à travers le tranquille village ouzbek.

KATTA LANGAR

Très haut dans la vallée de Langar, à l'abri des pentes protectrices de l'Hissar et isolées par la gorge de la Langar, quelques petites villes ouzbèkes ont échappé à l'emprise soviétique. La ville traditionnelle de Langar étage ses bandes horizontales de briques d'argile sur la colline. Dans sa partie inférieure se situe la remarquable **mosquée du Vendredi**, dont l'extérieur massif (1520, 1562, restaurée en 1807) dissimule un trésor de mosaïques bleues, noires et or créées par des maîtres artisans de Samarcande et de Boukhara ; des grilles fleuries en albâtre y ponctuent une frise calligraphiée.

Le haut tambour timouride du **Mazar Langar Ata** est perché sur un éperon rocheux et projette son ombre sur la ville. Ce mausolée accueille la tombe du plus célèbre cheikh local, Mohammed Sadik (mort en 1545), et celles de son père Abdoul Hasan, de son fils Houdaykel et d'un noble timouride inconnu, qui serait la fille âgée de 7 ans de Tamerlan.

Cependant, des incursions terroristes et des opérations de l'armée ouzbèke en représaille ont fait que toute la région a été interdite (début 2004). Vérifiez le moment venu les conditions d'accès et de sécurité.

Des bus partent de Kamachi pour Kyzyl Kichlak, d'où l'on atteint Katta Langar au bout d'une montée de 6 km, et regagnent Kamachi dans l'après-midi. En voiture, suivre la rivière Langar vers l'est au départ de l'embranchement de Kyzyl Tepe. De Katta Langar, la route continue à travers la montagne vers des empreintes de dinosaures et la grotte éloignée de Tamerlan à Tachkourgan.

KARCHI (QARSHI)

Stratégiquement située sur la route (11 jours) de Balkh à Boukhara, Karchi fut successivement capitale sogdienne sous le nom de Nakhchab, cité arabe sous le nom de Nasaf et deuxième ville de l'émirat de Boukhara avant de devenir la capitale inoffensive d'un *oblast* (Qashqadaryo) soviétique oublié. Plus récemment, Karchi a connu un regain d'activité grâce à des joint-ventures dans le domaine de l'industrie chimique, et la présence, suite au conflit afghan, de soldats américains stationnés sur la base aérienne de Khanabad toute proche.

Karchi («palais» en mongol) doit son nom actuel aux palais jumeaux construits ici dans les années 1320 par les khans tchagataï Kabak et Kazanby, à l'emplacement des pâturages d'été de Gengis Khan. Un autre Mongol, Tamerlan, passa l'hiver à Karchi en 1364 et y fit construire une citadelle entourée d'un fossé dans ce qui constitue aujourd'hui le sud de la ville. C'est dans cette citadelle que la population trouva refuge pendant le siège, lors des campagnes successives de Cheïbani et Abdullah Khan.

Au XVIIIe siècle, au fur et à mesure que Chakhrisabz déclinait, la ville monta en puissance jusqu'à devenir la deuxième ville de l'émirat de Boukhara et la résidence du successeur désigné de l'émir. A cette époque, sa double enceinte avait été aménagée pour englober quatre médersas, dix caravansérails, des bains publics, des jardins, une prison et même un tunnel secret qui, en cas d'invasions nomades ou de révoltes intérieures, permettrait au beg de s'enfuir de son palais. La ville connut même, durant un temps, l'usage des carreaux en verre, un réel signe d'opulence.

En 1868, les Russes annexèrent la fertile vallée du Zéravchan, faisant de la vallée de Kachkadaria autour de Karchi le principal grenier de l'émirat. Le document plaçant Boukhara sous la dépendance de la Russie fut signé ici en 1873, à la grande douleur d'Abdoul Malik, le fils de l'émir, qui prit la tête d'une brève révolte avant de fuir à Peshawar.

■ À VOIR

En haut du bazar et à portée d'oreilles de sa musique pop assourdissante, se trouve l'élégante médersa Bekmir ou **Rabiya**, construite au tournant du XXe siècle. Les visiteurs curieux seront sans doute chassés poliment de cette médersa à nouveau en activité, et réservée aux femmes. A moins de 400 m derrière la médersa Rabiya, sur la rue Nasaf, la médersa **Khodja Abdoul Aziz**, la plus grande de la ville, accueille désormais l'inévitable **Musée régional**. L'aile droite croule sous d'innombrables photos en noir et blanc glorifiant les héroïques travaux soviétiques, mais l'aile gauche expose des témoignages historiques intéressants sur l'émirat de Boukhara, avec notamment une photo de la parade de la garde personnelle de l'émir; celle-ci disposait de toute une série de chants de marche, dont «Notre général est un homme courageux, qui ne craint pas les bolcheviks».

On raconte qu'avant chaque bataille, les troupes de l'émir stupéfiaient l'ennemi en se laissant tomber au sol pendant quelques secondes, secouant les jambes en l'air comme sous l'effet d'une crise d'épilepsie, avant de reprendre le combat. Cette étrange coutume remonterait à une ancienne déroute sur les rives d'un cours d'eau: à la fin de la bataille, les soldats russes se sont couchés pour vider leurs hautes bottes de l'eau qui s'y trouvait, et les Boukharans étonnés ont naturellement attribué des vertus magiques aux bizarres convulsions des vainqueurs – avant de les inclure dans leur entraînement militaire.

La médersa **Khodja Kourban**, en ruine, se trouve à moins de 100 m du musée. Traverser à cet endroit, en direction opposée au bazar, pour admirer, au-delà des bains du XVIe siècle à droite, la mosquée **Kourgantcha**, l'une des plus fréquentées le vendredi par les fidèles enturbannés, qui font la file au-delà de son profond *haouz* et de ses piliers aux sculptures complexes. Le réseau serré des ruelles de la vieille ville cache aussi la mosquée locale Tchakar réhabilitée et la minuscule médersa **Charafbai** (XVIIIe siècle), aujourd'hui abandonnée, rue Ramazan Ibragimov.

A cinq minutes de marche vers l'est, sur la rue Nasaf, voilà la mosquée **Kok Goumbaz**, une pâle copie de son ancêtre mieux restaurée de Chakhrisabz. Cette mosquée *nomozgokh* typiquement timouride fut en fait construite par Abdullah Khan à la fin du XVe siècle en même temps qu'une série d'autres bâtiments tels que les bains publics et le pont sur la Kachkadaria, toujours visibles. Les fidèles se réunissaient jadis dans les pièces latérales dans la cour devant la mosquée, mais aujourd'hui seules la salle principale et la pièce de droite servent à la *namaz*, prière hebdomadaire du vendredi.

A l'autre bout de Karchi, la partie soviétique de la ville regroupe des places évidemment monumentales, des bâtiments ministériels anonymes au style orwellien et d'étonnants vestiges de l'ère communiste, notamment un avion de combat qui semble prêt à décoller. Dans le monumentalo-monstrueux, il ne faut pas non plus rater le **mémorial à la Deuxième Guerre mondiale** le plus spectaculaire de toute l'Asie centrale : rue Lomonosov, une série de plaques rappelle les principaux faits de guerre soviétiques (Léningrad, Volgograd, Sébastopol, etc.) et conduit, par une rampe de 100 m, à une flamme éternelle, que surplombe une tour de 30 m de haut coiffée d'une énorme étoile rouge. A l'intérieur de la tour, des vitraux montrent les soldats soviétiques faisant leurs adieux à leur mère et à leur épouse, pendant que les vieillards et les jeunes enfants ouzbeks récoltent le blé et le coton pour nourrir ceux qui rejoignent le front.

INFORMATIONS PRATIQUES

Karchi est relié à Tachkent par deux vols quotidiens. Cette ville possède aussi d'excellentes liaisons par bus avec tout le pays, mais notamment avec Boukhara (3 heures), Chakhrisabz (2 h), et Termez (5 h). Des taxis collectifs (8 $) et des minibus (5 $) font le trajet pour Termez en 4 h.

Logement

Hôtel Nazira, rue Jayhoun 9, près de DOSAAF et du cimetière, tél. 317 16, fax 544 66. Chambres décentes à 30 $ par personne. Restaurant correct.

Hôtel Tong, rue Ouzbékistan 245, tél. 519 03. Hôtel assez simple avec des chambre à 8-10 $ par personne ; gestion Ouzbektourisme.

Trest 13, tél. 448 33. Propose des chambres à 5-8 $.

Hôtel Karchi, perspective Moustakillik (ex-Karl Marx), tél. 328 49. Hôtel décrépi et sale, chambres à 10 $.

Dom Dikhanlaïa, rue Nasaf, en face du bazar principal. L'hôtel le meilleur marché de Karchi.

Boîtes de nuit : **Las Vegas** et **Sorbonne**.

LES ENVIRONS DE KARCHI

Les environs de Karchi abondent en lieux saints et en sites archéologiques ; la découverte de cette région peu touristique de l'Ouzbékistan rural peut presque toujours être réalisée en une journée, voire une demi-journée. Le vendredi est le jour idéal pour cela.

A mi-chemin entre Karchi et Kasan, dans le village de Foudina (ou Poudina), le site de **Khasim Ata** rassemble une mosquée en activité, un complexe de tombes, un *ziaratkhana* et un *takharatkhana* (lieu d'ablutions). Au tombeau du saint homme Khazreti Khusam Ata (XIe siècle), furent ajoutés des

tombes de nobles mongols aux XIIIe et XIVe siècles (notamment Ogotaï, Sagataï et Masrati Khan) et des tombes ouzbèkes au XIXe siècle, ce qui donne à l'ensemble une diversité architecturale s'étendant sur près de mille ans, reliant l'ère samanide au khanat. Seul un carreau portant une inscription ornée en terre cuite reste intact, mais des tessons de briques vernissées et colorées gisent en tas près de l'entrée. Un vieil arbre, à gauche de la mosquée, est couvert de chiffons de couleur, les pèlerins ajoutant une touche contemporaine à ce lieu si puissamment enraciné dans le passé.

Quelques kilomètres plus près de Karchi, la route et le chemin de fer traversent les murailles de la forteresse **Erkourgan**, reliant ainsi le IVe au XXe siècle. Erkourgan est une forteresse hephtalite et sogdienne édifiée autour d'un grand complexe religieux dédié au culte du feu, mais sa double muraille et ses bastions d'angle évoquent plutôt aujourd'hui les rigueurs de la vie médiévale, à l'abri des tempêtes du désert et des raids des nomades.

La ville de Kasbi, à environ 30 km au sud-est de Karchi, tire son nom de la ville médiévale proche de Kasba. Située sur la route commerciale menant vers Boukhara à l'époque arabe, elle était de loin la cité la plus importante de la région, mais seul l'ensemble architectural de **Sultan Mir Haidor** témoigne encore, comme il le peut, de sa gloire passée. Lié à la dynastie religieuse locale des Mir Haidor, il fut édifié entre les XIe et XVIe siècles. Sa façade comporte les arcades d'une mosquée de plein air et un petit minaret en briques récupérées à Kasba. Trois mausolées des XIVe et XVe siècles sont groupés autour de deux cours septentrionales; la belle collection de pierres tumulaires sculptées présente un réseau très serré de lettres calligraphiées, qui en font l'un des plus beaux exemples de cet art en Asie centrale. Le site, en plein désert post-apocalyptique de l'ancienne Kasba, est gardé par une joyeuse bande d'*aksakal*, perpétuellement en train de boire le thé au milieu des mouches.

On peut apercevoir, 200 mètres plus loin, une ancienne *sardoba* en briques, jadis point de ravitaillement régulier sur la route commerciale et, à 1 ou 2 km, la mosquée *nomozgokh* qui signale les faubourgs de la vieille ville.

La région renferme d'autres lieux saints moins fréquentés, comme la mosquée et le **mazar Imam Mohammed Sadir islam Kabristani** sur la route de Kasbi, près du village de Khodja Kharlik. La mosquée à quatre coupoles, aujourd'hui en ruine, donne un air quasi indien au cimetière couvert de bruyères, et le mausolée est entouré par de nombreux drapeaux blancs et des résidus de chandelles fondues. Le **mazar Khazrati Sultan** de Bechkent ne mérite sans doute pas à lui seul une visite, mais la statue voisine de Lénine suscite un regain de curiosité, puisque c'est l'une des rares de ce type encore debout sur sol ouzbek.

LES PORTES DE FER (Timur Darvoza)

La route vers l'Afghanistan longe la médersa Afghanabat (XIXe siècle) et la mosquée et le minaret Goulchan (1730) de l'ancien district de Gouzar, grimpe en direction des sommets méridionaux de la chaîne de l'Hissar, passe les *kichlak* traditionnels de Dekhanabad et de Goumboulak avant de déboucher dans le défilé de Bouzgala. Pendant plus de deux millénaires, cette gorge étroite a canalisé, taxé et régulé le trafic grâce aux stratégiques «Portes de fer», assurant en permanence à ses maîtres revenus, sécurité et prospérité.

Le défilé tire son nom de la double porte en bois, renforcée de ferrures et assorties de cloches que le moine bouddhiste Xuan Zang aperçut au cours de son voyage vers Termez en l'an 629. Mais l'existence d'autres portes de fer dans le Caucase (également près d'un village appelé Derbent) créa une certaine confusion, par ailleurs assumée avec joie par Tamerlan lorsque les deux portes, séparées de 2500 km, symbolisèrent l'étendue de son empire. Lorsque Clavijo passa par là en 1404, les portes originales avaient depuis longtemps disparu, mais le défilé était encore strictement contrôlé et associé au passage de l'Oxus à Termez en un double système de contrôle de l'immigration et de taxation.

Sous l'empire centralisé de Tamerlan, le défilé reliait les deux moitiés du puissant Etat, mais après son déclin, la route est marqua la limite entre la Sogdiane et la Bactriane, et la région vit un retour progressif vers l'anarchie et la semi-autonomie du Boukhara oriental.

DERBENT (Derband), BAÏSOUN (Boysun) et SAÏROB (Sayrob)

Après les Portes de Fer, l'on accède à un trio de villages reculés. La géologie de la région se lit à ciel ouvert et mérite la découverte. **Derbent**, le premier des trois lieux atteints par l'ouest, est tapi au pied d'une grande falaise, à l'écart de la M-39. C'est le point de passage obligé vers la gorge et les grottes de la Matchaï, la forêt de genévriers *archa* et les lointaines vallées tadjikes. On raconte que les grottes de Berloga conserveraient même des ours momifiés.

Véritable ville du Far-West, avec salons de thé, **Baïsoun** est le plus peuplé des trois villages et le seul à posséder un hôtel officiel. Il est réputé pour ses broderies et ses calots. La nature y est reine, et le massif de Gour Gour Ata, comme les monts Ketmantchapt qui le surplombent, attire des randonneurs de tout l'*oblast*. Au mois de mai, à l'occasion de la nouvelle lune, c'est un véritable vent de folie qui s'empare de Baïsoun. Des groupes de danse et de musique folkloriques de toute l'Asie centrale s'y produisent alors, sous l'égide de l'Unesco, qui a reconnu Baïsoun au nombre des vingt-huit «chef-d'œuvres du patrimoine oral et immatériel de l'humanité». L'hébergement est proposé durant les festivités dans des yourtes spécialement aménagées. La ville compte également un musée local. A 20 min. de voiture, on peut admirer l'arbre creux de **Alpamysh**, lieu d'origine de l'épopée ouzbèke du même nom. Hors de la ville se trouve également la source d'**Amonkhana**.

Toutefois, pour les excursionnistes d'un jour, le village le plus pittoresque est celui de **Saïrob**, qui s'étage sur l'étroite vallée; il est protégé à l'ouest par une falaise vertigineuse et à l'est par un éperon rocheux qui, protecteur, s'enroule autour de la localité. Sur les pentes, les rangées de cottages en pierre aux murs chaulés contrastent avec la couleur brun rouge profond du terrain; elles évoquent physiquement et culturellement l'arrière-pays montagneux de la Turquie. Les deux *chinor*, arbres millénaires (dit-on) dressés au centre du village, en sont sa plus grande fierté.

A partir de Saïrob, la M-39 suit les anciens tracés descendant vers Chirabad et l'Oxus.

INFORMATIONS PRATIQUES

Le seul hôtel de la région est la **Gostinitsa Doustlik** de Baïsoun, et il vaut mieux l'éviter... Si vous êtes bloqué à Saïrob tard dans la nuit, l'instituteur russophone Toura Dijoumakoulouv peut vous dépanner.

Tous les bus partant de Termez en direction de l'ouest (c'est-à-dire vers Samarcande, Tachkent, Boukhara) passent par Saïrob et par la bifurcation vers Derbent. Ceux pour Baïsoun, plus réguliers, peuvent être pris à la bifurcation au sud de Saïrob. Quelques taxis parcourent la route, mais l'auto-stop (payant) reste le moyen de transport le plus commode.

CHIRABAD (Sherobod)

Lorsque la chaîne de Guissar vient mourir dans les plaines arides et étouffantes de la frontière sud, apparaît la ville de Chirabad. L'émir de Koungrat, Chir Ali, est probablement le fondateur de la ville moderne, et son œuvre a été perpétuée par de nombreux émirs de Boukhara, qui firent du palais du beg leur résidence d'été. Même le dernier émir, Alim Khan, y fit halte lors de sa fuite vers l'Afghanistan en 1920. Il ne reste aujourd'hui que le *kourgan* à degrés sur lequel se dressait la forteresse.

■ À VOIR

Les deux sites de pèlerinage d'Hazrati Akhtam et Souleiman Ata ponctuent les crêtes qui surplombent la ville. Le mausolée de **Khodja Abou Isa Mohammed Imam Termezi**, à 6 km de la ville, sur la route de Denaou, revêt toutefois une plus grande importance historique et religieuse. Isa, originaire de Merv, l'un des sept collecteurs de hadiths, passa sa jeunesse entre Chirabad et le centre religieux de Termez, avant d'entreprendre un long périple en quête de sagesse, qui devait le mener à Khorassan, Merv et Médine. Il revint ensuite fonder une médersa à Chirabad pour rassembler les nombreux hadiths recueillis lors de son périple. Les hadiths sont des paroles attribuées au Prophète Mahomet, qui composent le deuxième livre saint de l'islam, après le Coran.

Le bâtiment assez austère, long de 20 m, rassemble deux salles de prière et le tombeau lui-même ; il est gardé par un imam affable et sans âge.

TERMEZ (Termiz)

Tout au long de son histoire illustre et épique, Termez fut une véritable ville-caméléon politique et culturelle, changeant de rôle, de religion, d'alliance et même de lieu d'implantation. Mettez toutes ses étoiles fanées dans un chapeau, secouez et imaginez des moines bouddhistes discutant philosophie avec l'envahisseur mongol, des gardes de la garnison grecque faisant les yeux doux aux tanks soviétiques et des marchands bactriens de la Route de la Soie parlant affaires avec les entrepreneurs afghans d'aujourd'hui. Les ponts se transforment en frontières, puis à nouveau en ponts, les projecteurs s'éteignent, et ce carrefour cosmopolite de la Route de la Soie redevient un coin perdu d'une république oubliée. Termez n'est qu'un mirage de l'histoire.

Au cours des quatre-vints dernières années, Termez fut l'un des postes les plus reculés et les plus hermétiques de l'empire soviétique, renforçant par là même une scission artificielle entre l'islam et l'athéisme. Depuis le milieu des années 90, il a marqué la ligne de front de l'Ouzbékistan laïc avec l'islam militant. Depuis 2002, à la suite des déboires de cette force politico-religieuse, des nouvelles perspectives de voir la Route de la Soie revivifiée semblent s'offrir. Le voyageur contemporain pourra alors admirer une grande variété de monuments islamiques et surtout pré-islamiques, apprécier la richesse de l'histoire locale et éprouver l'émotion de se trouver à proximité de l'Oxus et de la frontière afghane, loin des hordes touristiques.

Histoire

La fondation de la cité antique de Termez est attribuée à Alexandre le Grand, comme celle de la moitié des villes d'Asie centrale. En réalité, ce sont les armées grecques qui ont conquis cette ancienne satrapie achéménide en 330-327 avant notre ère et aussitôt édifié une ligne de forts pour défendre leurs avant-postes éloignés et fragiles. Rien ne prouve qu'Alexandre le Grand ait mis les pieds à Termez. Plus prosaïquement, des habitants se sont sans doute installés ici, sur les rives de l'Oxus, parce qu'une île et des hauts fonds permettaient de traverser plus facilement le large cours d'eau. Dès 306 avant notre ère, Termez fit partie de l'empire séleucide qui, cinquante ans plus tard, se transforma en cet insaisissable royaume gréco-bactrien, dont on pense aujourd'hui qu'il emjambait l'Oxus avec Balkh pour capitale. Ce royaume, qui allait durer un siècle, était imprégné de culture hellénique. Les siècles suivants plongèrent Termez dans un brassage spirituel, artistique et commercial intense, les dernières lueurs du classicisme méditerranéen venant frapper les mondes nomades turc et bouddhiste hindou pour forger la nouvelle identité bactriane qui vivrait son apogée sous la dynastie des Kouchan. L'effondrement postérieur de la Bactriane fut le premier événement historique relaté à la fois dans les histoires grecque et chinoise – témoignage éloquent de l'étendue de son emprise, de l'Orient à l'Occident. L'empire des Kouchan, qui lui succéda, s'étendait de Delhi au Khorezm et était aussi puissant que ses rivaux contemporains de Rome, Parthes et Xian, même si l'histoire ne lui rendit pas justice. Dans ce territoire unifié, les routes autrefois dangereuses menant de l'Indus à l'Oxus relançèrent les échanges commerciaux de la Route de la Soie entre la Sogdiane, Balkh et l'Inde, Tarmita (Termez) devenant un point de passage

Mausolée de Hakkim al Termezi

idéal. Les marchands indiens y apportèrent l'art de Kandahar, et les enseignements du bouddhisme y trouvèrent un terreau idéal sous la protection du roi Kanichka Ier, durant la seconde moitié du IIe siècle. En 679, le moine chinois Xuan Zang dénombra à Tarmita plus de douze monastères et 1100 moines vivant dans l'enceinte de la ville (11 km).

Au VIIe siècle, toutefois, le bouddhisme vivait son déclin et le paysage politique avait évolué. La Bactriane avait éclaté en 27 principautés féodales et ennemies, regroupées sous le nom de Tokharistan et soumises à une succession de pouvoirs brutaux et nomades : les Tokhari, les Huns blancs ou Hephtalites, les Khidarites et les Turcs. Toutes les tentatives visant à contrôler cette myriade de petits Etats claniques indépendants furent vouées à l'échec, et la situation perdura pendant des siècles ; elle réapparaît aujourd'hui encore avec les récents conflits entre l'Afghanistan et le Tadjikistan. Les plus puissantes de ces principautés locales étaient à l'époque celles de Tchaghanian (l'actuelle Denaou), de Goupthan (l'actuelle Chirabad) et, surtout, de Termez, dont la redoutable forteresse devint bien vite *de facto* la capitale de la région.

Au milieu du VIIe siècle, les premiers grondements de l'invasion arabe atteignirent Termez. Le commandant arabe déserteur Mousa ibn Khazim la prit en 689 et en devint le roi pour quinze ans. Mais ce n'était qu'une question de temps et en 704, le chef abasside Outhman prit ses quartiers sur l'île d'en face avec 15 000 hommes, et l'inévitable conquête de Termez marqua l'annexion de la ville à la Transoxiane.

Aux Xe et XIe siècles, Termez vécut un âge d'or, cette fois au sein de l'empire des Samanides de Boukhara et sous le gouvernement des dynasties taha, rides et moukhtadjides. Un port s'y développa, plutôt incongru dans sa position au cœur d'une région montagneuse enclavée : des bateaux sillonnèrent l'Oxus jusqu'à Gourgandj au Khorezm. Une urbanisation rapide amena l'édification d'une nouvelle mosquée du Vendredi, d'un grand bazar et du somptueux palais du chah de Termez, à l'intérieur de la double enceinte fortifiée. Le complexe du sultan Saodat vit le jour, ainsi que le mausolée de Hakkim al Termezi, qui fut alors l'un des plus grands fleurons architecturaux du monde islamique ; ces réalisations témoignent du rôle de Termez comme centre spirituel et artistique de la région.

Le XIIe siècle allait s'avérer désastreux pour la ville, les empires nomades basculant comme un infernal jeu de dominos : les Karkhanides furent successivement remplacés par les Seldjoukides turcs, les Ghaznavides afghans, d'obscurs Karlouks et même des Gourides, avant l'arrivée du khorezmchah. Termez fut alors pour peu de temps projetée sous les feux de l'islam : lorsque le khorezmchah Mohammed proclama un *sayyide* local, Allah al Mouk, véritable descendant de Mahomet, dans le dernier sursaut de son combat théologique et politique contre les dirigeants abassides de Bagdad. Les habitants de Termez, médusés, le virent occuper, pour peu de temps, le poste de calife du monde islamique. Rapidement les ambitions du khorezmchah furent écrasées, et les Mongols s'emparèrent de Termez en 1220, après onze jours de siège. La ville fut réduite en cendres, et la population massacrée après un recensement et un partage entre soldats mongols. Les historiens rapportent l'histoire d'une femme qui sollicita la grâce du soldat en affirmant avoir avalé une perle qu'elle voulait lui donner ; l'impatient Mongol lui fendit simplement le ventre pour prendre la perle, et ordre fut donné d'en faire autant avec tous les habitants. La moitié des murailles de la ville furent précipitées dans les profondeurs de l'Oxus, et le redoutable Gengis prépara l'assaut suivant au Khorezm. Le rideau tomba alors sur l'antique cité de Termez. Une ville fut partiellement reconstruite au même endroit au XIVe siècle, mais le centre de la cité fut déplacé à proximité du complexe du sultan Saodat.

La nouvelle Termez

En 1333, le voyageur arabe ibn-Battouta vit à Termez une nouvelle cité en expansion avec palais, canal, prison, murailles à neuf portes et marché renommé au bord de l'eau, où les célèbres savons, parfums, vêtements et orfèvrerie locaux étaient très convoités. Le savon ne semblait apparemment destiné qu'à l'exportation, car Battouta raconte comment les femmes se lavaient les cheveux au lait caillé, une denrée abondante dans tous les bains réputés de Termez. Tamerlan séjourna ici en 1399 pendant sa campagne indienne et, non content de contrôler les Portes de Fer, il fit placer une série de pontons sur l'Oxus pour canaliser et taxer tout trafic humain et de marchandises se dirigeant vers la capitale étincelante ou en sortant. La reconstruction de la ville progressa à un rythme forcené, à tel point que l'envoyé espagnol Clavijo se plaignit en 1404 de ce que le fracas s'entendait jusqu'à Balkh, à 100 km.

Les luttes timourides transformèrent Termez en front stratégique séparant les deux camps rivaux des neveux de Tamerlan, Khalil Sultan à Samarcande et Chah Rokh à Balkh. En 1449, Ouloug Beg et son fils Abdoullatif se retrouvèrent ainsi face à face, de part et d'autre de l'Oxus. Les quelques siècles suivants ne furent qu'une interminable succession de luttes pour le pouvoir; on vit même les descendants de Babour revenir brièvement en envahisseurs en 1646, et la ville à nouveau détruite. C'est à cette époque que Balkh et Mazar-i-Charif se séparèrent de l'empire de Boukhara.

Au XIXe siècle, une troisième Termez se développa autour du village de Patta Hissar. Ce déplacement géographique témoigne d'une importante évolution de l'échiquier politique, puisque Termez devint progressivement l'avant-poste russe du Grand Jeu. C'est en effet ici que, lorsque les empires russe et britannique se frottèrent dangereusement l'un à l'autre, les Russes découvrirent la frontière permanente et défendable qu'ils cherchaient depuis longtemps. En 1888, des vapeurs russes de ligne et des bateaux de guerre sillonnaient le fleuve depuis la base navale de Tchardjou jusqu'à la toute nouvelle forteresse russe de Patta Hissar. La région fut officiellement cédée par Boukhara dix ans plus tard. En 1914, l'électricité arrivait à Termez, suivie, deux ans plus tard, par le chemin de fer qui la reliait irrévocablement à Tachkent.

On ne sait pas grand-chose de la Termez soviétique, Fitzroy Maclean étant, en 1937, l'un des premiers voyageurs à pousser aussi loin. Il souhaitait traverser l'Oxus pour se rendre en Afghanistan, comme tant de voyageurs illustres l'avaient fait avant lui, mais il comprit toute la difficulté de l'entreprise lorsque les Soviétiques l'informèrent que la frontière n'était pas exactement fermée, non, simplement «hors service», et qu'il ferait mieux de rebrousser chemin jusqu'à Moscou (à des milliers de kilomètres!) pour prendre un avion pour Kaboul, plutôt que de chercher à traverser ce cours d'eau (large d'un kilomètre). Les deux premiers bateaux qu'il dénicha étaient irréparables et le troisième, qui arborait fièrement le nom de *XVIIe Congrès du Parti*, avait, à en juger par son aspect délabré, été construit bien avant l'existence du Parti communiste et ne bénéficiait pas du moindre moteur. Comme il n'était pas du genre à se laisser abattre par ce genre de détail, Maclean réquisitionna ce troisième bateau et traversa l'Oxus.

Comme dans les années 80, alors que Termez constituait le centre de commandement soviétique des troupes d'invasion en Afghanistan, et connaissait une activité fébrile, ses hôtels sont aujourd'hui remplis des membres des agences d'aide occidentale venues soulager les victimes du conflit afghan, et d'entrepreneurs attirés par des perspectives de profits rapides.

À VOIR

Plus on remonte dans le temps, plus Termez devient intéressante. Ville soviétique et ville tsariste présentent un intérêt relatif, mais les deux étapes précédentes de la cité, c'est-à-dire la cité antique (à 6 km de la nouvelle) et le complexe du Sultan Saodat (à 9 km), constituent les attractions majeures de la région.

■ LA TERMEZ MODERNE

Comme la plupart des hôtels se trouvent dans la ville soviétique, c'est là que le voyageur revient sans cesse. Sur la glaciale place centrale, où résonne encore le passage de toute la machine de guerre soviétique, une grande statue de Hakkim al Termezi a désormais délogé celle de Lénine. A quelques minutes à pied vers le sud-est, l'ancien **fort militaire** russe, devant lequel des tanks, des lance-missiles, des blindés, des véhicules de troupes et même un avion sont alignés, illustre une page de l'histoire de la guerre froide.

Le cœur de la ville russe de Patta Hissar bat plus au sud, autour de la place des Fêtes, où se trouve le **musée d'archéologie**, 29, rue Al Termezi, tél. 730 17, Demandez à voir la vidéo en anglais. Le musée prossède de nombreuses maquettes de villes et citadelles détruites, et quelques magnifiques peintures bouddhiques tout en ocres. L'une d'elles, *Le prêtres et l'enfant,* découverte à Balalyk Tepe, date du 3e siècle ap. J.-C. Certains ont cru pouvoir y reconnaître le dieu grec Timedéos et Aphrodite. Une autre représente des libations, au cours desquelles deux hommes offrent à boire à une femme qui refuse (V-VIe siècle). La plus extraordinaire, intitulée *La princesse de Toharistan,* a été trouvée à Tavka Kurgan, Chirabad. On pense aujourd'hui qu'il s'agit d'un chasseur aux yeux perçants, dont les teintes sont encore si vives qu'il est difficile de croire que cette œuvre remonte à plus de 1500 ans.

Plus au sud encore, la mosquée **Mourch Bobo**, principal centre religieux de Termez, fut terminée en même temps que le chemin de fer (1916). La prospère mosquée du Vendredi, avec médersa, ne présente pas d'intérêt architectural particulier, mais les rares visiteurs sont assurés d'y recevoir un accueil chaleureux de la part de mollahs à la barbe fournie.

■ LA CITÉ ANTIQUE DE TERMEZ

La cité pré-mongole de Termez est accessible à 6 km de la ville actuelle, par un embranchement de la M-39. La route menant au mausolée de Hakkim al Termezi traverse les murailles bien conservées du *chakhristan* ou *medina*. A l'intérieur, la citadelle des chahs de Tokhar et de Termez, l'hôtel des monnaies, les bazars principaux et la prison se trouvaient à l'abri des envahisseurs locaux et étrangers. Autour du *chakhristan*, le *rabad* ou faubourgs des marchands et des artisans s'étendait sur plus de 500 ha. Ce *rabad* était entouré d'une seconde muraille, dont la porte principale subsiste dans le coin nord-est du site. Plus à l'est, un verger muré (*souradikat*) abritait la résidence de campagne du chah, aux murs de stuc décorés. Des vestiges de maisons, de caravansérails, du réseau de canaux (*aryk*) qui amenaient l'eau de l'Oxus, et même d'une église nestorienne parsèment le site, mais l'impétuosité des destructeurs mongols a rendu celui-ci indéchiffrable au visiteur.

A l'extérieur du *chakhristan*, le mausolée de **Hakkim al Termezi**, dominant les rives pentues de l'Oxus et offrant vue sur la rive afghane, relie la cité antique à la ville nouvelle. Les réalités de la géopolitique internationale et de l'histoire moderne en ont malheureusement fait un endroit extrêmement sensible, et la présence d'une frontière électrifiée, de baraquements de l'armée et d'une station radar à moins de 50 m du lieu saint soufi charge les lieux d'une tension pénible. Assumant cette réalité, les fidèles y descendent tous les mercredis midi pour offrir leurs prières au saint patron de Termez et préparer d'énormes chaudrons de mouton bouilli sur l'emplacement de cuisine réservé aux pèlerins. La nourriture est offerte par un cercle de riches commerçants locaux ; par ce geste généreux – et expiatoire –, les rares visiteurs, reçus à bras ouverts, se voient servir une grande portion de thé et de mouton.

Soufi Abou Abdoulah Mohammed ibn Ali al Termezi, surnommé « al Hakkim » (le Sage), était un juriste, mystique et écrivain soufi du IXe siècle, qui vivait et recevait ses élèves dans l'antique cité de Termez. Après des études à Balkh et un *hadj* à La Mecque à l'âge de 27 ans, il commença à coucher par écrit ses théories sur les titres de sainteté. Il en bénéficiera bientôt et sera enseveli en 869 à l'endroit où il avait travaillé. Un mausolée (Xe siècle), une mosquée (XIIe siècle) et une *khanagha* timouride (XVe siècle) furent par la suite édifié à sa mémoire.

L'impressionnant tombeau *soundouk* en marbre sculpté racontant la vie du saint fut érigé au début du XVe siècle par le fils de Tamerlan, Chah Rokh. Des archéologues britanniques sont accusés d'avoir volé une partie de la tombe pour la ramener au British Museum au tournant du XXe siècle. L'endroit est devenu le lieu de rencontre des philosophes et penseurs locaux, où de saints hommes peuvent prodiguer des conseils, rompant ainsi avec le rôle traditionnel de la *khanagha* qui est d'accueillir des derviches.

Entre le mausolée et l'Oxus, on peut voir les vestiges archéologiques de l'ancien port de Termez, avec embarcadère, douane et hôtel. A l'ouest du site se trouve la grande île qui a donné son importance stratégique et commerciale à Termez. Autrefois appelée Outhman, en l'honneur du chef arabe qui attaqua la ville depuis le rivage, elle porte aujourd'hui le nom d'Aral Païgambar, ou «île du Prophète», car le prophète Dhoul Kifl, contemporain de Mahomet, y serait mort. L'île constitue aussi l'emplacement exotique, mais interdit, du mausolée de Zoul Kifl (XIIe siècle).

■ LA TERMEZ BOUDDHISTE

L'emprise de l'islam a été si forte en Asie centrale que le voyageur contemporain se représente difficilement les époques où le chamanisme, le zoroastrisme persan et le bouddhisme venu de l'Inde détenaient le monopole des croyances. La visite des vestiges archéologiques de Kara Tepe et de Fayaz Tepe exige néanmoins un tel effort d'imagination. Le monastère bouddhiste de **Kara Tepe** est unique en Asie centrale. C'est non seulement le seul complexe bouddhiste troglodytique de la région, et donc le principal lien entre les sites afghans de Haïbak et de Bamian et ceux de la rive lointaine de l'Oxus, mais aussi le seul monastère protégé par une clôture électrifiée en zone internationale, l'accès en étant soumis à autorisation officielle.

Le site archéologique de **Fayaz Tepe**, 2 km au nord du mausolée de Hakkim al Termezi, regroupe les vestiges d'un ancien temple et monastère bouddhiste, dont le rayonnement d'antan n'est plus guère perceptible. La grande cour centrale, cœur du temple bouddhiste, est flanquée à l'ouest par les cellules du monastère et à l'est par le réfectoire. Le stoupa en briques (Ier siècle avant notre ère), visible au nord du temple, ne représente que la partie intérieure d'une construction plus importante, qui se dressait sur les fondations cruciformes. Des statues de Bouddha en argile et en gypse, une série de peintures murales représentant divers adorateurs en costume kouchan et des tessons de poteries comportant des inscriptions en brahmi, punjabi, kharochti et bactrien ont été découverts sur le site, ce qui confirme le caractère oriental du monastère. On a aussi découvert, à 2 km, les restes d'un aqueduc qui acheminait au monastère l'eau de l'Amou Daria. Le monastère fut saccagé au Ve siècle par les troupes sassanides, puis utilisé comme lieu d'ensevelissement et de retraite par les mystiques soufis. Le site voisine aujourd'hui avec une station radar moderne. L'Unesco et le gouvernement japonais projettent de relier Kara Tepe et Fayaz Tepe par une route et d'y construire un musée.

Le troisième site archéologique bouddhiste est caractérisé par les vestiges de la tour **Zourmala** (16 m), située à 3 km au sud-est de la cité antique et visible de la M-39. Cette tour en briques est tout ce qui reste du plus grand stoupa bouddhiste de la région, et c'est peut-être l'un des plus anciens édifices encore debout en Ouzbékistan. Aux IIIe et IVe siècles, à l'apogée de l'influence bouddhiste dans la région, la base du stoupa était, dit-on, recouverte de dalles de calcaire blanc et décorée de briques rouges. Elle aurait renfermé une collection de reliques sacrées. Cet ancien phare de la religion, disloqué par une énorme lézarde, se dresse aujourd'hui au milieu d'un champ de coton abandonné.

INFORMATIONS PRATIQUES

Il est conseillé d'éviter Termez en été, lorsque la température brûlante peut voisiner les 50° C. L'hiver y est plus doux que partout ailleurs en Ouzbékistan, le printemps et l'automne supportables. Lieu toujours hautement stratégique, Termez est restée interdite aux étrangers pratiquement depuis l'indépendance ouzbèke. La défaite des talibans va certainement changer les choses, mais aujourd'hui (2004), les visiteurs ont besoin d'un permis spécial pour s'y rendre. Le passage en Afghanistan et vers la ville de Mazar-i-Sharif, à 60 km au sud, pourrait être à nouveau autorisé à l'avenir.

Transports

Il y a trois vols quotidiens pour Tachkent (40 $). Termez se trouve sur la ligne de train de Douchanbé, Ourguentch (le matin), Moscou et Tachkent (train de nuit) et est relié par bus à presque toutes les régions, y compris Tachkent. La possibilité de prendre des bus pour l'Afghanistan dépendra de la situation internationale. Les bus urbains et le minibus *marchroutnoïe* n° 6 relient la gare routière aux hôtels, le n° 4 va de et à la gare ferroviaire. Il est plus commode de louer un taxi pour une journée si l'on veut faire le tour des monuments à visiter.

Logement

Hôtel Sourkhan, rue Hakkim al Termezi, tél. 276 84. C'est le meilleur hôtel de la ville et le mieux situé ; il accueille les hommes d'affaires, les journalistes et d'occasionnels voyageurs individuels. Chambres propres avec eau chaude et air conditionné (35 $ la chambre double). Restaurant médiocre.

Hokimiyatovskaya Datcha, 76, rue Amir Timour, tél. 237 95, fax 238 99, Chambre à 28 $. Appartient au gouvernement.

Hôtel Sharq, rue Khodjaiev, près d'Ouzbektourisme, tél. 313 52. Sympathique mais simple, bien situé, avec un café ; 3$ pour une chambre avec bain.

Hôtel Termez, rue Akmal Ikramov 21 (ex-Octobre), au coin de la rue Safar Sabikov, tél. 31753. De même niveau que le Chark, bruyant mais propre, surtout utilisé comme caravansérail moderne par les marchands afghans ; 3 à 6 $.

Hôtel Ouzbékistan, rue Khodjaiev, près de l'hôtel Chark, tél. 315 14. Le meilleur marché de la ville, dortoirs sommaires et service réduit.

Hôtel des Nations-Unies, tél. 433 75 ou 423 17. Pour les fonctionnaires de l'ONU, leurs amis et invités. Chambres à 35 $.

Restaurant

Le **Tabris**, tél. 519 86, est un bon restaurant dans le 5e Microdistrict.

Agences de voyage

Ouzbektourisme, rue Khodjaiev 17, Termez, tél. 264 20. Moyens limités, mais une persuasion financière peut réussir à les mobiliser...

Les Derniers Jours de Tamerlan

Après l'automne de l'année 1404 passé à rehausser la gloire de la cité de Samarcande et à festoyer, Tamerlan lança une armée de 200 000 hommes contre la Chine. De mémoire humaine, cet hiver était le plus rude qui ait jamais été. Son biographe arabe rapporte que « brûlés par le froid, nez et oreilles tombaient... si un homme crachait, sa salive gelait avant d'atteindre le sol ». En janvier, une forte fièvre terrassa le guerrier de 69 ans à Otrar. De remèdes brûlants en sachets de glace, Tamerlan « écumait comme un chameau retenu par ses rênes », jusqu'à ce que ses docteurs s'avouent vaincus et qu'au craquement du tonnerre « la main de la Mort lui présente la coupe à boire », le 18 février 1405.

Embaumé de musc et d'eau de rose, son corps a été rapatrié dans un cercueil d'ébène pour être enterré dans le Gour Emir. D'après Johann Schiltberger, un prisonnier bavarois de Samarcande, Tamerlan aurait été pris de remords posthumes: « Les prêtres du temple l'ont entendu se lamenter toutes les nuits, une année durant... Ses amis sont allés voir son fils pour le supplier de libérer... les artisans emmenés par Tamerlan dans la capitale, où ils avaient été mis au travail. Celui-ci les laissa partir et, sitôt qu'ils furent libres, Tamerlan ne se lamenta plus jamais. »

Malgré la menace gravée sur sa tombe, « Si j'étais vivant, le monde tremblerait », et malgré les mises en garde des habitants qui craignaient des désastres pires que les atrocités commises par Tamerlan si son corps était dérangé, le scientifique soviétique Guerassimov obtint la permission de l'exhumer, ce qu'il fit au cœur de la nuit du 22 juin 1941. Quelques heures plus tard arrivait la nouvelle de l'invasion de la Russie par Hitler. L'enquête établit le portrait d'un homme grand pour sa race, souffrant de tuberculose et boiteux en raison de ses blessures aux membres droits. Des cheveux roux garnissaient toujours son crâne. De Tamerlan, Guerassimov reconstitua un buste en bronze.

LES ENVIRONS DE TERMEZ

■ LE SITE DE SULTAN SAODAT ET ENVIRONS

Pour s'écarter un peu des vestiges post-mongols et faire une demi-journée d'excursion agréable, il suffit de rouler 8 km en voiture, taxi ou minibus (ligne 14) vers le nord-est, au-delà de l'aéroport, pour gagner le village de Namouna.

Les dix-sept mausolées de l'ensemble de **Sultan Saodat** comprennent le caveau des Sayyides de Termez, une dynastie familiale affirmant descendre d'Ali, dont le considérable pouvoir politique et religieux atteignit son apogée

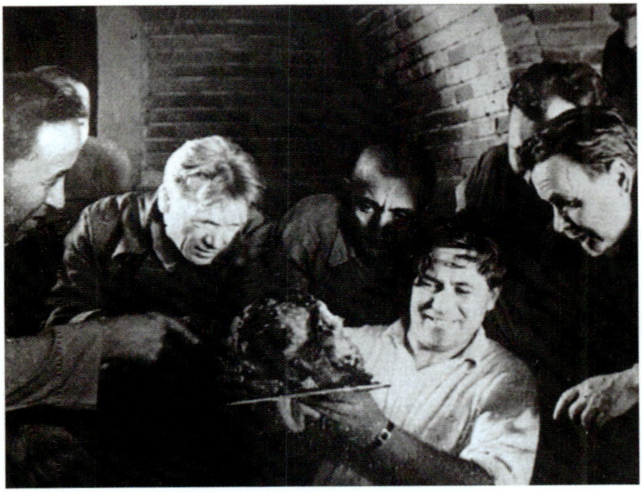

Guerassimov exhibant le crâne de Tamerlan

A l'exhumation d'Ouloug Beg, la tête tranchée de ce dernier fut trouvée à côté de son corps, preuve de la trahison de son fils. Toutes ces observations ont été consignées à l'encre de Chine indélébile sur un fin papier de Kokand du XIXe siècle, puis scellées dans du verre et du marbre, alors que les squelettes étaient à nouveau inhumés selon les rites musulmans, à la fin de 1942. Cinq semaines plus tard, on apprenait la capitulation allemande à Stalingrad, véritable tournant de la Grande Guerre patriotique.

aux XIIIe et XIVe siècles. Même Tamerlan aurait été au nombre de leurs admirateurs. Le fondateur de la dynastie, Sayyid Hasan el Emir, petit-fils et cinquième dans la succession du prophète Mahomet, fut enterré ici au IXe siècle, ainsi que ses descendants, au cours des neuf siècles suivants. Les deux mausolées seraient à l'origine du déplacement de la ville de Termez à la période post-mongole. Le site a été restauré en 2002.

La position des mausolées dessine un long tracé rectangulaire ; les tombes en briques, tournées vers le centre de l'ensemble, sont dominées à l'extrémité ouest par deux tombeaux plus anciens, le plus ancien des deux étant le grand édifice au nord. Les bâtiments des XIe et XIIe siècles sont reliés par une mosquée, dont le haut *iwan* fut édifié au XVe siècle (1405-1409) par Khalil Sultan, qui aurait donné son nom au site. Des restes de mosaïques bleu cobalt s'accrochent encore à la façade timouride et les subtils rouges kaki des arcades et des colonnes constituent les traces d'un décor sombre. Durant la seconde moitié du XVe siècle furent ajoutés deux mausolées, renforçant l'équilibre artistique de l'ensemble sans le surcharger ; un portail à trois côtés fut également aménagé. Le mausolée sud se distingue par l'étoile à 32 pointes de sa coupole intérieure.

Des marches s'élevant des autres mausolées permettent d'avoir une belle vue sur le site et sur les ruines éparpillées au-delà. Des descendants des Sayyides vivent toujours au village de Namouna.

La **khanagha Kokil Dara** (XVIe siècle) dresse son imposante façade à quelques minutes de marche du site. Ce monument compliqué et insolite, avec de vastes ailes latérales et une voûte complexe, dénote une influence afghane certaine et est, par de nombreux côtés, plus proche de l'architecture de Balkh que de celle de Boukhara. Cela n'est guère surprenant, puisque les architectes de Tamerlan étaient réquisitionnés dans tout l'empire timouride, qui s'étendait alors jusqu'à Delhi.

Le nom local de la région, *Chakhri Saman* ou « ville des Samanides », éclaire quelque peu la fonction de la **forteresse Kyrk Kyz**, ou « quarante filles ». Dans toute l'Asie centrale courent de nombreuses légendes sur les mystérieuses *kyrk kyz*. Qu'il s'agisse des quarante filles guerrières d'un seigneur mongol local, de la pauvre âme de l'Asie centrale gardée ici par quarante servantes nubiles ou des quarante mères de la race kirghize, la vérité sur la légende des quarante filles a depuis longtemps passé le relais à l'imagination populaire. Quoi qu'il en soit, ce fort fascinant, qui compte 50 pièces, aurait en effet servi de résidence de campagne à la dynastie des Samanides aux IXe et Xe siècles. C'est un exemple caractéristique de *kouckh* ou château fortifié des périodes féodales sogdienne et post-sogdienne, qui fusionnait les styles architecturaux pré- et post-islamiques. La muraille carrée (55 m de long) du fort, qui se dresse sur le sol poussiéreux comme des os blanchis, cache nombre de couloirs tortueux, de corridors voûtés et de salles diverses : chambres à coucher, resserres et grande mosquée à six coupoles étaient disposées sur deux étages autour d'une cour centrale où se trouvaient eau et nourriture. Les deux étages n'en font plus qu'un, et le toit a depuis longtemps disparu, mais le château relativement bien conservé offre l'occasion unique de visiter l'intérieur d'une forteresse féodale d'Asie centrale. Kyrk Kyz se trouve à quelques centaines de mètres de Kokil Dara, son entrée principale étant orientée au nord.

LA FRONTIÈRE AFGHANE

A 16 km à l'est de Termez, le mal nommé **pont de l'Amitié** enjambe l'Oxus et franchit la frontière internationale entre l'Ouzbékistan et les turbulents fiefs afghans. Quand il sera réouvert aux voyageurs étrangers, il constituera le point de passage principal entre les deux pays.

Le pont vit passer l'essentiel de troupes soviétiques qui envahirent l'Afghanistan en 1979, mais assista aussi à la retraite des derniers soldats sous le commandement du général Gramov. Des Ouzbeks et les Tadjiks de l'endroit furent évidemment enrôlés dans cette « guerre du Vietnam à la soviétique ». Mais confrontés à leurs frères de race et de religion, de nombreux Ouzbeks soviétiques nouèrent bien vite des alliances avec les Afghans, et firent voler en éclats la stratégie soviétique.

La place asphaltée près du poste-frontière est l'ancien terrain de parade des troupes soviétiques, et plusieurs tombes rappellent, non loin, le souvenir de jeunes Russes morts loin de chez eux.

Près de la frontière se trouvent les fameux sites archéologiques d'**Ayrtam** et de **Kobadyen**, où fut exhumé le **trésor de l'Oxus** exposé au British Museum.

Le minaret de Jarkourgan

■ LE MINARET DE JARKOURGAN

Une journée d'excursion à partir de Termez ou une halte sur la route de Denaou permet d'admirer ce minaret unique en son genre, dominant le village de Minor (kolkhoze communiste), à 7 km de l'agréable petite ville de Jarkourgan. Il vaut vraiment le détour.

Le tronc principal est constitué de seize semi-colonnes, évoquant l'architecture traditionnelle des forteresses. La frise de seize arcades qui le surmonte et les calligraphies coufiques indiquent que le minaret (22 m aujourd'hui) était en fait composé de plusieurs segments qui devaient porter sa hauteur à plus de 50 m.

Sa structure témoigne d'un savoir-faire abouti, car ses semi-colonnes sont non seulement arrondies mais encore en forme de fuselage. Une inscription verticale donne le nom de l'architecte, un certain Ali ibn Mohammed, de Serakhs (dans l'actuel Turkménistan), tandis qu'une autre date la construction de 1108-1109, soit sous le règne du sultan Sandjar.

Le joli village de Jarkourgan, baigné par les eaux de la rivière Sourkhan, possède un marché dominical traditionnel.

DENAOU (Denov)

Denaou est coincée entre les montagnes. Avec les superbes monts Hissar enneigés au nord, la chaîne de Tchoulbair à l'ouest et la turbulente frontière tadjike à l'est, Denaou et les traditionnels *kichlak* environnants occupent l'un des culs-de-sacs montagneux les plus éloignés et les plus préservés de la république ouzbèke.

Tout comme Tchaghanian, son ancêtre semi-indépendante, Denaou («nouvelle ville») a joui d'une relative liberté au cours des siècles. Au début du XXe siècle, elle entretenait encore des relations directes avec l'émirat de Boukhara, via sa capitale orientale Hissar (aujourd'hui au Tadjikistan): elle payait tribut en argent, en soldats et en femmes pour le harem de l'émir, à l'instar des 26 autres principautés de l'émirat. C'était toutefois un foyer de rébellion et un repère de bandits. Dans les années 1880, Denaou fit les frais d'une expédition punitive envoyée de Boukhara pour mater la révolte du beg. Les montagnes, qui offraient un refuge efficace aux bandits, protégèrent aussi les derniers *basmatchi*. Denaou et les terres situées à l'est furent le cadre de l'ultime résistance de ces premiers *moudjahiddin* et de la chute finale d'Enver Pacha, le Turc qui les avait brièvement unifiés.

■ À VOIR

Le cœur de Denaou, c'est son **bazar**, vivant et coloré, alimenté par le commerce transfrontalier avec le Tadjikistan; c'est l'endroit où acheter un vêtement traditionnel, dans cette région où les *tchapan* sont plus nombreux que les vêtements de sport. Cherchez également les nouvelles céramiques et les jouets de Denaou, particulièrement ceux de maître Zukhurov. Près du bazar et de la gare routière centrale, la médersa **Sayyid Attalik** rappelle le passé de Denaou et augure bien de son avenir. Cette médersa du XVIe siècle, l'une des plus grandes d'Asie centrale, fermée en 1935, a rouvert ses portes entre 1991 et

1997. Les rénovations entreprises depuis lors ne sont toujours pas achevées par manque de fonds.

Toujours au centre ville, l'impressionnante **forteresse** circulaire du beg de Denaou, surplombant la rivière Sangardak, témoigne non seulement de la puissance des chefs locaux, mais surtout de l'influence éloignée, et parfois chancelante, de l'émirat.

A l'extérieur de la ville, une autre forteresse féodale (Xe siècle) dresse ses ruines dans le petit *kichlak* de **Yourtchi**. Colin Thubron l'a visitée pour tenter de percer le mystère entourant la mort d'Enver Pacha, mais Pacha a très probablement été tué plus à l'est, sur le territoire de l'actuel Tadjikistan. Des taxis *marchroutnoïe* desservent la route de Yourtchi ; il suffit de se rendre à l'emplacement de la « staraïa krepost », à 100 m de la *tchaïkhana*.

A 30 km à l'est de Denaou se trouve le village de **Vakhchivar** et la mosquée soufi Allah Yar (1713) ; celle-ci porte le nom du célèbre poète ouzbek qui y fut enterré en 1724.

LES ENVIRONS DE DENAOU

La vallée de la Sourkhan, autour de Denaou/Tchaghanian, fut l'un des foyers de développement architectural sous les Kouchan, mais il ne reste pas grand-chose de la cité gréco-bactriane et kouchan de **Khaltchaïan** (IVe siècle avant notre ère – IIIe siècle après notre ère), à 10 km au nord de Denaou. La remarquable collection de sculptures d'influence parthe, grecque et kouchan visible au Musée d'Art de Tachkent est de loin plus évocatrice de son passé fascinant. Le site un peu mieux conservé de **Dalverzin Tepe** était jadis l'une des villes les plus glorieuses des Kouchan et la capitale des tribus turkmènes Yue-tchi. Seules les ruines d'un temple bouddhiste, d'un mausolée bactrien et d'un autel zoroastrien sont encore visibles à l'intérieur d'une muraille pentagonale, entre les villes modernes de Denaou et de Chourtchi.

INFORMATIONS PRATIQUES

Des bus de ligne desservent régulièrement Termez, Chirabad et Jarkourgan à partir de la nouvelle gare routière. Il y a aussi des bus quotidiens pour Baïsoun et Tachkent. Un taxi collectif pour Termez coûte 2 $ (2 h de route). Les bus pour Douchanbé ont pour l'instant leur terminus à la frontière.

L'unique hôtel de Denaou se trouve à l'angle des rues Rachidov et Moustakillik (ex-Lénine), à environ 400 m du bazar. Les chambres doubles coûtent moins de 1 $ la nuit, mais l'état des sanitaires a de quoi épouvanter les moins douillets. Un hôtel encore plus sommaire accueille les arrivées tardives et permet les départs matinaux à la gare routière.

La *khanagha* Cheikh Kasim, à Karmana

LA ROUTE ROYALE

La Shokh Rokh (Chah Rah), ou Route royale, constituait une voie importante de la Route de la Soie. Elle relie les principales villes de Transoxiane : Samarcande et Boukhara. Six ou sept jours étaient autrefois nécessaires aux marchands pour parcourir ces 270 kilomètres le long de la vallée du Zéravchan. Aujourd'hui, si la plupart des voyageurs laissent leur enthousiasme les précipiter vers Boukhara, les sites qui jalonnent la route sont riches d'histoire et méritent bien quelques arrêts.

TIM

Bien caché dans les collines derrière Katta Kourgan (Katta Qorgon), ce minuscule village reculé est l'hôte inattendu de l'un des modèles architecturaux les plus anciens et les plus influents d'Asie centrale : le **mausolée Arab Ata**.

Ce monument est mieux connu comme étant l'exemple le plus ancien en Asie centrale de sépulture avec coupole et *pichtak* (portail) monumental, qui a influencé toute une génération de mausolées locaux. Ce paisible village héberge également une Mosquée blanche du XVe siècle. Tim n'est pas facile d'accès, puisqu'il n'y a qu'un bus par jour depuis Katta Kourgan. Cependant, des bus circulent plus fréquemment jusqu'à la proche Ingichka, d'où il est possible de faire du stop.

KARMANA

Ancienne Karminiya, ville de la Route de la Soie située le long de la vallée du Zéravchan, Karmana était la retraite préférée des émirs de Boukhara. La légende locale prétend que les Arabes l'ont ainsi nommée parce qu'ils y trouvèrent une terre fertile et de l'eau en abondance « comme en Arménie » *(ka Arminiya)*. Les caravanes marchandes faisaient halte ici et ailleurs, à l'abri des voleurs et des éléments, dans un réseau de *rabat* ou caravansérails ceinturé de flambeaux signalant les dangers.

A 26 kilomètres de Karmana, sur la route de Boukhara, se trouve l'impressionnant portail de **Rabat-i-Malik**, le caravansérail royal, ainsi appelé car cette steppe est royale, tout comme l'était le mécène de l'édifice. Le khan karakhanide Chams al Mulk Nasr régna sur une grande partie de la Transoxiane de 1068 à 1080 en digne prince musulman, se consacrant à l'expansion de l'islam, à la splendeur de la cour, au patronage des érudits et à la construction d'édifices publics. Encore visible, le portail de 12 mètres soutenait une porte majestueuse s'ouvrant sur une large cour encadrée de hauts murs et de tours d'angle.

Les chevaux, les chameaux et les balles de soie prenaient place dans les écuries du rez-de-chaussée, pendant que les voyageurs fatigués se retiraient à l'étage pour se nourrir, se reposer et prier. Un élégant rempart de colonnes et d'arcs a subsisté jusqu'au XXe siècle, mais s'est effondré depuis ; n'en subsiste qu'une unique façade de briques polies et de *ganch* sculpté. Derrière la route moderne, à côté d'une *tchaïkhana*, une voûte protège le grand puits du caravansérail, un des éléments du système d'irrigation (*sardoba*) médiéval et de canaux souterrains (*karyz*) qui approvisionnent toujours Karmana de l'eau fraîche des montagnes.

Après une interruption de soixante-dix ans, le trafic a repris : des camions venant de Téhéran traversent rapidement Rabat-i-Malik. Aujourd'hui comme autrefois, tous les voyageurs n'étaient cependant pas motivés par le seul commerce. Au XVIe siècle, alors que Karmana se remettait des pillages fréquents que connaissaient les villes situées sur les principales routes d'invasion, les confréries soufies vivaient leur âge d'or. Des derviches errants se rencontraient, priaient et demeuraient dans des hôtelleries appelées *khanagha*, sans lesquelles une cité ne méritait pas son nom. Celle de Karmana, la **khanagha Cheikh Kasim**, est un exemple intéressant de la taille et de l'importance qu'elles avaient acquis. A la fin du XVIe siècle, l'émir Abdoullah de Boukhara, natif de Karmana, a glorifié sa ville d'origine avec cette *khanagha* érigée, selon la coutume, près de la sépulture d'un saint homme et marquée du traditionnel drapeau blanc. Sous le dôme bleu monté sur un haut tambour, la salle centrale accueillait les pratiques religieuses des derviches. Aujourd'hui transformée en mosquée, la *khanagha* résonne, dans la merveilleuse acoustique de ses deux antichambres, des appels à la prière du muezzin.

Dans un parc voisin du bazar et de son agitation se trouve le **mausolée Mir Saïd Bakhrom**. Tout comme pour l'Arab Ata de Tim, cette composition avec portail et coupole du XIe siècle a marqué la naissance d'un style qui allait dominer l'architecture plusieurs siècles durant. Le portail ornemental uniquement garni de briques décorées constitue un préalable au plus ambitieux mausolée samanide de Boukhara. Pendant la Deuxième Guerre mondiale, Karmana a été un centre de détention pour de nombreux Polonais ; un cimetière témoigne de cet épisode douloureux.

NAVOÏ (Navioy)

La Route de la Soie change de visage à quelques kilomètres au sud, le long de la grand-route ; les maisons ouzbèkes aux murs de terre de Karmana cèdent la place aux hauts blocs prolétariens de Navoï. Nommée en l'honneur d'un héros national ouzbek, cette ville récente (un peu plus de 30 ans) a transformé un pan de désert en agglomération urbaine. Les guides touristiques désignent fièrement les rues, les bureaux et les parcs « du progrès », tandis que l'environ-

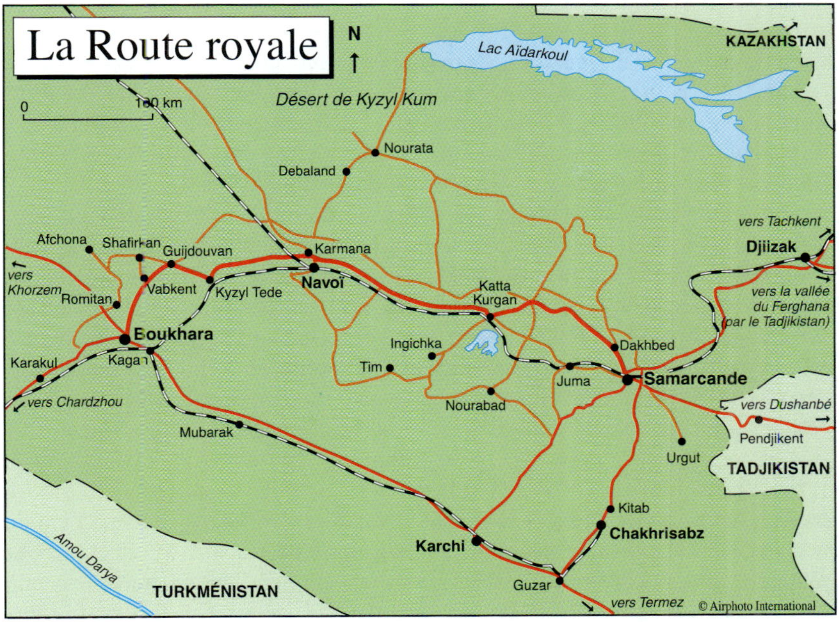

nement paie un lourd tribut aux activités électrochimiques de la zone industrielle. Pour le visiteur, Navoï représente un exemple type de la nouvelle ville soviétique d'Ouzbékistan, née de rien pour devenir la capitale de la plus grande et plus récente province de la république. La densité de la population est la plus basse du pays, puisque le territoire se perd dans le vaste Kyzyl Koum («sables rouges») – la plus grande plaine désertique d'Asie centrale, d'une superficie de quelque 300 000 kilomètres carrés.

Autrefois épreuve pour les voyageurs et les envahisseurs, cette région dépend aujourd'hui de son développement, véritable défi lié à l'exploitation des ressources (notamment de gaz). Les pasteurs nomades partagent la steppe avec les fermes d'Etat productrices de coton et les villes nouvelles, comme Zéravchan, bâties autour des mines d'or de Moutountaou. Les ingénieurs soviétiques ne sont que les derniers en date à avoir marqué le désert de leur empreinte. Il y a trois mille ans, des hommes gravaient la roche de dessins qui ont survécu jusqu'à nos jours. Au nord de Navoï, les gorges de Sarmich offrent de beaux exemples de cet art, le plus ancien d'Asie centrale. Plus de 3000 pétroglyphes, réalisés entre l'âge du Bronze et le Moyen Age, parsèment plus de dix kilomètres d'argile schisteuse dans les collines du Karataou. De remarquables représentations d'hommes primitifs et de leurs animaux se succèdent: taureaux, cerfs, chèvres, chiens et chevaux, mais aussi des personnages en train de chasser avec des armes ou de pratiquer des danses rituelles.

Comme dans les autres cultures primitives, la fertilité est représentée par un homme bien pourvu. Les recherches sur les pétroglyphes tentent encore d'interpréter les symboles évoquant la société disparue qui les a produits. Les voyageurs ne devraient pas manquer cette visite ; une belle énergie s'en dégage, et des tracés presque surréalistes l'étonneront.

La route vers Nourata quitte le paysage désertique et broussailleux pour s'engager dans la chaîne du Karataou, franchit le col du Corbeau Noir, puis descend vers le fort en ruines de Debaland, autrefois relais des messages par signaux de fumée. A côté, un mémorial du XVIe siècle abrite les sépultures de deux frères, Imam Hassan (625-669) et Imam Hussein (626-680), fils de Hazrat Ali, le mari de la quatrième fille du prophète Mahomet. Leurs tombeaux, dans deux salles identiques, sont séparés par une petite mosquée. Des drapeaux blancs sur longues perches et une main sur le faîte signalent ces lieux saints.

INFORMATIONS PRATIQUES

Des vols occasionnels relient Tachkent à Navoï; l'aéroport se situe à 25 km de la ville, sur la route ouest vers Boukhara, près de Rabat-i-Malik. Ouzbektourisme peut s'occuper des billets. La principale gare ferroviaire se trouve à Navoï. Des trains transitent quotidiennement sur les lignes Boukhara-Ourguentch et Samarcande-Tachkent-vallée du Ferghana. Les bus sont cependant un meilleur choix : ils sont plus fréquents et les billets plus disponibles. La gare routière se trouve, elle, à Karmana. De nombreux bus circulent entre Karmana et Nourata, mais il est difficile d'atteindre les gorges de Sarmich ou le lac Aïdarkoul sans louer un moyen de transport individuel. Sarmich est signalé sur la route de Nourata, où une piste s'enfonce sur 25 kilomètres à travers le désert vers les collines du Karataou. Les premiers pétroglyphes sont visibles après le camp de pionniers.

Logement et nourriture

Hôtel Yoshlik, Khalklar Doustligi Koutchasi 138, Microraïon n° 7, tél. 440 21. Le meilleur choix à Navoï. Chambres de 10 à 30 $ par personne. **Hôtel Navoï**, Khalklar Doustligi 73, tél. 311 64. Chambres, 8 à 15 $. Une autre possibilité est l'hôtel-café rudimentaire **Zéravchan**, près du grand magasin Tsoum, au centre. La plupart des restaurants se trouvent à quelques minutes à pied de d'hôtel Navoï, y compris la *tchaïkhana* Marrakan, le Kafe Europa, l'Exotica Restaurant et le Paradise Disco. La bière Bravo, brassée à Navoï, est à découvrir.

A Karmana, les maisons de thé du bazar offrent des mets ouzbeks consistants durant la journée. Près de Sarmich, le **camp des pionniers** de Gornia (Montagnes) peut, à côté de ses terrains de jeux et de ses piscines, offrir un lit et un repas simple aux voyageurs fatigués. La **maison d'hôtes** (simple) de Nourata se trouve près du bazar.

Agences de voyage

Ouzbektourisme, hôtel Navoï, tél. 395 46. Circuits en tous genres, y compris des excursions à dos de chameau.

Avesta, rue Otchilova 3-59, tél. 369 34. Agence privée qui propose des excursions dans le désert. Bureau principal à Samarcande.

NOURATA (Nurota)

Autrefois appelée Nour, cette ancienne cité occupait une position stratégique sur la frontière entre les terres cultivées et la steppe. Elle emprunte son nom à la chaîne de montagnes voisine, dont l'arête la plus occidentale, le Guissar-Alaï, s'enlise dans les sables du Kyzyl Koum. Aujourd'hui, Nourata compte 25 000 habitants et est renommée pour sa production de marbre et d'astrakhan. Elle a conservé quelques-uns des lieux saints qui attiraient les pèlerins en provenance de toute l'Asie centrale ; parmi ces sites, les ruines d'une citadelle au sommet d'une colline, près du bazar du centre-ville, marquent l'histoire de Nourata. Cette forteresse aurait existé avant l'arrivée d'Alexandre le Grand, et les soldats du grand conquérant l'auraient reconstruite plus puissante encore, alors qu'il préparait le siège de Samarcande. Plus tard, la forteresse a été impliquée dans les batailles du dernier chef samanide, Mountasir. Plus bas, la source Tchachma, lieu principal de pèlerinage, a miraculeusement jailli lorsque Hazrat Ali – gendre de Mahomet – a frappé le sol de son bâton. Des centaines de poissons sacrés (interdits de pêche) y nagent dans une eau à forte minéralisation. Certains en oignent leurs enfants, d'autres en remplissent des bouteilles à l'intention de parents souffrants. Une tombe à proximité est sans doute celle d'un des généraux d'Alexandre. La mosquée pour pèlerins date du Xᵉ siècle ; des reconstructions ultérieures ont préservé sa toiture aux 25 coupoles. Un musée adjacent évoque l'histoire et la culture locales par des outils, des vêtements et des céramiques.

UNE EXCURSION À DOS DE CHAMEAU

Les fermes au nord de Nourata procurent des montures à quiconque souhaite s'aventurer à dos de chameau, animal entêté et énigmatique, pour goûter à la vie du désert dans le plus pur style de la Route de la Soie. Ce sont les familles kazakhes qui dominent les pâturages du Kyzyl Koum. Contrairement aux populations ouzbèkes, elles sont restées nomades et, malgré la collectivisation forcée de Staline dans les années 30, nombre de leurs traditions ont survécu. Les yourtes kazakhes, tentes rondes montées sur un cadre de bois, côtoient les chaumières modernes et sont souvent préférées en été. Contrastant avec leur aspect extérieur plutôt terne, une profusion de couleurs en caractérise souvent l'intérieur, avec les tentures, les couvertures et les broderies. Les invités sont généralement accueillis avec un bol rafraîchissant de *koumis*, du lait de jument fermenté.

Le climat continental fortement contrasté d'Asie centrale est encore plus prononcé dans le désert, où les hivers sont très rigoureux et les températures estivales dépassent les 45° C. Le choix des dates de voyage est d'une importance capitale: les meilleures périodes pour les excursions se situent entre mars et mai et de septembre à octobre. Le printemps est particulièrement agréable, lorsque les premières pluies ont tapissé les plaines de coquelicots et de tulipes. Et durant les trois mois de cette même saison, la tortue d'Asie centrale est visible, alors qu'en automne, elle entre en hibernation dès que les plantes éphémères se fanent. Les oiseaux, les lézards et les coccinelles se promènent dans les sables, mais disparaissent aux premiers signes des vents chauds *(gamsil)* ravageurs qui soufflent du sud; de violentes tempêtes de sable engloutissent alors la terre, le ciel et les voyageurs, avec la même violence depuis la nuit des temps. La plupart des itinéraires traversent des paysages variés, des plaines désertes broussailleuses aux dunes de sable ondulées *(barkhane)*.

En dehors de Nourata, les anciens puits *karyz* appartiennent à un système d'irrigation remontant à Alexandre le Grand. Autour des points d'eau se rassemblent les yourtes kazakhes, et le combustible est constitué par les buissons secs de *saxaoul*. Les sites intéressants comprennent le puits d'Ousen et Sentiabsaï, ancienne forteresse d'un chercheur d'or.

Une des destinations préférées des randonneurs est le **lac Aïdarkoul**, idéal pour désensabler les sandales et pêcher pour enfin changer de menu. Le lac s'étend sur plus de 200 kilomètres à travers le désert, dans la proximité des monts Nouratine. Avec le dégel, au printemps, il constitue une aire importante de nidification pour les oiseaux migrateurs. Les peupliers de l'Euphrate et les tamaris roses plient sous le poids des cormorans. Sur le lac, les îles tirent leur nom des colonies caquetantes de pélicans, goélands, hirondelles et hérons qui font halte dans ce sanctuaire isolé.

GUIJDOUVAN (Gijduvon)

■ MÉDERSA D'OULOUG BEG

Que le choix d'Ouloug Beg se soit porté sur cette ville pour la construction de sa troisième médersa, bâtie en 1433 pour honorer un saint soufi renommé, mais avec une envergure moindre que les précédentes, témoigne néanmoins de l'importance passée de Guijdouvan. Quatre-vingts ans plus tard, c'est dans ce lieu que le dernier Timouride, Babour, subira une défaite humiliante face aux Ouzbeks, et fuira pour ne plus jamais revenir en Transoxiane. Une frise de majolique le long du mur du portail définit la médersa comme «un lieu sacré, un cloître égal aux jardins du Paradis». On suppose que l'édifice a été davantage utilisé comme *khanagha* que comme médersa, refuge ouvert aux pèlerins qui venaient dans l'avant-cour (*mazar*) pour rendre hommage ou recevoir une bénédiction.

■ MAUSOLÉE DE KHODJA ABDOULHALIQ GUIJDOUVANI

Le *mazar* délimite le tombeau de Haliq (1103-1179), un saint maître soufi d'ascendance turque royale, qui apprenait à ses pupilles, dont les nakhchbandi, à «parler peu, manger peu, dormir peu ... et repousser le mariage aussi longtemps que possible». Il professait encore que «l'ornement est une marque de pauvreté intérieure». Enfin, l'austère Haliq poursuivait: «Ne faites pas confiance en ce monde et ne vous en remettez pas aux personnes attachées aux biens terrestres. Laissez vos cœurs se remplir de mélancolie et de désillusion, laissez votre corps souffrir et vos yeux pleurer. Que votre conduite soit droite et vos prières sincères. Portez de vieux vêtements et choisissez un homme pauvre comme compagnon.» En tant que fondateur de l'ordre de Khodjakhon, Abdoulhaliq a jeté les bases spirituelles de l'ordre de Nakhchbandi, y compris le *zikr* silencieux, une récitation des différents noms de Dieu.

■ ATELIER DE POTERIE

L'atelier familial de céramique des frères Alicher et Abdoullah se cache dans les rues arrières de Guijdouvan, où sont réalisés depuis six générations des *piala*, des bols et des assiettes aux motifs floraux traditionnels dans des bruns et jaunes typiques. Les frères offrent avec plaisir une démonstration de leur art, qui met en valeur des techniques comme les délicates réalisations *kharoch*, l'émaillage et la cuisson dans des fours *tandyr* géants. Atelier: rue Navoï 45, tél. 572 10 98. Plus accessible, le nouvel atelier d'Abdoullah, le «musée de la céramique», rue Kimsan 24, sur l'autoroute Boukhara-Navoï, ouvert 24/24 h, tél. 572 74 12, abdullo@bukhara.net.

■ MINARET DE VABKENT (VOBKENT)

Autre réalisation des Karakhanides, ces héros oubliés de l'architecture d'Asie centrale, ce fin minaret culmine à une hauteur impressionnante de 39 mètres. Ses inscriptions, à la base en coufique et au sommet en divani, affirment qu'il a été commandité en 1196 par Boukhari Ad-din Ayoud al-Aziz II, ce qui en fait un édifice de soixante-dix ans plus récent que le minaret Kalon, dans la proche Boukhara. S'il ne se situe qu'à 2 kilomètres au nord de la moderne Route royale, beaucoup de voyageurs passent sans le voir, pressés d'atteindre les trésors de Boukhara. Les bus publics de Boukhara à Vabkent sont cruellement irréguliers et absurdement bondés, mais presque tous les bus de Boukhara vers Guijdouvan, Chafirkan ou Samarcande passent par Vabkent.

BOUKHARA (BUXORO)

Visiteurs, écrivains, historiens, tous sont d'accord: Boukhara la sainte, Boukhara la noble, le Dôme de l'islam, le Pilier de la religion, la Beauté de l'esprit, la plus secrète des cités caravanières, la mieux préservée des villes figées d'Orient, Boukhara est la cité la plus intéressante du monde.

HISTOIRE

La ville aurait été fondée par le prince perse Siyavouch, qui bâtit en ce lieu une forteresse peu après avoir épousé la fille d'Afrasiab à Samarcande. Située à la croisée des routes de Merv, Gourgandj, Hérat, Kaboul et Samarcande, Boukhara a évolué à travers les siècles en fonction des intérêts stratégiques.

Au VIe siècle avant notre ère, la ville tomba aux mains des Achéménides, puis fut prise par Alexandre le Grand en 329 avant d'être absorbée dans les empires hephtalite et kouchan. A l'époque sogdienne, Boukhara s'appelait Noumidjent, et reçut ultérieurement son nom actuel d'après un terme sanskrit – *vikhara*, le monastère. Ville importante de la confédération sogdienne, elle n'en restait pas moins la cadette des cités marchandes à côté de ses aînées Païkend, Romitan et Varakhcha. Du moins jusqu'à l'avènement de l'islam.

L'invasion arabe

Après la chute de Merv en 641 et celle de Païkend en 672, Boukhara réussit à tenir la machine de guerre arabe à distance, moyennant un tribut annuel. La situation se tendit lorsque 80 Boukhariotes emmenés en otages à Médine se rebellèrent en route et se livrèrent à un suicide collectif. Cette cité d'adorateurs du feu resta néanmoins relativement épargnée jusqu'à sa prise par Qutaïba en 709 lors de la campagne de ce dernier contre les infidèles d'au-delà de l'Oxus. Trois fois prise, trois fois rebelle, elle tomba définitivement lorsque la reine Khatoum s'enfuit en laissant derrière elle un magot de 200 000 dihrams.

Les Arabes procédèrent systématiquement à l'islamisation de la ville, vidant des quartiers pour y installer leurs troupes, plaçant un des leurs dans chaque foyer, incorporant des habitants dans leur élite et offrant deux dihrams pour la fréquentation de la prière du Vendredi. L'islam prospérait, se greffant sur les croyances ancestrales.

Chaque départ de la garnison arabe était suivi d'une révolte, rapidement noyée dans le sang, et l'islam peu à peu s'enraçina, transfigurant Boukhara.

Le minaret Kalon, la «tour de la mort», à Boukhara

L'époque samanide

A la fin du IXe siècle, les dissentions internes qui déchiraient les Oméyyades affaiblirent le pouvoir aux marches de l'empire. Les gouverneurs persans rompirent avec le Califat ; au terme d'une querelle fratricide entre Boukhara et Samarcande, Ismaïl ibn-Ahmad fonda la dynastie des Samanides et offrit à Boukhara un âge d'or, dont la vitalité commerciale et culturelle, et le rayonnement spirituel, attira bientôt les plus grands intellectuels de l'époque. Ismaïl fut le mécène des lettrés les plus talentueux du pays, ibn-Sina, al-Berouni, l'historien Narchaki, le poète Roudaki, qui contribuèrent à faire de Boukhara le centre de la renaissance persane et de la science islamique. La poésie persane et l'arabe classique de la cour s'épanouirent et favorisèrent la réputation croissante de la bibliothèque de Boukhara dans le monde musulman. Les réseaux d'irrigation permirent une urbanisation rapide, et la ville accueillit bientôt 300 000 habitants – davantage que la ville soviétique du XXe siècle...

A l'aube du XIe siècle, le Perse urbanisé y croisait le nomade turkmène. En 999, les Samanides avaient cédé la place aux Karakhanides, auxquels succédèrent les Kara-Kitaï en 1141, suivis du khorezmchah en 1206. Le Tchachma Ayoub, le minaret Kalon et la mosquée *nomozgokh* datent de cette époque, mais dans l'ensemble, la ville connaissait déjà déclin et incertitude.

L'invasion mongole

La déferlante mongole fit trembler les murs de la cité dès mars 1220. Face à ses troupes plus nombreuses qu'une nuée de sauterelles, les 30 000 hommes de la citadelle furent massacrés jusqu'au dernier. Sous le soleil, la plaine miroitait du sang versé. Gengis Khan, « souffle de la toute-puissance divine », se rendit à la mosquée *nomozgokh* et se proclama lui-même le « fléau de Dieu », ajoutant : « Si vous n'aviez pas commis tant de péchés, Dieu ne m'aurait pas envoyé vous punir. » La forteresse fut prise, la ville incendiée et rasée. Bientôt s'ébranla un convoi de chariots chargés de butin, suivi d'un cortège d'esclaves emmenés pour servir de bouclier humain dans l'assaut prochain de Samarcande. Un réfugié, qui réussit à gagner le Khorassan, résuma les événements d'une phrase : « Ils sont venus, ils ont sapé, ils ont brûlé, ils ont massacré, ils ont pillé, et sont repartis. »

Des années plus tard, le petit-fils du Grand Khan, Houlakou, arriva aux portes de la ville avec l'intention de la piller. Il fut accueilli par un gamin, un chameau et une chèvre. A la question de savoir pourquoi la ville n'avait pas d'autre envoyé, le gamin répondit : « Si tu veux quelqu'un de plus grand, adresse-toi au chameau ; si tu veux quelqu'un qui porte la barbe, adresse-toi à la chèvre ; si tu veux quelqu'un doué de raison, adresse-toi à moi. » Houlakou écouta l'enfant, et la ville fut sauvée.

Boukhara mit cependant un siècle à se remettre de ses plaies, et fut alors prise, détruite et vidée de sa population par le khan de Perse Abaqa II. En 1366, ibn-Battouta écrivit que «seules quelques mosquées, académies et bazars n'étaient pas en ruine». L'ancienne cité sainte avait acquis une réputation de fanatisme, de mensonge et de traîtrise. La ville jeta encore quelques feux sous les Timourides, mais ne fut plus qu'une ombre pâle de la capitale que Tamerlan s'était donnée à Samarcande.

Boukhara la Cheïbanide

Le chef de clan ouzbek Mohammed Cheïbani Khan entra dans Boukhara en 1500 et fit mettre à mort le seigneur timouride Ali. En 1511, Babour rétablit brièvement le règne timouride à Boukhara, mais le 12 décembre 1512 lui et ses alliés perses chiites furent mis en déroute lors de la bataille décisive de Guidjouvan, et ils quittèrent définitivement la Transoxiane. Les Ouzbeks furent dès lors les maîtres incontestés de la Transoxiane et Boukhara redevint leur capitale, l'Oxus marquant la frontière avec la Perse chiite des Saffavides. Abdoullah Khan unit les clans ouzbeks en un royaume à l'ordre public impitoyable, qui fit suite à des décennies d'anarchie. Le règne d'Abdoullah inaugura le second âge d'or de Boukhara, et la réputation du souverain entra dans la légende. Des artisans d'Hérat emmenés après la chute de leur ville apportèrent à Boukhara un épanouissement sans précédent de l'art ornemental et de la miniature. La ville acquit peu à peu sa configuration actuelle dans le cadre d'un programme de construction d'édifices religieux et profanes favorisé par le développement du commerce avec la Russie. Le pouvoir du clergé et du conseiller spirituel du khan, le cheikh al-islam, s'accrut peu à peu, et Boukhara compta bientôt 150 médersas et 200 mosquées de quartier.

A la suite de l'annexion d'Astrakhan en 1552 par la Russie, le khan mongol Yar Mohammed s'enfuit avec son fils à Boukhara, où il fonda une nouvelle dynastie ouzbèke, celle des Astrakhanides, qui régna durant les cent cinquante années qui suivirent. Le déclin des grandes routes commerciales à travers le continent ainsi que les guerres incessantes avec la Perse chiite contribuèrent à l'isolement de Boukhara la sunnite, et le khanat sombra dans la stagnation économique, la barbarie et le fanatisme religieux. Quelques sursauts se produisirent sous l'imam Kouli Khan et sous Abdoul Aziz Khan, mais même le passage à la dynastie des Manguits en 1785 ne put empêcher le lent déclin de Boukhara dont le rayonnement international s'estompait.

Au centre du Grand Jeu

Le XIXe siècle ramena Boukhara sous les feux de la politique mondiale. Les rivalités anglo-russes, les suspicions et la méconnaissance mutuelle des deux puissances se traduisirent par le défilé d'une succession de faux pèlerins, de marchands, de missionnaires ou de voyageurs, déguisés ou non, dans les palais et caravansérails de Boukhara, car il était soudain urgent de savoir ce qui se passait dans cette oasis stratégiquement située. Boukhara devint ainsi un enjeu majeur entre Russes et Britanniques, l'émirat jouant un pion contre l'autre, surveillant celui qui avait l'avantage et adaptant sa conduite en conséquence. Car entre-temps la ville était tombée sous la coupe de l'émir le plus cruel qu'elle ait jamais connu, Nasrullah Khan, qui semait la terreur et s'attira le surnom de «boucher»: ayant accaparé le trône au terme d'une série de 31 assassinats de proches parents, dont ses trois frères cadets, décapités sur les bords de l'Oxus, il marqua son règne d'atrocités et fit mettre à mort sa femme et ses trois filles sous ses yeux alors qu'il agonisait. Mais Nasrullah n'avait rien à redouter. Il avait consolidé ses frontières orientales avec l'Afghanistan, et résolu à son avantage le délicat équilibre du pouvoir entre Boukhara, Kokand et Khiva en s'emparant de Merv et de Kokand dont le khan Mohammed Ali fut exécuté. Dans le même temps, Russes et Britanniques flattaient sa vanité en lui décernant des titres pompeux. Il ne voulut pas entendre les bruits de canon qui s'approchaient du Syr Daria, mais il était déjà trop tard: les khanats d'Asie centrale étaient épuisés par un cycle ininterrompu de querelles et de meurtres.

Le château de sable de Boukhara s'écroula avec l'arrivée des troupes du tsar. Les armées de Kaufmann ayant remporté la bataille de Zéraboulak, près de Katta Kourgan, Boukhara perdit le contrôle du Zéravchan et de son propre approvisionnement en eau. En 1868, l'émir de Karchi signa la cession de Samarcande, Djizak et Katta Kourgan au Turkestan russe, accordant au tsar des concessions commerciales dans sa ville et reconnaissant Boukhara comme protectorat russe. Il reçut en échange la cité rebelle de Chakhrisabz et une partie du khanat de Khiva. Les quarantes années suivantes virent la Russie absorber peu à peu les territoires environnants. Deux ans plus tard, le chemin de fer transcaucasien reliait le cantonnement russe de Kagan à Tachkent, qui était entre-temps devenue une base commerciale et militaire russe importante. L'abolition de l'esclavage fut proclamée en 1886

Boukhara n'avait pas été incorporée formellement dans l'empire russe, et l'émir exerçait toujours le droit de vie et de mort dans la ville. Cependant les murailles n'étaient pas imperméables aux bruits lointains des révolutions. Le réformisme religieux du *djadid*, le pan-turquisme inspiré par Istamboul, le communisme bolchevik, tous ces courants souvent antagonistes trouvèrent finalement voix dans le Jeune Parti de Boukhara et son chef Faizoullah Khodjaiev. Quelques réformes furent mises en œuvre, une imprimerie apparut à Boukhara…

En mars 1918, Kolessov, gouverneur bolchevik de Tachkent, arriva aux portes de Boukhara et exigea que le pouvoir soit remis entre les mains du Jeune Parti de Boukhara. L'émir voulut gagner du temps, les mollahs appelèrent au *djihad* contre les envahisseurs infidèles, et les renforts arrivèrent. On pardonnera aux Boukhariotes leur fidélité à un émir aussi douteux, mais suivant un schéma qui se reproduira durant tout le régime soviétique, ils préférèrent leur tyran musulman à l'envahisseur étranger sans dieu. La délégation bolchevik fut massacrée, et plusieurs centaines de résidents russes de Boukhara exécutés dans la foulée. Les troupes de renfort battirent retraite, décision justifiée tantôt par le manque de munitions, tantôt par une intervention divine, et regagnèrent Tachkent sous le harcèlement des forces islamistes.

Boukhara avait gagné un répit de deux ans. L'oasis se referma sur son passé, concentrant un cocktail explosif de Russes blancs en fuite et de jeunes révolutionnaires, sous le regard d'un émir désespéré. Les espions se succédèrent à Boukhara, le plus souvent démasqués, torturés, puis exécutés, jusqu'à ce qu'un d'entre eux, un certain Bailey, réussisse à s'enfuir après avoir passé un mois à Boukhara sous divers déguisements, peu avant l'arrivée des troupes soviétiques du général Frounzé, le 2 septembre 1920.

La forteresse de l'Ark tomba au terme de quatre jours de combats acharnés. Un rassemblement révolutionnaire fut organisé au Reghistan et le drapeau rouge hissé au sommet du minaret Kalon. L'émir Alim Khan s'enfuit vers l'Afghanistan. Le premier congrès du peuple se tint le 6 octobre 1920 dans la cour du palais Sitoraï-Makhi-Khosa, et proclama la République populaire de Boukhara.

Boukhara la Soviétique

Durant les premières années de la république, les Soviétiques s'en tinrent strictement à la ligne politique de Lénine, encourageant les révolutions locales sous l'égide des bourgeoisies nationales, afin de contenir les populations musulmanes. Deux semaines après la chute de la ville, les rangs du Parti communiste avaient gonflé de 14 000 membres: les habitants se pressaient de faire allégeance au nouvel émir. Mais l'Etat soviétique se renforçait, et en 1922 une série de purges vint réduire à un millier le nombre des communistes de Boukhara qui, le 10 février 1924, abolirent leur république: L'Ouzbékistan était né.

La soviétisation de Boukhara se fit dans la passivité. Forger une conscience de classe dans une cité de marchands et de mollahs n'était guère aisé, et les femmes formèrent un prolétariat de substitution. Les soviets choisirent d'ignorer Boukhara jusqu'à l'érosion de ses résistances. La ville fut assainie et sécularisée. Boukhara la sainte devint Boukhara la noble, le réseau d'irrigation fut modernisé, les mosquées furent transformées en clubs de travailleurs ou en bureaux pour l'administration locale. De rares voyageurs occidentaux dénoncèrent l'oppression sournoise s'exerçant sur la ville pour y désintégrer son

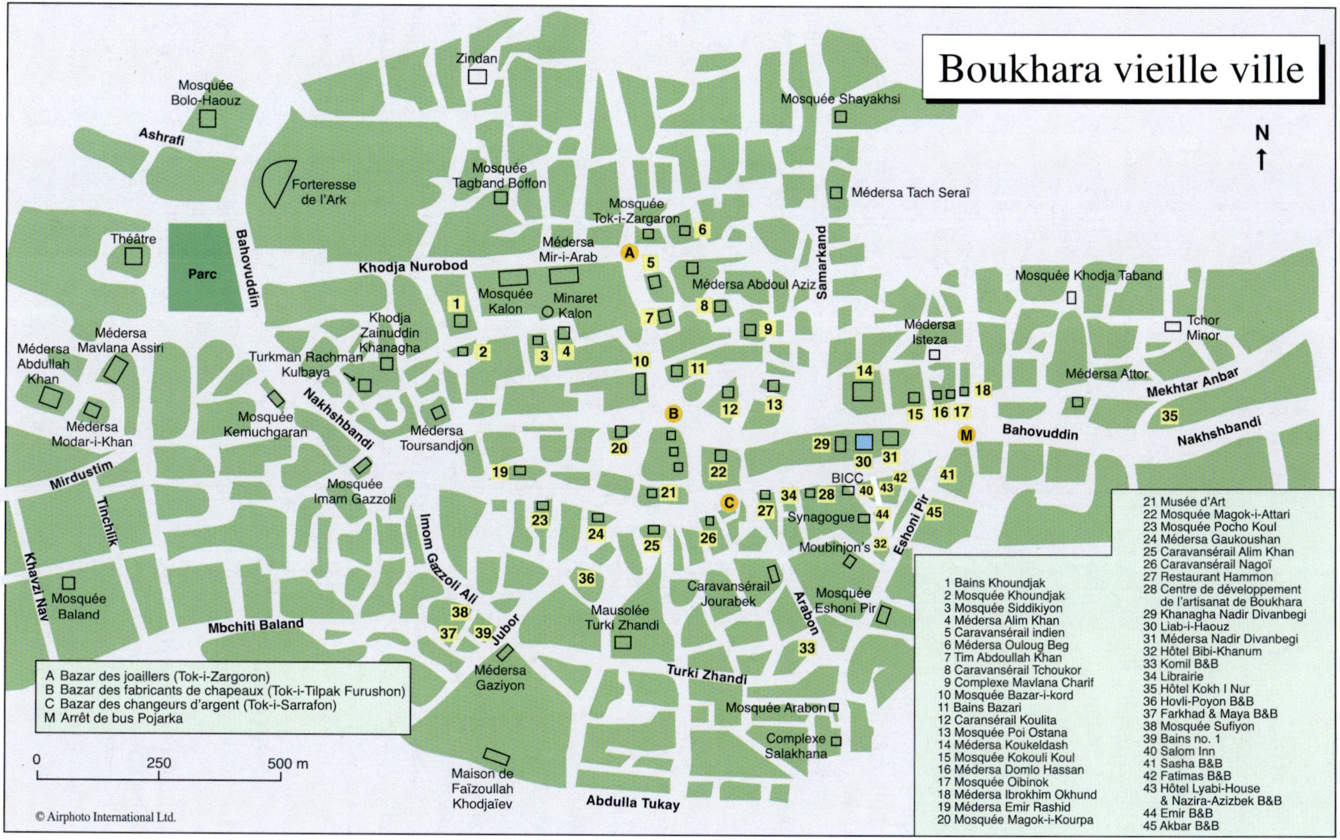
Boukhara vieille ville
N
A Bazar des joailliers (Tok-i-Zargoron)
B Bazar des fabricants de chapeaux (Tok-i-Tilpak Furushon)
C Bazar des changeurs d'argent (Tok-i-Sarrafon)
M Arrêt de bus Pojarka
1 Bains Khoundjak
2 Mosquée Khoundjak
3 Mosquée Siddikiyon
4 Médersa Alim Khan
5 Caravansérail indien
6 Médersa Ouloug Beg
7 Tim Abdoullah Khan
8 Caravansérail Tchoukor
9 Complexe Mavlana Charif
10 Mosquée Bazar-i-kord
11 Bains Bazari
12 Caransérail Koulita
13 Mosquée Poi Ostana
14 Médersa Koukeldash
15 Mosquée Kokouli Koul
16 Médersa Domlo Hassan
17 Mosquée Oibinok
18 Médersa Ibrokhim Okhund
19 Médersa Emir Rashid
20 Mosquée Magok-i-Kourpa
21 Musée d'Art
22 Mosquée Magok-i-Attari
23 Mosquée Pocho Koul
24 Médersa Gaukoushan
25 Caravansérail Alim Khan
26 Caravansérail Nagoï
27 Restaurant Hammon
28 Centre de développement de l'artisanat de Boukhara
29 Khanagha Nadir Divanbegi
30 Liab-i-Haouz
31 Médersa Nadir Divanbegi
32 Hôtel Bibi-Khanum
33 Komil B&B
34 Librairie
35 Hôtel Kokh I Nur
36 Hovli-Poyon B&B
37 Farkhad & Maya B&B
38 Mosquée Sufiyon
39 Bains no. 1
40 Salom Inn
41 Sasha B&B
42 Fatimas B&B
43 Hôtel Lyabi-House & Nazira-Azizbek B&B
44 Emir B&B
45 Akbar B&B
Zindan
Mosquée Bolo-Haouz
Ashrafi
Forteresse de l'Ark
Mosquée Tagband Boffon
Mosquée Shayakhsi
Médersa Tach Seraï
Mosquée Tok-i-Zargaron
Théâtre
Parc
Bahovuddin
Khodja Nurobod
Médersa Mir-i-Arab
Mosquée Kalon
Minaret Kalon
Médersa Abdoul Aziz
Samarkand
Mosquée Khodja Taband
Tchor Minor
Médersa Isteza
Médersa Attor
Mekhtar Anbar
Nakhshbandi
Médersa Mavlana Assiri
Médersa Abdullah Khan
Khodja Zainuddin Khanagha
Turkman Rachman Kulbaya
Mosquée Kemuchgaran
Médersa Toursandjon
Médersa Modar-i-Khan
Mirdustim
Tinchlik
Mosquée Imam Gazzoli
Imom Gazzoli Ali
BICC
Synagogue
Moubinjon's
Eshoni Pir
Khavzi Nav
Mosquée Baland
Caravansérail Jourabek
Mosquée Eshoni Pir
Arabon
Mausolée Turki Zhandi
Mbchiti Baland
Jubor
Médersa Gaziyon
Turki Zhandi
Mosquée Arabon
Complexe Salakhana
Maison de Faïzoullah Khodjaïev
Abdulla Tukay
0
250
500 m
© Airphoto International Ltd.

mode de vie traditionnel. C'est en 1959 que fut brûlé le dernier voile au cours d'une cérémonie publique organisée au Reghistan de Boukhara. La révolution par l'usure se poursuivit ainsi pendant soixante-dix ans, mais ne parvint jamais à assujettir l'âme de la vieille cité. Aujourd'hui, Boukhara dépoussière ses sanctuaires et réveille un panthéon de saints et de gloires locales. Le temps de l'hibernation est passé.

À VOIR:

■ LA VIEILLE VILLE

La plupart des curiosités de Boukhara sont concentrées dans la vieille ville (Chakhristan), et l'on peut s'y rendre à pied. Nous vous proposons un itinéraire qui, partant du Reghistan, traverse le cœur du vieux bazar jusqu'à la place du Liab-i-Haouz. Boukhara mérite en tout cas deux ou trois jours de visite. C'est aussi la ville d'Asie centrale qui récompensera le mieux le voyageur prêt à s'écarter des grands itinéraires organisés et à plonger de lui-même dans l'ancienne cité.

■ LA FORTERESSE DE L'ARK

Le symbole de l'émirat de Boukhara se dresse dans toute sa majesté sur la place du Reghistan et rappelle la terreur de l'époque manguit. Demeure des seigneurs de Boukhara durant plus d'un millénaire, l'Ark est aussi ancienne que Boukhara elle-même. La fondation de la première forteresse se perd dans la nuit des temps, mais il est certain que c'est autour de ses murs que se développa la cité médiévale. La première forteresse attestée historiquement fut bâtie au VIIe siècle par Khoudat Bidoun, mais s'écroula à plusieurs reprises, jusqu'à ce que des devins suggèrent de la reconstruire sur le plan de la Grande Ourse. Alors seulement elle résista. Les Arabes édifièrent ici la première mosquée de Boukhara sur les cendres fumantes d'un temple zoroastrien. Du IXe au XIIe siècle, les Samanides et les Karakhanides la complétèrent de nouveaux remparts, puis les Kara-Kitaï et les khorezmchahs la détruisirent et la rebâtirent par trois fois, jusqu'à ce que les Mongols la réduisent en poussière en 1220. L'Ark reçut sa configuration actuelle des Cheïbanides au XVIe siècle, et tous ses édifices visibles datent des trois derniers siècles. Car la forteresse qui abritait l'émir avait entre-temps grandi et hébergeait aussi sa famille et sa domesticité, de même que nombre de serviteurs de l'administration ; le complexe accueillait ainsi 3000 habitants et comportait un palais, un harem, une salle du trône, une salle de réception, un édifice de bureaux, le trésor, une mosquée, l'hôtel de la monnaie, un donjon et les quartiers des esclaves.

En 1920, l'Ark fut détruite à 80% par un incendie bouté, selon les versions, par un émir vaincu en fuite, ou par des bolcheviks lors de leur bombardement. Ce qui restait des vestiges de la forteresse fut transformé en musée historique, et servit la machine de propagande soviétique.

Le visiteur pénètre dans l'Ark par l'austère façade ouest. Une porte sud, ou porte Kalon, donnait autrefois directement accès à la mosquée du Vendredi, et c'est là que serait inhumé Siyavouch, héros de la *Chahnama* ou Livre des Rois. La porte actuelle, édifiée par Nadir Chah en 1742, est constituée de deux bastions reliés par un balcon garni de six fenêtres en portique. C'est à ce corps de garde que pendait jusqu'au tournant du XXe siècle la seule horloge mécanique de Boukhara, œuvre désespérée de l'horloger italien Giovanni Orlandi, capturé en 1851 à Orenbourg par une bande de trafiquants d'esclaves turkmènes. Cet artisan voulut racheter sa liberté en offrant à un émir avide de cadeaux cette horloge ainsi qu'un téléscope ; ce fut en vain, et l'Italien fut décapité – dernier Européen victime de la folie de Nasrullah. L'horloge était flanquée d'un énorme fouet à six lanières (*khamtcha*), symbole du pouvoir de l'émir, et d'un gigantesque glaive, emblèmes que les troupes soviétiques arrachèrent en 1920.

La rampe d'accès pavée traverse une galerie étroite et incurvée (le *dolom*), passe derrière la permanence du commandant de la forteresse, le *touptchi bachi*, qui y recevait les rapports de ses espions, et grimpe le long d'une rangée de cellules d'infâmie et de chambres de torture connues sous le nom de *khanah khaneh*, pour atteindre le cœur de l'Ark. Seul le mince voile du temps sépare ici les pas du visiteur de ceux des grands fantômes du passé qui arpentèrent cette cour.

Ce couloir conduit à la mosquée de la cour, aux piliers sculptés en forme de champignons ; elle est occupée aujourd'hui par un petit musée de la calligraphie. On peut y admirer deux pages d'un coran du Xe siècle ainsi que des poèmes de Navoï et de Djami. Les surcharges en rouge sur les manuscrits donnent la traduction en persan des textes arabes.

D'autres salles contiguës à la mosquée abritent les musées de la Seconde Guerre mondiale et de l'Histoire soviétique, actuellement fermés. On pouvait y voir des photos d'Ouzbeks admirant l'essor de l'industrie lourde, ou encore une maquette d'un bûcher de *parandja* face à l'Ark. Un numéro de l'hebdomadaire *Le prolétariat boukhariote* en arabe ainsi qu'une série de documents illustraient le passage de l'écriture de la langue ouzbèke des caractères arabes aux alphabets cyrillique, puis latin. Créés par des services de propagande, ces musées sont à leur tour victimes de semblables « maîtres » soucieux de réécrire l'histoire de la ville. Une vitrine soviétique représentant les horreurs de la torture à Boukhara avait déjà été retirée à la suite d'une plainte du parti Birlik. L'*eltchikhana* abritait aussi la plaque commémorative et la tombe commune des vingt bolcheviks de la délégation de Kolessov massacrée en 1918 sur ordre de l'émir.

A proximité immédiate du *tchorsou* (carrefour) à gauche se trouve la **salle du trône** (*kourinechkhana*). En grande partie détruit par le feu, cet *iwan* de bois à trois côtés fut le témoin de nombreux couronnements. Selon une tradition remontant à l'âge d'or de Tamerlan, l'émir était élevé sur un tapis vers son trône de marbre. La cérémonie se déroulait un jour jugé propice par les astrologues, et des cortèges de prisoniers étaient rendus à la liberté à cette occasion. Le muret proche de l'entrée de la salle marquait l'endroit où les visiteurs de l'émir, obligés de sortir à reculons, pouvaient enfin se retourner. L'hôtel des monnaies et le trésor, désormais réserves du musée, sont en cours de restauration.

Dans la cour principale du musée, une ancienne *korikhana* accueille une série de salles d'exposition intéressantes. Au-delà se succèdent les nombreuses chambres du harem, dont l'émir changeait régulièrement pour réduire les risques d'assassinat. Cette paranoïa s'étendait aux repas du souverain: l'eau amenée dans des outres depuis l'extérieur de l'Ark était goûtée à deux reprises par l'*afta bachi* avant d'être servie à l'émir, de même que le *kochbegi* devait se charger de goûter les plats destinés à son maître.

L'émir accordait ses audiences publiques quotidienne dans la *salaamkhana* ou **salle de réception**. Nombre d'ambassadeurs ont défilé ici, et l'émir fatigué d'entendre les incessantes salutations, *salaam aleïkoum,* avait à ses côtés un officier chargé d'assurer en son nom la réponse protocolaire indispensable, *aleïkoum salaam.*

La cour est devenue **musée régional**, dans lequel on remarquera une robe impressionnante dans la première salle: il s'agit de la septième et ultime robe portée durant la cérémonie du couronnement, en même temps que le grand turban d'apparat long de 20 mètres et qui, selon la tradition, était également utilisé comme linceul si l'émir venait à mourir en déplacement. Le musée expose entre autres un exemplaire très rare d'un dictionnaire yiddish-russe-ouzbek et une excellente affiche de propagande soviétique datant de 1938 et représentant la pyramide du pouvoir de l'émir; on y voit également une cuiller à pastèque, des robes de derviches du tournant du XXe siècle, ainsi qu'une photo du premier médecin de Boukhara au-dessus de la vitrine contenant les instruments de son art.

Donnent sur la même cour la *nagorakhana*, ou **pavillon de musique**, à deux étages, où jouait l'ensemble musical de l'émir à l'occasion des réceptions ou des exécutions..., et les écuries royales.

A gauche de la cour se trouve enfin le pavillon d'observation de l'émir, d'où ce dernier et ses favorites pouvaient surveiller l'animation du Reghistan.

L'Ark est ouverte tous les jours sauf le mercredi. Le droit d'entrée est modique. La boutique de souvenirs propose les meilleurs livres sur Boukhara et les souvenirs les plus intéressants. Une visite commentée de l'Ark, par ailleurs bon marché, est fortement recommandée. Noïla Kasijanova y est probablement la meilleure guide de tout Boukhara. Une vue aérienne sur l'Ark attend aussi les audacieux qui se risqueront dans l'ascenseur branlant du château d'eau voisin.

■ LE ZINDAN

La prison de Boukhara, qui valut à la ville sa réputation au XIXe siècle, se cache derrière l'Ark, à côté de la porte du *chakhristan*. Cet édifice lourd et sombre «accueillit» des débiteurs insolvables, des meurtriers, des prisonniers politiques, des courtisans en disgrâce et des voyageurs européens dans ses trois cellules maudites. La pire était le Puits noir, profond de six mètres et recouvert d'une grille de fer. Les prisonniers enchaînés aux chevilles, aux poignets et au cou n'y recevaient d'autre nourriture que l'aumône qui leur était faite le vendredi seulement. Les cellules que l'on visite aujourd'hui n'hébergent que des mannequins; on peut également y voir des instruments de torture ainsi qu'une photo du dos ensanglanté de Sadriddin Aïni, le futur président du Tadjikistan, qui fut fouetté sur la place publique de Boukhara en 1917 à cause de ses idées révolutionnaires (entrée 1$).

■ LE REGHISTAN

La place arborée et déserte qui s'étend au pied de l'Ark est le Reghistan, autrefois le cœur battant du *chakhristan*, à la fois marché, place publique et lieu des exécutions. Jusqu'à la fin du XIXe siècle, le Reghistan de Boukhara ressemblait à celui de Samarcande: la place était bordée au nord par la mosquée Poyenda Beg Atligh, la médersa et la clinique Darou-i-Chifa (maison de guérison), et à l'ouest par le Sodhim Beg et la médersa du Bazar-i-Gusfand. Au pied des murs de l'Ark, la résidence du *touptchi bachi*, le commandant en chef des forces de l'émir, était pourvue d'un petit arsenal et défendue par des canons réquisitionnés lors de la prise du khanat de Kokand. La place était encombrée de tous les métiers du monde, fauconniers et barbiers, mendiants et bouchers, boulangers et derviches, et même de courtisans. Un voyageur se souvient d'un marchand de thé chinois tenant boutique au Reghistan et qui pouvait reconnaître au seul toucher ses vingt-sept sortes de thé.

Jamais cependant la foule n'était aussi dense que lorsque la chaîne barrant l'accès à l'Ark était retirée pour laisser passer le cortège macabre menant un condamné au lieu de son exécution. Et au-delà de la place baignée de sang se tenait le tout aussi infâme marché aux esclaves, où l'on négociait tous les lundis et tous les vendredis les Iraniens ou les Russes qui avaient été capturés.

C'est donc tout naturellement que les Soviets choisirent ce bastion du Moyen Age pour faire la place aux temps nouveaux. En septembre 1920 le drapeau rouge fut hissé sur l'Ark et une manifestation se tint sur la place pour proclamer la chute de l'émirat. Quatre ans plus tard, lorsque la nouvelle de la mort de Lénine se répandit dans Boukhara, c'est ici que se tint le meeting de deuil, et en 1925 le centre du Reghistan reçut une statue du grand chef révolutionnaire. L'idole déchue disparut en 1992, et rien ne l'a remplacée depuis.

Détail d'un plafond de mosquée

■ LA MOSQUÉE BOLO-HAOUZ

Chaque vendredi, le déploiement de superbes tapis rouges embellissait le pavé menant de l'Ark à la «mosquée près du bassin», et l'émir en vêtements d'apparat sortait de sa forteresse pour aller faire ses prières sous le splendide dôme de Bolo-Haouz. Aujourd'hui, les stalactites sculptées ornant ses élégants piliers de bois renvoient encore l'écho des murmures courtisans de la mosquée royale, et les ornementations sculptées ou peintes datant de 1712 inspirent toujours la piété après l'interlude soviétique qui avait installé ici un club pour les travailleurs. La façade restaurée chatoie à nouveau de toutes ses couleurs, et l'*iwan* haut de 12 mètres reste parmi les plus grands, les plus élégants et les plus beaux de toute l'Asie centrale.

Toujours sur la place du Reghistan, le théâtre Sadriddin Aïni (1930) est aujourd'hui délaissé, suite à l'exode russe après l'indépendance : ses salles à l'architecture néo-réaliste, décorées de calligraphies arabes, n'offrent aujourd'hui plus que des spectacles d'arts martiaux en vidéo. C'est ici qu'en 1925 Mikhaïl Kalinine, premier président de l'URSS, présida le premier congrès de la République socialiste soviétique d'Ouzbékistan.

■ TCHACHMA AYOUB

Bien avant que Boukhara n'existe, un millénaire peut-être avant la venue du prophète Mahomet, le prophète Job se trouvait au Zéravchan et fut témoin d'une sécheresse terrible. Ne pouvant laisser le peuple mourir de soif autour de lui, Job frappa la terre sèche et poussiéreuse de son bâton, et une source fraîche et claire en jaillit aussitôt. Situé à quelques centaines de mètres du mausolée Ismaïl Samani, le mausolée Tchachma Ayoub, ou «source de Job», commémore cet événement. Austère comme une forteresse et dépourvu de toute forme d'ornementation, il comprend quatre salles à coupole datant de quatre époques différentes et témoignant d'autant de styles. La première construction date du règne karakhanide d'Arslan Khan au XIIe siècle, mais le dôme le plus ancien actuellement visible fut édifié par Tamerlan en 1380 sur une chambre mortuaire antérieure. Cette coupole conique inhabituelle en Transoxiane trouve sa forme dans le style des tentes des nomades du Khorezm, ce qui indique presque à coup sûr l'œuvre d'architectes capturés par Tamerlan lors de sa campagne de Gourgandj (Kounia Ourguentch) en 1379. Ce dôme en contient un second, en sorte que de l'intérieur il ressemble aux trois autres qui furent ajoutés au XVIe siècle.

Ce monument commémoratif héberge aujourd'hui un... **musée de l'Eau**. Celui-ci retrace les étapes successives de la distribution du précieux liquide, depuis les temps de l'émirat où des porteurs amenaient dans les bazars des outres pleines d'une eau souvent infestée de vers, jusqu'aux ambitieuses réalisations soviétiques telles que les canaux de l'Amou Daria à Boukhara et de Boukhara à Samarcande. Cette thématique soviétique passe toutefois pour une goutte d'eau dans un océan de sable aux yeux des visiteurs ouzbeks et tadjiks, qui accordent leur admiration et leur vénération à la source fraîche de Job.

C'est face au Tchachma Ayoub que se trouve le tout nouveau **mémorial al-Boukhari** dédié à la personnalité la plus célèbre de la ville. Le livre gigantesque entouré d'un croissant représente une collection de *hadith,* les paroles de Mahomet, que al-Bhoukhari a rassemblés sa vie durant. Le musée, sommaire, offre peu d'informations en anglais; il se situe près du principal bazar de Boukhara, particulièrement fréquenté le dimanche et le jeudi. Un cirque ouzbek traditionnel s'y produit les dimanches d'été.

■ LES FORTIFICATIONS

Derrière le Tchachma Ayoub, les vestiges des murailles de Boukhara ponctuent les limites du bazar de points et de traits sortis d'un alphabet morse. Ces débris de château sont les seuls vestiges d'une muraille longue de 25 kilomètres, haute de 10 mètres et épaisse de 5, qui mettait le *chakhristan* à l'abri du désert hostile et de ses nomades. Les premiers murs furent érigés vers l'an 850, à une époque où le *chakhristan* côtoyait directement le faubourgs ou *rabad.* Au Xe siècle, les Samanides ajoutèrent un second mur, qui sera renforcé lors des troubles des XIIe et XIIIe siècles. Plus tard encore, l'oasis entière fut mise à l'abri de murs d'enceintes qui s'étendaient jusqu'à Karmana, parachevant ainsi la fortification de Boukhara.

Aux sept portes du début, quatre vinrent s'ajouter et reçurent les noms des faubourgs qu'elles dominaient. La porte du Mazar menait au sanctuaire de Bakhaouddin Nakhchbandi, la porte de Karakoul au Khorassan, et celle de

Tallipatch gardait la longue route du Khorezm. Ces portes restèrent fermées dès le début de la Première Guerre mondiale et jusqu'en 1920, afin de mettre la cité à l'abri des agents bolcheviks et des espions britanniques ; seul le consulat de Boukhara à Kagan délivrait les visas nécessaires pour entrer dans la ville. Mais ces murailles ne jouaient plus qu'un rôle de police, et ne purent résister aux assauts de l'Armée rouge et de son artillerie. La porte du Cheikh Djalal s'ouvrit aux troupes soviétiques le 2 septembre 1920.

De nos jours, les murs de Boukhara semblent tout simplement avoir fondu dans la chaleur du désert, seules subsistant la **porte de Tallipatch**, près du lac du Pionnier, et celle du **Cheikh Djalal** au sud-ouest, au milieu de la rue Djoubor. Ces deux portes datent des travaux de restauration du XVIe siècle.

■ LE MAUSOLÉE ISMAÏL SAMANI

L'impressionnante tombe d'Ismaïl Samani, aux bleus éblouissants, est l'édifice le plus ancien de Boukhara, conservé dans son état original, et constitue sans doute l'un des plus beaux joyaux d'un voyage en Ouzbékistan. Ce cube de briques quasi parfait fut édifié au début du Xe siècle et appartient à la grande renaissance culturelle de la dynastie samanide (875-999). Ce monument dynastique qui a reçu le nom du fondateur Ismaïl Samani a également accueilli les dépouilles de son père Akhmed, de son neveu Nasr et d'autres descendants de la même lignée.

L'architecture du mausolée reflète des éléments d'origine sogdienne, tels les herculéens contreforts d'angle, mais aussi sassanide et zoroastrienne, tels les soleils circulaires et la forme de l'édifice représentant l'univers. Ces principes, combinés aux découvertes arithmétiques et géométriques de al-Khorezmi, al-Ferghani et ibn-Sina, ainsi qu'à la nouvelle maîtrise de la trompe (l'arc d'angle), allaient donner naissance à un style architectural, celui du *mazar* monumental, qui traverserait les siècles.

L'édifice est constitué d'un cube de 10,8 mètres de côté, aux quatre façades identiques, légèrement inclinées vers l'intérieur ; il est surmonté d'un dôme semi-sphérique lui-même flanqué de quatre petites coupoles. Quatre arcades d'angle reposant chacune sur des piliers forment la trompe sur laquelle s'appuient le tambour étagé d'abord à huit côtés, puis à seize. Ce système en *tchortak* (« quatre arcs ») était révolutionnaire pour cette époque et fut reproduit dans d'innombrables tombes partout en Transoxiane. De l'extérieur, l'étage de transition est masqué sur chaque côté par une galerie de dix fenêtres éclairant et ventilant l'intérieur du monument. Le mausolée offre une riche symbolique : le cube rappelle la *kaaba*, la pierre sacrée de La Mecque, et représente la terre, tandis que la coupole, image du ciel, est la métaphore de l'univers tout entier.

Le mausolée Ismaïl Samani à Boukhara

La vivacité des couleurs et la richesse des motifs de l'appareil de briques contribuent à la majesté de l'ensemble, et la structure des murs leur confère une résistance sismique éprouvée, alors que leur épaisseur de deux mètres n'enlève rien à leur légèreté apparente. Alternant ombres et lumières, tirant parti des rayons changeants du soleil, cet édifice mérite d'être vu à divers moments de la journée, voire le soir.

Ce mausolée, vieux de mille ans, est sacré pour plusieurs raisons. A l'origine, il comportait deux orifices, l'un où les pèlerins anxieux déposaient leurs offrandes et leurs questions, et l'autre où un mollah dissimulé à la vue délivrait ses réponses. Mais le site était également celui d'un des cimetières les plus saints de Boukhara, où des émirs avaient été inhumés. Lorsqu'en 1934 l'archéologue soviétique Chichkine découvrit le mausolée enfoui sous plusieurs mètres de terre et de sable, les tombes environnantes furent déplacées et le site devint le parc Kirov. L'enfouissement avait également préservé le monument de la destruction lors de l'invasion mongole. L'actuelle remontée de la nappe phréatique fait planer une nouvelle menace, mais le ministère des Affaires étrangères britannique, déjà actif à l'époque du Grand Jeu, a repris du service et finance des travaux de conservation de cet édifice millénaire, ainsi que du Bouyan Kouli Khan (voir p. 273). Le mausolée est situé dans le parc Samani à cinq minutes à pied à l'ouest du Reghistan.

■ LES DEUX MÉDERSAS (KOCH MADRASSAH)

Koch signifie «double» et s'utilise généralement en architecture pour caractériser un ensemble constitué de deux parties se faisant face. A Boukhara, il s'applique plus particulièrement aux médersas de Modar-i-Khan et d'Abdullah Khan, situées à quelques centaines de mètres au sud-ouest du Reghistan, en direction de la porte de Chirgaron. Toutes deux furent bâties sur ordre du khan cheïbanide Abdullah (1533-1597), l'un des plus grand bâtisseurs d'édifices religieux et surtout profanes de l'histoire de Boukhara.

La **médersa Modar-i-Khan** (1566-1567) est la plus modeste des deux, et fut construite en moins de deux ans au début du règne d'Abdullah en l'honneur de sa mère (*modar* en persan). Construction d'allure classique à la façade sobre, elle reflète les incertitudes qui marquèrent le début du règne.

En face, la **médersa d'Abdullah Khan**, bâtie vingt-trois ans plus tard, témoigne d'ambitions bien supérieures. Les motifs de *girikh* de la façade sont plus complexes, les tons violets, verts et blancs bien vibrants, et le portique beaucoup plus impressionnant. Le caractère artistique de l'édifice semble prendre le pas sur son caractère spirituel, et l'affirmation personnelle transcende l'inspiration religieuse. La médersa et la mosquée furent bizarrement orientées vers les points cardinaux, et non vers La Mecque, ce qui non seulement alignait la façade vers l'édifice lui faisant face, mais permettrait en outre de placer la future tombe d'Abdullah Khan dans un axe nord-sud plus habituel. A une époque où les mausolées flamboyants suscitaient des froncements de sourcils de la part d'un clergé tout-puissant, Abdullah aurait-il imaginé cette parade pour mieux reposer en paix dans sa médersa?

Autre entorse à la tradition, la «Lanterne d'Abdullah», une salle octogonale à deux étages située dans le mur nord, confère à l'édifice un plan inhabituel. Un escalier étroit donne accès à la galerie supérieure et aux cellules, et continue jusqu'au toit encombré de briques abandonnées depuis le XVIe siècle autour des bulbes et des cheminées des cellules. Cette médersa est un véritable champ d'exploration architecturale où vous ne serez pas inquiété par des surveillants ou des guides de l'Intourist. On y accède sans autorisation par le parking de l'immeuble voisin.

■ LA MOSQUÉE BALAND (BALYAND)

Aux confins de la vieille ville, à quelque 400 mètres au sud des Koch Médersas, la mosquée Baland, ou «haute mosquée», est un bijou du XVIe siècle trop souvent ignoré des visiteurs. Sa façade à première vue quelconque et dépourvue du caractère monumental si répandu à Boukhara est cependant garnie de colonnes minces et élancées qui ont valu son nom à l'ensemble. Cet extérieur relativement banal dissimule un intérieur dont les ornementations comptent parmi les plus belles de la ville. Ce paradoxe architectural découle en fait de la raison d'être de cette mosquée *guzar*, donc de quartier. Sa vocation est de nature personnelle plutôt que publique, son caractère introspectif plutôt qu'ostentatoire, contemplatif plus que cérémonieux. Mais en même temps, le quartier était riche, et cette richesse a trouvé son reflet dans ce témoignage de piété.

La salle intérieure est de dimensions modestes et une atmosphère intime y règne. Des tapis de prière jonchent le sol. Le foyer spirituel et artistique du monument, le *mihrab*, ainsi que son mur sont ornés de mosaïques polychromes éblouissantes, de motifs végétaux et d'inscriptions coraniques, et le plafond en *kundal* est suspendu par des chaînes à la charpente en bois.

La mosquée Baland est à nouveau en fonction. On s'abstiendra dès lors de la visiter aux heures de prière.

■ L'ENSEMBLE PO-I-KALON

Depuis le Reghistan, dirigez-vous pendant cinq minutes vers l'est, parmi les fantômes du vieux bazar de Boukhara aujourd'hui ressuscité dans la rangée de boutiques de meubles et de tapis le long de la rue Khodja Nourabad; vous atteindrez le centre religieux de Boukhara la sainte, le Po-i-Kalon, ou «piedestal du Très-Haut». La place qui sépare la médersa Mir-i-Arab de la mosquée Kalon ne résonne plus de nos jours que des pas feutrés des étudiants de la médersa et des bavardages des groupes de touristes étrangers, mais il y a un quart de siècle à peine s'y tenait le marché au coton où se bousculaient les chameaux transportant des montagnes de tissus au milieu d'une foule bigarrée.

■ LE MINARET KALON

Le minaret Kalon est l'un des symboles de Boukhara. Dominant la ville à plus de 48 mètres, ce «javelot fiché dans le cœur de la vieille ville» caractérise le profil de la ville depuis près de neuf siècles, annonçant aux caravanes épuisées leur arrivée dans une cité vraiment importante.

Un minaret se dressait ici dès 919, puisque toute mosquée du Vendredi doit en avoir un. Ce premier minaret fut détruit en 1068, et le minaret de bois que reconstruisit le khan karakhanide Arslan s'effondra à son tour au bout de quelques années, détruisant la mosquée et faisant de nombreuses victimes. Aussi lorsqu'en 1127 le khan impatient ordonna de bâtir le minaret le plus élevé que le monde eût jamais connu, l'architecte eut la prudence de ne pas précipiter les travaux. Il fit creuser des fondations jusqu'à une profondeur de 13 mètres, et maçonner une assise de neuf mètres de diamètre au moyen d'un mortier auquel on additionna, pourquoi pas, du lait de chamelle, du jaune d'œuf et du sang de taureau. Et l'architecte disparut pendant deux ans, déclarant à son retour que le mortier devait entre temps avoir suffisamment pris. Il édifia alors la plus haute tour isolée du monde d'alors. Le khan fut ravi, et la réputation de la ville atteignit des sommets dans tout l'univers musulman.

L'architecte perfectionniste n'était toutefois pas encore satisfait, et déclara sur son lit de mort que l'élan de sa fantaisie était supérieur au minaret qu'il avait construit. Il fut enterré à l'ombre de son œuvre, à une distance égale à la hauteur de celle-ci.

Gengis Khan fut sans doute beaucoup plus impressionné. La verticalité de ce minaret devait aux yeux de ce nomade des steppes explorer une dimension que son environnement habituel lui révélait rarement. La légende veut que le Grand Khan, dans un geste unique d'humilité, se soit prosterné devant le grand minaret et ait ordonné de l'épargner durant le sac de Boukhara.

Le minaret a effectivement survécu à l'épreuve des siècles, jusqu'à ce qu'un obus de l'Armée rouge en traverse une lucarne au cours des escarmouches de la guerre civile en 1920; réparé en 1924, il fut surmonté d'un drapeau rouge qui y flotta jusqu'aux travaux d'excavation de 1964, qui permirent d'évacuer la terre et le sable accumulés à sa base et de lui restituer ainsi officiellement deux mètres supplémentaires dans sa hauteur. A nouveau endommagé lors du tremblement de terre de Gazli en 1976, il a de nouveau été restauré et bénéficie désormais de la protection de l'Unesco.

Point d'exclamation géant dans le monde musulman, le minaret était destiné à appeler les croyants à la prière. Quatre muezzins attitrés lançaient l'appel, aussitôt relayé par une forêt de 200 minarets dans tous les quartiers jusqu'aux confins de la ville. Mais une telle tour pouvait également servir des objectifs profanes. Ce nid d'aigle permettait de repérer les armées d'un khan ennemi alors qu'elles ne soulevaient encore que de la poussière à l'horizon. En temps de paix, un feu allumé à son sommet en faisait un phare guidant les caravanes affrontant les immensités désertiques du Kara Koum. Mais l'usage le plus radical de cette tour fut sans conteste celui qu'inventèrent les Manguits: les criminels notoires étaient hissés au sommet de la tour et, enfermés dans un sac, précipités dans le vide, après l'énumération de leurs crimes.

Le minaret se dresse sur une base octogonale, et s'élève en une succession de dix anneaux de briques vernissées jusqu'à une lanterne, ou galerie sommitale, percée de 16 fenêtres. La rangée de briques bleues soulignant la lanterne est probablement la première ornementation en majolique colorée appliquée en Transoxiane: une brique la date de 1127. Les motifs géométriques auraient été composés au sol avant d'être appliqués sur le tronc du minaret. Le chapeau conique du sommet est tout ce qui reste de l'ancienne couronne, encore plus élevée. Les briques couleur miel donnent leurs plus beaux reflets dans la lumière de fin d'après-midi. Le sommet du minaret est aujourd'hui accessible même au touriste infidèle, pour un modique droit d'entrée payable à la mosquée.

■ LA MOSQUÉE KALON

La mosquée Kalon, ou «grande mosquée», sert de mosquée *jumi*, c'est-à-dire de mosquée du Vendredi: elle a donc été bâtie pour accueillir la totalité de la population mâle de la ville lors de la grande prière hebdomadaire. C'est non seulement l'une des mosquées les plus anciennes de toute l'Asie centrale, mais c'est aussi la seconde par sa capacité, avec une esplanade vaste comme un stade, offrant place à dix ou douze mille personnes. Seule Bibi Khanoum à Samarcande était plus vaste encore.

C'est dans la mosquée Kalon que Gengis Khan entra à cheval en 1219, pensant pénétrer dans le palais du sultan. Apprenant qu'il se trouvait dans le temple de Dieu, il ordonna de transformer les lutrins en mangeoires pour les chevaux, de déchirer le Coran et d'en fouler les pages au pied, et s'écria: «Le foin est coupé, donnez du fourrage à vos chevaux!». Les troupes du khan déferlèrent alors dans la ville et massacrèrent à tour de bras. La mosquée fut incendiée et la cité entièrement rasée. L'édifice actuel n'est donc que la dernière des mosquées du Vendredi successivement rebâties sur les vestiges des précédentes. Le premier bâtiment, construit en 795 par le premier gouverneur arabe, fut agrandi par Ismaïl Samani, puis s'effondra à deux reprises durant le règne de son neveu Nasr avant d'être incendié en 1068 et détruit par les Mongols en 1219. La structure que l'on voit de nos jours fut achevée en 1514, comme l'atteste une inscription en façade, et le *mihrab* en fut embelli en 1541 par le Cheïbanide Ubaidullah.

La mosquée Kalon

Le plan de la mosquée représente un rectangle ouvert de 127 mètres par 78, et comporte quatre *iwan* alignés dans l'axe du bâtiment ainsi que sept portes ouvertes sur toutes les directions de la ville. L'entrée principale est le beau portique du côté est. Des marches permettent de descendre du niveau de la restauration des années 1970 jusqu'au niveau originel du XVe siècle. L'énorme esplanade centrale, écrasée de chaleur en été, est ceinturée par une galerie de 208 colonnes supportant 288 coupoles dispensant leur ombre.

Du côté ouest, le grand dôme bleu – Kok Goumbaz, qui a valu son nom à la mosquée – surmonte le mur du *mihrab* et ses mosaïques à dorures, qu'on doit à la générosité d'Ubaidullah rentrant victorieux de sa campagne de

Guijdouvan et à l'architecte Bouïazid Pourani. L'inscription coufique blanche qui encercle la coupole proclame que *« al-baqa 'lillah »* – « l'immortalité appartient à Dieu ».

Le pavillon octogonal qui fait face au *mihrab* est un ajout tardif à la fonction incertaine : marque de l'emplacement de l'ancien puits aux ablutions, abri pour l'émir lors de sa prière hebdomadaire, ou plus vraisemblablement relai d'un imam à un autre chargé de répéter les paroles du premier à la foule immense…

La mosquée ne ressemble plus aujourd'hui qu'à un vestige d'un âge révolu. Des offices y sont à nouveau célébrés, mais les fidèles, de plus en plus âgés et de moins en moins nombreux, ne constituent plus qu'un petit groupe dans un coin de l'immense sanctuaire.

■ LA MÉDERSA MIR-I-ARAB

La plus prestigieuse médersa d'Asie centrale est aujourd'hui à l'avant-garde de la renaissance musulmane dans le pays. Dès le XVIe siècle, toutes les époques s'y firent écho. C'est en 1535 que le khan cheïbanide Ubaidullah vendit quelque 3000 esclaves perses pour construire cette médersa face à la mosquée Kalon. Il confia le chantier à son ami et conseiller spirituel le cheikh Abdullah du Yémen, Mir-i-Arab, ou « prince des Arabes », et c'est aux pieds de celui-ci qu'il fut inhumé sous la coupole de la *darskhana,* du côté nord de la médersa. De nos jours encore, les tombes sont marquées d'une queue de chèvre et d'un fanion blanc, signes traditionnels de la sainteté des lieux.

La vie d'un élève de la médersa a peu changé au fil des siècles. Jusqu'à la fin du XIXe siècle les étudiants recevaient une bourse d'études du pouvoir religieux en place. Ils pouvaient se marier à condition que leur(s) épouse(s) ne franchissent jamais le seuil sacré de la médersa. L'enseignement était dispensé en arabe uniquement, et se concentrait sur l'écriture et les mathématiques ; tout étudiant pris en flagrant délit d'étude de la littérature, de l'histoire ou de la poésie était exclu sur-le-champ. Au fur et à

La médersa Mir-i-Arab

mesure que Boukhara se retranchait dans l'isolement, la médersa versait à son tour dans l'obscurantisme et le fanatisme.

De nos jours, quelque 120 étudiants y suivent un cycle de cinq ans centré sur l'étude de l'arabe, du Coran et de la théologie, dans le but de recevoir le titre d'*imam*. Les cours se donnent à la fois dans la médersa, qui est donc inaccessible aux touristes, et dans des classes détachées dans la mosquée voisine. Un regard à travers la grille d'entrée permet toutefois d'apercevoir les mosaïques vives de la cour intérieure. La façade à deux niveaux est flanquée de solides piliers d'angle (*gouldasta*) et surmontée de deux coupoles de jade qui marquent les emplacements de la salle d'étude et de la mosquée. Le soir, les fenêtres ajourées des cellules d'étudiants diffusent une douce lumière. La médersa fut fermée de 1925 à 1946, et réouverte en signe de bonne volonté de la part de Staline après les efforts de guerre de la région.

Le côté sud de la place Po-i-Kalon ramène le visiteur au XXe siècle avec la façade de la **médersa de l'émir Alim Khan**. Celle-ci fut construite par le dernier émir, à la fin de son règne (1914). Elle comporte une triple cour intérieure. Cette médersa sert depuis 1924 de bibliothèque municipale pour la jeunesse.

La bibliothèque, ou *kitabkhana*, est dépositaire de la tradition ancienne et illustre des bibliothèques de Boukhara. Au Xe siècle seule la grande bibliothèque de Bagdad rivalisait avec celle de Boukhara – le Trésor de la Sagesse. Le savant, philosophe et médecin ibn-Sina (Avicenne) avait accès à ces archives en récompense pour les soins prodigués au sultan malade. Calligraphes, miniaturistes et copistes reproduisaient des ouvrages qui étaient ensuite classés et rangés soigneusement dans de grands meubles de bois dans les réserves de la bibliothèque. Celle-ci n'a malheureusement pas survécu aux multiples incendies qui ont ravagé la cité.

Depuis l'ouest de la place Po-i-Kalon, une petite escapade dans la vieille ville permet d'admirer l'**ensemble Khodja Zaïn ud-Din**, à la décoration éblouissante. Il comprend une mosquée de quartier en fonction, une *khanagha* de cinq chambres, le *mazar* de Zaïn ud-Din lui-même, une niche dans la façade ouest, ainsi qu'un bassin *(haouz)*. La mosquée du début du XVIe siècle, bordée d'un *iwan*, offre une décoration intérieure extrêmement riche, des panneaux de majolique, une rangée de niches à stalactites, et des peintures dorées, bleues et rouges représentant le ciel sur l'intérieur de la coupole. La peinture en *kundal*, une technique consistant à créer du relief en superposant des couches de peintures minérales plaquées à la feuille d'or, rappelle celle de la mosquée Baland.

A l'extérieur de la mosquée, le bassin serait le plus ancien de Boukhara, et son emplacement aurait été choisi pour mieux convaincre la population du quartier d'ajouter la prière à la corvée d'eau quotidienne. On remarquera les inscriptions garnissant la canalisation, ainsi que la gargouille en tête de dragon.

■ LES MÉDERSAS OULOUG BEG ET ABDOUL AZIZ KHAN

Quelques centaines de mètres à l'est de la place Po-i-Kalon, au-delà du bazar Tok-i-Zargaron, la rue Khodja Nourobod et deux siècles d'histoire séparent l'autre paire de médersas (*koch*) de Boukhara.

La médersa Ouloug Beg (1417) est la plus ancienne des trois médersas que bâtit le Timouride éclairé (les deux autres se trouvant à Samarcande et Guijdouvan). Les centres d'intérêt profanes du monarque se retrouvent sur la façade de cet édifice religieux: des étoiles rappellent sa passion pour l'astronomie, des motifs de *girikh* reflètent la synthèse déjà réalisée à son époque entre la science et l'art, et une inscription à l'entrée proclame que «la recherche du savoir est un devoir sacré de tous les musulmans, hommes et femmes». Au heurtoir du portail, une inscription plus ancienne faisait l'éloge de la quête de la sagesse: «Que les portes d'Allah restent toujours ouvertes à ceux qui ont étudié la sagesse dans les livres.»

Au-dessus du portique principal, une inscription en étoile rappelle le nom de l'architecte: «Ismaïl, fils de Tahir, fils du maître artisan Mahmoud d'Ispahan». La reconstruction sous Abdullah II en 1586 compléta la façade timouride de l'édifice de panneaux de majolique plus foncée. Les récents travaux de ravalement effectués pour le 500e anniversaire d'Ouloug Beg en octobre 1994 ont détruit le charme de cette façade.

Cette façade équilibrée à la frange torsadée abrite une salle de classe à gauche, une mosquée à droite et une bibliothèque à l'étage. Le bâtiment héberge de nos jours une exposition consacrée à la restauration de Boukhara et présentant notamment des mosaïques d'origine et des photographies anciennes, notamment du minaret Kalon endommagé en 1920, ou d'un vieillard enturbanné assemblant des motifs de céramique. Dans la cour, les cellules sont aujourd'hui occupées par des marchands guettant les touristes. La qualité des objets proposés est généralement bonne, de même d'ailleurs que le cours du change au noir...

De l'autre côté de la rue, la médersa Abdoul Aziz Khan (1652) apparaît encore dans toute sa gloire non restaurée du XVIIe siècle. L'âme de cet édifice se dégage de son ornementation audacieuse, en porte-à-faux avec les canons de l'époque: vases du bonheur éternel en mosaïque polychrome, stalactites ornées d'étoiles, paysages à la chinoise, décors étonnants dans la mosquée. Dans la cour intérieure, ne manquez pas au fond à droite la cellule *hujra* à deux niveaux équipée d'un foyer, les stalactites *iroki* richement décorées de *ganch* du portique sud, les garnitures en relief du portail oriental, et les ornements jaunes d'influence iranienne au portail nord. Le côté droit de la cour et le côté gauche de la façade principale sont restés inachevés et n'ont pas été décorés, ceci à la suite du coup d'Etat qui renversa le khan en 1652.

■ LES BAZARS DE BOUKHARA

Le centre marchand de la ville s'étend en direction du sud à partir du Tok-i-Zargaron ; rues bordées d'échoppes, caravansérails fortifiés et bazars à coupole forment l'un des champs de foire les plus colorés et cosmopolites de tout le monde musulman. De l'aube au couchant, une procession interminable de chameaux dédaigneux, d'ânes lourdement chargés et d'*arba* grinçants se bousculent dans des rues bondées, interceptant insultes et palabres. Des Tadjiks enturbannés sont accroupis dans la poussière, des étincelles pleuvent des ateliers de ferronnerie, de discrètes poignées de main sous des manches démesurées concluent des affaires ; plus loin, des marchands scellent des accords dans la cire avec leur bague. Des selles, des vêtements, des gourdes, des peaux, des pots en métal, du tabac, du thé et des épices débordent d'échoppes faiblement éclairées, des melons pendent des toits et une armée de barbiers, boulangers, forgerons, vendeurs de thé et de chachliks s'affaire pour servir des chalands de tous les horizons.

Tout ce chaos apparent a longtemps caché un système de contrôle très organisé, car le prélèvement de taxes était une affaire sérieuse à Boukhara, en particulier après l'essor des relations commerciales avec la Russie au XVIe siècle. Le clergé avait établi une échelle de taxation : celle-ci allait de un quarantième de la valeur des biens pour les marchands musulmans, à près du cinquième de cette même valeur pour les Russes chrétiens. Des impôts de guerre étaient régulièrement levés en urgence ; le dernier le fut par Mozaffar pour repousser l'invasion russe. Sous le règne de Soubkhan Kouli Khan (1681-1702), les taxes étaient même fixées sept ans à l'avance.

Marchandes de *tioubityeïka*

Cinq grandes coupoles marchandes *(tok)*, recouvrant un entrelacs de ruelles simplement désignées par un chiffre, étaient dévolues chacune à un type de commerce pour faciliter la perception des taxes. Des portails à arcade suffisamment hauts pour laisser passer un chameau chargé donnaient accès à ces structures fonctionnelles mais complexes car elles enjambaient des artères convergentes. Le plus septentrional et le plus grand des trois *tok* restants est le **Tok-i-Zargaron** (1570), ou bazar des bijoutiers, où l'or, le corail – particulièrement prisé, si loin de la mer – et les métaux précieux changeaient de mains. La mosquée Zargaron, située dans le coin nord du bazar, permettait aux marchands affairés de perdre le moins de temps possible pour la prière.

Au sud du bazar, l'immense caravansérail indien (aujourd'hui simple place vide sur la gauche) abritait le ghetto des prêteurs hindous, à qui il était interdit de vivre avec leur famille ou d'autres musulmans, et menait à une rue fermée d'échoppes, ou *doukan*, et de caravansérails, loués par de riches négociants qui avaient investi dans la construction des premières structures. Les marchands approvisionnaient 40 bazars, 24 caravansérails et 6 *tim* (arcade commerciale à entrée unique), dont un seul subsiste de nos jours. Le **Tim Abdoullah Khan**, construit en 1577, était l'un des plus élégants centres commerciaux de Boukhara; des marchands afghans, aisément reconnaissables au pan de soie qui pendait du côté gauche de leur turban, y proposaient de la soie et de la laine dans 50 échoppe disposées autour de l'austère dôme central. D'autres *tim* vendaient des killims, du velours et du coton. En descendant vers le sud, la principale artère Chah Restan, bordée des deux côtés par un alignement d'échoppes, était ombragée par un toit de nattes qui en faisait un tunnel sombre et frais.

Le deuxième grand bazar à avoir survécu est le **Tok-i-Tilpak Fourouchon**, ou bazar des chapeliers, qui exposait des calots brodés au fil d'or et des bonnets en karakoul – laine frisée de jeunes moutons – à l'abri du soleil; c'est aussi là que se vendaient, dans 26 échoppes, les livres et les manuscrits les plus précieux de Boukhara. Cette structure particulièrement compliquée en raison du tracé irrégulier de ses cinq axes principaux abrite la tombe du saint homme Khodja Ahmed I Paran.

Les commerçants de Boukhara, avides de tirer profit des innombrables clients potentiels, proposaient aussi, dans toute une série de bâtiments annexes, des ateliers d'artisanat, des hôtels et des bains, dont on peut encore trouver des exemples à proximité du Tok-i-Tilpak. Le hammam (ou *hambon* en dialecte de Boukhara) de Bozori Cord du XVIe siècle visible au nord du bazar – il y en avait dix-huit semblables dans la ville – rénové, joue toujours son rôle social traditionnel. Même Avicenne explique, dans son *Qanoun*, les vertus médicinales des bains et massages aromathérapeutiques réguliers, un thème largement développé dans le code des convenances du XIe siècle, le *Kabousnama*. Le hammam, profondément creusé dans le sol pour se prémunir du soleil, se compose d'une série de salles disposées autour d'un atrium.

Juste en face des bains, l'enseigne high-tech de la mosquée **Bazar-i-kord** (XVIe siècle) constitue un lien factice entre l'ancien lieu de prière et la boutique privée actuelle ; le **musée de la Ferronnerie** évoque les artisans qui ont œuvré dans la cité pendant des générations. A l'arrière du musée, ne manquez pas la petite porte ouvrant sur la cour du minuscule **caravansérail Koulita**. Cet ensemble discret comporte encore la mosquée **Magok-i-Kourpa** (1637), un immeuble à deux étages qui abrite aujourd'hui plusieurs ateliers d'artisanat.

Du bazar des chapeliers, continuez vers le sud par l'ancienne route du bazar en direction de la place soviétique qui portait naguère le nom de Mikhaïl Frounzé (il prit ici la parole devant un rassemblement de masse) ; passez la rangée de quatre caravansérails délabrés et la mosquée Magok-i-Attari à droite, et vous atteindrez le **Tok-i-Sarrafon**, ou bazar des changeurs. C'est là que les changeurs du Pundjab, recroquevillés dans leur échoppe derrière des piles de pièces et de billets, échangeaient des devises perses, russes, afghanes et locales en *poul* de bronze, *tenge* d'argent et *tilla* d'or qui avaient cours dans les bazars de Boukhara. Ils ont dû avoir la vie difficile, car sous le seul règne de l'imam Kouli Khan (1611-1641), la monnaie de Boukhara a été dévaluée 57 fois ! Le bazar accueillait aussi les prêteurs afghans et arméniens avec leur traditionnelle baguette à encoches, qui n'hésitaient pas à graver la somme due sur le montant de la porte d'un débiteur, si celui-ci les faisait patienter trop longtemps.

Autour du bazar, on trouve aussi la mosquée Sarrafon (désormais reconvertie en magasin de mode), les bains Sarrafon (maintenant restaurant), le caravansérail Nagoï (actuellement centre d'artisanat et de marionnettes) et le canal Chah Roud. L'extrémité sud de la rue du bazar se prolonge dans la même direction pour mourir à proximité du caravansérail Jourabek en ruine et vers l'est jusqu'au caravansérail Saïfouddin, un autre centre d'artisanat.

Un peu partout, des commerçants entreprenants ont repris le flambeau des traditions ancestrales : des ciseleurs de métal occupent le bazar des bijoutiers ; des tisserands sur soie et des tailleurs ont investi le *tim* d'Abdoullah Khan ; des libraires, des brodeurs et des vendeurs de karakoul se sont installés au bazar des chapeliers ; et le bazar des changeurs connaît toujours la même animation, les dollars et les sums actuels ayant remplacé les monnaies d'autrefois.

■ LA MOSQUÉE MAGOK-I-ATTARI

Des autels païens, les vestiges d'un monastère bouddhiste, un temple zoroastrien et la mosquée des envahisseurs arabes se partagent à la verticale les six mètres de strates de la mosquée Magok-i-Attari. C'est ce qu'a découvert l'archéologue soviétique Chichkine lors de ses fouilles de 1935, qui ont mis à nu le témoignage unique de deux mille ans d'histoire boukhariote.

La mosquée est connue sous son appellation actuelle depuis les Samanides (Xe siècle), un nom dû en partie aux marchands d'herbes médicinales *(Attar)* qui officiaient ici, en partie à la place et aux fêtes religieuses bisannuelles qui s'y déroulaient (*Mokh* désignant soit la lune, soit un prince mythique), et en partie aussi à la superposition de ses fouilles (*magok* signifie excavation).

En 937, la mosquée à quatre piliers fut réduite en cendres lors de l'incendie de la ville, et c'est au XIIe siècle que fut édifiée la nouvelle mosquée, dont subsiste le remarquable portail sud, fleuron de l'édifice actuel. La riche façade de ce fascinant portail utilise toute une gamme de techniques décoratives – *ganch* sculpté, brique polie, carreau en terre cuite et mosaïque. Des piliers d'influence sogdienne, le regard se porte naturellement vers les *girikh* complexes, rappelant ceux d'Ouzguen, et les fines colonnes filigranées supportant une élégante arcade, où subsistent des traces de majolique turquoise.

Une entrée orientale surmontée d'une coupole fut ajoutée en 1547, mais c'est par le sud que l'on pénètre aujourd'hui dans la mosquée. Le bâtiment héberge un **musée du Tapis** (fermé le dimanche) dont les pièces maîtresses sont un attirail de fauconnier et une gibecière, un tapis arménien, et un choix de tapis turkmènes Ersari et Tekké. Des vestiges zoroastriens sont visibles dans les fouilles est, sous un immense tapis de prière.

■ LE MUSÉE DES BEAUX-ARTS

Dans l'angle sud-ouest de l'ex-place Frounzé se trouve l'ancien siège de la première Banque de l'Asie centrale tsariste (1912) à Boukhara, dessiné par les architectes qui ont imaginé le Palais d'été de l'émir. La Banque fut transformée en musée d'Etat une décennie plus tard, et présente depuis lors des œuvres d'artistes de Boukhara ou de l'ex-Union soviétique ayant étudié la peinture dans cette ville. L'une des œuvres les plus célèbres du musée (en prêt au musée de Tachkent en 2004) s'intitule *La chute de l'émirat de Bou-khara*; peinte entre 1954 et 1964 par Rouzi Tchariev de Tachkent, elle représente le défilé des riches marchands et des *beg* apeurés devant les «masses victorieuses».

La plupart des tableaux récents exposés au rez-de-chaussée sont à vendre, d'une qualité supérieure et à des prix plus abordables que les œuvres qu'on trouve dans les bazars.

Le «département d'expertise artistique», tél. 224 29 61, derrière la cour centrale, propose des certificats d'expertise gratuits qui permettront de sortir du pays des œuvres récentes. Apportez également votre passeport et deux photos de l'objet à expertiser.

■ LA MÉDERSA GAOUKOUCHAN

Ce bâtiment du XVIe siècle, situé à quelques mètres du musée des Beaux-Arts, semble de guingois à cause du tracé maladroit du carrefour et de la fusion consécutive de sa salle d'étude et de sa mosquée en une seule pièce, à main droite. Fait tout aussi inhabituel, sa façade à deux niveaux donne accès à une cour sans étage. La médersa Gaoukouchan fut construite sur l'emplacement d'un ancien abattoir (*gaoukouchan* signifie «celui qui tue les bœufs»), mais elle abrite aujourd'hui un atelier de métal ciselé, où plateaux et pots se paient en dollars ou en sums et propose des repas pour les touristes (sur réservation).

Le **minaret Gaoukouchan**, en face, appartient en fait à la mosquée Khodja, une grande mosquée cloîtrée construite par le cheikh juibar Khodja Kalon pour la prière du Vendredi, mais aujourd'hui fermée. Non loin de là, dans la cour du **caravansérail Alim Khan**, sont parfois en vente des instruments de musique ouzbeks (des *tambur* ou des *roubab*).

■ LE COMPLEXE DE LIAB-I-HAOUZ

En 1937, un voyageur étranger, Gustav Krist, décrivait la beauté intemporelle de ce lieu, où la foule se rassemblait le soir pour se détendre, boire du thé, écouter les conteurs et les chanteurs, admirer les danseurs, les jongleurs ou les charmeurs de serpents – une oasis de paix sur laquelle les Soviétiques n'avaient, écrivait-il, aucune prise.

Près du bassin et de la *tchaïkhana* de Liab-i-Haouz, l'âme de l'Asie centrale frémit dans un *piala* de thé vert fumant, et un superbe portail symétrique veille sur des vieillards barbus aux yeux sombres qui observent la marche du temps et restent en marge d'un pays en ébullition.

La *tchaïkhana* n'est pas seulement un mode de vie, c'est aussi, en Asie centrale, une échappatoire et un antidote à l'agitation. C'est l'ingrédient indispensable à l'amitié, au commerce et au voyage. Les habitués, une poignée de vétérans arborant fièrement des rangées de médailles soviétiques, y viennent tous les jours de 9 h à 17 h, armés de leur théière personnelle *(piala)* et de leur trictrac. Bon nombre ont fait la Deuxième Guerre et ont des tas d'histoires à raconter. Rares sont les endroits où le nom de Churchill suscite autant d'affection irraisonnée.

Pendant les premières années de l'ère soviétique, des affiches communistes ornaient les murs de la *tchaïkhana* de Liab-i-Haouz, l'une de ces *tchaïkhana* rouges qu'Anna Louise Strong décrivit lors de son voyage en 1932, se demandant avec inquiétude s'il était possible que «l'Est perde son oisiveté et boive son thé avec quelques gorgées de propagande».

Le *haouz* (bassin), aux eaux froides et aux marches biseautées, date de 1602; c'était le plus grand réservoir de la ville, alimenté directement par le Chah Roud (Canal Royal) qui traverse encore la vieille ville. C'est d'ici que des porteurs amenaient de grandes outres en cuir remplies d'eau à leurs riches clients. Cet endroit aujourd'hui idyllique ressemblait plutôt, du temps de l'émir, à un égout pestilentiel; des parasites, des puces d'eau et des chiens crevés infestaient ses eaux stagnantes avant que les Soviétiques ne vident, ne restaurent et ne remplissent à nouveau le bassin dans les années 1960. Les mûriers qui le bordent ont été plantés en 1477.

La *khanagha* Nadir Divanbegi

La **khanagha Nadir Divanbegi**, qui se reflète dans les eaux du *haouz* et lui est indissociable, fut construite en même temps que le réservoir par Nadir Divanbegi (*divanbegi* est un titre équivalant à celui de grand vizir ou ministre des Finances). Le *khanagha* se compose d'une mosquée cruciforme entourée sur deux étages d'une série de quatre *hujra* destinées aux saints mendiants. Son portail étincelle, et son *mihrab* richement décoré voisine avec de nombreux stands de souvenirs pour touristes.

La **médersa Nadir Divanbegi**, qui ferme le côté est du site, date des années 1630. Lorsque l'imam Kouli Khan vit la splendeur de ce nouveau bâtiment, il félicita le *divanbegi* pour sa médersa et sa foi religieuse. Le ministre se mordit les lèvres, car il avait en fait bâti un caravansérail dont il espérait retirer de substantiels profits personnels, mais le khan avait parlé et nul ne pouvait renier les paroles du représentant d'Allah. Le portail fut reconstruit et des tours d'angle ajoutées à l'édifice pour en faire un véritable séminaire, mais la médersa est aujourd'hui encore dépourvue des traditionnelles mosquée et salle de lecture.

Son fameux tympan en mosaïque représente deux oiseaux *simourgh* fantastiques, mais peu religieux, tenant une hase blanche dans leurs serres et s'envolant devant un soleil à face mongole, une frise hérétique sans doute commandée par un *divanbegi* amer. Les cellules de la médersa sont aujourd'hui transformées en ateliers d'artisanat, tandis que dans la cour se produisent chaque soir danseurs et chanteurs. Une statue de Khodja Nasreddin sur son âne sépare la médersa de la *khanagha*.

La **médersa Koukeldach** (1568) située au nord du *haouz*, et qui est la plus grande d'Asie centrale (60 m sur 80 m), est à l'origine de la construction du site. Son nom est lié à celui de l'homme d'Etat et général Koulbaba Koukeldach, qui finança de nombreux projets municipaux sous le règne d'Abdoullah Khan II. La lourde façade de briques abrite d'élégantes mosaïques intérieures et un agencement complexe de voûtes. La médersa abrite aujourd'hui deux magasins de souvenirs; elle accueillit dans un passé récent le Bureau de recensement et fut même temporairement transformée en centre de femmes, dernier camouflet soviétique infligé à ce bastion masculin.

Au sud de la place Liab-i-Haouz s'étend le **quartier juif** de la vieille ville. Les juifs constituèrent une importante communauté à Boukhara après leur expulsion de Merv et de Chiraz au XIVe siècle, créant ainsi le confin le plus éloigné de la diaspora. Leur minorité numérique ne les empêcha pas de jouer un rôle prépondérant dans le développement du commerce international, en particulier sur la Volga, et de dominer certains secteurs comme la teinture à froid de la soie. Mais pour eux la prospérité économique s'est rarement traduite en influence politique ou sociale; contraints de porter un bonnet de fourrure carré et des cordelettes autour de la poitrine pour rappeler qu'ils pouvaient à tout moment être pendus, les juifs avaient aussi interdiction de monter à cheval à l'intérieur des murs – une interdiction qui fut étendue au premier marchand à avoir acquis une voiture. Celui-ci fut condamné par la loi à la garer à l'extérieur de la ville. Les juifs ne pouvaient pas témoigner devant un tribunal (pas plus que les femmes) et devaient payer une taxe d'infidèle, en tant que non-musulmans. Il n'y eut toutefois que peu de conversions forcées et, si quelques-uns (les *tchala*) trouvèrent commode d'embrasser la religion islamique, la plupart conservèrent leurs propres croyances.

En 1832, Burnes avait évalué la population juive à 4000 personnes, dont il admirait la beauté.

La **synagogue** principale occupe, 300 mètres au sud de Liab-i-Haouz, un emplacement discret, quasi souterrain, qui lui a permis d'échapper à la répression soviétique; Torah et menorah à sept branches y sont ornées de tissus de soie ouzbeks *(khanatla)*. Presque tous les juifs d'ici parlent le tadjik et le russe – tous ceux, bien sûr, qui n'ont pas encore profité de l'aide financière israélienne pour émigrer en Israël. Plus au sud, à la sortie de la ville, se trouve le **cimetière juif** aux tombes gravées en hébreu, où les étoiles de Lénine et celles de David voisinent abruptement.

■ LE TCHOR MINOR

Le Tchor Minor («quatre minarets») est l'un des édifices les plus séduisants et les plus étranges de Boukhara, d'autant plus surprenant qu'il fut construit en 1807, une époque de profonde stagnation culturelle. Cette sorte de chaise renversée profondément enfoncée dans le sol est en fait le *darvozakhana* (corps de garde) d'une médersa (90 m sur 40 m) construite par le riche marchand turkmène Khalif Niyazkoul. Au sud se trouve la cour de la médersa, avec l'ancienne mosquée d'été à gauche et le *haouz* à droite. Il ne reste que quelques ruines de la médersa, à côté du Tchor Minor.

Les quatre tours à coupole qui surmontent le corps de garde ne sont pas des minarets à proprement parler et ne l'ont jamais été. Aucune ne présente de galerie et ne permet l'appel à la prière, et trois d'entre elles étaient purement décoratives; seule la quatrième donnait accès à la bibliothèque du premier étage. Pour une somme modique, le propriétaire de l'échoppe vous permettra d'y accéder. Ces tours, hautes de 17 m, sont coiffées d'une coupole bleue affublée de petites pointes permettant aux cigognes d'y arrimer leur nid.

■ LES RUELLES DE BOUKHARA

Au tournant du XXe siècle, Boukhara possédait 127 médersas en activité et une mosquée pour chaque jour de l'année. Bon nombre sont encore debout, à divers stades de délabrement, puisqu'elles ont été abandonnées à la chute de l'émir. La plupart sont malheureusement toujours fermées, et l'on peut tout juste jeter un coup d'œil par les portes en bois cadenassées. Beaucoup se cachent au plus profond des ruelles où, contrairement à Khiva, vibre toute la vie de l'Asie centrale : des chiens aboient, des chèvres se promènent, des enfants jouent dans la poussière et un derviche tourneur surgit au coin de la rue.

Ces édifices, à taille plus humaine, ne sont en rien comparables aux monuments les plus célèbres de Boukhara, mais les ruelles sans âge donnent un bel aperçu de la ville ancienne et de sa population. On s'y perd – cela fait partie du jeu –, mais on peut toujours se repérer à des bâtiments visibles de loin et... peut-être même sera-t-on invité pour un thé ou un repas !

Par pure commodité, nous décrivons ci-dessous quatre itinéraires purement géographiques, en prenant toujours Liab-i-Haouz comme point de départ.

A l'**est** de la médersa de Koukeldach, se trouve une série de bâtiments religieux reconvertis à d'autres fonctions. Le dôme hérissé de la mosquée Kokouli Koul surplombe le Centre culturel Zebiniso et des magasins de vêtements, tandis que la médersa voisine de Domlo Hassan (XVIIIe siècle) propose un curieux mélange de textes sacrés et de pièces de voiture. Seules la patience et la ténacité permettront d'accéder au musée du Bronze de la mosquée d'Oïbinok (1894) et au musée Varakhcha de la médersa Ibrahim Okhound (1854), presque perpétuellement fermés. La médersa Isteza (XIXe siècle) se cache derrière et abrite aujourd'hui le centre français « Caravan Saray ». Restaurée par des architectes français, ce centre dispense des cours de langue donnés par Muzafar et Manzura, tél. 224 31 39 ou 180 17 74. Plus à l'est, l'ancienne rue Lénine a reçu le nom de Nakhchbandi, un athée révolutionnaire devenu mystique soufi, mais elle conduit toujours à la minuscule médersa Attor (Saïd Kamol), dont les anciennes cellules abriteront un hôtel après des rénovations semblables à celles effectuées dans la médersa Mekhtar Anbar. Traverser en direction de la rue Anbar et continuer vers l'est vers le petit sanctuaire de l'imam Kazikhan, puis vers le nord, vers Tchor Minor, et à l'ouest jusqu'à la mosquée Khodja Taband. Cette mosquée de quartier, très animée, est le centre du *malhalla* (conseil de voisinage) et est envahie le vendredi de djellabas rayées et de barbes soigneusement peignées.

Au **nord** de Liab-i-Haouz, la rue de Samarcande mène à la mosquée et à la médersa Po-i-Ostana, certes délabrées mais ayant conservé leur fraîcheur originelle, et dont les peintures effacées laissent entrevoir la beauté et l'aspect de Boukhara avant le passage des équipes de rénovation. Tourner à gauche juste devant la mosquée, puis à nouveau à gauche vers la cour de la médersa, dont le tombeau de saint attire les prières des jeunes femmes désireuses d'avoir des enfants. Deux cents mètres plus au nord, sur la rue Khorezm, se cachent la médersa, la mosquée et la tombe du complexe de Mavlana Charif, derrière lequel se trouve un caravansérail en ruine du nom de Tchoukor («profond» en référence au sol enterré de sa cour). Tous deux sont difficiles à trouver, mais visibles de derrière la médersa Abdoul Aziz. Non loin de là, on peut voir le Tok-i-Zargaron et la médersa Mir Kemal (1707) au nord. Cette partie de la vieille ville, l'une des plus anciennes de Boukhara, est au cœur de son *chakhristan* originel. En faisant demi-tour vers l'est, en direction de la rue de Samarcande, on trouve plus au nord la médersa fortifiée de Tach Seraï (palais de pierre) et la mosquée Cheikh Aksavi (Chayakhsi) récemment rouverte.

Au **sud** de Liab-i-Haouz, après la synagogue et la pension Moubinjon, tourner à droite dans le district d'Echoni Pir pour atteindre la mosquée et la médersa Echoni Pir. Des artisans tisserands, engagés dans un projet de l'Unesco, y travaillent avec des matériaux teints selon la méthode traditionnelle. Tout près, à un croisement en T, une chapelle de saint est ornée de motifs pré-islamiques tels qu'une main et un soleil en argent, un croissant et une étoile. Continuer vers le sud et descendre la rue Arabon jusqu'à la mosquée Arabon et le complexe Salakhana, où les riches marchands indiens et persans ouvraient leur commerce et traitaient leurs affaires dans les chambres du caravansérail, un peu comme les hommes d'affaires le font aujourd'hui à Tachkent.

Plus au sud, en dehors des murailles d'enceinte, se trouvent le cimetière juif et le mausolée Vabayi Paradouz, un tombeau bien entretenu sous un dôme élevé et un drapeau blanc. A partir de là, suivre la rue Toukay en direction de l'ouest. Au croisement avec la rue Nomozgokh, tourner à droite pour admirer à gauche la superbe entrée de la demeure d'un riche marchand et à droite la haute coupole du populaire mausolée Turki Zhandi.

Pour replonger dans le labyrinthe de la ville, revenez sur vos pas et reprenez la rue Toukay; contournez la vieille ville jusqu'à la maison de Faizoullah Khodjaiev, le premier président de l'Ouzbékistan, aujourd'hui devenue un musée intéressant (voir p. suivante). Au croisement suivant, monter à droite la rue Jeïbor jusqu'à la médersa Mirzoï Charif Gaziyon (XVIIe siècle), où un impressionnant *iwan* en alcôve fait face à des bains mixtes, modernes et fonctionnels. La rue Joubor débouche sur le centre de Boukhara, près de la médersa Gaoukouchan.

A l'**ouest**, la rue Nakhchbandi longe à gauche la mosquée Potcho Koul Khodja (XIXe siècle), aujourd'hui une boucherie, et à droite la médersa inoccupée Emir Rachid. La grande médersa qui dresse, plus haut dans la rue, sur la droite, son caractéristique pilier en mosaïque verte est la médersa Toursandjon (1796) ; en bon état et ouverte aux visiteurs, elle est occupée actuellement par des potiers qui y fabriquent d'immenses *tandyr* (fours) en pisé. Derrière elle se trouve la mosquée Khodja Zaïn ud-Din, ainsi que les bains Khoundjak (XVIe siècle) réservés aux femmes, qui peuvent toujours s'y faire masser à bon marché dans la lumière naturelle tamisée d'une salle en sous-sol ; c'est le lieu pour jouir du rare privilège de rencontrer des femmes ouzbèkes et tadjikes en dehors de toutes contraintes familiales.

À VOIR HORS DE LA VIEILLE VILLE

A l'extérieur du *chakhristan*, une série de monuments sont dispersés dans les faubourgs soviétiques. L'itinéraire proposé suit le sens des aiguilles d'une montre, du nord-est au nord-ouest, mais tous les monuments peuvent être visités individuellement.

L'immense *khanagha* (résidence derviche) **Faïzabad** (1598-99), au nord-est de la vieille ville, respecte le plan classique avec une salle cruciforme ouverte de tous les côtés et des cellules *hujra* sur plusieurs étages. Sa façade crénelée et ses portiques latéraux lui confèrent une élégance et une symétrie que peu de visiteurs viennent apprécier. Il faut dire que le bâtiment est souvent fermé... La *tchaïkhana* voisine propose des rafraîchissements bienvenus.

L'ancien faubourg de Fathabad, plus au sud, fut un centre de pèlerinage et de fêtes jusqu'au début du XXe siècle ; nombreux y étaient alors les hôtels et les chapelles. Au temps de la République soviétique d'Ouzbékistan, le district fut plus prosaïquement rebaptisé Chark II (Est II). Il abrite la gare du chemin de fer, dont les dix derniers kilomètres ont mis des décennies à être construits ; durant cette période, la gare se trouvait dans la bourgade voisine de Kagan. Deux mausolées six fois centenaires se dressent au milieu des voies. Le **mazar Saïfouddin Boukhari**, le plus grand et le plus ancien, honore le poète et saint homme local Saïf-ad-din (1190-1262). Une *gourkhana* (tombe) fut édifiée sur le cénotaphe en bois richement sculpté peu après sa mort, une *ziaratkhana* (salle de prière) et un portique ajoutés respectivement aux XIVe et XVe siècles, conférant une austérité monumentale à l'ensemble. En 1978, un séisme endommagea la coupole, et le mausolée dut être renforcé par des étançons en fer. Le **mazar Bouyan Kouli Khan** (1358), plus petit et plus intime, célèbre non pas un poète ou un saint homme, mais un gentilhomme mongol et descendant de Gengis Khan tué à la bataille de Samarcande en 1358. Le portail comporte un entrelacs serré d'ornementations florales et de calligraphies plus anciennes qu'au Chah-i-Zinda de Samarcande, et la flamboyance de sa majolique violet et blanc tranche avec la sobriété de son voisin. Architecturalement, il témoigne d'une évolution antérieure du *mazar*, de la salle unique (p. ex. Ismaïl Samani) à la chambre double. Le mausolée, récemment restauré avec des fonds britanniques, est généralement fermé, mais si votre guide réussit à en obtenir la clé, il ouvrira ses portes sur une superbe salle en mosaïque et un passage secret.

L'hôtel Boukhara, agressif de modernité, marque le centre ville contemporain, qui s'étend partout où la vieille ville meurt. Au nord, le **mémorial de la Deuxième Guerre mondiale** commémore, avec une flamme perpétuelle et une plaque citant tous les noms, la mémoire des 18 000 morts de Boukhara. Au nord-ouest, une statue de Lénine renversée de son piédestal a cédé la place au symbole national ouzbek; dans les années 90, l'effigie déboulonnée du grand leader rouillait honteusement dans un jardin de la bibliothèque municipale, près de l'hôtel.

A l'**atelier de broderie au fil d'or de Boukhara**, rue Mouminov Kouchasi 14, tél. 223 35 02, situé à quelques centaines de mètres de l'hôtel Boukhara vers l'est, ce sont des femmes ouzbèkes qui fabriquent et vendent des produits de cet artisanat jadis réservé aux hommes.

A partir de l'hôtel, suivre la rue Toukay jusqu'au n° 70 en direction de l'ouest, en contournant la vieille ville, jusqu'à la **résidence de Faizoullah Khodjaiev,** ou **Maison d'un riche marchand de Boukhara à la fin du XIXe siècle**, tél. 224 41 88. Donner au musée le nom d'un homme condamné à mort par Staline dans les années 1930 comme ennemi de classe et honni par les gens du lieu pour avoir introduit les Russes à Boukhara fut en effet jugé politiquement incorrect (voir encadré p. 80). Khodjaiev, fondateur du Jeune Parti de Boukhara, fut un communiste de la première heure et le premier président de la République socialiste soviétique d'Ouzbékistan. Un simple regard à cette maison, la quatrième des six mentionnées dans la ville, celle où Faizoullah naquit, prouve que l'environnement familial du jeune bolchevik n'avait rien de prolétarien. Le père de Khodjaiev aurait amassé une telle fortune dans la laine de mouton karakoul que l'émir lui-même venait, dit-on, lui emprunter régulièrement de l'argent. En 1996, à l'occasion du 100e anniversaire de sa naissance et trente ans après sa réhabilitation officielle, un petit musée a finalement été créé en son honneur dans la chambre d'ami qui donne sur la cour des hommes. Des photos d'archives et des coupures de presse documentent l'arrivée de l'Armée rouge et le parcours politique de Khodjaiev jusqu'à sa condamnation à mort. Sa femme est décédée au cours de sa déportation en Sibérie, mais un petit-fils vit toujours à Tachkent.

La résidence comporte une cour pour les hommes et une pour les femmes, cette dernière étant la mieux restaurée avec, à gauche, les quartiers d'hiver et le poêle et, à droite, les quartiers d'été rafraîchis par un *iwan* situé en hauteur. On n'y trouve que peu de meubles car tous les éléments de décoration occupaient des niches ménagées dans les parois, et la famille dormait sur des matelas à terre, comme cela se fait encore aujourd'hui. Durant l'invasion soviétique, les décorations murales ont été recouvertes tant pour les protéger que pour protéger la famille propriétaire, mais aujourd'hui les parois ont retrouvé leur splendeur. Des agences de voyage organisent des thés et des dîners dans cette résidence, où les visiteurs peuvent essayer quelques manteaux ouzbeks traditionnels, y compris, pour les femmes, un *parandja* en véritable crin de cheval.

Au sud, la rue M. Ikbol, orientée est-ouest, dépasse l'hôtel Goulistan et la **mosquée nomozgokh** (1119), située très loin à l'intérieur des anciens jardins Chemsabad. Cette mosquée est utilisée pour les grandes fêtes musulmanes de Khourban Baïram et de Rosaheid, qui rassemblent tous les fidèles de la ville et des *kichlak* environnants ; c'est pourquoi son plan diffère de celui des mosquées traditionnelles : une mosquée *nomozgokh* ne possède pas de murs latéraux en raison des foules qui s'y pressent, mais seulement un immense *mihrab* orientant les croyants et un *minbar* d'où l'imam prend la parole. Le *mihrab* karakhanide originel, avec ses dalles en terre cuite finement sculptées, représente l'un des rares vestiges architecturaux pré-mongols, la galerie à colonnade et les mosaïques polychromes du portail ayant été ajoutées au XVIe siècle.

Plus à l'ouest, au carrefour suivant, se dressent la **médersa Joubor**, une médersa en activité réservée aux filles, où quelque 70 Ouzbèkes et Tadjikes apprennent la broderie, les convenances et le Coran, et la **mosquée Volidoï Abdoul Aziz Khoudaïdad**, une mosquée de district du XVIIe siècle récemment réouverte.

De là suivre la rue Joubor vers le sud-ouest sur quelques centaines de mètres pour atteindre l'endroit par où l'armée soviétique est entrée dans Boukhara, l'ancienne **porte du Cheikh Djalal**. Vous pouvez aussi remonter la rue Khavzi Nav vers le nord jusqu'au complexe en ruine de **Kalif Khoudaïdad** (XVIIIe siècle). La *khanagha* et le *sardoba* (bassin couvert) sont dans un état désastreux, mais une bande de vieillards renégats, effarés par la lenteur de la reconstruction islamique, a pris l'initiative de restaurer les très beaux panneaux de bois sculpté. Les *sardoba*, jadis véritable nécessité vitale dans cette oasis, étaient disséminés dans toute la ville et sur ses routes caravanières. On en trouve un autre, le *sardoba* Ichan-i-Imla, à quelques mètres, dans une cour d'école.

Cinq minutes à pied à partir de l'Ark, en direction du nord, conduisent au **cimetière Khazreti Imam** ; des tombes gravées mènent au dôme élevé de la mosquée centrale, avec *haouz*, *tatcharatkhana* et six cellules *hujra*. Le tombeau à ciel ouvert de l'imam Khazreti est visible dans la partie nord, à côté d'une chambre souterraine décorée de scènes zoroastriennes et de symboles de sainteté.

EXCURSIONS DANS LES ENVIRONS

■ LE PALAIS SITORAÏ-MAKHI-KHOSA

Appelé familièrement Palais d'été de l'émir, cet ensemble d'habitations et de salons officiels fut construit par les Russes en 1911 pour le dernier émir Alim Khan, afin de l'inciter à quitter l'Ark et à se retirer dans un no-man's land stratégique autant que décoratif, à la lisière de la ville.

A la fin du XIXe siècle, les émirs de Boukhara passaient en fait peu de temps dans leur résidence officielle de l'Ark, mais se partageaient plutôt entre leurs quartiers d'hiver de Chakhrisabz, leur palais d'été de Chirgaron (aujourd'hui détruit) dans les faubourgs de la ville et leur havre de sûreté de Karmana. Cet éclatement dans l'espace traduisait une confusion culturelle plus profonde, au moment où la modernité venait frapper de plein fouet un mode de vie encore moyenâgeux. A cette époque, le gouverneur du bastion islamique le plus résolu d'Asie centrale se déplaçait en train privé, participait aux banquets et aux bals du Palais d'hiver à Saint-Pétersbourg ou séjournait dans son élégante datcha sur la côte de Crimée, tandis que son fils lisait Dostoïevski et tentait de concilier quatre années d'éducation militaire à Saint-Pétersbourg avec la théologie médiévale enseignée à la médersa de Boukhara. Le Palais d'été d'Alim Khan, avec son brassage malaisé de styles et de traditions russes et d'Asie centrale, témoigne de la volonté d'un émir de jeter un pont entre deux mondes et de la réalité d'un émirat prisonnier entre deux époques.

■ À VOIR

Du portail principal, aux motifs discordants et à la curieuse majolique rouge, ne vous attardez pas au cellier de l'émir (transformé en librairie) ou aux quartiers des serviteurs de l'*haouli biroun* (cour extérieure), mais dirigez-vous vers les salons de réception et la cour intérieure (*daroun*), où se déroula le Premier Congrès du Soviet de Boukhara en 1920 et qui accueille aujourd'hui le **musée des Arts décoratifs**. Les appartements privés de l'émir se trouvent dans le coin nord-ouest de la cour, près de l'*iwan* décoré de *ganch* vert ; son lit est resté. Le salon de réception voisin doit, lui, son nom de Salon blanc à ses décorations en albâtre et à ses miroirs. Un petit corridor couvert de tapis de prière perses et turco-mongols conduit à la salle de jeux, à la salle à manger, au secrétariat et au salon de thé de l'émir. On peut y voir un ensemble d'objets hétéroclite : un calendrier mécanique, une statue de Pierre le Grand, un des premiers réfrigérateurs russes, un miroir grossissant 40 fois, un sucrier chinois du XVIe siècle et des photographies des deux derniers émirs. Non loin de là se dresse la statue de Chirin Mouradov, l'artisan local qui décora une grande partie du palais.

Le Palais d'été de l'émir, ou Palais Sitoraï-Makhi-Khosa

En pénétrant plus avant à l'intérieur du site, l'on arrive, à gauche, au palais octogonal ou **musée du Costume national**. La première salle, à partir de l'entrée sud et en tournant dans le sens des aiguilles d'une montre, présente de légères robes d'été *yaktab* avec col d'influence russe, un *parandja* en crin de cheval et une photographie de 1928 sur laquelle les concubines posent sans voile; la troisième salle expose des habits brodés au fil d'or *gouldouzi*, dont une robe qui a exigé deux années de travail; dans la salle à manger octogonale centrale, on peut voir les vêtements de l'émir et de ses femmes. D'autres salles présentent des calots traditionnellement portés sous le turban, des robes de mariage *mounisak* et des babouches à l'extrémité recourbée. En Asie centrale, les habits révélaient l'état des richesses et le statut de la femme (les femmes mariées portaient des manches cousues ensemble); les vêtements étaient utilisés comme présents traditionnels pour les étrangers et même pour le paiement des taxes.

Plus au sud se trouve le harem, le bassin et la terrasse, d'où l'émir regardait, dit-on, ses concubines nues folâtrer dans l'eau avant de lancer une pomme à l'élue du jour. Celle-ci était alors lavée au lait d'ânesse (l'émir en trouvait l'odeur particulièrement excitante) et conduite dans sa chambre. Libérer le harem fut l'un des plus grands plaisirs des Soviétiques. Le bâtiment abrite aujourd'hui un **musée des Travaux à l'aiguille**, qui expose des exemples de *suzaine* d'Ourgout et de Chakhrisabz ainsi qu'une maquette d'habitation traditionnelle avec *bechik* (berceau) et *soundouk* (coffre en bois). Le zoo de l'émir, réputé pour ses paons et son éléphant, occupait autrefois un emplacement au sud du bassin, mais il a été transféré par la suite à Moscou.

Alim Khan s'est enfui en Afghanistan après la chute de Boukhara, mais son épouse et ses enfants ont été emmenés à Moscou, où son deuxième fils devint d'ailleurs général de brigade dans l'armée soviétique, avant que la Ligue des Nations n'autorise la famille de l'émir à le rejoindre. L'émir nourrit l'espoir de reprendre le pouvoir avec l'appui du mouvement *basmatchi*, mais il mourut à Kaboul en 1952.

Les bus n° 9 et n° 17 desservent le palais, situé dans les faubourgs nord de la ville. Fermé le mercredi.

■ LE SITE DE BAKHAOUDDIN NAKHCHBANDI

> Si l'on sème la graine du bien, elle poussera en sept ans
> et donnera sept cents bonnes actions. *Nakchbandi*

Le site le plus sacré de Boukhara mêle culte et histoires, superstitions et islam. C'est là qu'est enterré l'un des fondateurs et l'un des saints les plus vénérés de l'islam soufique, Khazreti Mohammed Bakhaouddin (Baha-al-din, en ouzbek: Bahovuddin) Nakhchbandi (1318-1389).

Bakhaouddin (Ornement de la Religion) est né à quelques kilomètres du site, à Kasri Orifon, dans une famille de dinandiers – d'où son nom de Nakhchbandi, graveur de métaux. Influencé très tôt par Abdoulhaliq de Guijdouvan (voir page 241), il passa douze ans au service du neveu de Tamerlan, le sultan Khalil, après son mariage ; après quoi, selon l'*Encyclopédie de l'Islam*, il aurait soigné des animaux pendant sept ans, puis travaillé comme cantonnier pendant sept autres. C'est moins étrange qu'il n'y paraît, puisque Nakhchbandi avait choisi une vie austère, indépendante et modeste et encourageait tous ses élèves à apprendre comme lui un métier. Ses onze règles de conduite étaient fondées sur le refus du pouvoir, la pureté spirituelle et le rejet de toute ostentation, des principes mis en œuvre avec détermination par la communauté nakhchbandi, dans les années 1920, qui rejeta le communisme et soutint tacitement la révolte *basmatchi*.

Le mausolée lui-même baigne dans la superstition. Les pèlerins font le tour du tombeau de Nakhchbandi, qu'ils embrassent, y accrochent des chiffons, des pièces de monnaie et des vœux à l'arbre qui aurait germé sur son bâton, préparent des offrandes dans les cuisines prévues à cet effet quand leurs vœux ont été exaucés. Le chiffre soufi sacré de sept est aussi omniprésent ; le saint vint au monde au septième mois, il connaissait le Coran par cœur dès sa septième année et il mourut à l'âge de 70 ans ; dans le musée voisin, sept peaux d'agneau rappellent le tribut de sept *tenge* associé au site ; en Asie centrale, lors de funérailles, les amis mâles du défunt jouent des coudes pour porter le cercueil sur sept pas.

Le cœur du site est constitué par l'énorme *mazar* contenant le tombeau noir du saint, traditionnellement appelé Pierre du Désir, et vingt tombes de pèlerins, y compris celles des khans Abdoul Aziz et Abdoullah II ; la cour sacrée est entourée de la mosquée Abdoul Faïz Khan (1720), aujourd'hui réservée aux femmes, et de la mosquée Mouzaffar Khan, construite cent cinquante ans plus tard. Le fleuron architectural du site est l'énorme *khanagha* construite la même année que la tombe (1544) par Abdoul Aziz : un édifice cubique, froid, équipé de 48 cellules et couronné par une énorme coupole de 30 m.

En 1993, pour le 675e anniversaire de la naissance de Nakhchbandi, le site restauré avec l'appui des Turcs et des Pakistanais (dont un don de l'ancien président turc Özal) fut dévoilé avec faste à la communauté musulmane internationale. L'événement marquait non seulement le retour de l'Ouzbékistan dans la communauté musulmane, mais aussi la renaissance d'une religion officielle, processus entamé avec la *perestroïka*, et qui confirme l'orientation résolument islamiste d'une Asie centrale indépendante. De nouvelles rénovations ont été entreprises en 2003 à l'occasion du 685e anniversaire de la naissance de Nakhchbandi.

Le bus n° 60 relie en dix minutes l'Ark au site de Bakhaouddin Nakhchbandi, situé au nord-est de Boukhara.

■ LA NÉCROPOLE DE TCHOR BAKR

En 970, l'imam Sayid Abou Bakr et ses trois frères Fazl, Ahmed et Hamed, tous quatre descendants directs du Prophète, furent inhumés dans le village de Soumitan, 7 km à l'ouest de Boukhara. La réputation de sainteté des lieux attira des cohortes de fidèles, et notamment des personnes riches et célèbres désireuses d'en recueillir les bienfaits.

La secte Khodjoroum de derviches soufis fut la première à installer sa communauté autour des tombeaux des quatre *(tchor)* Bakr. De 1559 à 1563, Abdoullah Khan fit construire la *khanagha*, la mosquée et la médersa qui se dressent toujours au cœur du site, ainsi qu'une série de parcs et de pavillons périphériques, qui ont disparu. La nécropole, lieu saint renommé, accueillit au cours des siècles suivants la sépulture de centaines de parents des khans et des cheikhs de la dynastie Juybar; l'allée de tombeaux évoque par sa disposition, si ce n'est par sa décoration, le Chah-i-Zinda de Samarcande.

On entre dans la nécropole par un corps de garde et un chemin débouchant sur la place centrale, dominée par les façades jumelles de la mosquée (à gauche) et de la *khanagha* derviche (à droite) et menant aux cellules *hujra* d'une médersa et mosquée d'été. La décoration, parcimonieuse, se limite au tympan et à la coupole de la mosquée ainsi qu'au dôme de la *khanagha*, mais la symétrie de l'ensemble, relié par une ceinture de loggias à étage, confère au lieu une dimension imposante. Les bâtiments visibles à gauche de la mosquée comprennent les anciennes *korikhana* et *chillakhana* (cellules de retraite, en particulier pour les malades), ainsi qu'une *takharatkhana* en activité, où les pèlerins font leurs ablutions dans des cabines individuelles. Deux allées de tombes délabrées mènent aux extrémités nord et nord-ouest; le terrain environnant est jonché de sépultures. La tombe d'Abou Bakr serait celle qui est située à droite du passage fortifié dirigé vers l'ouest. Le site se dégrade dans l'indifférence la plus totale, mais sa grandeur fanée mérite toutefois qu'on s'y attarde.

Les bus pour Tchor Bakr partent de la gare routière Talija, près du bazar principal, tout comme les bus pour Jondor, Karakoul et Alat. Ceux qui prennent un taxi doivent négocier le trajet de retour et demander que le chauffeur les attende vraiment.

■ KAGAN (KOGON)

Lorsque les constructeurs du chemin de fer – les wagons du diable ! – se présentèrent à Boukhara pour obtenir l'autorisation de réaliser le tronçon suivant de la transcaspienne, l'émir demanda une compensation en argent massif allemand, qui fut expédiée par bateau depuis Hambourg, et l'assurance que le chemin de fer passerait à plus de 10 km de la ville sainte. Quelques années plus tard, les habitants de Boukhara occupaient les voitures des heures durant dans l'attente de la grisante sensation de vitesse, l'émir lui-même se pavanant dans un wagon factice, près de son palais d'été, pendant que ses serviteurs agitaient des morceaux de papier coloré aux fenêtres pour lui donner une illusion de vitesse. Le cantonnement rival russe de Kagan était alors en pleine activité.

L'on va aujourd'hui à Kagan non pas pour prendre le train, mais pour visiter le spectaculaire **palais du Tsar**, sorte de «pièce montée» du début du siècle.

L'émir Abdoul Ahad, revenu des couronnements d'Alexandre III et de Nicolas II avec une admiration sans borne pour l'architecture pétersbourgeoise, et averti du futur voyage du tsar en Asie centrale, fit construire en 1895 une réplique de palais tsariste pour la coquette somme de 300 000 roubles. Huit ans plus tard, le bijou était terminé, mais Nicolas II, retenu par les événements politiques, n'y mit jamais les pieds. Le palais fut occupé par le commissaire politique russe tsariste jusqu'à ce que les Soviétiques en fassent un Club des ouvriers du chemin de fer en 1920. Il abrite aujourd'hui un musée du Chemin de fer. L'édifice, remarquable surtout pour son opulence extérieure et sa salle à manger d'apparat, apporte un zeste de luxe et de décadence dans la cité ouvrière.

Kagan possède aussi un marché très actif et une petite **église orthodoxe russe** dont le bel intérieur dépouillé est maintenant accessible aux visiteurs.

Pour Kagan, des minibus *marchroutnoïe* n° 68 partent de l'arrêt de bus «pojarka», près du Liab-i-Haouz, à Boukhara.

INFORMATIONS PRATIQUES

Transports

Deux à cinq vols quotidiens relient Boukhara à Tachkent pour 30 $. Il y a aussi des vols hebdomadaires pour Andijan et Moscou. Les billets sont en vente au bureau d'Uzbekistan Airways, rue Nakhchbandi 10, tél. 223 50 60, ou à l'aéroport de Boukhara (tél. 225 34 96, bus n° 10, ou *marchroutnoïe* n° 100, à 10 min. en taxi). La **gare routière** principale, 3 km au nord du centre ville, sur la rue Gijduvani, tél. 224 50 21, dessert Tachkent, Samarcande et Ourguentch. Des taxis collectifs et des minibus, plus chers mais plus rapides, partent du même endroit. Les *marchroutnoïe* n° 6 et 70, qui desservent la gare routière principale, partent du Liab-i-Haouz, à l'est de l'arrêt «Pojarka». La gare du bazar Karavan, sur la route de Sitorai Makhi Khosa, propose des transports privés moins chers pour Ourguentch.

Les bus pour Karchi, Chakhrisabz, et d'autres villes situées à l'est de Boukhara, partent de la gare Chark («Est»), tél. 225 34 16. En début de soirée, des bus partent aussi de cette gare routière pour Tachkent.

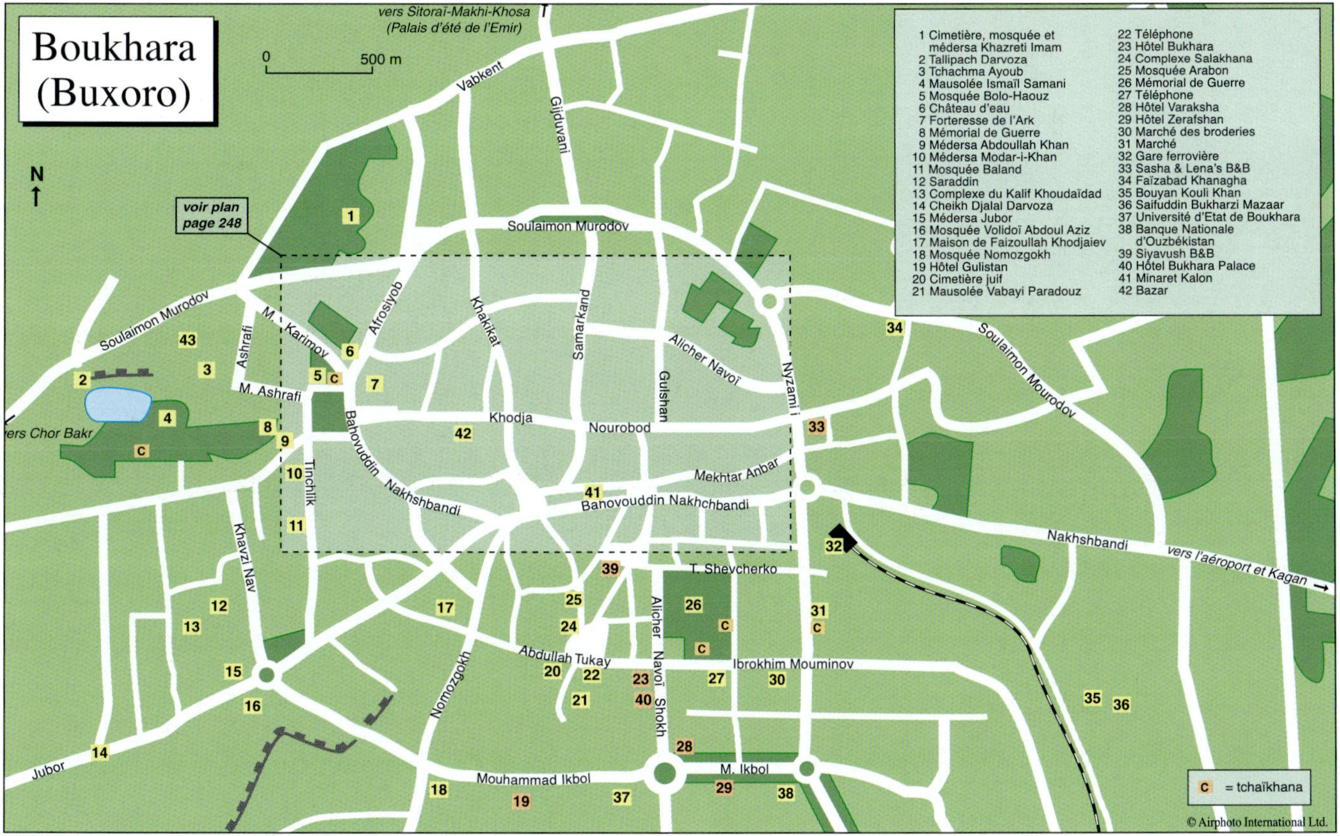
Boukhara
(Buxoro)
vers Sitoraï-Makhi-Khosa
(Palais d'été de l'Emir)
0
500 m
N
voir plan
page 248
1 Cimetière, mosquée et
médersa Khazreti Imam
2 Tallipach Darvoza
3 Tchachma Ayoub
4 Mausolée Ismaïl Samani
5 Mosquée Bolo-Haouz
6 Château d'eau
7 Forteresse de l'Ark
8 Mémorial de Guerre
9 Médersa Abdoullah Khan
10 Médersa Modar-i-Khan
11 Mosquée Baland
12 Saraddin
13 Complexe du Kalif Khoudaïdad
14 Cheikh Djalal Darvoza
15 Médersa Jubor
16 Mosquée Volidoï Abdoul Aziz
17 Maison de Faizoullah Khodjaiev
18 Mosquée Nomozgokh
19 Hôtel Gulistan
20 Cimetière juif
21 Mausolée Vabayi Paradouz
22 Téléphone
23 Hôtel Bukhara
24 Complexe Salakhana
25 Mosquée Arabon
26 Mémorial de Guerre
27 Téléphone
28 Hôtel Varaksha
29 Hôtel Zerafshan
30 Marché des broderies
31 Marché
32 Gare ferrovière
33 Sasha & Lena's B&B
34 Faïzabad Khanagha
35 Bouyan Kouli Khan
36 Saifuddin Bukharzi Mazaar
37 Université d'Etat de Boukhara
38 Banque Nationale
d'Ouzbékistan
39 Siyavush B&B
40 Hôtel Bukhara Palace
41 Minaret Kalon
42 Bazar
Vabkent
Gijduvani
Soulaimon Murodov
Soulaimon Mourodov
M. Karimov
Ashrafi
M. Ashrafi
Afrosiyob
Khakikat
Samarkand
Alicher Navoï
Gulshan
Nyzami i
Khodja
Nourobod
Bahovuddin Nakhshbandi
Tinchlik
Mekhtar Anbar
Banovouddin Nakhchbandi
Nakhshbandi
vers l'aéroport et Kagan
vers Chor Bakr
Khavzi Nav
T. Shevcherko
Alicher Navoï Shokh
Abdullah Tukay
Ibrokhim Mouminov
Nomozgokh
Jubor
Mouhammad Ikbol
M. Ikbol
c = tchaïkhana
© Airphoto International Ltd.

Pour la ville elle-même, le meilleur mode de transport en dehors de la vieille ville est le taxi. Presque toutes les voitures peuvent faire office de taxi, mais n'oubliez pas d'en négocier le prix d'abord.

Tous les **trains** partent de Kagan, 10 km à l'est de Boukhara, tél. 527 34 26. Pour Tachkent, le plus agréable est le n° 661, qui part tous les jours à 19 h 40, une heure plus tôt en hiver; le trajet coûte entre 10 et 20 $ pour un compartiment de 2/4 couchettes. Les billets sont en vente dans un bureau sur Nyzami/Mustikallik au sud de Nakhchbandi. Un taxi privé de Boukhara à Khiva coûte environ 30 $, des taxis collectifs pour Tachkent, environ 10 $. Les taxi pour Samarcande partent de Povorot Avtostantsia avec un changement éventuel à Navoï.

Logement

Les B&B se répandent dans toute la région. Dans la ville même, un nombre croissant de charmantes maisons privées, à prix raisonnable et avec un bon service, constituent une bonne alternative aux hôtels gouvernementaux, hors de prix et mal gérés. Beaucoup peuvent être difficiles à localiser, il vaut mieux s'annoncer par téléphone préalablement. La plupart proposent des tours de ville, des transports privés et d'autres services touristiques. L'office du tourisme de Boukhara gère le site www.dreambukhara.org. Le BICC (voir p. 289) dispose d'un bureau d'informations touristiques qui renseigne également sur les possibilités de se loger.

Hôtel Boukhara Palace, rue Navoï 8, tél. 223 50 04, fax 223 51 19, buchara@bu.uzpak.uz. Le premier hôtel touristique de la ville a été construit par des Indiens; il est géré par des Allemands, mais appartient à l'Etat. Deux restaurants, bars, piscine, salles de conférences. Propose de petites chambres de qualité pour 108 à 230 $.

Hôtel Boukhara, rue Muminov 8, tél. 223 01 24, fax 223 13 59. Abrite les bureaux d'Ouzbektourisme. Construit par les Soviétiques, méritera peut-être, après rénovation, ses trois étoiles. Chambres entre 35 et 60 $.

Hôtel Zargaron, 3, rue Haqiqat tél. 224 58 21, fax 224 58 10, zargaron@bukhara.net. Chambre simple 35-50 $, double 50-70 $. Nouvel établissement moderne, (trop) près de la mosquée Kalon, avec une vue fantastique depuis le toit.

Hôtel Karavan, 6, rue Khodja Nurabad, tél. 224 61 44, fax 224 61 54. Nouveau, au confort moderne, mais sans âme. Bien situé au cœur de la vieille ville, chambres 25-40 $, cartes de crédit acceptées.

Hôtel Varakhsha, rue Navoï 5, tél. 223 84 94, fax 223 63 96. Deux-étoiles rénové, chambres entre 14 et 28 $. Restaurant acceptable.

Hôtel Gulistan, rue Muhammad Ikbol 19, tél. 223 83 11. Rénovation en cours, chambres entre 20 et 40 $.

Hôtel Zerafshan, rue Muhammad Ikbol 7, tél. 223 41 73 (ligne souvent hors service...). Bon marché, chambres spartiates pour moins de 5 $.

Emir B&B, rue Nadjab Husainov 13, tél. 224 49 65, fax 224 41 17, mila@emirtravel.com, www.emirtravel.com. Peut-être le meilleur de tous, dans une demeure juive magnifiquement restaurée, avec des chambres somptueuses, pour 35 à 50 $. Le petit-déjeuner est servi dans la cour. Emir-Travel, anciennement Bukhara-Visit, y a ses bureaux.

Hôtel Lyabi-House, rue Nadjab Husainov 7, tél. 224 24 84, fax 224 21 77, zairov@bcc.com.uz, www.lyabi-house.com. Presque équivalente au précédent, mais plus proche de Liab-i-Haouz, cette ancienne demeure d'un marchand juif du XIXe siècle a été restaurée par un artisan renommé de la place. Le petit-déjeuner est servi dans le vaste *iwan* d'été. Les non-résidents sont les bienvenus pour les excellents repas servis dans la magnifique salle à manger. Chambres entre 35 et 60 $. Agence de voyage sous le même toit.

Salom Inn, rue Sarrafon 3, tél. 224 37 33, fax 224 42 59, raisaslm@online.ru. En face de la synagogue, à deux pas de Liab-i-Haouz. Raïssa Gareïeva met en valeur l'artisanat varié de différentes régions du pays dans ce nouveau B&B situé à côté de son agence de voyage Salom Travel. Chambres entre 25 et 40 $.

Pension Boukhara Moubinjon, rue Echoni Pir 4, tél. 224 20 05. Logement moins raffiné, plus traditionnel et moins cher que la plupart des autres B&B (10 $ par pers.) Cette maison tadjike de l'ancien champion de ping-pong Moubinjon propose des chambres autour d'une cour. A l'angle de la rue, au 26 de Levi Babkhanova, Moubinjon termine actuellement l'**hôtel Bibi-Khanum**, tél. 224 54 60. Cet établissement offrira de grandes chambres traditionnelles avec balcons, un vaste *iwan*, et des restaurants.

B&B Sacha & Son, rue Echoni Pir 3, tél. 224 49 66, sacholga@bcc.com.uz., www.sacholga.narod.ru. Bien située avec de magnifiques chambres, cette ancienne demeure juive est très bien entretenue. Bonnes compétences en matière de voyage. Chambres de 35 à 50 $.

Sasha & Lena's B&B, rue Molodyozhnaya 13, tél. 223 38 90, fax 223 53 93. Le premier B&B de Boukhara, à dix minutes de Liab-i-Haouz, dans une rue parallèle à la rue Nyzami, derrière l'école Navoï. Chambres confortables à 35 $.

Fatima's B&B (Fatima-Ibrahim), rue Nakhchbandi 3, tél./fax 224 36 16, fatima@intal.uz. Le B&B le plus proche de Liab-i-Haouz, à côté de la station de taxi au sud de la médersa Divanbegi, derrière un kiosque. Fatima propose des chambres climatisées agréables et d'excellents petits-déjeuners (8-10 $). Quand elle affiche complet, sa sœur au **Fatima's II**, à la rue Nakhchbandi 11 (même tél.), prend le relais ainsi que son frère au **Sukhrob-Barzu**, rue Babahanova 9, tél./fax 224 29 47, sukhrob@intal.uz. 15-20 $.

BOUKHARA. – RUINES DANS L'INTÉRIEUR DE LA VILLE
Dessin de Barclay, d'après une photographie communiquée par M. de Ujfalvy
[gravure publiée dans la *Nouvelle Géographie Universelle* d'Élisée Reclus en 1881]

Farkhad & Maya's, rue Sufiyon 16, tél./fax 224 59 09, mfarkhad@ hotmail. com, www.farkhadmaya.addr.com. Situé dans un quartier animé près de la médersa Gaziyon Madrassah et des bains publics n° 1, propose de jolies chambres pour 25 à 40 $. Bonne nourriture et de très bons conseils en matière de voyage.

Komil B&B, rue Barakiyon 40, tél. 223 87 80, fax 224 22 46, kkomil@ bukhara.net, www.bukhara.net/kkomil/. Datant du XIXe siècle, cette demeure possède encore son décor d'origine. Komil fera tout pour rendre votre séjour agréable dans cette maison de famille et organise excursions et trekking avec chameaux. Chambres de 12 à 35 $.

Hovli-Poyon B&B, rue Usmon Khodjaev 13, tél. 224 18 65, fax 224 32 39, gulfia@rol.ru ou explore@intal.uz. Demeure traditionnelle autour d'une cour, près de la médersa Gaoukouchan, construite par un premier ministre en 1869, elle abrite également aujourd'hui l'agence de voyage East Explore. Chambres de 20 à 40 $, belle vue de la terrasse sur le toit, chambres communicantes idéales pour famille.

Akbar B&B, rue Echoni Pir 22, tél. 224 21 12, fax 224 51 97, akbarm@ online.ru. Dix chambres de 25 à 30 $. Jolie salle à manger où sont exposés des objets anciens. La cour et l'*iwan* de l'Akbar tout proche sont spacieux et ombragés.

Nazi-Sayoh B&B, rue Echoni Pir 70, tél. 224 12 72, fax 224 26 90. Cette maison de style européen propose des chambres à 15 $ par pers.

Siyavush B&B, rue U. Pulatova 18, tél. 223 49 57, fax 223 75 11, siyavush@bukhara.net. Maison moderne à l'angle du quartier juif, entre la ville ancienne et la ville nouvelle. Siyavush B&B, accueillant et bien géré, propose des chambres à 25 $ par pers.

Umed-96 B&B (Nutfillo's), rue Vavilova 15, tél./fax 224 51 51, nutfillo@ online.ru. Un mélange d'ancien et de neuf, près de la médersa Koch, chambres pour 20 à 25 $.

Hôtel Mosque Baland, rue Mecheti Baland 18, tél. 223 64 34, fax 223 68 58, baland@bukhara.silk.org. Dans un quartier tranquille, chambres propres et cour ombragée (20 à 30 $).

Kokh I Nur Hotel (Mekhtar Ambar Saray Madrassah), rue Nakhchbandi 91, tél. 180 55 71. Cet ancien lieu d'études religieuses, transformé en auberge durant la période soviétique, a réouvert en 2002 sous forme de B&B, après une heureuse restauration. Chambres pour 20 à 25 $.

Amulet B&B, rue Nakhchbandi 73, tél. 224 53 42, tashrif@bu.uzpak.uz. Jolies chambres avec salle de bains aménagées dans les anciennes cellules de la médersa Sayd Kamil (Attor). Chambre 20 $, abrite Tashrif Tours.

Il existe d'autres pensions traditionnelles :

Nazira-Azizbek, rue N. Husainov 1, tél./fax 224 23 77, azizbek@ online.ru ; chambres confortables à 15 $/personne.

Nodirbek, rue Sarrafon 10 (en face du Salom Inn), tél. 224 34 46, nodirbek_hotel@yahoo.com ; chambres 10-15 $, dortoir 6 $.

Matluba-Khanum, rue M. Anbar 115 (à côté de la mosquée Oibinok), tél. 224 31 03, hasanbuh@intal.uz ; chambres 6 à10 $ avec petit-déjeuner.

Murod-Zarina (Shamsidin), rue Abdoullah Tukay 24, tél. 223 94 46 ; 15 $.

Olya B&B (à côté de la médersa Koukeldach), rue Anbar 97, tél. 223 02 61 ; 12 $.

Nourriture

Même si vous n'y résidez pas, de nombreux B&B vous accueillent volontiers pour d'excellents repas dans leur salle à manger. Entre autres, le Lyabi-House, mentionné ci-dessus, ou le **Bakhshilo's**, tél. 224 56 38, rue Chor Haroz 12, servent une bonne nourriture maison, dont des salades, le *plov* de Boukhara, des kebabs et des raviolis.

Allez au moins une fois découvrir les restaurants au nord de Liab-i-Haouz, pour leur atmosphère. Des chachliks, du poulet grillé et des soupes sont servis toute la journée au **Al Muhammad**, de même qu'à la *tchaïkhana* du côté de la médersa Divanbegi, ou au **Shuhrat Obod Kafe Bar**, près de la *khanagha* Divanbegi.

Derrière la médersa, le bien-nommé **Kafe Uchkoza** (trois tonneaux) est un lieu au décor surréaliste pour un *plov* nocturne, des hot-dogs, de la bière, des chachliks et des poivrons farcis.

Dans la direction opposée, à côté du bazar des changeurs de monnaies, cherchez le **Hammon Restaurant** installé dans des bains du XVIe siècle, et dont on a conservé le décor. Nourriture ouzbèke et européenne correcte.

Dans la ville nouvelle, le **Yettiguzal** (tél. 222 36 72), fréquenté pour les mariages, ou le **Seven Beauties**, dont le patron coréen est réputé pour les côtes de mouton et d'autres spécialités. Animation garantie. Ailleurs dans la partie soviétique de la ville, essayez le **restaurant coréen** à l'hôtel Zerafshan, tél. 223 54 28. Des pizzas et des steaks sont servis à l'**Europa**, à la rue Nakhchbandi 153, tél. 225 01 21. Des plats similaires et de la bière pression sont proposés au **Samarkand Pulsar** juste à côté. Les deux servent jusqu'à minuit.

On peut également acheter sa propre nourriture à l'ancien bazar près de Tchachma Ayoub, et au nouveau bazar, deux blocs à l'est de l'hôtel Boukhara ;

le café sur le toit de ce dernier est un bon endroit pour admirer le coucher de soleil tout en dégustant un plat de kebabs.

Divertissements

Le **Théâtre national de marionnettes de Boukhara** donne des représentations de pièces traditionnelles ouzbèkes en anglais, au Nadir Divanbegi Khanagha (de 18 à 19 h, durant la saison touristique seulement, tél. 224 56 72, demandez Sanobar, entrée 5 $). Les marionnettistes sont des professeurs d'anglais ouzbeks. L'ensemble de **chants et de danses Bukhorcha** se produit tous les soirs dans la médersa Nadir Divanbegi. Spectacle et boisson coûteront 5 $, 10 $ avec un repas complet. Un show similaire est donné à la médersa Modar-i-Khan. Des dégustations de vin y sont parfois proposées. Des poèmes d'Omar Khayam sont lus au Hovli-Poyon B&B (voir p. 286).

Ces spectacles participent également au **Silk & Spice Festival** (festival Soie & Epice) que Salom Travel organise chaque année au mois de mai.

Discos au sous-sol du Boukhara Palace Hotel, ou au 12e étage de l'hôtel Boukhara voisin. Le **Yoshlik Billiard Club**, derrière le petit cinéma du même nom, au sud de Liab-i-Haouz, attire les noctambules (bière et fermeture tardive). Notez que les boules du billard russe sont aussi grosses que les trous sont petits...

Un important **club de tennis** se trouve derrière l'hôtel Gulistan.

Achats

Le **Centre de développement de l'artisanat de Boukhara**, situé en face de Liab-i-Haouz, dans le caravansérail **Saïfouddin**, tél. 224 37 65, matluba@bukhara.silk.org, a été conçu comme un musée vivant dans lequel les artisans montrent leur savoir-faire et proposent leurs produits.

Deux cents mètres à l'ouest, le caravansérail **Nougaï** (tél. 224 56 72, nugai@bu.uzpak.uz) est également à recommander pour ses maîtres-artisans qui excellent dans de nombreux domaines, des instruments de musique aux miniatures.

Entre ces deux centres artisanaux, vous trouverez dans la mosquée Sarrafon la boutique **Ovaciya**, tél. 224 49 06, qui vend des vêtements de coupe moderne aux motifs traditionnels (boutiques également au Bukhara Palace Hotel et à la médersa Nadir Divanbegi. **Tim Abdullah Khan** propose les plus beaux tapis de soie et des ikats. Si vous êtes intéressés par les tapis, visitez le **Unesco Carpet Weaving Workshop** au 57 Echoni Pir, tél. 223 66 13 ou le **Bukhara Carpet Workshop** sur Khodja Nurobod, au nord de la médersa Mir-i-Arab.

Des souvenirs peuvent être achetés sur la plupart des sites touristiques ; la *khanagha* du Divanbegi propose des vêtements ouzbeks et des peintures, la médersa du Divanbegi des bijoux de belle qualité et plateaux au repoussé. Le musée des Beaux-Arts vend des peintures, l'Ark des livres, des cartes postales et des couteaux, la médersa Ouloug Beg un peu de tout, le Tok-i-Fourouchon des vêtements, des chapeaux et des broderies au fil d'or; l'atelier de broderie au fil d'or vend bien sûr des pièces brodées, plus des ceintures et d'autres vêtements; le Tok-i-Zargaron propose des objets en métal, tout comme la médersa Gaoukouchan; le Palais d'été est lui aussi une mine de souvenirs de belle facture.

Vous trouverez du champagne ouzbek et de la vodka Raspoutine au nouveau bazar, des calots au bazar Tchachma Ayoub.

Agences de voyage

Salom Travel, rue Sarrafon 5, à côté du chic Salom Inn B&B, tél. 224 41 48, fax 224 42 59, raisaslm@rol.uz. Raïssa Gareïeva est l'une des pionnières de l'ère post-Intourist en Ouzbékistan; son agence propose une palette de services très large, des demandes de visas aux circuits complets en Asie centrale.

Emir Travel, 13, rue Nadjab Husainov, tél. 224 49 65, fax 224 41 17, mila@emirtravel.com. Contact: Mila Akhmedova.

Farkhad & Maya's, rue Sufiyon 16, tél./fax 224 59 09, mobile 227 37 87, mfarkhad@hotmail.com, www.farkhadmaya.addr.com, www.newbukhara.com. Excellente agence de voyage privée gérée par Mir-Farkhad Bakhramov, qui offre des circuits intéressants, un excellent B&B, un site web pour la ville. Projette également de construire des hôtels à Tachkent et à Samarcande

Centre culturel et d'information de Boukhara (BICC), rue Echoni Pir 2, tél./fax 224 22 46, bicc@bukhara.net. Créé pour les besoins des ONG, le BICC propose également l'accès internet, ainsi que les informations touristiques et commerciales en tout genre. Pour contacter l'Association des guides-interprètes de Boukhara, appelez Gulya Khamidova (tél. 222 58 89 et 718 58 89), nominal@bu.uzpak.uz.

Boukhara-Tourist (ex-Ouzbektourisme/Intourist), Hôtel Bukhara, tél. 223 10 33, fax 223 57 50 (guides parlant français). Organise des excursions et des visites standards avec guide, mais aussi des visites plus inhabituelles, fouilles archéologiques, réserves de gazelles, ou spectacles de danses folkloriques.

Communications

La plupart des B&B proposent un accès internet, mais le **BICC** est plus avantageux; le moins cher de tous reste cependant l'**Internet-Café**, de 10 à 20 h, au nord du bazar Tok-i-Sarrafon. Pour les communications téléphoniques internationales et locales, se rendre au **Bureau de télécommunications**, à 200 m à l'est de l'hôtel Boukhara, à la rue Ibrokhim Muminov 28, tél. 223 13 44.

Banques

Pour retirer de l'argent liquide avec une carte Visa, rendez-vous à la **Banque nationale d'Ouzbékistan**, rue Muhammad Ikbol 3, tél. 223 69 73.

LES ENVIRONS DE BOUKHARA

■ LA KHANAGHA HAKKIM MOULLO MIR

La tombe sans prétention de Cheikh-al-islam Emir Houssein Moullo Mir (mort en 1587) et l'énorme *khanagha* construite dans son ombre un siècle plus tard sont cachées dans le village de Tchilangou, à 20 km de Boukhara. La maison derviche présente un plan compliqué, et son imposant portail à quatre niveaux la fait paraître plus grande qu'elle n'est en réalité. Cinq escaliers mènent à une série de cellules *hujra* distribuées autour de la mosquée centrale, et deux autres grimpent dans les pylônes d'angle pour gagner le toit avec les cheminées des cellules au 2e étage. L'édifice, solide comme un roc, se dresse sur une mer d'herbe et de tombes.

Il est conseillé de le visiter le vendredi à midi, au moment où les *aksakal* arrivent des campagnes environnantes pour célébrer le *namaz* du vendredi. Un apprenti imam lance généralement l'appel à la prière, les mains en conque autour des oreilles pour mieux entendre les paroles d'Allah. Après la prière individuelle, l'imam monte au pupitre du *minbar* pour s'adresser aux fidèles et diriger la prière communautaire. Pour se rendre à Tchilangou, il vaut mieux prendre un taxi à Boukhara ou à Romitan ; prendre la M-37, puis bifurquer sur la P-68 à Galasiya.

VARAKHCHA

Bounyat Boukhar buvait tranquillement du vin dans son palais de Varakhcha, gouverneur confiant de la plus riche cité du Mavarranawahr, lorsque deux cavaliers portant l'étendard du calife apparurent à l'horizon. Ils entrèrent dans la forteresse, descendirent de cheval et, sans dire un mot, dégainèrent leur épée et lui tranchèrent la tête. Ils l'accusaient de complicité avec l'hérétique Mokanna ; ayant mis fin à la lignée Boukhar Khoudat, ils repartirent.

La mort de Bounyat en 782 amorça le lent déclin de Varakhcha, une ville plus ancienne et plus étendue que Boukhara, résidence des rois hephtalites et des princesses sogdiennes, ville-étape sur la piste caravanière (8 jours) vers le Khorezm. Ouzbektourisme et Sacha proposent aujourd'hui des visites de la citadelle méridionale du Kyzyl Koum, mais les découvertes archéologiques les plus intéressantes faites ici – une série de peintures murales pré-islamiques représentant des chasseurs à dos d'éléphant se battant contre des léopards et des griffons, et une scène entière de réception officielle avec des chameaux ailés accroupis et portant un trône royal – sont exposées dans des musées de Tachkent.

AVCHONA

Le *kichlak* d'Avchona somnole, environné de champs de coton et de canaux d'irrigation. Ali ibn-Sina, ou Avicenne (980-1037), naquit dans ce modeste hameau ouzbek, le signalant ainsi à l'attention du monde entier.

Le **musée Avicenne**, inauguré pour le millénaire de sa naissance, renferme quelques objets intéressants, tels d'effrayants instruments chirurgicaux du début du XXe siècle... mais la visite est plutôt recommandée aux spécialistes, étant donné la rareté des explications en anglais.

PAÏKEND

La «cité du cuivre» était jadis le plus grand comptoir commercial de la Transoxiane, avec 1000 *rabad* fortifiés représentatifs de chaque cité locale digne de ce nom et possédait la plus belle mosquée de cette rive de l'Oxus. Les Arabes mirent la ville à sac cinquante jours durant, après avoir dérobé une perle «de la taille d'un œuf de pigeon». La cité ne retrouva plus jamais son lustre passé, même sous le règne karakhanide d'Arslan Khan. La visite des vestiges de Païkend (60 km au sud-ouest de Boukhara) peut être organisée par Ouzbektourisme. Le site est actuellement en fouilles, et accueille volontiers les visiteurs. Un musée est prévu.

LE KHOREZM (XORAZM)

Tout comme l'Egypte dépend du Nil, l'histoire des terres reculées du Khorezm est intrinsèquement liée au delta de l'Amou Daria. Le fleuve sillone les déserts rouges et noirs, et nourrit les oasis par le fragile ruban verdâtre de ses eaux troublées, qui jadis ont séparé le Turkestan de la Perse. Baignant la plus ancienne civilisation d'Asie centrale, elles ont ensuite détourné leur cours, tel un nomade rêveur, transformant les marais en désert brûlant, condamnant des villes par leur fantaisie. Aujourd'hui, les eaux de l'Amou Daria affrontent des barrages et se font absorber par des quotas démentiels de coton, libérant enfin ce qui leur reste dans les bras agonisants d'une mer d'Aral empoisonnée.

Ce territoire au caractère bien distinct, traversé de fleuves exsangues, de routes commerciales, héritier de capitales déchues mais toujours parcouru par les nomades, se divise de nos jours en deux entités: Région du Khorezm et République autonome du Karakalpak. S'il fait écho au renouveau religieux du Ferghana, il reste le meilleur témoin de l'immuable hospitalité d'Asie centrale. La saison touristique se glisse entre les neiges qui gèlent l'Oxus en hiver et la fournaise qui oblige les voyageurs européens, «à rester immobiles au même endroit à ne rien faire, pas même penser». La région est peu habituée au tourisme, mais les intrépides chercheront ses citadelles du désert, ses anciennes capitales, et la mer d'Aral.

KHIVA (Xiva)

La plus intacte et la plus reculée des villes qui parsèment la Route de la Soie en Asie centrale se rencontre au terme d'un périple à travers les âges qui part de la socialiste Tachkent pour atteindre cette cité médiévale esclavagiste. Là où Samarcande épuise l'imagination, la romance du khanat de Khiva se révèle entièrement; là où Ourguentch est enfermée dans deux dimensions, Khiva s'épanouit dans les quatre, avec des visions ancestrales qui hantent ses rues étroites et sinueuses.

Histoire

L'histoire de Khiva remonte à celle des caravaniers qui s'arrêtaient au Puits de Khivak pour trouver de l'eau douce avant de reprendre le cours de leur expédition transcontinentale vers Gourgandj et Merv. La légende raconte que Sem, le fils de Noé, aurait tracé les contours de la ville en s'inspirant d'un puissant

Dans le harem du palais Tach Khaouli à Khiva

mirage. Entrée dans les chroniques arabes dès le Xe siècle, la ville n'atteignit la suprématie régionale qu'au XVIe siècle, lorsque les tribus nomades ouzbèkes fondèrent le khanat du Khorezm dans l'oasis en 1511. Khiva remplaça alors l'agonisante Kounia Ourguentch avant la fin du siècle, et endossa le titre de capitale.

L'instabilité, les luttes intestines et l'invasion par le clan rival des Cheïbanides de Boukhara perturbèrent les premières années du khanat. La région n'arrivait pas à dépasser le stade d'une vague confédération de clans semi-indépendants dont l'unité dépendait en grande partie de la force et du charisme du khan. En 1642, l'accession au pouvoir d'Abdoul Gazi Khan, puis celle de son fils Anoucha Khan en 1663, portèrent enfin à son apogée la grandeur de Khiva. Toute la population de Gourgandj fut déplacée à Khiva, et l'expansion militaire amena la guerre aux portes de Boukhara et de Meched. Le khan lui-même rédigea l'histoire de Khiva et de ses ancêtres mongols ; on dit qu'il prétendit y avoir été contraint, puisqu'aucun de ses sujets n'avait l'érudition suffisante pour le faire à sa place...

Le XVIIIe siècle marqua un retour aux divisions tribales. Les Ouzbeks koungrats combattirent les Ouzbeks manguits ; les tribus du nord de l'Aral firent sécession ; les Turkmènes yomouts se révoltèrent ; et les Nadir Chah perses conquirent la ville, qu'ils dirigèrent de 1740 à 1747. En 1770, ce sont finalement les Koungrats inaks qui s'emparèrent du pouvoir. Puis les khans successifs – dont Mohammed Amin (1792-1800), Mohammed Rakhim (1806-1825) et Allakouli (1826-1842) – réussirent à leur tour à contrôler les heurts et vengeances entre tribus, à centraliser l'Etat, à améliorer l'irrigation, ainsi qu'à rétablir et reculer les frontières traditionnelles. Le commerce avec la Russie et la Volga atteignit son apogée, aux dépens de Boukhara, entraînant rapidement urbanisation et reconstruction. Le khanat s'étendait alors de la mer d'Aral jusqu'à Merv. Les érudits de Khiva devinrent les principaux représentants de la littérature en turc de Tchagataï.

Toutefois, Khiva restait simultanément le repaire de trafiquants d'esclaves, de brigands, de voleurs, et même de pirates. Trahisons et meurtres étaient monnaie courante, et le commerce passait après le vol.

Au milieu du XIXe siècle, les sphères d'influence de la Russie et de Khiva entrèrent en rivalité aux portes de l'Asie centrale, et la confrontation fut inévitable. La Russie s'insurgeait contre l'enlèvement de sujets russes, utilisés comme esclaves, et le pillage de ses caravanes par les Turkmènes de Khiva. Les hommes du tsar étaient également meurtris dans leur fierté par le fiasco de deux expéditions contre Khiva.

En effet, en 1717, le tsar Pierre avait détaché le prince Békovitch pour enquêter sur la rumeur de gisements aurifères dans le Khorezm et sur l'existence d'une route de l'Inde sur l'ancien cours de l'Oxus. Aux portes de la ville, ses 4000 hommes avaient été chaleureusement accueillis, amicalement séparés pour la recherche de logements, puis joyeusement massacrés. Békovitch lui-même avait été écorché vif, et sa peau tendue sur un tambour. Ces meurtres ne furent ni oubliés ni punis, et le khan en avait tiré une arrogance certaine depuis sa place forte dans le désert.

Et un siècle plus tard, un autre officier russe, Nikolaï Mouraviev, avait été détenu à Khiva durant les deux mois de débat à la cour sur la façon de le tuer. Six mois plus tard, toutefois, il rentrait à Saint-Pétersbourg, hanté par le message dissimulé dans le canon de son fusil implorant la libération des 3000 esclaves russes de la ville, et avide de revanche par une invasion prompte et définitive. Ainsi, en hiver 1839-1840, le général Pérovsky, à la tête de 5000 hommes et 10 000 chameaux, affronta les terres enneigées du Kyzyl Koum pour donner une leçon au khan barbare. Mais après un mois, ses troupes exténuées étaient prises dans un mètre de neige, les chameaux mouraient chaque jour par centaines, et des meutes de loups encerclaient les troupes affamées. Les Russes admirent une seconde défaite, ils n'avaient toujours pas tiré un seul coup de feu.

Alors que le Grand Jeu prenait de l'ampleur, l'importante Khiva s'imposait comme escale stratégique sur la route de Merv, d'Hérat et, plus loin, des Indes britanniques. Des espions russes, tel le comte Nikolaï Ignatiev, partirent en reconnaissance dans la région, arguant de vagues prétextes (... un orgue en cadeau pour le khan, qui ne pouvait être transporté que sur l'Amou Daria), pendant que des officiers britanniques, dont Abbott et Shakespeare, s'employaient à dénoncer le trafic d'esclaves, qui sera invoqué comme *casus belli* contre la Russie

Le 29 mai 1873, des troupes russes arrivèrent aux portes de Khiva, et simultanément d'Orenbourg, de Krasnovodsk, de Tachkent et de Kazalinsk. Malgré la libération précipitée de 26 prisonniers russes par le khan en panique, les troupes entrèrent dans la ville. Durant la domination tsariste, Khiva vit défiler d'étranges voyageurs. En 1875, Fred Burnaby persuada son guide de faire le détour par Khiva en lui proposant d'acheter le cheval de son beau-frère. En 1898, Robert Jefferson, parti de Londres à bicyclette, pédala jusqu'à Khiva. Tous deux nageaient en pleine confusion culturelle: Burnaby choqua un barbier local en lui demandant de raser son visage et non sa tête, et se méprit sur l'appréciation locale de son cheval, dont il vantait la formidable endurance alors que les Turkmènes le plaignaient de devoir lui trouver à manger. Jefferson, quant à lui, provoquait terreur ou fou rire lorsqu'il enjambait sa bicyclette, « un engin auquel aucun mahométan ne devrait avoir affaire ».

Le khanat approchait cependant de sa fin. Plusieurs rébellions nomades, menées par le khan turkmène yomout Djunaïd, ébranlèrent la ville, et culminèrent avec l'assassinat d'Isphandiyar Khan en 1918. Le 27 avril 1920, la

République populaire du Khorezm fut proclamée, et le khan Abdoullah abdiqua, pour mourir plus tard dans un hôpital de prison soviétique. Mais les rebelles *basmatchi* continuèrent à faire trembler la région. En février 1924, 15 000 Turkmènes assiégèrent la ville pour trois semaines et demie, jusqu'à ce que les renforts soviétiques écrasent définitivement toute révolte. En 1922, la région avait été promue République soviétique ; en 1924, elle intégra la République d'Ouzbékistan.

À VOIR

■ ITCHAN KALA

Son statut de ville-musée, acquis en 1967, préserve à Khiva l'ensemble architectural le plus homogène du monde islamique, figé dans le temps. Cité rebelle de voleurs et de trafiquants d'esclaves, Khiva a été domptée par l'autorité soviétique pour devenir une ville de prestige, mais sans âme. Les habitants reviennent cependant enfin à Itchan Kala, prudemment, comme après un mauvais rêve, et la construction, suivant les traditions architecturales anciennes, a repris. Si les visiteurs sont toujours plus nombreux que les familles résidentes – 2000 des 40 000 habitants de Khiva vivent de nouveau dans les murs de Itchan Kala – les bruits de la vie résonnent à nouveau derrière ses murs de pisé.

Le cœur de la ville, ou *chakhristan*, est encerclé par 2,2 kilomètres de **fortifications** crénelées, aussi anciennes que la ville qu'elles protègent. Plusieurs segments des murs dateraient du Ve siècle, mais les plus solides sont ceux qui ont été ajoutés par Arang Khan, fils d'Anoucha Khan, en 1686-1688. Aujourd'hui, la plupart des visiteurs entrent dans la cité ancienne par sa porte occidentale, Ota Darvoza, reconstruite il y a 40 ans après que la porte d'origine ait été détruite pour ouvrir le centre médiéval au trafic automobile. Au nord, les tours de garde de Baktcha Darvoza étaient le lieu de prélèvement des taxes sur les caravanes venant d'Ourguentch. Au sud, la double cage d'escaliers de Tach Darvoza, ou « porte de Pierre » (1830-1840), mène au premier étage à une plateforme panoramique. Palvan Darvoza se trouve à l'est. Ces portes enfermaient la ville du crépuscule à l'aube, et la protégeaient des attaques nomades et des tempêtes du désert. Il est toujours possible d'arpenter les remparts entre Baktcha Darvoza et l'angle de l'Ark.

■ MÉDERSA MOHAMMED AMIN KHAN

Traverser l'Ota Darvoza, c'est remonter le temps. A droite, la double façade de boutiques fait partie de la médersa Mohammed Amin Khan (1852-1855) ou Medamin, la plus grande en ville de ce genre, qui pouvait accueillir 250 étudiants islamiques ou plutôt, aujourd'hui, 138 touristes romantiques – car la médersa est devenue l'hôtel Khiva. La taille du séminaire a entraîné la des-

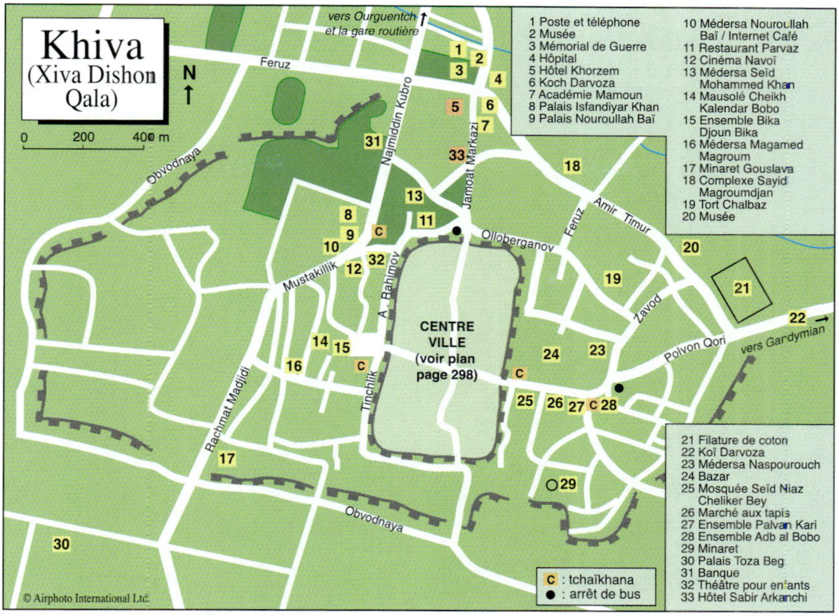

truction d'une partie des fortifications. L'impressionnant portail restauré s'ouvre sur l'ancienne mosquée devenue bar-hôtel, à gauche, et sur une cour à l'agencement classique, où se tenaient jadis les séances de la cour suprême de la cité. L'accès aux corridors sinueux est relativement libre, et révèle des cellules uniques à deux pièces, inhabituellement dirigées vers l'extérieur, ainsi qu'une série de salles dans l'angle nord-est de la médersa, qui permettent d'accéder au Kalta Minor. A côté de la médersa se trouve également une statue d'al-Khorezmi à l'air maussade.

L'avenir de la médersa pose problème. L'Unesco voudrait revenir à la pureté originelle de l'ancien séminaire restauré, mais les autorités locales affirment que l'hôtel constitue une bonne alternative à sa vocation première et craignent que le retour à l'usage initial ne crée un précédent, entraînant d'autres transformations similaires.

Le patron de la médersa, Mohammed Amin Khan (règne: 1843-1855), a été l'un des plus illustres khans de Khiva: il rétablit les anciens territoires du khanat, conquit Merv, pacifia le clan Saryk, avant de combattre les Turcs tekkés au Kara Koum, dans plusieurs batailles épiques. Ensuite, curieusement, il a soumis les Tekkés aux tribus rivales yomout et ouzbèkes. Très vite, les clans se sont affrontés, les Yomouts luttant contre les Tekkés, les Tekkés contre les Ouzbeks tandis que les Ouzbeks bataillaient avec les Yomouts... jusqu'à ce que Mohammed Amin, exaspéré, jette le chef yomout du haut d'un minaret de

1 Baktcha Darvoza (Porte Nord)
2 Puits de Khivak
3 Mosquée Ata Mourad Matriza-i-Koshbegi
4 Mosquée Hasan Mourad Koshbegi
5 Médersa Musa Tura
6 Médersa Emir Tura
7 Koukhna Ark
8 Minaret Tura Mourad
9 Médersa Yousoup Yousoulbashi
10 Médersa Dost Alimdjan
11 Palais Tach Khaouli
12 Caravansérail Allakouli Khan / magasin
13 Allakouli Khan Tim
14 Mosquée Cheikh Moukthar Ata
15 Médersa Mohammed Rakhim Khan
16 Médersa Arab Mohammed Khan
17 Médersa Mohammed Amin Inak
18 Médersa Koutloug Mourad Inak
19 Médersa Allakouli Khan
20 Ota Darvoza (Porte Ouest)
21 Kalta Minor
22 Restaurant Matinyaz Divanbegi
23 Médersa Kazi Kalyan
24 Médersa Matpana Baya
25 Statue Al-Khorezmi
26 Médersa Mohammed Amin Khan (hôtel)
27 Mausolé Saïd Allauddin
28 Médersa Khojash Magram
29 Mausolé Yunus Khan
30 Mosquée *juma*
31 Médersa Abdoullah Khan
32 Mosquée Ak
33 Bains Anoucha Khan
34 Palvan Darvoza (Porte Est)
35 Arkanchi B&B
36 Mosquée Saïd Ata
37 Mosquée Abdurasulbai
38 Médersa Koubai Khidza
39 Médersa Rasulbai
40 Mausolé Pakhlavan Mahmoud
41 Médersa Chirgazi Khan
42 Médersa Mazar-i-Charif
43 Médersa Atajanbai
44 Médersa Talib Makhsoum/*tchaïkhana*
45 Médersa et minaret Islam Khodja
46 Mosquée Baghbanli
47 Tach Darvoza (Porte Sud)
48 Tchaïkana Farukh
49 Hôtel Lolita
50 Zafarbek B&B
51 Mizorboshi B&B
52 Malika Khiva Hôtel

Khiva, réunissant ainsi les tribus antagonistes… contre lui ! Il ne fallut pas longtemps pour que, à la veille d'une attaque de Serakhs (sur l'actuelle frontière iranienne), il soit décapité par un renégat tekké. Khiva fut alors livrée à soixante-dix ans de pillage turkmène.

Tout près de la médersa, le **Kalta Minor**, ou « minaret court », témoigne du décès de Mohammed Amin. Commandité par le khan en 1852, il devait s'élever à plus de 70 mètres et être ainsi le plus haut du monde musulman, mais sa construction a été abandonnée à 26 mètres, suite à la mort du khan. Une légende raconte que l'architecte aurait secrètement accepté de construire un minaret encore plus grand pour l'émir de Boukhara, et qu'il aurait été jeté du sommet du minaret pour cette trahison. Le Kalta Minor baigne dans une atmosphère douce, imprégnée du vert de jade typique de Khiva, si riche qu'elle semble avoir absorbé toutes les couleurs de la ville pour créer un ton unique. Les soixante-quatre marches d'un escalier en colimaçon montent à la tour amputée, révélant sa structure et un beau panorama de la ville.

■ KOUKHNA

Si les khans de Khiva possédaient plusieurs résidences au siècle qui précède l'ère soviétique – dont le Tach Khaouli d'Allakouli Khan et le palais Nouroullah Baï d'Isfandiyar –, Koukhna Ark, l'« ancienne citadelle », reste la résidence d'origine, refuge fortifié pour les temps incertains tout au long des siècles. Ses fondations datent du Ve siècle, mais la plus grande partie a été ajoutée petit à petit, jusqu'au XIXe siècle, par tous les khans qui se sont succédé.

Entrez par la porte principale et tournez à droite vers les magnifiques céramiques bleues et blanches de la **mosquée d'été** (1838), dont l'éclosion d'arabesques colorées et florales forme des spirales sur les murs, à la façon d'un lierre grimpant. Ces céramiques ont été réalisées par les maîtres locaux Ibadoullah et Abdoullah Djin, également décorateurs de grandes parties du Tach Khaouli et du mausolée Pakhlavan Mahmoud. Au bout de cette petite cour, l'ancien hôtel des monnaies a financé les exploits expansionnistes de Rakhim Khan Ier, de 1806 à 1825. Aujourd'hui, il expose une collection de pièces, de médailles, et de billets en soie couverts des soleils naissants de la première République socialiste du Khorezm ; on y voit aussi une maquette de la forge où les monnaies de Khiva étaient frappées.

Revenez vers la cour principale, où se trouvaient à l'origine les bureaux des conseillers de la Cour, et dirigez-vous à l'ouest jusqu'à la **Kourinich Khana**, ou « salle du trône » (1804-1806). Le khan tenait ici ses audiences publiques, soit dans l'*iwan* ouvert d'été, soit, en hiver, dans une yourte chauffée installée contre la plateforme circulaire en briques. Après les sept semaines de délibération à propos de son sort, c'est là que le capitaine russe Mouraviev avait été reçu. La petite cour, aux beaux plafonds décorés et aux motifs céramiques géométriques, présente un *ganch* délicat et comporte un *mihrab* orné dans la salle arrière. Le trône en bois argenté du khan, construit en 1816, était installé ici jusqu'à ce que les Russes victorieux l'emportent dans la Salle des Armoiries du Musée de l'Ermitage à Saint-Pétersbourg. Les Ouzbeks négocient toujours, mais sans succès, pour récupérer l'héritage dérobé. D'autres trésors sont conservés, et parfois exposés, à la **médersa Arab Mohammed Khan**, qui abrite désormais le fonds de Khiva; cette collection regroupe plus de 55 000 objets confisqués ou achetés à des habitants de la ville depuis les années 20. De la salle du trône, rendez-vous au nord dans les anciennes écuries et armureries en ruine. De là, en continuant tout droit, vous verrez l'*iwan* finement décoré des pièces du harem du khan (1806), et à l'ouest le cœur fortifié de l'Ark, le **bastion Akchikh-Bobo**. Cette citadelle centrale, appuyée aux remparts de la ville, est l'édifice le plus ancien de Khiva, dont les fondations sont contemporaines des anciennes forteresses khorezmiennes dispersées dans les déserts environnants, comme celle de Toprak Kala. Si celles-là ont été abandonnées faute d'eau, celle de Khiva est devenue le centre d'un khanat, utilisée comme ermitage par Moukhtar Vali, le Cheikh Blanc, puis comme tour de garde et arsenal de munitions. A son sommet, la plateforme s'ouvre sur un profil classique de Khiva. En bas, ses salles sombres requièrent l'utilisation d'une lampe torche.

Vue du minaret de la mosquée *juma*

A l'extérieur des portes principales, le **Zindan** – prison de la ville – (1910), plus récent, arbore menottes et instruments de torture, ainsi qu'une série de tableaux sur le thème des châtiments pratiqués à l'époque et des exécutions. En réponse à Burnaby qui se préoccupait des coupables présumés niant leur culpabilité, un vizir serein expliquait, à propos du système judiciaire en vigueur à Khiva: «Nous lui donnons des coups de bâton, nous lui mettons du sel dans la bouche, puis nous l'exposons aux rayons brûlants du soleil jusqu'à ce qu'il avoue enfin».

De l'autre côté de la place principale, après le puits le plus profond de Khiva, se trouve le *pichtak* bleu chatoyant de la **médersa Mohammed Rakhim Khan** (1871), dont on remarquera la cour inhabituelle et les lourdes tours d'angle. Les céramiques de la façade ont été restaurées en septembre 1994 à l'occasion du 150e anniversaire de Rakhim Khan, également connu sous son nom de plume de Ferouz. En plus d'un musée vaguement conçu autour de la vie de ce dernier, le centre d'artisanat de Khiva a également trouvé place dans la médersa en 1998.

En outre, des tailleurs, et le délicieux cirque Darboz, y excercent leurs talents. Dans la salle de gauche, un vieux drapeau du khanat de Khiva (dont les cinq étoiles représentent les cinq piliers de l'islam) précède une exposition de costumes et d'armes locaux. Les salles centrales mélangent maladroitement poésie et haches, et présentent une robe d'apparat portant des inscriptions et appartenant au juge principal de la ville (Kazi Kalyon), ainsi qu'une collection de hampes à drapeau, marquées du nom d'Allah en arabe, qui étaient utilisés par les différents régiments de l'armée du khan comme signe distinctif dans les batailles. A droite, la mosquée montre de fascinantes photographies du tournant du siècle, figurant Ferouz et Isfandyar recevant des décorations militaires russes, flanqués de vizirs enturbannés et de flegmatiques généraux du tsar.

Le Kalta Minor, ou «minaret court», et l'Ark, à Khiva

Ferouz est un personnage intéressant ; c'est un khan qui, tout comme Abdoul Ahad à Boukhara, a traversé deux époques avec la tâche ardue de concilier la domination russe et l'indépendance féroce de ses sujets nomades. De ses trois voyages à Saint-Pétersbourg, il a ramené une presse d'imprimerie qui n'a servi qu'à sa propre poésie, il a appris à fumer, et il a fièrement acheté un téléphone, bien qu'aucune ligne ne fût connectée à des centaines de kilomètres à la ronde. De retour à Khiva, il a obligé son harem à revêtir les corsets les plus à la mode de l'époque et poussé son ministre des Finances à apprendre à jouer de son piano à queue. En 1873, il a finalement signé la fin de son indépendance pour devenir un « serviteur obligé » du tsar et entrer dans l'Armée cosaque comme général-major. Décédé d'un arrêt cardiaque à 65 ans le 16 août 1910, il a été inhumé dans l'ensemble Magromdjan, à l'extérieur d'Itchan Kala.

Au sud de la médersa, après la mosquée reconstruite du Cheikh Moukhtar Ata et la médersa Matinyaz Divanbegi (aujourd'hui restaurant Khiva), se trouve la **tombe de Saïd Allauddin**, datant de l'ère mongole. Bâtie au XIVe siècle par Koulyal Emir autour du magnifique tombeau *sagana* du maître soufi Saïd Allah ad-Din (décédé en 1303), elle est connue pour être la plus ancienne construction de Khiva. Ses remarquables céramiques venaient probablement de Gourgandj (Kounia Ourguentch).

Rejoignez la rue principale qui, d'est en ouest, relie les monuments anciens de la ville, puis tournez à droite (devant le pauvre chameau qui promène les touristes). Tournez encore à droite à la médersa Kazi Kalian, construite par le juge principal Salim Akhoun (dont la robe est exposée au musée Ferouz) ; descendez enfin la rue aux murs de pisé (pavée pour la visite du président Mitterrand en 1994) où se succèdent des ateliers rattachés à la médersa, divers mausolées et les auberges *kori khana*, jusqu'à la sépulture la plus sainte de Khiva.

■ MAUSOLÉE PAKHLAVAN MAHMOUD

Pakhlavan Mahmoud, l'Hercule de l'Orient, Palvan Pir, le lutteur saint *kurach*, Pirar Vali, le poète perse anti-religieux, et Mahmoud, le fourreur du district, ne sont qu'un seul et même homme, décédé ici en 1325 pour entrer dans le folklore local en tant que héros ; c'est également le saint patron de Khiva. Au fil des ans, un petit mausolée s'est élevé sur le site de l'ancien atelier de Mahmoud. Ce n'est qu'à partir de 1810-1835 que sa tombe s'est parée de sa gloire actuelle, lorsque les khans koungrats de Khiva ont transformé ce lieu de pèlerinage en grand mausolée familial, le dernier érigé en Asie centrale et l'édifice le plus réputé de la ville.

L'entrée se fait par la porte sud – une inscription sculptée donne la date de 1701 – et s'ouvre sur une jolie cour entourée de cellules *hujra* à gauche, de la *khanagha* principale et de mausolées en face, d'une mosquée ouverte d'été et d'un puits à droite. L'ensemble est saturé de décorations époustouflantes dans toutes les nuances de bleu, du plus glacial au plus ardent. Une coupole turquoise recouvre l'édifice; elle a été restaurée après la chute de nombreuses céramiques lors des tempêtes de neige de l'hiver 1993. La salle principale abrite les sarcophages d'Aboul Gazi Khan (à gauche, règne de 1643 à 1663), d'Anoucha Khan (à droite, règne de 1663 à 1674/1681) et de Mohammed Rakhim Khan I (au centre, règne de 1806 à 1825). C'est dans une pièce à gauche que se trouve le saint des saints, orné de motifs folkloriques locaux, derrière un panneau incrusté d'ivoire. Un mausolée supplémentaire devait à l'origine célébrer Isfandiyar Khan, mais celui-ci a été assassiné en dehors de l'enceinte de la ville et ne put être enterré ici. Ce mausolée contient donc aujourd'hui la tombe de sa mère et de son fils, Timour. En effet, les hommes étaient traditionnellement inhumés avec leur mère plutôt qu'avec leur femme, car un khan pouvait collectionner un grand nombre de femmes et de concubines au cours de sa vie... La sépulture d'Allakouli Khan se trouve également à droite dans la salle principale.

Les Soviétiques fermèrent la tombe vénérée en 1959 – les pèlerins furent «conviés» à des lectures anti-religieuses sur le site –, puis elle fut transformée en Musée khorezmien de l'Histoire révolutionnaire. Aujourd'hui, les jeunes mariés pleins d'espoir et les couples stériles en détresse affluent sur le lieu le plus sacré de Khiva. Ici, tous les visiteurs sont tenus de se déchausser à l'entrée.

Le mausolée est ceinturé de tombes, superposées sur plusieurs niveaux, murées lorsqu'elles sont pleines. Les ruines d'un ossuaire zoroastrien peuvent être observées dans le mur droit de l'ensemble.

Face au mausolée, la **médersa Chirgazi Khan** (1718-1720) a été construite par 5000 esclaves perses capturés à Masshad. La liberté leur avait été promise en échange de leur travail, mais Chirgazi a commencé à murmurer son mécontentement à mesure que l'aboutissement de l'édifice approchait. Percevant la félonie, les prisonniers ont lynché leur maître à l'intérieur de sa propre médersa. Au-dessus de l'entrée, une inscription affirme sereinement : «J'accepte la mort de la main des esclaves». Le khan est également connu pour être l'un des plus grands historiens à écrire en turc de Tchagataï. Sa tombe se trouverait dans la chambre occidentale, à côté de la médersa Rasoulbaï adjacente.

La médersa présente aujourd'hui une exposition consacrée à deux de ses anciens étudiants devenus poètes, Ajee Nyaz, de Kakalpak, et le Turkmène Makhtoum Kouli.

■ MÉDERSA ET MINARET ISLAM KHODJA (1908-1910)

Lorsque Khiva s'est réveillée dans le XXe siècle, un besoin urgent de réformes apparut à certains membres de la cour d'Isfandyar Khan. Le grand vizir Islam Khodja, à l'origine de ces bouleversements, conquit rapidement le peuple en commanditant une école publique et un hôpital, mais provoqua le courroux du clergé en lançant une série de réformes de l'enseignement. Il fut assassiné en 1913 sur l'ordre de son ennemi héréditaire, Nazar Beg, avec l'accord tacite du khan. Néanmoins, Islam Khodja eut le temps de faire ériger sa médersa (1908) et son minaret (1910), qui sont les derniers grands monuments architecturaux des khanats d'Asie centrale, ne serait-ce que parce que leur architecte fut enterré vivant par Isfandiyar Khan, dans le sillage du meurtre du grand vizir.

Durant le siège de quatre jours mené par le leader *basmatchi* Junaid Khan en 1924, le minaret a été utilisé – selon le mythe soviétique – comme tour-radio pour appeler à la rescousse de Ferghana le premier avion jamais vu à Khiva.

Du haut de ses 44,8 mètres, le minaret n'a que deux mètres de moins que le Kalon de Boukhara, mais il est presque de huit cents ans plus récent. Ses bandes de faïence émaillée dans les tons verts parcourent la plus haute tour de garde de Khiva, indispensable pour repérer les agissements des bandes de Turkmènes capturant des esclaves, toujours actives en 1910. Des marches en bois donnent accès à l'entrée d'origine de la médersa, et une centaine d'autres poursuivent jusqu'au clair-étage. La mosquée est couronnée d'une coupole de style typiquement persan.

Devenu le plus éminent des musées de Khiva, le monument expose aujourd'hui, dans les 42 salles de la médersa, les arts appliqués de la région: robes de femmes *chetvan* brodées, panneaux de bois gravé originaux de l'Ota Darvoza, assiettes au blason de la République soviétique d'Ouzbékistan, tiares turkmènes... les objets présentés sont hétéroclites, mais non dépourvus d'intérêt.

En face de la médersa, la première école russe bâtie à Khiva (1912) abrite aujourd'hui un musée de l'Education qui ne craint pas les chocs culturels: des calottes jouxtent les médailles soviétiques, les portraits d'al-Khorezmi ceux de Youri Gagarine, ou encore des photos en noir et blanc montrent des rassemblements d'idéalistes ouzbeks sous le regard sévère de Lénine. Le rêve soviétique, de propagande, se fait histoire, et n'en sort pas grandi.

A cent mètres au sud du minaret Islam Khodja, les sculptures des colonnes corinthiennes de la mosquée du district de Baghbanli (1809) sont parmi les plus belles de la cité.

■ MOSQUÉE *JUMA* (1788)

La plénitude monastique qui imprègne la mosquée du Vendredi, au centre de Khiva, permet une retraite apaisante, presque souterraine, dans une pénombre qui tranche avec l'éclat brûlant du désert. Deux flaques de lumière se répondent autour d'une forêt de piliers aux profondes nuances obscures.

Un ensemble vertical de 213 piliers, à 3,15 mètres de distance chacun, encadre les arbres et retrace mille ans de l'histoire de Khiva. Les quatre colonnes les plus anciennes sont des rescapées de Kath, capitale agonisante du Khorezm, au Xe siècle. Cent ans plus tard, elle ont été rejointes par 17 piliers supplémentaires, qui sont toujours debout. La mosquée, plus récente, a été terminée à la fin du XVIIIe siècle. Exceptionnellement et bizarrement, le *mihrab*, point central d'une mosquée, semble ici secondaire. Les exemples de piliers *karagatcha* sont complétés par une exposition de sculptures sur bois. Le carrosse installé dans un angle fut un cadeau d'Alexandre II. Le minaret s'élève, avec 81 marches, à 33 mètres de haut, d'où se découvre le réseau compliqué des ruelles imbriquées.

Minaret de la mosquée *juma*, Khiva

En face de la mosquée du Vendredi, la petite **médersa Matpana Baya** (1905) abrite aujourd'hui un « Musée intellectuel » issu de l'anachronique Musée de l'Athéisme de la période soviétique qui ralliait étrangement à sa cause des penseurs tels que Darwin et al-Berouni. Sur le côté nord de la *tchaïkhana* s'élève la **médersa Mohammed Amin Inak** (1785) qui, dans son rôle contemporain de bureau d'enregistrement des mariages, constitue le point de départ de bien des cortèges à travers la vieille ville. Le khan Inak est connu pour être le premier de la dynastie koungrat, qui dominera Khiva durant des siècles.

■ ENSEMBLE DE L'EST

Vers l'est, poursuivez jusqu'au cœur du renouveau de Khiva, datant du milieu du XIXe siècle, où les arches, les coupoles, les *iwan*, les céramiques et la terre cuite mélangent le religieux, le séculaire, le royal et le public.

La petite **médersa Abdoullah Khan** (1855), commandée par la mère du khan alors qu'il n'avait que 17 ans, accueille aujourd'hui un inégal musée de la Nature. A ses côtés, les magnifiques portes ciselées de la minuscule **mosquée Ak**, ou **Mosquée blanche** (1838-1842), s'ouvrent sur le sanctuaire d'hiver et son modeste minaret. Publics, les **bains Anoucha Khan** (1647), situés à l'arrière, ont été construits il y a trois cent quarante-cinq ans pour Anoucha, fils du khan Abdoul Gazi. Ces bains lui furent offerts en récompense pour avoir sauvé la vie de son père face à l'armée de Boukhara, à Karmana; il reçut également, pour son mérite, plusieurs centaines d'esclaves et la ville de Khazarasp. Les bassins et les conduits de vapeur des bains sont profondément enfouis dans le sol, afin d'éviter les pertes de chaleur.

Nommée **Palvan Darvoza** (1804) ou «portes orientales de la cité», l'artère principale reliait la ville intérieure aux marchés extérieurs bourdonnants. Sous une longue voûte de 60 mètres, assez large pour le passage d'un camion, s'alignent des niches où l'on enfermait autrefois les esclaves; elles furent transformée en boutiques à la fin du XIXe siècle. C'est également en ces lieux que se faisaient les annonces, les décrets et les exécutions, et que les esclaves rétifs étaient cloués aux portes par les oreilles dans l'humiliation publique.

Un marché local florissant se tenait autrefois sur l'imposante plateforme de la **médersa Koutloug Mourad Inak** (1804-1812). Sur cette place, ont lieu occasionnellement des spectacles de danse et de chant.

La médersa est réputée pour les plaques traditionnelles, mais rares, en terre cuite qui ornent ses tours d'angle, et pour le *sardoba* souterrain auquel on accède par des marches humides qui partent de la cour intérieure. Koutloug, oncle d'Allakouli Khan, serait enterré sous le porche principal, aujourd'hui surveillé par le portrait de Pakhlavan Mahmoud. Koutloug a été poignardé dans le dos lors d'une accolade de réconciliation avec un dirigeant turkmène rival. La légende raconte que la population de Khiva, révoltée, a ensuite massacré les forces yomouts, et qu'il aura fallu six jours pour évacuer tous les cadavres.

Juste en face, le deuxième collège de la ville, la **médersa Allakouli Khan** (1834), précède un cortège de bâtiments qui portent tous le sceau royal d'un des plus grands khans de Khiva. L'édifice est fermé, mais sa force artistique s'exprime résolument dans les céramiques au bleu glacial du plus haut portail de la ville. A l'époque de sa construction, ce quartier de la ville ne jouissait que d'un espace limité, mais les remparts étaient apparemment moins définitifs que les plans du khan, puisqu'ils ont en partie été démolis pour installer les 99 cellules de la médersa royale. De plus, la proche médersa Khodjamberdiby (1688) a délibérément été coupée en deux pour créer un accès aux étudiants, héritant ainsi du surnom populaire de **médersa Khourdjoum**, ou «sacoche de selle».

Les douces bulles que forment les coupoles du **Tim Allakouli Khan** (1835-1838), aussi appelé Saraïbazar ou Marché du Palais, relient la cité intérieure au grand bazar, ainsi qu'à l'immense **caravansérail Allakouli Khan** (1832), devenu l'exotique grand magasin prolétarien Univermag. Vers 1830, à l'apogée du commerce entre Khiva et la Russie, d'interminables caravanes traversaient le désert vers Orenbourg et Astrakhan, chargées de peaux de karakoul, de melons du Turkestan conservés dans des boîtes remplies de glace, de soies fines et de coton, avant de revenir avec des cargaisons de samovars, de fourrures, de sucre et de fusils. Cent soixante-dix ans plus tard, les biens russes sont en compétition avec des produits importés, tandis qu'en face, le bazar bourdonne, et ses prix explosent, frustrant de nombreux Ouzbeks et Turkmènes, perplexes et nostalgiques des beaux jours de l'Union soviétique de Brejnev.

■ PALAIS TACH KHAOULI

C'est dans les dédales stylisés du Palais de Pierre que vivait Allakouli Khan (1826-1842) et son entourage extravagant. Le khan impatient a commandé ce palais en 1830, avec le projet de déplacer le pôle d'intérêt de la cité de l'ouest vers l'est. Dès que l'architecte royal Ousto Nour Mohammed Tadjikhan eut osé suggérer que les trois ans assignés seraient trop courts pour construire les 163 pièces et les trois cours, il fut aussitôt empalé et remplacé par Kalendar Khivaki et le célèbre céramiste Abdoullah Djin. Finalement, le palais put être terminé au bout de huit ans, avec la participation de 1000 esclaves.

Le corps de garde est aujourd'hui occupé par le personnel d'un musée, et non plus par les « trente à quarante vigiles armés de cimeterres, tous revêtus de longues robes de soie, aux motifs variés, surmontées de larges ceintures hautes en couleurs nouées autour de leur taille, et de grandes toques en fourrure dominant leur visage basané » qu'y avait vu Frederick Burnaby en 1876, ni par les *bacha* efféminés, ces jeunes danseurs prêts à divertir. Un ensemble folklorique y propose actuellement des danses traditionnelles sur demande.

Le **harem** (1830-1832) est la première partie du palais à avoir été construite. Dans ses cinq confortables *iwan*, au sud, vivaient le khan (première chambre à gauche) et ses quatre épouses légitimes. Dans les quartiers plus austères, au nord, résidaient les femmes apparentées et les servantes perses. Le carré royal est sobrement décoré de céramiques bleu de Chine, et de magnifiques colonnes de bois ciselées sur des socles en marbre sculpté. Les détails des plafonds ont été peints avant l'assemblage, puis suspendus à des crochets ; le tout produit une tonalité festive que réfute le bleu glacial des angles droits de la cour, en écho à l'ennui extrême de la vie du harem. Ses résidentes n'avaient en effet pas le droit de quitter les hauts murs du palais et n'avaient pour seule compagnie qu'un vieux despote décrépit. Remarquez l'emblème de type swastika gravé dans les colonnes de l'*iwan*, à côté de l'entrée du Musée de l'Artisanat de Khiva.

Un couloir secret, ou *dolom*, auquel seul le khan avait accès, relie l'intimité du harem aux bureaux publics de la cour. La dépendance de l'est, le **Ichrat Khaouli** (1832-1834), recouverte de céramiques miroitantes, servait de salle de réception. Les dirigeants en visite des clans turkmènes, ouzbeks et kazakhs, voire le khan lui-même, y installaient en hiver des yourtes sur la plateforme circulaire en prévision de banquets de bienvenue ou d'une audience royale. C'est ici qu'Abbott avait dû expliquer à Allakouli Khan et à sa cour hilare pourquoi l'Angleterre était dirigée par une jeune femme (Victoria) dont le futur mari n'aurait pas le contrôle de la couronne. Une calligraphie du poète tchagataï Ogahi se trouve au 2e étage, où les chambres d'été destinées aux invités entouraient la salle du trône du khan. Dans la cour sont maintenant proposée des spectacles de danse et musique traditionnelles.

Enfin, la troisième dépendance, l'**Arz Khaouli** ou Cour de Justice (1837-1838), suit une architecture similaire. Le khan y rendait quotidiennement la justice durant quatre longues heures. Si les trois dépendances possèdent chacune un corps de garde particulier en raison de leurs pédiodes différentes de construction, l'Arz Khaouli possède quant à lui deux issues bien gardées et compliquées: l'une pour les acquittés, l'autre pour les condamnés à mort. La décoration est ici encore très luxuriante, composée de motifs de concombres et de médaillons qui couronnent les murs, dans une synthèse formelle des styles locaux. Le toit du Palais de Pierre offre un panorama exceptionnel.

Figurants d'un film tourné à Khiva

Hors des sentiers battus

A l'ouest du Tach Khaouli se trouve le **Mazar Outch Avlioli** ou *mazar* «des Trois Saints», construit en 1549 et rénové en 1821. Au cours d'un été sec du XVIe siècle, trois frères agriculteurs étaient, comme d'ailleurs les autres fermiers pauvres, au bord de la ruine, car un beg fortuné refusait d'ouvrir les écluses de ses champs pour irriguer les terres avoisinantes. Les frères, par la prière, appelèrent la pluie, qui vint sauver leurs récoltes tout en inondant celles du beg, et les promut au rang de saints. L'édifice face à la tombe est une mosquée d'été.

Au XIXe siècle, les médersas ouvraient et fermaient au gré de la volonté du khan et, tout comme aujourd'hui, elles n'ont jamais toutes été ouvertes en même temps. Parmi les médersas actuellement détournées de leur vocation première, citons la médersa Emir Tura (1870), construite pour le frère de Mohammed Rakhim II; la médersa arabe Mohammed Khan (1616, reconstruite en 1838) abrite aujourd'hui les archives du musée; la médersa Musa Tura (Prince Moïse, 1841), du nom du petit-fils d'Allakouli Khan; et la médersa Dost Alimdjan (1882), aujourd'hui atelier de sculpture sur bois.

Témoignage le plus étonnant d'une Khiva d'avant les khanats, le **puits de Khivak** est caché dans une cour privée dans l'angle nord-ouest de la citadelle intérieure (rue Abdoullah-a-Baltal 107). C'est jadis au milieu du désert qu'a été captée la source qui a désaltéré les caravaniers et les premiers colonisateurs dans la région; c'est elle qui a donné son nom, Khivak, à la ville.

Entassé le long des murs intérieurs au sud de la cité, un amas confus de stèles et de sépultures saintes attire de nombreux pèlerins, chantant et priant.

■ À VOIR: ITCHAN KALA

Malgré ses splendides monuments, Itchan Kala, la vieille ville, peut ne pas émouvoir le visiteur. Pour se mêler à la vie d'aujourd'hui, visiter les mosquées en activité, voir des *tilpak* turkmènes, les ânes et les *arba* (et non les chameaux montés)... toute cette animation se trouve à l'extérieur de la cité historique, dans les faubourgs marchands de Itchan Kala. Ceux-ci sont rarement inscrits dans les itinéraires touristiques; leurs sites négligés ont cependant beaucoup à offrir. C'est dans cette toile d'araignée d'*aryk* que le médiéval croise le soviétique, et qu'il est en meilleur état...

■ LE BAZAR

Depuis des siècles, le bazar s'étend de la Porte Palvan et du Allakouli Khan Tim sur toute la place voisine.

A côté de la Porte Palvan et du marché aux tapis moderne, la **mosquée Seïd Niaz Cheliker Bey** (1842) déploie ses neuf coupoles. Elle constitue aujourd'hui la mosquée du Vendredi de remplacement, et ses appels réguliers à la prière réveillent la vieille ville par un cri solitaire dans un environnement de minarets muets.

Le **minaret Palvan Kari** se trouve juste à côté. Plus loin, le **mausolée Abd al-Bobo** renferme la sépulture du khorezmchah Atsiza (XIIe siècle) de Gourgandj. C'est ici que se tenait l'ancien marché aux esclaves de Khiva, où les trafiquants semi-nomades d'êtres humains revendaient leur marchandise affamée avant d'aller brièvement expier leur péchés dans la mosquée toute proche. La médersa Naspourouch, située à côté du bazar aux melons, abrite aujourd'hui le comité du bazar.

Au nord du bazar, sur la rue Boudennaga, l'ensemble Tort Chalbaz (1885), dégradé, comporte une mosquée, un minaret, une *khanagha* et un *sardoba*.

■ KOCH DARVOZA

Au nord de l'hôtel Sabir Arkanchi, passez l'académie Mahmun, anciennement l'intéressant musée Al-Khorezmi, à côté de l'hôtel Khorezm, se situe la Koch Darvoza ou «Porte double», l'un des dix passages créés dans le mur extérieur de dix kilomètres, ainsi nommée parce que son architecture généreuse permettait au trafic de circuler dans les deux sens en même temps. Des monuments honorent également la mémoire de ceux qui sont tombés au cours de la révolution de 1920 et de la Grande Guerre patriotique de 1941-1945. C'est ici aussi que se trouve le premier hôpital bâti à Khiva, en 1912.

■ SAYID MAGROUMDJAN (1884)

Ce monumental ensemble de mausolées, appelé localement **Chadrouli Itchan**, a pris le nom du khan décédé (*marhoum khan*) Sayid Mohammed, enseveli ici avec son fils Mohammed Rakhim Khan II, ses petits-fils Isfandiyar Khan et Timour Gazi, ainsi que le beau-père d'Isfandiyar, le vizir Islam Khodja. La coutume locale interdisait que quiconque décédé en dehors de l'enceinte de la cité y soit ramené pour ses obsèques. Mohammed, qui résidait à l'extérieur de la ville, a donc été inhumé dans la salle principale à côté de la grande tombe de Ferouz. Isfandiyar et Islam Khodja – tous deux assassinés en dehors d'Itchan Kala – ont été enterrés ensemble, assassin et victime, dans un édifice séparé. La médersa adjacente résonne aujourd'hui aux sons d'une école de piano.

■ PALAIS NOUROULLAH BAÏ

La résidence fortifiée d'Isfandiyar Khan exprime aujourd'hui la désolation, à l'exception de la médersa Nouroullah Baï. La salle de réception au style moderne, également en bon état, vaut la visite pour ses étourdissantes décorations, comparables à celles du Palais d'été. La légende raconte qu'Isfandiyar a été tué ici en 1918 par des assassins turkmènes. Elle a été érigée en sanctuaire par le pouvoir soviétique à la mémoire du Premier gouvernement du Peuple, établi ici le 26 avril 1920. Dans la cour s'élevait la première statue de Lénine en Asie centrale, jusqu'à ce que celle du khan Mohammed Rakhim II, très populaire, vienne la remplacer.

■ PORTES OUEST

L'**ensemble Bika Djoun Bika** (1894), près d'Ota Darvoza, a été construit par un riche marchand en l'honneur de la sœur de Mohammed Rakhim Khan II. Il regroupe une mosquée, une médersa, un minaret et… un vidéo-bar. Il a pour voisine la tombe du cheikh Kalendar Bobo, derviche et saint homme qui a vécu au XVIe siècle.

Plus loin au sud-ouest se côtoient la médersa Magamed Magroum et un centre de *malhalla*, appelé *elat* dans le dialecte local. Dans les faubourgs au sud-ouest de la ville extérieure, le minaret Gouslava de l'ancienne mosquée Achir Magroum reste debout, insolite, dans le jardin d'une famille de Khiva.

Plus à l'ouest, une école pour aveugles occupe aujourd'hui le site du Palais d'été Rafanek (XIXe siècle). Quant au **cimetière Chakhimardan**, il est l'un des sept à prétendre qu'y repose le calife Ali, demi-frère du prophète Mahomet.

LES ENVIRONS DE KHIVA

Le Khorezm est parsemé de mausolées et de lieux saints, dont plusieurs existaient des centaines d'années avant le khanat ; ensemble, ils constituent de bonnes raisons d'explorer les *kichlak* et les champs de coton de l'arrière-pays khorezmien où réside, en réalité, près de 80% de la population locale. Le meilleur moyen de les aborder est de louer un taxi à la demi-journée, mais ils sont en général desservis par les bus publics.

Traversez la porte Koï Darvoza de l'enceinte extérieure de la cité pour vous diriger à l'est vers la ville de Gandymian où, en 1873, Mohammed Rakhim a signé la fin de l'indépendance de son khanat et de tous les territoires au nord de l'Oxus. Deux kilomètres après la colossale usine de traitement du coton, l'**ensemble Atadjan Toura** tient son nom du prince royal de Khiva qui recevait les forces russes alors que son frère, le khan, se cachait dans le désert voisin. La mosquée, les bains et le puits sont en très bon état, et abritent actuellement des sculpteurs sur bois. Un bain, un massage, un rasage et une coupe de cheveux, vous pouvez obtenir tout cela pour la royale somme de 20 cents.

■ CHADRA KHAOULI

Insolite, cette tour de trois étages semble conçue pour se glisser entre deux bâtiments élevés. En réalité, elle était au XIXe siècle la résidence d'été d'un noble local ou d'un riche marchand, impatient d'échapper aux rues brûlantes d'Itchan Kala. Au-dessus des écuries et de l'entrepôt du rez-de-chaussée s'élèvent deux étages résidentiels décroissant qui forment un *bala khana* (d'où le mot français «balcon»), dont les hauts *iwan* sont dirigés vers le nord pour bénéficier de la fraîcheur de la brise. La tour fait écho au modèle *kouchka* du plus ancien bastion Akchikh-Bobo de l'Ark dans une remarquable homogénéité stylistique et offre un rare aperçu de la vie rurale sédentaire. Chadra Khaouli se dresse dans une ferme collective (Rosmat Madaminov, anciennement Frounzé), deux kilomètres après le hameau de Sayat, à quelque onze

Détail dans un harem, Khiva

kilomètres à l'est de Khiva. Sur place, un gardien peut ouvrir la tour sur demande.

A Sayat, le *mazar* et la mosquée Bibi Hadj Bibi, rénovés, offrent le *plov* communautaire du vendredi.

■ MAUSOLÉE DU CHEIK UKHTAR VALI

Extraordinaire et complexe, cet édifice se situe près du village d'Ostana, à 20 kilomètres à l'est de Khiva, dans le kolkhoze Tchapaïev – il peut être facilement associé à une visite de Chadra Khaouli. Saint homme du Khorassan et rival de Pakhlavan Mahmoud, Moukhtar Vali vivait en ermite à Khiva. Il a été inhumé ici avec son beau-frère Sayid Ata, également saint, assistant du maître soufi Yasawi. La sépulture a été construite en 1287 suite au déferlement mongol, et Mohammed Rakhim Khan Ier y a ajouté des finitions en 1807. Le dôme de 22 mètres de haut domine une profusion de sous-coupoles et de salles sur deux étages. Au fil des années, le mausolée a régulièrement servi de refuge aux pèlerins menacés par les attaques turkmènes. Le tambour à seize facettes diffuse une lumière douce à travers des grilles en *ganch*; un lourd silence imprègne les lieux. Si l'édifice est fermé, l'imam local Ismaël Ibraghim en donnera la clef et, peut-être, invitera les personnes présentes à boire le thé.

■ PALAIS D'ÉTÉ KOUBLA TOZA BEG

A deux kilomètres au sud-ouest de Khiva, la résidence d'été de Mohammed Rakhim Khan II – aussi connue sous le nom de Toza Koubla Beg (« nouveau jardin du sud ») – hésite entre le style européen et l'univers de l'Asie centrale. En effet, des artisans de Saint-Pétersbourg ont ajouté des fenêtres carrées et de grandes portes aux traditionnels *iwan* sur piliers de la cour des serviteurs, et des motifs *girikh* au *ganch* vert de la salle de réception. Si le palais a été restauré en 1992 pour le 150e anniversaire de Mohammed Rakhim Khan, ses trois cours sont toujours à l'abandon.

INFORMATIONS PRATIQUES

Des billets d'entrée pour Itchan Kala sont vendus à la porte Ouest (5 $ pour 2 jours, 1,2 $ pour un appareil photo, et 1,7 $ pour une caméra vidéo), tandis que les visiteurs qui empruntent les autres accès ont rarement un droit d'entrée à payer... D'autres sites exigent quelquefois de modiques droits de visite. Procurez-vous le plan des monuments historiques qui couvre les régions de Khiva et de Khorezm, y compris quelques sites dans le désert.

Transport

Des taxis *marchroutnoïe* font régulièrement la navette entre Ourguentch et Khiva (35 km). Ils partent de plusieurs endroits de la ville : de la porte Ouest et de la porte Nord de l'ancienne citadelle, et de la gare routière pour Ourguentch, sur la rue Al-Khorezmi. Ils démarrent dès qu'ils sont complets, mais ne circulent que jusqu'à 18 heures. Le trajet en taxi coûte entre 3 et 5 $. Un taxi collectif pour Noukous coûte 3,5 $ (3 h 30 de route).

Le trolleybus n° 2 relie également la porte Nord à Ourguentch, avec terminus à l'aéroport. D'autres bus sont moins chers mais moins pratiques, car la gare routière se réduit à un croisement informel à l'extrémité nord de la ville (rue Najmiddin Koubro). Les bus, trains et avions pour les destinations plus lointaines partent d'Ourguentch, mais au moins trois bus et trois mini-bus assurent le trajet jusqu'à Tachkent (13 à 20 heures de route, 4 à 7 $). Pour Boukhara, descendre à Romitan, à 25 km.

Uzbekistan Airways a un petit bureau dans une aile de l'hôtel Khiva, mais les billets sont délivrés à Ourguentch.

Logement

Passer la nuit à Khiva séduira ceux qui préfèrent une promenade au clair de la lune dans les méandres silencieux d'une citadelle islamique à un retour au confort tout soviétique d'Ourguentch.

Hôtel Khiva (Médersa Amin Khan), tél. 375 49 45, fax 375 49 42. L'option qui s'impose pour les voyageurs romantiques fascinés par la Route de la Soie. Les 50 cellules des étudiants sont maintenant équipées d'une salle de bains indi-

Détail dans un harem, Khiva

viduelle. Vue sur les fortifications de la cité. Chambres de 30 à 50 $ la nuit. Ouzbektourisme y a ses bureaux.

Lolita, 11, Islam Khodja, tél. 375 77 87. Nouvel hôtel construit avec des fonds français, sur un emplacement exceptionnel. Chambre simple/double 20/40 $.

Malika Khiva ,19A, Polvon Qori, tél. 719 63 01. Situé à côté de la porte Ouest, établissement de style classique, au sevice agréable. Chambre simple 25 $, double 35 $.

Zafarbek B&B, rue Toshpolatov, tél. 375 71 85, fax 375 60 38, zafar22@ intal.uz. Nouveau B&B dans une demeure ouzbèke traditionnelle, près de la porte Nord, 10-20 $, petit-déjeuner compris.

Hôtel Arkanchi, rue Pakhlavan Mahmoud 10, tél. 375 29 74, fax 375 22 30. Le premier B&B de Khiva continue à se développer. Il propose maintenant 30 chambres autour d'une cour centrale, 25 $ par pers., trois repas compris. L'**hôtel Sabir Arkanchi**, tél. 375 44 73, près de la porte Nord, propose des chambres pour 15 $. Souvent complet.

Mizorboshi B&B, à côté de la médersa Kazi Kalyan, tél. 375 27 53. L'ancien *iwan* crée une atmosphère sympathique, belle vue des balcons supérieurs. Chambres de 10 à 15 $ par pers. Les propriétaires Rachid et Zainab accueillent également les non-résidents pour les repas.

Pour des logements meilleur marché chez l'habitant, 8 à 10 $ avec petit-déjeuner, essayez le **Hozaika Zerafshan**, rue Toshpolatov 64, au sud de Zafarbek, tél. 375 70 51 ; ou le **No. 10**, de la rue Abdullah Rahimov, 200 m au nord de la porte Ouest, tél. 375 44 53 (demandez Bekzod).

Hôtel Khorezm, rue Jamoat Markazi 5, tél. 375 54 51, fax 375 82 67. Hôtel d'Etat sur le déclin, derrière la porte Nord. Lits entre 15 et 25 $.

Nourriture

Tous les B&B servent également le déjeuner et le dîner, mais vous pouvez également essayer la *tchaïkhana* **Faroukh** (cherchez l'enseigne Kafe Bar) pour une bonne nourriture ouzbèke et une situation de plein air, face à la mosquée *juma*. Ou la ***tchaïkhana*** dans la cour ombragée dans la médersa Talib Makhsoum, à côté du complexe Islam Khodja. Le restaurant **Khiva**, dans la médersa Matinya, est également à recommander. En dehors de la ville ancienne, près de la porte Nord, se trouve le restaurant **Parvaz**, ou allez goûter au *plov* de la *tchaïkhana* **Liux**, au nord du palais Nouroullah Baï, sur Najmiddin Koubro.

Pour un repas au spectaculaire **Kubla Toza Beg**, tél. 375 48 07, il est indispensable de réserver. Au bazar de Khiva, pain, miel, fruits, chachliks abondent, mais pour le poisson frit, rendez-vous à la ***tchaïkhana*** à côté du centre Abd al Bobo. Pour vos soirées, un bar de nuit à l'intérieur de l'hôtel Khiva et des stands de boissons en plein air près de la médersa Matpana Baya.

Communications

L'hôtel **Arkanchi** et le **Zafarbek B&B** disposent d'accès internet.

L'office des postes et télégraphes, ouvert 24/24 h, se trouve à la rue Amir Timour 23, à côté du canal Okyop.

Argent

La Banque nationale d'Ouzbékistan, à la rue Najmiddin Koubro 11, est ouverte de 9 à 18 h, mais n'accepte pas les cartes de crédit. Un bureau de change se trouve dans l'aile gauche de l'hôtel Khiva, mais les changeurs privés sont nombreux dans la ville.

Achats

Khiva est réputée pour ses artisans sur bois qui fabriquent à peu près tout, de la petite étagère aux piliers sculptés, en passant par des boîtes à bijoux et des sièges massifs. Parmi les échoppes à l'intérieur d'Itchan Kala, cherchez celle de la famille Khasanbai, derrière la médersa Kazi Kalyan, où six frères forment une cinquantaines d'apprentis. Tout près se trouve le **Khiva Silk Carpet Workshop** soutenu par l'Unesco.

En dehors de la porte Ouest, le **musée de la sculpture sur bois**, dans Ousta Ota Palvanov, abrite également des artisans qui créent des tapis sur lesquels même l'effigie du président Karimov apparaît...

La **joaillerie** de Khiva est proposée un peu partout dans la vieille ville, tout comme les *tilpak* en karakoul ou les somptueux *tchorma* turkmènes.

A l'intérieur de la médersa Mohammed Rakhim Khan, à gauche de l'entrée, travaille l'excellent **tailleur Gulnara**; celui-ci réalise sur commande, en deux ou trois heures, les travaux que vous lui confierez. Dans le caravansérail Allah Kouli Khan, le magasin d'Etat Univermagi propose de tout un peu, du sucre candi aux parures de mariage, ainsi que des souvenirs à prix raisonnables.

Guides

Pour mieux profiter de vos visites, appelez l'excellente guide Khojamouratova Goulimkhan, tél. 375 40 75 et 375 41 08. Davran Bek, son mari, parle français et peut vous conduire à Ayaz Kala, dans le désert. Ou contactez Isak Ousmanov, tél. 376 11 86, à la porte Ouest.

OURGUENTCH (Urganch)

Ville soviétique plate et triste, Ourguentch souffre de tous les défauts de Tachkent, et ne possède que quelques-uns de ses rares charmes. Elle est cependant située au seuil du Khorezm, et accueille la plupart des voyageurs en groupes. Ceux qui ont le temps d'y flâner découvriront un marché très vivant et un foisonnement de nouveaux monuments qui remplacent les horreurs de l'ère soviétique. La statue de Lénine a disparu une nuit, en 1992, mais celle d'Abou Mohammed Ibn Mousa **Al-Khorezmi** (783-840) reste dressée devant l'hôtel Ourguentch. Ce génie mathématicien a donné son nom au terme « algorithme », qui désigne une suite de raisonnements ou d'opérations aboutissant à la solution de certains problèmes. Né près de Khiva, et descendant d'une famille de prêtres zoroastriens, il a ensuite suivi le calife à Bagdad. Il est l'auteur de travaux astronomiques importants, dont on pense qu'ils ont aidé Christophe Colomb à trouver le Nouveau Monde. Toute la ville est ornée de motifs inspirés par le coton, de l'architecture des blocs d'habitations à la forme des lampadaires ; la population entière envahit d'ailleurs les champs de coton voisins durant les mois d'automne, et pendant la même période, toutes les informations locales ne parlent que de coton.

INFORMATIONS PRATIQUES

Transport, communications, argent

Vu la distance (1050 km) entre Ourguentch et Tachkent, il peut valoir la peine de prendre l'avion. Trois vols quotidiens (50 $) relient les deux villes, et un vol hebdomadaire Ourguentch à Moscou, Andijan, et Mineralnye Vody, dans le Caucase russe. Mais aucun vol ne relie Boukhara ou Samarcande à Ourguentch.

L'aéroport d'Ourguentch, tél. 226 24 25, récemment rénové, se trouve un peu en dehors de la ville, au-delà des nouveaux monuments à la gloire de Al-Khorezmi Al-Berouni. Le trolleybus n° 2 relie l'aéroport à la ville, et à la porte Nord de la vieille ville de Khiva. Les taxis pour Khiva coûtent entre 3 et 5 $.

Le chemin de fer relie Noukous et Moscou, au nord, et Boukhara et Tachkent, au sud, mais les voitures peuvent être complètes plusieurs jours avant le départ. La nouvelle ligne de chemin de fer de Noukous à Uchquduq et Navoï, via Berouni et Tourtkoul, permet d'éviter le Turkménistan et la nécessité d'un visa de transit. Mais alors il faut prendre le train à Tourtkoul ! Se renseigner à la gare d'Ourguentch, tél. 226 20 04, et la gare routière, tél. 225 54 40, à l'extrémité sud de la rue Al-Khorezmi.

Les bus desservent la plupart des destinations, mais les distances peuvent être longues – 7 h de trajet pour Ourguentch–Boukhara (taxi collectif 8 $, minibus 5 $). Les taxis sont plus rapides, mais coûtent entre 35 et 50 $. Au début 2004, il n'y a toujours pas de bus à destination du Turkménistan. Des taxis collectif pour Noukous via Berouni coûtent 2,5 $.

Uzbekistan Airways, tél. 226 88 60 et 226 57 69, a ses bureaux à la rue Al-Khorezmi 28, au carrefour principal avec Al-Berouni. Le même bâtiment abrite les poste et télégraphe. Un cybercafé se cache à 200 m à l'ouest de l'hôtel Ourguentch.

La Banque nationale d'Ouzbékistan se trouve à la rue Pakhlavan Mahmoud 150; la banque Pakhta est installée en face de l'hôtel Jayhun.

Al-Khorezmi

Logement

Hôtel Khorezm Palace, rue Al-Berouni 2, tél. 226 54 08, fax 226 76 30. Transformé en trois-étoiles avec le soutien des Allemands, le Khorezm Palace propose piscine, sauna et tennis. Chambres entre 70 et 100 $.

Hôtel Jayhun, rue Al-Khorezmi 28, tél. 226 62 49, fax 226 08 09. Nouveau mais caverneux, il propose des chambres spacieuses bien équipées. Chambres de 38 à 56 $. Jayhun, qui signifie «vaseux», est le nom arabe de l'Oxus.

Hôtel Bahkt-Sayokhat, rue Samarcande 3, tél. 224 03 39, fax 224 05 15. Chambres acceptables pour 22 à 27 $.

Hôtel Ourguentch, rue Pakhlavan Mahmoud 27 (à côté de la statue d'Al-Khorezmi), tél. 226 20 22. Chambres petites et crasseuses, mais leur prix est attirant: 6-7 $.

B&B: voir l'agence **Lana-Tur**, rue Al-Khorezmi 27, tél. 226 46 58, lanatur@yandex.ru.

Nourriture

Le bazar à l'ouest d'Al-Khorezmi propose des denrées qui ne sont pas toujours de première fraîcheur, mais les *tchaïkhana* ne sont jamais très loin. Le restaurant **Istiklol** au nord de l'hôtel Jayhun, sur la rive sud du canal Charvat, est à recommander. L'aéroport dispose d'un bar à l'étage. Ou essayez le grand **Café Khorezm** à l'extérieur.

Agences de voyage

Ouzbektourisme, rue Al-Khorezmi 26, tél. 226 56 66, fax 226 76 30. On n'y parle ni français ni anglais, mais ils peuvent vous trouver un guide/chauffeur pour des excursions, notamment à la Réserve naturelle Badaï Tougaï, voir p. 330.

Lana Tur, rue Al-Khorezmi 27, tél. 226 46 58, lanatur@yandex.ru. Anciennement Gulnara, cette agence privée propose des B&B (20 $), des guides, des excursions dans le désert et des vols sur la mer d'Aral (1500 $ pour 10 pers. et 250 $ l'heure pour les autres sites). Rudiments d'anglais.

DANS LE DÉSERT

Aujourd'hui arides et écrasées par le soleil, les plaines du Khorezm étaient autrefois parsemées de marais, et nourissaient une forte population. Les bateaux y avaient leurs trajectoires, et les tigres leurs repères. La région s'est lentement asséchée alors que l'Amou Daria frayait encore son chemin vers la mer d'Aral vers l'an 2000 avant J.-C. Au VIe siècle av. J.-C., les Massagètes, de grands nomades scythes, y maintenaient leur emprise. C'étaient des archers montés qui pratiquaient une forme de polygamie et tuaient les personnes les plus âgées pour maintenir l'équilibre de la tribu. En 528 av. J.-C., leur plus fameuse victoire fut la mise à mort de l'empereur perse Cyrus le Grand.

L'évolution naturelle des cours des fleuves a nécessité la réalisation de canaux d'irrigation, contrôlés par les seigneurs féodaux ; ces systèmes étaient cependant vulnérables aux attaques des nomades et fragilisés par les guerres tribales. Privées d'eau, des villes se sont éteintes, abandonnant leur gloire et leur carcasse aux vents des sables. Avec le développement des circuits touristiques dans le désert, les sites à la lisière du Kyzyl Koum sont à nouveau accessibles, mais demeurent très fragiles... Soyez-en conscient lors de vos visites !

■ AYAZ KALA

Point de départ spectaculaire pour explorer le vieux Khorezm, Ayaz Kala compte trois forteresses en ruines. Des yourtes de nomades aménagées pour les besoins du tourisme, des feux de camp romantiques tentent de faire revivre le charme d'un site autrefois fertile.

La région a été l'une des premières au monde à pratiquer la viticulture. Preuve en sont les trois pressoirs qui ont été mis au jour lors de fouilles archéologiques dans la plus ancienne des forteresses. Douze statuettes en or ont par ailleurs été découvertes dans les ruines de la résidence de Ayaz Khan, un potentat local ayant vécu entre le IVe et le IIIe siècle av. J.-C. Elles se trouvent aujourd'hui au musée de l'Ermitage à Saint-Pétersbourg. Les ruines de

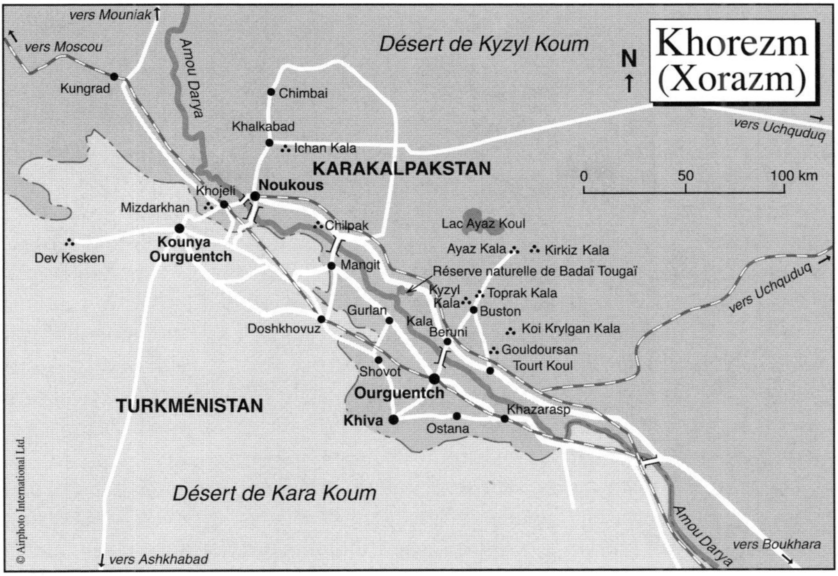

cette résidence se trouvent au pied d'une forteresse toujours existante, datant des IVe-VIIe siècles ap. J.-C., tout comme sa voisine bâtie sur une colline.

Le propriétaire des yourtes peut fournir des chameaux ou des chevaux pour une excursion au **lac Ayaz Koul** tout proche. Le camp se trouve à 7 km du village actuel d'Ayaz. La présence des nombreuses yourtes qu'on y aperçoit s'explique par le fait que la plupart de ses habitants sont des Kazaks. Au-delà du village se trouvent les ruines de **Koul Kala** et, à 12 km du camp, celles de **Kirkiz Kala** (quarante femmes), datant du IVe siècle av. J.-C. Ce lieu fait référence à une fameuse légende d'Asie centrale qui évoque une troupe de guerrières.

■ TOPRAK KALA

Sur la route entre Ourguentch et Ayaz Kala, les ruines de la forteresse la plus impressionnante et la plus systématiquement explorée de la région sont entourées par les monts du Sultan Vaïs. La citadelle s'est développée vers le Ier siècle av. J.-C., et a atteint son apogée vers le IIIe siècle comme capitale de la région sous les seigneurs kouchan, avant d'être supplantée par Kath en 305 ap. J.-C. Plus tard, la chute du règne kouchan et des Hephtalites a livré ces territoires aux attaques turques dévastatrices qui ont saccagé les canaux d'irrigation et entraîné la dépopulation de la ville au VIe siècle.

Immense, la citadelle royale domine la cité rectangulaire qui, dans ses fortifications de 350 mètres sur 500, témoigne de l'insécurité de la vie médiévale.

C'est son aspect général, sur un hectare et demi, qui lui donne sa puissance plutôt que les détails de construction, tels les nombreuses cours intérieures, les chambres et niches décoratives, ou encore les trois grandes tours à deux étages hautes de 25 mètres qui encadrent la structure. Les archéologues ont cependant identifié trois salles principales : la Salle des Rois, agrémentée de portraits royaux ; la Salle des Victoires, dans laquelle siège tout un panthéon comprenant même la déesse grecque Nikè ; et la Salle des Gardes noirs, ainsi dénommée pour ses portraits de gardes indiens recrutés dans l'armée khorezmienne.

Au sud, les salles composent les quartiers privés de la famille royale. Une armurerie se situait au sud-est. Des parchemins de cuir en calligraphie khorezmienne et des peintures murales représentant des roseaux, des tigres, des cœurs rouges stylisés, des griffons fantastiques et des couples dansants ont été retrouvés lors de fouilles par le professeur Tolstov, en 1938 ; ils ont été envoyés depuis au musée de l'Ermitage à Saint-Pétersbourg.

Les terres au sud de la citadelle comportaient douze vastes résidences claniques, abritant chacune une centaine d'âmes, reliées entre elles par des rues étroites. Aujourd'hui, seul le tertre central du temple dynastique d'adorateurs du feu a pu être localisé.

A cinq minutes de route vers l'ouest, se trouve la petite bourgade fortifiée sur deux niveaux de **Kyzyl Kala**.

■ KOÏ KRILGAN KALA

Le fort des Béliers morts, autre témoin fascinant de l'architecture sophistiquée des Anciens, se situe à quelque 30 kilomètres au sud-est de Toprak Kala et se rejoint plus facilement depuis la ville de Tourt Koul.

Les deux cercles parfaitement concentriques de 42 et 87 mètres de diamètres qui le composent sont surprenants. Sa citadelle interne, qui servait à l'origine de sépulture pour les seigneurs du Khorezm, puis d'abri pour des cultes rituels, et encore de base pour l'observation des étoiles, forme un tambour de 10 mètres de haut au-dessus d'une cour centrale entourée de six salles. Entre les fortifications intérieures et extérieures, les chambres des serviteurs et des artisans se répartissent en étoile entre les neuf tours de défense de la cité. Une vue aérienne serait la meilleure façon d'apprécier le site.

Des fouilles ont mis au jour des ossuaires, des cornes à boire, des coiffes scythes et des épigraphes khorezmiens en écriture araméenne. Elles ont aussi établi que le lieu, centre dynastique, a été habité du IVe siècle avant J.-C. au IVe siècle de notre ère.

Dans la région se trouvent également les fortifications gigantesques de **Katta** (grand) **Gouldoursan** (entre Tourt Koul et Ayaz Kala, 20 km au sud de Boustan). Cette citadelle remonte probablement au IVe siècle av. J.-C. Son nom rappelle la légende de la princesse Gouldoursan qui, amoureuse d'un chef ennemi, a trahi son peuple en lui ouvrant les portes de la ville. Mais elle fut à son tour rejetée et toute la population fut massacrée. Plus réelle fut la destruction de cette citadelle par les Mongols, en 1221.

L'imposant autel zoroastrien de **Chilpak Kala** se dresse sur la rive droite de l'Amou Daria, entre Manguit et Noukous. Parmi les autres forts isolés, mentionnons ceux de Djanbas Kala, Yakké Parsan et Djampik Kala, une forteresse du Ier siècle, sur les contreforts de la réserve Badaï Tougaï, près de Koratov, qu'un sculpteur ouzbek espère restaurer.

AGENCES DE VOYAGES SPÉCIALISÉES POUR LE DÉSERT

Ayaz-Kala Tour, rue Ghofur Gulom, Ellikqala, Boston City, Karakalpakstan, tél. 585 19 98, fax 532 43 61, ayazkala@newmail.ru. Pionniers du tourisme dans le désert, gèrent également les yourtes de Ayaz Kala. Téléphoner à l'avance les réservations dans les yourtes à Ayaz Kala, 25 $ par pers., trois repas compris. Ou s'adresser à l'agence Tourtkoul Travel, dans la ville de Tourtkoul (Tortkol), tél. 532 43 61.

Tasnim, rue Ragabiy 64, Tachkent, tél. 139 56 47. Joint-venture américano-ouzbek, qui offre également des circuits pour Ayaz Kala et les vingt autres forteresses de la région de Ellik-Kala (Ellikqala). Ellik signifie «cinquante» et évoque les nombreuses variations du cour de l'Amou Daria.

UNE EXCURSION AU TURKMÉNISTAN :

KOUNIA OURGUENTCH (Gourgandj)

Les ruines étonnantes et silencieuses de l'ancienne capitale du Khorezm, dans la république voisine du Turkménistan, peuvent se visiter en excursion à partir d'Ourguentch ou de Noukous.

Histoire

Entre métropole culturelle et bourgade isolée dans le désert, Gourgandj a balancé dans l'histoire: trois fois dévastée par l'invasion d'empires nomades, elle se releva trois fois de ses cendres. La cité fleurissait, sombrait, et bourgeonnait à nouveau.

Les origines de Gourgandj ne sont mentionnées que dans les lointaines annales des ambassadeurs chinois, mais nous savons que le Khorezm a sollicité les forces arabes pour l'aider à mettre fin à la guerre civile qui le déchirait. Gourgandj était l'une des trois plus grandes cité du Khorezm, soumise au khorezmchah afraghide régnant à Kath (ou Al-Fir). Pendant que Kath déclinait suite à l'intervention des Arabes, sa rivale, Gourgandj, prospérait grâce au développement des routes caravanières avec les Khazars et les Bulgares de la Volga. Une délégation khorezmienne se rendit même à la cour royale de Kiev, dans le vain espoir de convaincre son prince des avantages incontestables de l'islam en tant que religion d'Etat. Dès qu'il apprit que la conversion impliquait non seulement la circoncision, mais également la privation d'alcool, le prince déclina l'offre pour conserver sa foi orthodoxe. En 995, l'émir Mamoun de Gourgandj renversa les Afraghides, assassina le khorezmchah et regroupa les oasis sous l'autorité de sa nouvelle capitale.

Durant les vingt-trois ans de règne de Mamoun et de son fils Mamoun II (999-1017), Gourgandj développa une académie qui bénéficia de l'érudition de savants comme al-Berouni et ibn-Sina, et vit s'accroître son pouvoir commercial et sa puissance politique, et s'épanouir son rayonnement culturel. La cité se développa dans un tourbillon cosmopolite de commerçants des quatre horizons, de missionnaires derviches et même de chrétiens melkites et nestoriens. Les melons gelés du Turkestan étaient célèbres dans tout le monde islamique, expédiés dans des boîtes remplies de glace pilée jusqu'à la cour de Bagdad.

En 1017, Mamoun II fut assassiné par des patriotes opposés à la soumission de leur souverain face à un empire gaznévide de plus en plus puissant. Ce coup de force ne fit que précipiter l'annexion gaznévide et seldjoukide. Au milieu du XIIe siècle, la nouvelle dynastie des khorezmchah se dégagea du «joug» seldjoukide, et les projecteurs de l'histoire se braquèrent à nouveau sur la cité. Sous le règne de Tekech (1172-1200) et de son fils Mohammed II (1200-1220), le renouveau de Gourgandj permit des conquêtes territoriales de l'Afghanistan à l'Irak et à l'Azerbaïdjan. L'historien mongol Djuvaïni décrivit la cité pré-mongole: «Khorezm était le lieu de résidence des gloires de l'humanité, ses environs composaient l'écrin des raretés de l'époque, ses maisons étaient resplendissantes d'idées nobles en tout genre.»

En 1219, le khorezmchah commit une grave erreur. Genghis Khan lui ayant proposé de devenir «l'un de ses meilleurs fils», il ordonna dans sa colère le massacre d'une caravane mongole de 500 chameaux dans la ville voisine d'Otrar, ainsi que la confiscation d'un lingot d'or «aussi gros que la bosse d'un chameau». Dans une rare manifestation de diplomatie mongole, trois émissaires furent envoyés à travers les steppes pour réclamer la tête du gouverneur d'Otrar, Inalchiq, mais la réponse sans équivoque de Gourgandj fut de tuer l'un et de brûler la barbe des deux autres. Suite à un tel déshonneur, la fureur de Genghis, alors portée sur l'Inde, se retourna sur l'Asie centrale: en deux ans, Otrar, Boukhara et Samarcande tombèrent, et les ténèbres enveloppèrent Gourgandj. Mohammed réussit à s'échapper, mais fut poursuivi sans relâche, pour finalement mourir sur une île de la mer Caspienne. La vengeance fut terrible. De l'argent en fusion fut versé dans les yeux du gouverneur d'Otrar. La population de Gourgandj fut chassée, et chaque soldat reçut l'ordre de tuer 24 habitants. La digue protégeant la ville fut détruite et la cité dévastée par l'Oxus. « Gourgandj devint la demeure du chacal et le repaire du hibou et du milan. » (Djouvaïni)

La ville se releva encore, grâce au commerce florissant dans les territoires de la Horde d'Or et, en 1336, elle était devenue « la plus grande, la plus éminente, la plus belle et la plus influente ville turque », une cité qui « vibre sous le poids de sa population ». Décrivant Gourgandj, ibn-Battouta la dit « si active qu'il était difficile de s'y frayer un chemin dans la cohue ; ceux qui ne se rendaient pas à la mosquée du Vendredi étaient châtiés publiquement et devaient s'acquitter d'une amende de cinq dinars [...] les bateaux [de la cité] sillonnaient l'Oxus jusqu'à Termez ».

Le vide du pouvoir laissé par les Hordes affaiblies fut comblé par la dynastie soufie, qui cependant porta ombrage à l'empire de Tamerlan. En 1379, ce dernier assaillit Gourgandj ; la légende raconte que l'agresseur proposa au seigneur assiégé et affamé une sélection des premiers melons de la saison, tout juste arrivés de Termez. Le khan les jeta rageusement dans les douves, laissant le plateau doré au gardien de la porte... la bataille s'engagea alors. En 1388, Tamerlan ordonna la destruction définitive de la ville ; de l'orge fut semé sur les ruines incendiées et les artisans de la cité furent asservis pour devenir esclaves à Samarcande. Gourgandj ne s'est jamais vraiment remise de cette débâcle, et sa poignée d'habitants a finalement été déplacée à Khiva par Abdoul Gazi Khan au XVIIe siècle.

■ À VOIR

La plupart des sites, disséminés dans la plaine brûlante, donnent l'impression que les troupes de Timour viennent à peine de quitter le champ de bataille.

Depuis le nord, le premier monument rencontré est le **mausolée Tourabeg Khanoum**, construit en 1370 et unique en son genre ; il célèbre la princesse Tourabeg, fille du khan ouzbek de la Horde d'Or et épouse de Koutloug Timour. La pièce centrale hexagonale donne sur un espace de transition à 12 côtés et sur un tambour de 24 fenêtres et de 12 mètres de diamètre. L'intérieur de la coupole montre une voie lactée de céramiques non encore restaurées. Les rosettes extérieures de bleus, jaunes et bruns témoignent d'un passé cosmopolite. La salle du nord renferme le caveau de la dynastie soufie de Gourgandj.

Sur la route, après le *mazar* Sayid Akhmed (XIXe siècle) restauré, se dresse le **minaret Koutloug Timour** (1320-1330) haut de 62 mètres, le plus colossal d'Asie centrale. La tour cylindrique, de 143 marches, aurait été bâtie de l'intérieur. Le sommet comporte une plateforme externe en bois d'où devait parvenir, très affaibli, l'appel à la prière. Le minaret est entouré par les restes d'un four et d'un *sardoba*: l'eau et le feu nécessaires à la production des céramiques locales.

Les carreaux bleus du **mausolée du Sultan Tekesh** (1200) s'étalent sur seize faces pour honorer la mémoire de l'un des plus grands chefs de l'Age d'Or de Gourgandj. L'édifice, appelé Charif Cheikh, abritait autrefois une bibliothèque et un collège d'Etat.

La sainte **colline des Quarante Mollahs** aurait abrité l'Académie des Sciences de Mamoun, qui a accueilli ibn-Sina et al-Berouni. L'esprit de résistance le plus déterminé qui fut opposé à l'envahisseur mongol valut aux assaillis un châtiment d'autant plus sanglant. Des squelettes de suppliciés sont encore visibles, ajoutant une dimension tragique aux vestiges de la ville saccagée.

A Kounia Ourguentch, une victime des Mongols?

Le **tombeau Fakhr-ad-din Razi** ou **Il Arslan**, aux douze côtés, tire son nom, suivant les sources, soit du père du sultan Tekesh qui a dominé Gourgandj de 1156 à 1172, soit du savant Razi. Pour réaliser l'ornement remarquable de la face orientale du tombeau, on a fabriqué des briques, qui ont été couvertes d'argile et sculptées avant cuisson, puis seulement après assemblées.

Au sud de cette sépulture se trouve le **minaret Mamoun II** dont le socle est demeuré ancré au sol comme une souche d'arbre que les Mongols n'auraient pas réussi à déraciner. L'édifice avait été financé par le khorezmchah Mamoun lui-même «en soumission à la religion, pour approcher Dieu, que son nom soit grand, avec le désir d'une récompense dans ce monde et le suivant», comme le précise une inscription déchiffrée, grâce aux tessons de céramique, en 1952. Elle a permis de dater l'édifice pré-mongol et la mosquée du Vendredi à l'année 1011. On avance aussi qu'al-Berouni, à l'époque vizir, aurait influencé la construction du minaret avec l'intention de l'utiliser comme tour d'observation astronomique.

Plus au sud se situe le portail du **caravansérail Tach Kala**, monument de la ville déplacée au XVIe siècle; au sud-est, la forteresse **Al Kala**, du XIIIe siècle, a résisté à la machine de guerre mongole et, à l'est, se trouve la sainte et populaire sépulture de Divan-i-Bourkh.

Dans la cité turkmène moderne, les **mausolées** jumeaux **Nadjmaddin Koubra** (1321-1333) et **Sultan Ali** (1580) sont séparés par la silhouette sacrée d'un arbre *karaman*.

Les céramiques et inscriptions à motifs floraux et *girikh*, en outremer, s'inscrivent parmi les plus belles d'Asie centrale. Koubra (1145-1221) est un personnage important dans le développement intellectuel du soufisme et le fondateur de la confrérie de derviches koubrawiya. Né à Khievak en 1145, il a beaucoup voyagé, notamment en Egypte, a étudié à Tabriz et s'est installé à Gourgandj. Ce martyr musulman a été assassiné en menant la *djihad* contre les forces mongoles, après avoir décidé ne pas rendre la ville invisible à l'ennemi. Il est célèbre pour avoir fait remarquer que le «ah» dans «Allah» forme le même son que celui que nous produisons à chaque respiration. Le khorezm-chah Sultan Ali était, quant à lui, le dirigeant de Gourgandj au XVIe siècle.

Le modeste tombeau de Piryar Vali abriterait la dépouille du père de Pakhlavan Mahmoud, et la mosquée et la médersa Tach (1903-1908), toutes deux proches, sont occupées par un musée local.

■ DANS LES ENVIRONS

A une cinquantaine de kilomètres à l'ouest, le long de l'ancienne et légendaire route de l'Oxus, la cité en ruine de **Dev Kesken** faisait partie du cercle des villes riches installées sur l'extrémité sud du plateau d'Oust-Ourt, le long de la route commerciale vers la Russie.

INFORMATIONS PRATIQUES

Visas

Les excursions d'un jour sans visa depuis Ourguentch/Khiva ne sont désormais plus possibles. Pour le passage de la frontière de la république du Turkménistan, un visa est toujours obligatoire. Le plus aisé est de le demander à Tachkent par l'intermédiaire d'une agence de voyage, et prévoir un visa à entrée multiple pour le retour en Ouzbékistan. Si vous souhaitez traverser la frontière à Shavat (Shobot), non loin de Khiva, pour vous rendre à Kounia Ourguentch, via Dochkhovouz, une autorisation spéciale sera nécessaire, et délivrée par Ouzbektourisme et à la frontière. Il peut s'avérer plus aisé de sortir par Noukous et Khodjeli (Xojayli); demandez conseil auprès des professionnels du tourisme.

Transports

Aucun transport public ne traverse la frontière vers le Turkménistan. Une voiture et un chauffeur peuvent se louer pour 80 $ la journée auprès d'Ouzbektourisme, mais il est moins onéreux de convenir d'un prix avec un chauffeur de taxi local, en négociant avant le départ les coûts supplémentaires concernant l'essence, les amendes et les détours éventuels. Il n'est pas difficile d'organiser une telle visite depuis Khiva, mais il est indispensable de partir tôt.

La devise turkmène est le *manat*, mais les sums ouzbeks sont généralement acceptés. Les hôtels de Kounia Ourguentch (hôtel Gurgench sur Gurgench Dhayoli, à l'ouest de la gare routière, 6$), Dachkovouz et Khodjeli peuvent dépanner dans les cas d'extrême nécessité.

NOUKOUS (Nokis)

Des rues lugubres et sans âme quadrillent cette ville morne, dépourvue de centre, et se perdent dans les banlieues. Les interminables champs de coton, ponctués ici et là par l'apparition de chameaux déambulant entre des pâtés de maisons à l'abandon, entourent la capitale du Karakalpakstan. République autonome à l'intérieur de l'Ouzbékistan, le Karakalpakstan est largement dominé par l'islam.

Les **Karakalpaks** (Chapeaux noirs), dont l'ethnie constitue la raison d'être de la république, sont des Turcs dont la langue, les traditions et la structure clanique sont plus proches des Kazakhs que des Ouzbeks, et dont la physionomie s'apparente plus aux nomades mongols qu'aux Perses sédentaires. Leurs terres ancestrales se trouvaient centrées entre les fleuves Volga et Syr Daria, au nord de la mer d'Aral, mais ils furent progressivement poussés vers le sud-ouest, dans le delta de l'Amou Daria, par les attaques incessantes des Kazakhs, vers la fin du XVIIIe siècle. Le traité d'amitié qu'ils signèrent avec l'ambassadeur de Pierre le Grand en 1722 ne signifiait pas grand-chose dans ces nouveaux territoires, et ils devinrent des sujets désabusés et indisciplinés des khans de Koungrat, puis plus tard de Khiva. En 1827, la rébellion karakalpak assiégea momentanément la ville de Koungrat, avant d'être réprimée dans le sang par le pouvoir de Khiva. En 1873, les terres karakalpaks furent cédées à la Russie et soumises à différents statuts: région autonome de la république Kazakh (1925), région autonome de la Fédération de Russie (1930), république autonome de plein droit (1932), puis république autonome de la République d'Ouzbékistan (1936). En ces temps d'affirmation ethnique, le statut de la république reste ambigu, mais dans la pratique le statut d'autonomie implique des enjeux qui vont au-delà du seul drapeau national et de la gestion de la chaîne de télévision. Environ 30% de la population sont des Karakalpaks, 30% des Ouzbeks et 30% des Turkmènes. Les Russes, descendant principalement de pêcheurs cosaques, ne sont que 2% et, pour la plupart, quittent la région.

Le territoire est actuellement confronté à des problèmes écologique des plus alarmants.

■ À VOIR

L'intérêt de la ville même est assez limité, tant pour les touristes que pour les habitants, mais la cité constitue un bon point de départ pour des excursions à la mer d'Aral et à Kounia Ourguentch. Sur place, cependant, ses trois musées combinés sont incontournables.

Le **musée d'Etat karakalpak**, au croisement des rues Karakalpakstan et Moustakillik, fait une présentation variée de la région. La première salle est axée sur l'histoire naturelle, les espèces disparues ou en voie d'extinction, avec des cartes-satellite de la mer d'Aral de 1957 à 1988. On peut voir les animaux empaillés qui habitaient autrefois les marais et les roselières du delta de l'Oxus et le désert de pierre du plateau d'Oust-Ourt, ainsi que le dernier tigre du Touran, capturé et empaillé en 1972. Des maquettes de Toprak et de Koï Krilgan Kala s'alignent dans la pièce suivante, ainsi que des photographies des expéditions à dos de chameau de Tolstov, l'air intrépide, dans les déserts alentour. Derrière l'armurerie karakalpak sont alignés des roubles du Turkestan, des billets de Boukhara et des devises soviétiques au blason «Prolétaires de tous pays, unissez-vous» rédigé en sept langues. Sont également exposés de beaux échantillons de vêtements et de bijoux karakalpaks et turkmènes, supports de l'expression artistique traditionnelle et de la créativité nomade.

Toprak Kala, la citadelle du désert, dans le Karakalpakstan

A l'extérieur, à quelques centaines mètres à gauche, se cache le **musée des Arts appliqués**, où d'autres spécimens d'étoffes, de costumes traditionnels et de bijoux en argent témoignent d'une tradition culturelle singulière.

La **galerie d'art Igor Savitsky** accueille l'une des plus belles collections de l'avant-garde soviétique des années 20 et 30 ; une période de relative liberté artistique avait prévalu, avant que le pouvoir ne change de politique, au milieu des années 30, pour ne plus tolérer que le réalisme socialiste comme seule forme d'art soviétique. L'isolement et l'éloignement de Noukous ont permis à Savitsky de réunir un grand éventail d'œuvres, de l'art populaire local aux icônes russes, à une époque où les musées les plus célébrés de Moscou et de Saint-Pétersbourg avaient idéologiquement les mains liées. La galerie détient actuellement quelque 80 000 pièces, de l'art khorezmien de Toprak Kala au cubisme karakalpak, que la sympathique directrice Marinika Babnazarova – qui parle anglais – peut replacer dans leur contexte précis (rashkhal@miras.nukus.silk.org). Entrée 4 $, guide anglophone 3 $, fermé le dimanche. Cafétéria et boutique, on y trouve aussi guides et moyens de transport pour la mer d'Aral. Tél. (61) 222 25 56, http://webcenter.ru/~museum/.

Pour les anglophones, le **Centre Progress English School**, 31 rue Outepova, à dix minutes de marche au sud-est de l'hôtel Tachkent, tél. (6122) 724 59, peut faire l'objet d'une visite sympathique, permettant de rencontrer de jeunes et brillants Karakalpaks, un interprète, ou de simplement partager une tasse de thé.

Face au Théâtre de Noukous, une statue honore Berdatchi (1827-1900), le plus grand poète et homme d'Etat karakalpak.

INFORMATIONS PRATIQUES

Transports

Deux vols par jour desservent Tachkent (75 $). La nouvelle ligne ferroviaire Noukous-Uchquduq-Navoï, qui évite le Turkménistan, est en service. Deux trains par semaine partent pour Tachkent (lundi et jeudi à 8 h 10). Les bus locaux de et vers Khodjeli, Mouniak et Berouni partent de la gare routière du Sud (bus n° 1 ou 6), à côté de la gare ferroviaire, tout comme le bus de 15 h pour Ourguentch, Boukhara et Samarcande. Les bus vers Khalkabad et Chimbaï partent de la gare du Nord-Est.

UDASA (Union for the Defence of the Aral Sea and Amu-Darya), 41, Prospekt Berdakha, 8e étage, tél. 224 06 16, udasa@nukus.freenet.uz, www.udasa.org. Cette organisation fournit des renseignements pour la visite de la région de la mer d'Aral.

Logement

Hôtel Tachkent, av. Berdatchi 59, tél. 227 32 59. Le siège de Karakalpak-tourisme a connu des jours meilleurs. Chambres 10 à 20 $.

Hôtel Noukous, rue Karakalpakstan, tél. 222 89 41. Récemment rénové, avec des lits à 10 $, mais il peut arriver qu'on demande au voyageur individuel le prix des trois lits de la chambre...

Logement chez l'habitant. Le musée de Noukous peut établir le contact avec des particuliers qui offrent un tel logement.

Nourriture

A 400 mètres au nord de l'hôtel Tachkent, le bazar abrite plusieurs cafés-restaurants simples. Essayez aussi le **restaurant Impérial** au centre de la ville, tél. 223 10 88, le restaurant de l'**hôtel Noukous** ou l'un des nombreux coréens.

Santé

Si vous prévoyez de travailler ou de rester plus longtemps au Karakalpakstan, il peut s'avérer utile d'investir dans un filtre à eau et de consulter la clinique des Nations-Unies de Tachkent pour les précautions sanitaires à observer.

LES ENVIRONS DE NOUKOUS

Tout autour de Noukous, l'Amou Daria est canalisé, détourné, et étranglé dans un dédale de canaux, de lacs et de barrages hydrauliques, dont le plus impressionnant est **Takiatach**, à 12 kilomètres au sud-ouest de Noukous. Le courant électrique qu'il produit, autrefois soviétique, était affecté au Turkménistan; mais le barrage est aujourd'hui en territoire ouzbek, ce qui ajoute quelques difficultés au règlement du contentieux entre les deux républiques.

A quelque 15 kilomètres à l'ouest de Noukous et à 4 kilomètres de Khodjeli, sur la route de Kounia Ourguentch, se trouvent les lieux sacrés de **Mizdarkhan** et **Yousoup Itchan**. Ces deux gigantesques nécropoles alignent plusieurs milliers de tombes sur les deux seules collines à l'horizon. Le plus grand des deux sites, Mizdarkhan, constituait jadis un important centre d'artisanat sur la route de Gourgandj, jusqu'à sa destruction par un Tamerlan en marche vers Gourgandj.

Le nom populaire du cimetière, Mazloum Khan Slou, vient du mausolée restauré et des bains du même nom, habilement bâtis en sous-sol au début du XIVe siècle. En écho à la tragédie shakespearienne, la belle (*slou*) Mazloum Khan, fille du *hakkim* de la cité disparue, est décédée pour avoir aimé le *hak-*

kim de la ville rivale de Yousoup Itchan. Les autres sépultures comprennent le sarcophage aux sept coupoles, long de 25 mètres, du géant Chamoun Nabi, dont la légende raconte qu'il grandit d'un pouce par an durant plusieurs siècles ; la stèle délabrée du calife Yedjereb (XIe siècle) ; et la colline sainte de Djoumourat Khasap, où ont été découvertes des pièces de monnaie khorezmiennes et mongoles. Près du cimetière se trouve l'ancienne cité fortifiée de Gaur Kala et le cimetière de Yousoup Itchan.

A la lisière orientale de Khalkabad, à 40 minutes de Noukous, se trouvent les ruines vieilles de cent cinquante ans du village féodal pétrifié d'**Ichan Kala** (forteresse des Anciens) : remparts de la citadelle, hauts de 10 mètres, mosquée du Vendredi et sépulture sacrée du soufi Ata Oula Ichan. Le vendredi, les abords de la mosquée avoisinante sont envahis de costumes turkmènes colorés, et l'hospitalité du lieu permet de partager un *plov* en bonne compagnie.

A quelque 90 kilomètres au sud-est de Noukous, la **réserve naturelle Badaï Tougaï** (entrée 6 $) protège les espèces menacées. Des agences organisent des circuits qui permettent de découvrir la faune et la flore, telle la « forêt Tougaï », une espèce de jungle qui a pratiquement disparu de la région. Parmi la faune, notons le cerf de Boukhara, une des espèces les plus rares du monde, avec moins de 120 individus, ou le poisson-chat *(lakka)* de l'Amou Daria, qui atteint jusqu'à 2 m de longueur et 120 kg.

MOUNIAK (Moynoq en ouzbek, et Mojnak en karakalpak) ET LA MER D'ARAL (Orol Dengizi)

Dans l'un des lieux les plus désolés de l'ancienne Union soviétique se cache une réalité consternante : la disparition apparemment inéluctable, en l'espace de deux générations, de la mer d'Aral, auparavant la quatrième mer intérieure du monde. Le port de Mouniak, désormais au milieu des terres, témoigne de ce désastre et, tout comme Tchernobyl et Semipalatinsk, accuse en silence la gestion suicidaire au point de vue écologique des édiles de la période soviétique.

Mouniak fut le plus grand port de la mer d'Aral, où une grande partie de la pêche était traitée et mise en conserve. En 1921, une grave famine sévissait dans la région de la Volga ; Lénine appela la flotte de la mer d'Aral à l'aide et, en quelques jours, 21 000 tonnes de poissons furent acheminées, sauvant des milliers de Russes. Aujourd'hui, victime de la folie des Soviétiques, Mouniak vit un vrai cauchemar, entre mares stagnantes et usines désertées. Aucun poisson ne peut plus survivre dans la mer, 10 000 pêcheurs ont perdu leur emploi, et Mouniak sa raison d'être. Le seul intérêt d'une visite est bien macabre : être le témoin de cette lente agonie. Des bâteaux de pêche à l'abandon, aux amarres rouillées, gisent sur la crête d'une dune, à une centaine de kilomètres du littoral.

Victime de l'assèchement de la mer d'Aral, un navire échoué à Mouniak

La ville a créé un petit **musée** (photos et peinture, fermé le dimanche) sur la mer d'Aral avant son agonie.

Pour visiter le **cimetière des bateaux**, depuis la gare routière, dirigez-vous d'abord vers le nord à travers la ville sur deux kilomètres, puis marchez vers le nord-est sur le sol blanc craquant de sel et de coquillages, en direction de la grande fabrique de boîtes de conserve.

INFORMATIONS PRATIQUES

Si Mouniak était naguère une cité interdite, des papiers en règle sont aujourd'hui nécessaires pour éviter les tracas. Ouzbektourisme peut aussi fournir le moyen de transport, et un circuit aérien au-dessus de la mer peut être organisé à l'aéroport de Noukous, d'Ourguentch ou de Tachkent. Des bus publics quittent Noukous deux fois par jour pour un trajet de trois à quatre heures. Les excursions journalières à partir de Noukous sont plus commodes avec un moyen de transport particulier ; à défaut, le rudimentaire hôtel Oybek, à quatre kilomètres au nord de la ville, propose des logements pour 5 à 9 $.

LA MER QUI FUIT SES RIVES

La mer d'Aral n'existe bientôt plus. L'Amou Daria et le Syr Daria, les deux fleuves qui compensaient les 60 km^3 d'eau qui s'évaporaient chaque année de la mer d'Aral, ne l'atteignent plus, absorbés qu'ils sont par les quotas imposés d'une monoculture de coton et d'une économie planifiée. Le niveau de la mer baisse d'un mètre par an, et le cocktail chimique des pesticides et des défoliants déversés dans les champs de coton se concentre sur des milliers de kilomètres pour se déposer en croûte sur les rives asséchées. En trente ans, la superficie de la mer a diminué de moitié et son volume de trois quarts. L'île située au milieu de la mer est désormais reliée aux rives par des langues de terre qui la séparent en deux parties, septentrionale et méridionale. D'anciennes légendes faisaient état d'un château hanté sur cette île d'où l'on ne revenait pas, et où des dragons gardaient des trésors entourés de sables mouvants ardents. A l'époque soviétique, l'île s'est révélée tout aussi dangereuse, puisqu'elle abritait des bases secrètes destinées aux tests d'armes biologiques.

La mer d'Aral n'est pas un problème local. A cheval sur le Kazakhstan et l'Ouzbékistan, la mer d'Aral est alimentée par des fleuves qui prennent leurs sources dans les glaciers du Kirghizistan et du Tadjikistan. Pour alimenter en eau le Turkménistan, une partie de l'Amou Daria, un des fleuves tributaires, est détournée, privant d'autant la mer, et aggravant encore le déficit dû, on l'a vu, aux cultures de coton. Les tempêtes de sable, elles, emportent des milliers de tonnes de sels toxiques – les larmes sèches de la mer d'Aral – dans l'atmosphère pour les disperser sur des distances énormes, jusqu'à la vallée du Ferghana, jusqu'en Géorgie et même jusque sur la côte arctique. La mer, en se rétrécissant, ne tempère plus le climat continental extrême de cette vaste région. Les étés deviennent plus chauds, les hivers plus froids, et les récoltes de coton chutent en flèche.

La Russie est intrinsèquement liée tant aux problèmes qu'aux solutions, surtout depuis que la crise a pris une dimension ethnique et ravive des rancœurs liées à l'exploitation russe et à l'obsession soviétique de dominer à tout prix les forces de la nature.

Y a-t-il une solution pour la mer d'Aral? En 1987, le Politburo a finalement enterré son plan visant à détourner les eaux de deux fleuves sibériens pour stabiliser le niveau de la mer. En 1994, puis en 1995, les gouvernants des cinq Etats d'Asie centrale se sont réunis dans une conférence désormais annuelle afin d'établir un plan de secours cohérent, mais aucun d'entre eux ne peut se permettre de réduire la production de coton, pas plus qu'il n'a les fonds nécessaires pour trouver une solution au problème de la gestion des eaux. De théoriques espoirs s'accrochent à un pipe-line partant de la mer Caspienne, à la plantation de végétation sur les rives de la mer d'Aral pour ralentir l'érosion, voire à un plan visant à provoquer artificiellement des pluies dans le bassin de la mer d'Aral. En 1868 déjà, Eugène Schuyler constatait le déclin de cette mer. Plus d'un siècle plus tard, le seul espoir pour la mer d'Aral ne peut résider que dans la victoire improbable de la nature : ce que l'homme a engendré, la nature est seule aujourd'hui à pouvoir le corriger...

La mer d'Aral en chiffres (1960-1992)

Niveau de la mer : de 53,4 m à 36,9 m

Superficie de la mer : de 67 388 km^2 à 33 300 km^2

Volume : de 1092,4 km^3 à 290 km^3

Une superficie de 33 000 km^2 de fonds marins a jusqu'ici été mise à nu, 10 millions d'hectares de pâturage ont été perdus, et le désert s'est étendu de 30% ces quinze à vingt dernières années.

Le taux des personnes atteintes d'anémie est le plus élevé du monde, tout comme de la tuberculose (2000 résidents de la région en meurent chaque année). Les enfants présentent de nombreuses maladies immunologiques et neurologiques, dont des malformations prénatales et des cancers.

Le nombre des espèces de mammifères relevé dans la région de la mer d'Aral est passé de 70 à 30.

Le nombre des espèces d'oiseaux a chuté de 319 à 168.

L'ensemble des 24 espèces de poissons a disparu.

La salinité de l'eau a triplé entre 1960 et 1987.

L'écart des températures minimales et maximales s'est accru, ce qui augmente encore le taux d'évaporation.

Le niveau de la mer d'Aral descend d'un mètre par an.

LANGUES : L'OUZBEK ET LE RUSSE

Les migrations successives au cours de l'histoire ont créé en Asie centrale un véritable kaléidoscope linguistique. D'une manière générale, les langues des anciennes républiques soviétiques se répartissent en deux groupes. D'un côté, l'ouzbek, le kazakh, le kirghiz et le turkmène, langues turciques de même famille, sont proches du turc. La pratique de l'une d'entre elles permet, dans l'ensemble, de comprendre les autres, et de se faire entendre d'une personne qui en parle une autre. D'autre part, le tadjik est une langue persane proche de celles parlées aujourd'hui en Iran ou en Afghanistan. Toutes ces langues ont officiellement remplacé le russe dans leurs pays respectifs et les gouvernements se sont engagés en 1993 à remplacer l'alphabet cyrillique par la version turque de l'alphabet latin. Cependant, l'alphabet cyrillique est toujours couramment utilisé et quasiment tout le monde parle russe, bon gré mal gré. En revanche, très rares sont les Russes établis en Asie centrale qui pratiquent l'une ou l'autre de ces langues. Le russe reste donc la seule *lingua franca* de l'ancienne Asie centrale soviétique. Dans la plupart des agences de voyages, une personne au moins parle l'anglais et de nombreux étudiants en anglais se présenteront à vous dans l'intention de le pratiquer. Ajoutez à cela que les mosquées, en réintroduisant le Coran, contribuent à la diffusion de l'écriture arabe, et vous serez assuré de rencontrer en voyage plusieurs systèmes d'écriture et toutes les variantes possibles de transcription de l'une dans l'autre, éventuellement via une troisième. Ne sous-estimez donc pas l'importance d'apprendre, avant de partir, au moins l'alphabet cyrillique et quelques rudiments de russe, de même bien entendu que quelques formules universelles de politesse en ouzbek.

Ouvrages utiles pour le voyageur individuel :

AWDE, N., *Uzbek-English Dictionary.* Hippocrene 2002.

DONIYOROVA, Saodat, *Parlons ouzbek,* L'Harmattan, Paris, 2001 (cassettes audio en option).

RUDELSON, Justin Jon, *Central Asia Phrasebook, Languages of the Silk Road*, Lonely Planet, 1998

Une méthode de langue ouzbèke avec CDs est proposée par le Ngo Cafe, 10, rue Minglar, Tachkent, tél. 120 67 57, cafe@cafengo.org., www.cafengo.org.

CARACTÈRE	TRANSCRIPTION	PRONONCIATION APPROXIMATIVE
Аа	a	
Бб	b	
Вв	v	
Гг	g	
Дд	d	
Ее	ié	
Ёё	io	cette lettre est toujours accentuée
Жж	j	
Зз	z	
Ии	i	
Йй	ï	souvent après i, comme dans «fille»
Кк	k	
Лл	l	un peu «pâteux», comme en anglais, devant a, o, y, è ; comme en français devant ié, io, i, iou, ia
Мм	m	
Нн	n	
Оо	o	accentué, comme dans «pot»; avant l'accent tonique, comme le a de «avant»; après l'accent, eu comme dans «fleur»
Пп	p	
Рр	r	roulé sur les dents
Сс	s	
Тт	t	
Уу	ou	
Фф	f	
Хх	kh	comme le ch de «Bach»
Цц	ts	comme dans «tsar»
Чч	tch	comme dans «ciao»
Шш	ch	comme dans «chat»
Щщ	chtch	comme c'est écrit…
Ъъ		signe dur, pas de son; sépare une consonne de la voyelle suivante
Ыы	y	entre i et u, à peu près comme le i bref anglais de «ill»
Ьь		signe mou, pas de son; adoucit la consonne précédente
Ээ	è	
Юю	iou	
Яя	ia	

RUDIMENTS DE RUSSE ET D'OUZBEK

FRANÇAIS	RUSSE	OUZBEK
bonjour	zdravstvouïtié	salam ou assalamou alaïkoum
au revoir	da svidania	khaïr
merci	spassiba	rakhmat
s'il vous plaît	pojalousta	markhamat
oui	da	kha
non	niet	iok
comment allez-vous ?	Kak diéla ?	Ishfar kalaï ?
bien	kharasho	iakhchi
je ne comprend pas	ia nié ponimaïou	men touchounmayapman
excusez-moi	izvinitié	ouzr
restaurant	riéstaran	ach-khana
addition	stchott	khisob
eau	vada	sou
pain	khliéb	nôn
plov / pilav	plov	plov
bon	kharochiï	iakhchi
mauvais	plakhoï	iomon
chaud	gariatchiï	issik
froid	kholodnyï	sovouk
grand	bal'choï	katta
petit	malién'kiï	kitchik
hôtel	gastinitsa	mekhman-khana
bagage	bagaj	youk
chambre	nomiér	khona
lit	kravat'	toptchan
propre / sale	tchistyï / griaznyï	toza / iflos
combien ?	skolka ?	kantcha ?
cher	daragoï	baland
bon marché	diéchôvyï	arzoun
argent	dién' gui	poul
banque	bank	bank
bus	avtobous	avtobous
train	poïezd	poesd
gare	jéliézneudarojnyï vakzal	poesd bekati
aéroport	aèraport	tayoragoh / aeroport

guichet	kontora	patta kassasi
taxi	taxi	taxi
bureau de poste	potchtamt	potchta
médecin	vratch, doktor	tchifokor, doktor
dentiste	zoubnoï vratch, dantist	tich tchifokori
hôpital	gospital'	kasalkhona
pharmacie	aptièka	dorikhona
le matin	outro	ertaleb
le soir	viétchièr	oktchom
aujourd'hui	ciévodnia	bougoun
hier	vtchiéra	ketcha
demain	zavtra	ertaga
la semaine prochaine	sliédouïouchtchaïa niédiélya	kelasi khafta
qui ?	Kto ?	Kim ?
quoi ?	Chto ?	Nima ?
où?	Gdié ?	Kaerga ? Kaïda ?
pourquoi ?	Patchiémou ?	Nimaga ?
quand ?	Kagda ?	Kachon ?
beaucoup	mnoga	kup
peu	maleu	oz, kam

Nombres

un	adin	bir
deux	dva	ikki
trois	tri	uch
quatre	tchiétyrié	turt
cinq	piat'	besh
six	chest'	olti
sept	ciém'	yetti
huit	vociém'	sakkiz
neuf	diévit'	toqqiz
dix	diécit'	on
vingt	dvadtseut'	yigirma
trente	tridtseut'	ottiz
cent	sto	bir yuz
deux cents	dviésti	ikki yuz
mille	tyciatcha	ming
deux mille	dvyé tyciatchi	ikki ming

GLOSSAIRE

achkhana	restaurant, café
aïvan	pièce ouverte au niveau supérieur des maisons
ak	blanc
aksakal	barbe blanche: les aînés (ils sont très respectés)
arba	charette traditionnelle à deux roues
ark	citadelle
aryk	canal d'irrigation
baïga	jeu de polo à la kirghize, utilisant la carcasse d'une chèvre
balakhana	balcon, salle à l'étage
basmatchi	littéralement, bandits, brigands; nom donné aux rebelles musulmans anti-bolcheviks dans les années 1920
beg, bey	homme riche, gouverneur
biroun	extérieur
caravansérail	auberge destinée aux marchands et aux caravanes
chachlik	viande grillée sur une brochette; kebab
chakhristan	cœur de la cité, autour de l'Ark
coufique	calligraphie arabe utilisée dans la décoration
dalon	passage, galerie
daria	rivière
daroun	intérieur
darskhana	salle de classe de la médersa
darvoza	porte (de la ville)
dastarkhan	nappe; par extension, petit buffet de réception
derviche	soufi ou membre d'une autre secte ascétique musulmane
djadid	courant islamique réformiste (par opposition au *qadim*)
djihad	guerre sainte des musulmans

émir	souverain héréditaire de Boukhara
ganch	plâtrerie décorative traditionnelle
girikh	motif géométrique abstrait utilisé dans l'art du carrelage
göl	estampille des tapis turkmènes tekkés
gouldasta	tour d'angle
goumbaz	dôme
gourkhana	chambre funéraire
hadj	pèlerinage à La Mecque
hujra	cellule d'un étudiant dans une médersa
ichan	chef d'une confrérie soufie
imam	prêtre musulman; l'imam est le chef spirituel des ismaïliens
iroki	ornement étoilé de stalactite
iwan	niche ou vestibule voûté, généralement dans une mosquée ou une médersa
juma	vendredi
kalym	dot, lors du mariage
kara	noir
khalat (mot russe)	long manteau masculin (*tchapan*)
khan	souverain héréditaire de Khiva ou de Kokand
khana	pièce d'un bâtiment
khanaga	auberge réservée aux derviches itinérants
khaouli	palais
khaouz	bassin revêtu de pierre
kitabkhana	bibliothèque
khodja	personne respectable
kichlak	localité rurale
koch	double, paire
kok	bleu
koum	sables, désert de sable
koumis	lait fermenté de jument, légèrement alcoolisé

koundal	peinture polychrome dorée en relief
kourgan	tertre ou tour
koutchasi	rue
korikhana	salle de prière et d'aumône
kyzyl	rouge
laghman	soupe épaisse à base de nouilles
lepiochka (mot russe)	pain plat et rond, sans levain
médersa	séminaire islamique
majolique	technique de vernissage sur de la brique ou de la terre cuite sculptées ; la couleur bleue est dominante
malhalla	conseil de quartier, comité de voisinage
marchroutnoïe (mot russe)	minibus qui parcourt un trajet urbain fixe, mais s'arrête à volonté
mazar	mausolée, chapelle, cimetière
miétchiét'(russe)	mosquée
mihrab	niche dans une mosquée, ou dessin sur un tapis, qui indique la direction de La Mecque
minbar	pupitre de la mosquée
minor	minaret
moudjahid	musulman « combattant pour la liberté »
muezzin	homme qui dirige les prières des fidèles et les y appelle, suivant la tradition, du haut d'un minaret
muqarna	ornement d'albâtre en corniche
nomozgokh	de fête
navrouz	fêtes de la nouvelle année, du début du printemps
oblast (mot russe)	la plus grande unité administrative au sein d'une ancienne république soviétique
oulitsa (mot russe)	rue
parandja	voile traditionnel porté par les femmes
piala	théière
pichtak	porte principale d'une mosquée ou d'une médersa
plov	plat de riz proche du risotto ; riz pilav

provodnik	« steward » dans un wagon
qadim	courant islamique traditionnaliste (par opposition au *djadid*)
qibla	mur qui indique la direction de La Mecque
rabat	faubourg
ramadan	mois de jeûne musulman, où l'abstinence est de rigueur pendant la journée
reghistan	littéralement : « place de sable » ; place centrale dans les oasis de la Route de la Soie
remont (russe)	« en réparation » ; signifie généralement : fermé ou hors d'état de marche pour un temps indéterminé
saraï, seraï, sérail	palais
sayyide	descendant du Prophète
stalactite	habile décoration de plâtre qui dissimule les trompes (voir plus bas) en soutenant parfois une partie du poids de la voûte ; il s'agit habituellement d'un petit quart de dôme
tach	pierre (ex.: Tachkent)
takharatkhana	salle des ablutions
tandyr	four utilisé pour cuire le *non*, ou pain traditionnel
tariqat	chemin vers Dieu dans le soufisme
tchaïkhana	maison de thé
tchapan	long manteau masculin
tchorsou	littéralement, carrefour de quatre chemins
tchortak	littéralement, structure à quatre arches
tim, tok	bazar
trompe	ingénieuse arche d'angle destinée à soutenir un dôme circulaire sur une base carrée
yourte	tente ronde de feutre utilisée par les nomades d'origine turque
ziaratkhana	salle de prière
zindan	prison

BIBLIOGRAPHIE

AWDE, N., *Uzbek-English Dictionary.* Hippocrene 2002.

BAUD, A., FORÊT Ph., GORSHENINA, S., *La Haute Asie telle qu'ils l'ont vue, explorateurs et scientifiques de 1820 à 1940,* Ed. Olizane, Genève, 2003

BOULNOIS, Luce, *La Route de la Soie. Dieux, Guerriers et Marchands,* Editions Olizane, Genève, 2001. Cet ouvrage de référence contient une excellente bibliographie d'ouvrages en français, anglais, chinois et russe.

BONAVIA, Judy, Guide Olizane: *Route de la Soie – de Xi'an à Kashgar,* Editions Olizane, Genève, 2002

CHUVIN, Pierre (éd.), *Les Arts d'Asie centrale,* Citadelles et Mazenod, Paris, 1999

DE BOURBOULON, C., *L'Asie cavalière, de Shanghaï à Moscou (1860-1862),* Phébus, 1991

DONIYOROVA, Saodat, *Parlons ouzbek,* L'Harmattan, Paris, 2001 (cassettes audio en option)

DRÈGE, Jean-Pierre, *La Route de la Soie,* Gallimard (Découvertes), Paris

FLEMING, Peter, *Courrier de Tartarie*, Phébus, 1989

GOLDENCHTEIN, Youri, *Samarcande - Boukhara - Chakhrisiabz - Khiva* ACR, (coll. Poche Couleur), Paris, 1995

GORSHENINA, Svetlana et RAPIN, Claude, *De Kaboul à Samarcande. Les Archéologues en Asie centrale,* Gallimard, Paris, 2001.

GORSHENINA, Svetlana, *La Route de Samarcande. L'Asie centrale dans l'objectif des voyageurs d'autrefois,* Editions Olizane, Genève, 2000

GORSHENINA, Svetlana, *Explorateurs en Asie centrale, voyageurs et aventuriers, de Marco Polo à Ella Maillart,* Editions Olizane, Genève, 2003

GROUSSET, René, *L'Empire des steppes*, Payot, Paris, 1965

HEDIN, Sven, *Trois ans de lutte dans les déserts d'Asie,* Pygmalion/Gérard Watelet, 1991

HOPKIRK, Peter, *Bouddhas et rôdeurs sur la Route de la Soie,* Philippe Picquier, Arles, 1989

HUC, Régis-Evariste, *Souvenirs d'un voyage dans la Tartarie et le Thibet,* 2 vol., L'Astrolabe, 1987

JAN, Michel, *Le voyage en Asie centrale et au Tibet, anthologie des voyageurs occidentaux du Moyen Age à la première moitié du XXe siècle,* Robert Laffont, Paris, 1992

LE FÈVRE, G., *La croisière jaune, expédition Citroën Centre-Asie,* suivi de PELLIOT, Paul, *La Haute Asie*, L'Asiathèque, 1991

MAGOWAN, Robin & al., *Les cités légendaires d'Asie centrale – Samarkand, Boukhara, Khiva,* Abbeville, Paris, 1995

KEHREN, Lucien, *La Route de Samarkand au temps de Tamerlan,* Imprimerie Nationale, Paris, 1990

MAALOUF, Amine, *Samarcande*, Le Livre de Poche, Paris

MAILLART Ella, *Oasis interdites,* Payot, Paris

OLLIVIER, Bernard, *La longue marche : de la Méditerranée jusqu'en Chine par la Route de la Soie,* 4 tomes, Paris, Phébus, 2001

POLO, Marco, *Le devisement du Monde,* 2 vol., Maspero/La Découverte, 1982

ROY, Olivier, *La nouvelle Asie centrale ou la création des Etats-Nations,* Le Seuil, Paris, 1997

ROUX, Jean-Pierre, *Tamerlan,* Fayard, Paris

ROUX, Jean-Pierre, *L'Asie centrale. Histoire et civilisations,* Fayard, Paris

RUDELSON, Justin Jon, *Central Asia Phrasebook, Languages of the Silk Road*, Lonely Planet, 1998. Ouvrage indispensable pour le voyageur individuel.

Autrement (dir. Thierry Zarcone), *Boukhara l'interdite. 1830-1888 l'Occident moderne à la conquête d'une légende.* Collection mémoires, n° 49, oct., Paris, 1997

Autrement, *Samarcande 1400-1500. La cité oasis de Tamerlan. Cœur d'un Empire et d'une renaissance.* Collection mémoires, n° 34, jan., Paris, 1995

Autrement, *Asie Centrale. Aux confins des Empires. Réveil et tumulte.* Série Monde, H. S. n° 64, jan., Paris, 1992

Carte

Central Asia – Kazakhstan (south) – Kyrgyztan – Tajikistan – Turkmenistan (east) Uzbekistan, Gizi Map, Budapest, 1 : 1 750 000

Musique

Yol Boisin, Sevara Nazarkhan (Real World/Caroline). Musique traditionnelle par une vedette de la *world music.*

Samarkand Nasiba (Blue Flame : www.blueflame.com). Musique pop ouzbèke.

Ouzbekistan – L'Art du Dotar (Ocora) Turgun Alimatov.

A Haunting Voice (Network), Munadjat Yulchieva. Musique traditionnelle d'Asie centrale.

The Selection Album (Blue Flame), Yulduz Usmanova. A la fois pop-star et parlementaire. www.imzadi.nl/yulduz.

The Central Asia Ethnic Music Classics : 1925-1948, Secret Museum of Mankind, (www.shanachie.com). Vingt-six enregistrements d'époque, grésillants mais authentiques.

The Silk Road – A Musical Caravan (Smithsonian Folkways ; www.folkways.si.edu). Deux CDs de musique traditionnelle d'Asie centrale.

INDEX

DEMANDE DE CATALOGUE

Coupon à photocopier et envoyer à
ÉDITIONS OLIZANE, rue des Vieux-Grenadiers 11, CH-1205 Genève – Fax 022 328 57 96
guides@olizane.ch   Catalogue: www: olizane.ch

Nom : ....

Adresse : ....

Code postal : .... Ville : ....

Pays : .... Téléphone : ....

Veuillez me faire parvenir votre catalogue.

GO OUZBÉKISTAN / 2004